메타평가론

메타평가 모형의 설계와 적용

메타평가론

메타평가 모형의 설계와 적용

김 병 철

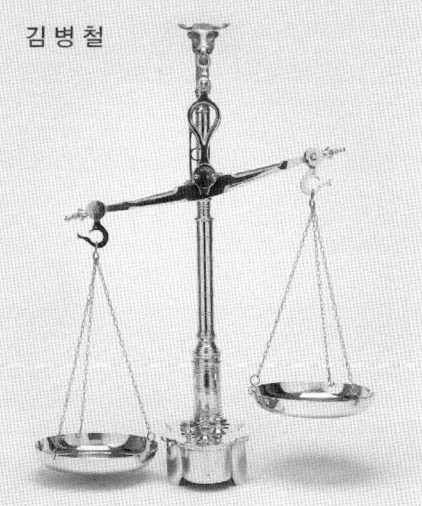

ⓚⓢⓘ 한국학술정보㈜

평가시스템에 대한 평가를 의미하는 메타평가(metaevaluation)는 평가활동에 대한 길잡이로서의 역할과 평가활동의 강·약점에 대한 공개적인 보고의 역할을 한다.

이러한 메타평가는 평가 전문가는 물론 소비자와 기관 및 개인의 입장에서 모두 필요하다. 각기 평가에 대한 품질을 보증하기 위해, 적절한 평가정보를 자신 있게 활용하기 위해, 수행된 평가서비스가 실용적이며 가치 있는 것임을 증명하기 위해, 그리고 개인의 역량 및 성과 평가가 적합한 표준에 근거하여 측정되었는지를 확인하기 위해 메타평가가 필요하다.

- Daniel L. Stufflebeam -

서　문

　오늘날 행정관리자들은 평가(評價)의 일상 속에서 생활하고 있다. 1970년대에 Poland가 행정의 핵심 기능으로 평가(Evaluation)를 강조하면서 POSDECORB를 제창한 이래 평가는 행정 현장의 필수 불가결한 요소가 되었다. 1930년대에 Gulick은 행정관리자들이 수행해야 할 기본적 기능을 POSDCORB(Planning, Organizing, Staffing, Directing, Coordinating, Reporting, and Budgeting)란 용어로 요약 제시하였고, 이는 행정조직의 구성 및 행정학의 교과내용 설정에 결정적인 기여를 해 왔다. 이러한 행정의 기본적 기능에 평가의 'E'가 추가된 것이다.

　한국의 경우 지난 2001년 '정부업무등의평가에관한기본법'을 제정하여 정책평가에 대한 법적 근거가 마련되었고, 2006년부터 시행된 '정부업무평가 기본법'에 의해 더욱 체계화되었다. 이에 따라 중앙행정기관은 물론, 지방자치단체, 중앙행정기관 또는 지방자체단체 소속기관, 공공기관에 대한 평가제도가 법제화되어, 2006년 현재 총 230여 개에 달하는 공공부문 평가제도가 운영되고 있다.

　그러나 이러한 평가제도들이 제도 도입의 취지에 맞게 운영되고 있는지, 당초 평가를 통해 구현하고자 한 소기의 목적을 달성하고 있는지, 각 평가제도가 평가목적에 부합하도록 활용되고 있는지 등에 대한 논란은 끊이지 않고 있다. 이에 따라 특정 평가제도 전반에 관해 다시 평가해 볼 필요가 있다는 주장이 점점 더 설득력을 얻게 되었고, 그 결과 평가에 대한 평가(evaluation of evaluation)를 의미하는 메타평가(metaevaluation)의 관심 역시 확산되고 있다.

이 책은 메타평가의 이론과 실제를 체계적으로 정리·제시함으로써 메타평가에 관한 학문적 논의의 지평을 확대하고, 실제 평가활동에 대한 구체적 개선방안을 도출하는 데 시사점을 제공하기 위해 집필되었다. 특히, 메타평가에 관한 이론적 고찰에 더하여, 국무총리 산하 경제·인문사회연구회에서 주관하는 연구기관 평가시스템을 대상으로 메타평가 모형을 설계하고 이를 적용하여 메타평가를 실시함으로써 연구기관을 비롯한 공공기관 평가제도와 중앙행정기관·지방자치단체·중앙행정기관 또는 지방자체단체 소속기관의 평가제도 등 공공부문 '기관평가제도'에 대한 메타평가에 실질적으로 기여하고자 한다. 따라서 이 책은 메타평가를 연구하는 학계 및 연구계의 전문가뿐 아니라 공공부문에서 평가업무를 수행하고 있는 관계 공무원, 관리자 및 실무자 그리고 정책평가를 공부하는 대학생과 대학원생들에게 이론적·정책적·실무적 도움을 줄 수 있으리라 본다.

메타평가에 관한 이론과 실제를 조망함은 물론 메타평가를 수행하는 데 필요한 모형의 설계와 그 적용 및 분석에 이르는 전 과정을 체계적으로 고찰하기 위해 이 책은 다음과 같은 체제로 구성하였다.

제1장 메타평가 이론에서는 메타평가의 등장배경과 개념 및 목적 등 그 의의를 살펴보고, 메타평가 선행연구를 분석한다. 메타평가는 이론적·학문적 필요보다는 실무적·정책적 필요에 따라 도입, 확산되고 있는 점에 착안하여 메타평가 선행연구는 가능한 한 구체적으로 검토한다. 즉 해외와 국내 선행연구로 구분하여 실제 사용되고 있는 메타평가 구성요소를 중심으로 분석한 후, 그 결과를 종합한다.

제2장은 본서에서 사례연구 대상으로 제시한 정부출연연구기관 평가제도를 이해하기 위한 부분이다. 정부출연연구기관의 현황과 연구기관 평가제도의 도입 및 변천에 관해 개괄한 후, 연구기관 평가의 의의에 관해 살펴본다. 그리고 연구기관 평가에 관한 선행연구를 분석하고 본서의 사례연구 분석틀을 제시한다.

제3장에서는 연구기관 평가에 대한 메타평가 모형을 설계한다. 먼저 메타평가 논리모형을 설정하고 이에 따라 메타평가 구성요소를 개발한다. 개발된 메타평가 구성요소에 대해서는 적합성(타당성 및 신뢰성) 검증을 실시한다. 적합성 검증을 거쳐 확정된 메타평가 모형의 주요 내용을 정리한다.

제4장에서는 확정된 메타평가 모형을 적용하여 연구기관 평가에 대한 메타평가를 실시하고 문제점을 도출한다. 여기서는 양적 분석과 질적 분석을 병행한다. 즉 메타평가 모형의 지표에 따라 연구기관 평가관계자를 대상으로 설문조사를 실시하고, 아울러 메타평가 지표에 근거하여 연구기관 평가의 실태를 질적으로 분석하고 그 가치 및 장단점을 평가한다. 이를 통해 나타난 문제점을 종합한다.

제5장에서는 연구기관 평가시스템의 개선방안을 모색한다. 메타평가를 통해 드러난 여러 문제점들에 대한 대증적 해결 방식에서 벗어나 문제의 원인을 해소할 수 있는 방안의 도출에 주안점을 두며, 국내외 주요 참고사례를 함께 제시한다.

제6장에서는 본서에서 다룬 메타평가 사례연구의 시사점과 향후과제를 검토한다. 메타평가의 등장배경 및 목적에 비추어 이론적·정책적 시사점을 정리하고, 메타평가 연구의 한계 및 향후과제를 정리한다.

이 책은 필자의 박사학위논문을 바탕으로 일부를 수정 보완하여 출간하였다. 이 과정에서 메타평가 전반을 체계적으로 이해할 수 있도록 내용 구성을 새로이 하고, 알기 쉬운 용어와 문장으로 고쳐 쓰고자 하였다. 하지만 메타평가에 관한 학문적 논의에 있어서는 부족한 부분이 많고, 앞으로의 과제 또한 적지 않음을 알고 있다. 독자 제현의 기탄없는 질책과 고언을 바라 마지않는다.

본서가 출간되기까지 많은 분들의 관심과 격려가 있었다. 먼저 배우기를 즐겨 하고 어려움에 굴하지 않는 굳은 심성(心性)을 갖게 해 주신 부모님과 한결같은 마음으로 성원해 주시는 장인 장모님께 깊이 감사드린다. 또한 배움에서나 일상의 삶에서나 늘 훌륭한 가르침으로 지도편달해 주시는 서울시립대학교 권원용·김태영·서순탁 교수님, 서울대학교 정용덕 교수님과 국민대학교 홍성걸 교수님께 경의를 표한다. 주경야독이 가능하도록 배려해 주시고 이끌어 주신 김세원 이사장님과 김광래 처장님, 정택환 소장님, 그리고 직장 동료들에게 감사드린다. 졸저의 출판을 흔쾌히 허락해 주신 한국학술정보(주) 채종준 사장님과 강태우 팀장님께 고마움을 전한다.

출간의 기쁨을 내 오랜 친구요 인생의 동반자인 미희(美姬)와 자기 일은 스스로 잘하는, 그리고 엄마 아빠를 빼닮아 더욱 기특한 혜지(憓智)·동우(東友)와 함께한다.

2009년 11월
동천헌 서재에서
저자 謹識

목 차

메타평가론
METAEVALUATION

제1장
메타평가 이론

1. 메타평가 등장배경

메타평가에 관해 가장 널리 통용되는 정의는 '평가에 대한 평가(evaluation of evaluation)'이다. 이를 통해 메타평가는 어떤 평가(評價)를 다시 평가할 것을 요구하며, 평가를 어떻게 정의하느냐에 따라 메타평가의 개념도 달라질 수 있음을 알 수 있다.

메타평가는 평가종합, 2차적 평가, 상위평가 등으로 불리기도 하나 다양한 기준에 따라 각기 상이하게 정의될 수 있기 때문에 다른 말로 번역하기보다는 '메타평가(metaevaluation)'[1]라는 용어를 그대로 쓰는 대신, 범주 및 의미를 명확히 하는 것이 중요하다. 또한 메타평가의 본질을 정확히 파악하기 위해서는 "왜 어떤 평가에 대해 다시 평가하게 되는가?"에 관한 이해가 선결되어야 한다. 즉 메타평가가 어떠한 필요에 의해 등장, 사용되고 있는지 그 배경을 파악해야 한다.

오늘날 행정관리자들은 평가의 일상 속에서 생활하고 있다. 1970

---

1) 'meta'는 함께(along with), 후에(after), 사이에(between) 등의 뜻을 지닌 접두사이다. 메타평가(metaevaluation)라고 할 때의 meta는 metalinguistics(메타언어학), metacriticism(메타비평) 등과 같이 특정 분야의 본질이나 가정 및 구조 등을 고찰하는 것을 목적으로 하는 학문영역을 지칭하는 용어로 사용된 경우이다(Agnes, 2000: 904). 따라서 메타평가의 영어표기는 'meta-evaluation'이나 'meta evaluation'이 아니라 'metaevaluation'이라는 단어로 표기한다. Cook & Gruder(1978), Stufflebeam(1981), Scriven(2007) 등의 메타평가 연구자들도 이와 같이 표기하고 있다.

년대에 Poland(1971: 201 - 202)가 행정의 핵심 기능으로 평가 (Evaluation)를 강조하면서 POSDECORB(Planning, Organizing, Staffing, Directing, Evaluating, Coordinating, Reporting, and Budgeting)를 제창한 이래, 평가는 행정 현장의 필수 불가결한 요소가 되었다.

한국의 경우 지난 2001년 '정부업무등의평가에관한기본법'을 제 정하여 정책평가에 대한 법적 근거가 마련되었고, 2006년부터 시행 된 '정부업무평가 기본법'에 의해 더욱 체계화되었다. 이에 따라 중앙행정기관은 물론, 지방자치단체, 중앙행정기관 또는 지방자체 단체 소속기관, 공공기관2)에 대한 평가제도가 법제화되어, 2006년 현재 총 230여 개에 달하는 공공부문 평가제도가 운영되고 있다 (감사원 평가연구원, 2006: 11 - 12).

그러나 이러한 평가제도들이 제도 도입의 취지에 맞게 운영되고 있는지, 당초 평가를 통해 구현하고자 한 소기의 목적을 달성하고 있는지, 각 평가제도가 평가목적에 부합하도록 활용되고 있는지 등에 대한 논란은 끊이지 않고 있다. 이에 따라 특정 평가제도 전반에 관해 다시 평가해 볼 필요가 있다는 주장이 점점 더 설득력을 얻게 되었고, 그 결과 평가에 대한 평가를 의미하는 메타평가의 관심 역시 확산되고 있다.

이러한 메타평가의 등장 및 확산은 평가결과의 활용과 직접적인 관련이 있다고 한다(Stevenson et al., 1979: 38; 김명수, 1993: 174).

---

2) 여기서 '공공기관'이란 2007년 4월 1일부로 시행된 '공공기관의 운영에 관한 법률'에 의해 지 정된 24개 공기업, 77개 준정부기관, 197개 기타 공공기관 등 총 298개의 기관을 말한다. 따라 서 종전의 정부투자기관관리기본법에 의한 13개 정부투자기관 경영실적평가나 정부산하기관 관리법에 의한 93개 정부산하기관 경영평가 등은 폐지되고, 신법에 의해 지정된 공공기관별로 새로운 평가제도가 도입, 시행되고 있다(공공기관 경영정보 공개시스템, 2007. 7).

평가결과의 활용은 평가를 통해 산출된 정보를 진행 중이거나 향후 추진할 정책이나 사업의 개발과 집행을 포함한 정책활동에 이용하는 행위(Leviton & Hughes, 1981: 526)로 이해할 수 있다.

평가결과의 활용은 평가제도 자체의 정당성과 유용성을 결정하는 핵심 요소이다. "왜 평가를 하느냐?"에 대한 대답은 곧 "그 결과를 활용하기 위해서!"이기 때문이다. 따라서 평가결과가 활용되지 않는 평가는 단지 평가를 위한 평가일 뿐 평가제도로 존재할 기반을 상실하게 된다.

평가결과의 활용은 평가대상에 대한 후속조치를 통해 문제의 개선에 도움을 줄 뿐만 아니라 평가를 둘러싼 다양한 이해관계자들에게 올바른 의사소통의 수단을 제공한다는 측면에서 평가의 존재가치를 결정하는 열쇠라고 할 수 있다.

그러나 현실에 있어서는 평가결과가 관련 정책활동에 별 영향을 미치지 못하는 경우가 적지 않다. 평가가 하나의 요식행위에 그치거나 정책담당자들이 평가결과를 등한시하여 평가결과가 정책개선에 제대로 활용되지 못하는 경우가 많다(Alkin et al., 1979: 69 - 74). 한국의 중앙 정부에서 시행하는 정책평가를 대상으로 분석한 결과, 기관장의 정책평가결과에 대한 관심은 높은 편이나 이를 정책변동에 이용하는 경우는 높지 않고, 평가결과와 예산과의 연계성이 낮으며, 평가결과를 업무재배치와 같은 조직관리 차원에서 활용하는 정도 역시 낮은 수준이라는 실증 연구결과가 있다(강영철, 2006: 98).

이처럼 평가결과 활용이 제대로 이루어지지 않는 이유는 그 개념과 범위, 심지어는 주체에 따라 영향을 미치는 요소가 다양하기 때문이다(이윤식, 2002: 59). 평가가 평가결과 이용자의 요구를 얼마나 충족시켜 주느냐를 의미하는 적실성(relevance)의 결여, 평가연구방법의 낮은 질, 평가고객과 평가자 사이의 의사소통 부적절성, 평가고객의 개인적 관심 결여 등을 지적하기도 한다(Patton et al., 1977: 141 - 162). 또한 그 이유를 환경 요소, 조직적 특성, 의사결정자의 특성, 정보의 특성으로 나누어 분석하기도 한다(Cheol H. Oh, 2002: 428 - 432).

여러 가지 그럴듯한 이유들을 근거로 많은 비용과 시간을 투자해 수행한 평가의 결과활용이 저조해지자 평가기능 자체에 대한 회의(懷疑)가 일어나게 되었다. 이러한 평가결과 활용에 대한 의문은 메타평가가 등장하게 된 직접적 배경이 되었다.

2. 메타평가의 개념

평가결과의 활용성 미흡과 그에 따른 평가의 역할에 대한 의문이 확산되면서 '평가에 대한 평가', 즉 메타평가에 대한 필요성이 강조되기 시작하였다. 특히 1970년대 이후 평가결과의 활용성을 제고하기 위한 수단의 일환으로 메타평가에 대한 관심이 증가함에 따라, <표 1 - 1>에서 보는 바와 같이 메타평가에 대한 다양한 개념 정의가 이루어져 왔다.

연구자(발표시기)	개념 정의	비 고
Orata(1940)	평가에 대한 평가(evaluation of evaluation)	개념 도입
Scriven(1969)	메타평가(meta-evaluation)	용어 창안
Dror(1971)	평가시스템에 대한 평가	개념 확장
Cook & Gruder(1978)	경험적 총괄평가에 대한 평가	협의 개념
Stufflebeam(1981)	평가 자체의 가치와 장점 검토	개념 체계화
Larson & Berliner(1983)	평가시스템 및 절차에 대한 평가	광의 개념
Chelimsky(1985)	평가결과의 종합(evaluation synthesis)	최협의 개념
오무근(1986)	평가 전반에 대한 평가	개념 국내 소개
김명수(1993)	상위 평가자에 의한 평가(상위평가)	개념 체계적 정리
이찬구(1997)	평가 과정과 내용 및 결과에 대한 평가	국내 최초 사례연구

메타평가 연구의 필요성은 Pedro Tamesis Orata에 의해 처음으로 제기되었다. 그는 평가가 소기의 목적을 달성하지 못한다면 평가활동의 합리성과 적정성 여부를 다시 평가해 볼 필요가 있다고 주장하면서 평가에 대한 평가(evaluation of evaluation)라는 개념을 도입하였다(Orata, 1940: 650). 이후 Scriven(1969: 36)은 메타평가(meta-evaluation)라는 용어를 창안하였고, 평가의 환류 기능을 강조한 Dror(1971: 3)는 메타평가를 평가시스템에 대한 평가로 이해하여 그 개념을 확장하였다.

Cook & Gruder(1978: 6)는 메타평가(metaevaluation)를 경험적 총괄평가에 대한 평가로 파악하였다. 그들은 체계적인 조사설계를 이용하여 사업 참가자들로부터 직접 자료를 수집하여 행한 경험적 총괄평가에 대한 평가만을 메타평가로 지칭함으로써 메타평가를 협의의 개념으로 이해하였다. 따라서 그들은 다른 유형의 평가, 즉 형성평가나 능률성 평가 등에 대한 평가는 메타평가대상에서 제외하였다. 이 견해에 따를 경우, 메타평가는 평가에 사용된 자료의 오류, 조작 여부, 해석의 타당성 등을 검토하기 위한 평가로 이해할 수 있다.

메타평가의 개념을 체계화한 학자는 Daniel L. Stufflebeam이다. 그는 메타평가(metaevaluation)와 관련된 기존 연구들을 4가지 유형, 즉 메타평가 이론의 발전과정, 메타평가수행 사례, 메타평가에 유용한 평가기법의 발달과정, 기존평가에 대한 비판적 연구로 구분하여 종합적으로 검토한 후 메타평가의 개념을 확대할 것을 주장하였다. 즉 정책평가가 정책활동의 가치와 장점을 검토하는 것이라면, 메타평가는 정책평가 자체의 가치와 장점을 검토하는 것으로 정의되어야 한다고 강조하였다. 이에 따라 메타평가는 '평가활동의 길잡이가 되고 평가 자체의 강점과 약점을 공개적으로 보고하기 위하여 평가활동의 효용성, 실제성, 윤리성, 기술적 적정성에 관한 기술적(記述的)이며 판단적인 정보를 구분·획득·이용하는 과정'이라고 조작적으로 정의하였다. 또한 그는 메타평가의 역할을 형성적 메타평가(formative metaevaluation)와 총괄적 메타평가(summative metaevaluation)로 구분하였는데, 형성적 메타평가란 평가활동의 길잡이로서의 역할을 의미하며, 총괄적 메타평가는 평가작업의 강점과 약점을 공개적으로 보고하는 역할을 의미한다(Stufflebeam, 1981: 147 - 151).

Larson & Berliner(1983: 154 - 155)는 메타평가의 시스템적 측면을 강조하여 전체적인 평가시스템 및 절차에 대한 평가, 즉 평가의 투입(input), 과정(process), 결과(outcome)에 대한 평가로 넓게 정의하고 있다.

반면, Chelimsky(1985: 11)는 메타평가를 평가결과의 종합(evalua-tion synthesis), 즉 하나의 정책이나 사업에 관하여 이제까지 알려진 것이 무엇인가를 결정하기 위하여 하나 혹은 여러 개의 기존 평가로부터 얻어진 결과를 재분석하는 것으로 파악함으로써 메타평가의 개념을 최협의로 이해하였다.

한편 국내 학자들도 외국의 메타평가 개념을 도입, 응용하여 다양한 개념 정의를 하고 있다. 그러나 대부분 메타평가목적에 따른 조작적 정의를 내리는 수준이며, 메타평가에 대한 이론화 작업을 한 대표적인 학자로는 오무근(1986)과 김명수(1993) 및 이찬구(1997)가 있다.

메타평가를 평가 전반에 대한 평가로 정의하고, 메타평가의 필요성을 강조한 오무근은 외국 학자들의 메타평가에 대한 이론을 국내에 처음으로 소개한 선구자라고 할 수 있다(홍성걸, 2007: 18).

메타평가를 상위평가로 번역하여 개념을 체계적으로 정리한 김명수(1993: 172 - 173)는 메타평가를 평가계획이나 진행 중인 평가, 그리고 이미 완료된 평가를 다른 평가자(즉 상위평가자)가 평가하는 상위평가로 설명하였다. 또한 개념을 넓게 파악하여 평가체계에 대한 평가, 다시 말해 평가에 투입되는 제요소, 평가과정, 평가의 효과, 즉 평가가 영향을 미친 제 결정에 대한 평가를 의미한다고 보았다.[3]

이찬구(1997: 18)는 국내외 선행연구를 종합적으로 검토한 후 메

---

[3] 김명수는 우리나라 메타평가 연구의 토대를 마련하였다. 그는 1986년에 '상위평가에 관한 소고(김명수, 1986)'를 한 대학 학술지에 발표하여 메타평가의 의의, 구성요소 및 유형 등을 소개한 데 이어, 이후 단행본(김명수, 1987, 1993)을 통해 이 이론을 체계적으로 정리, 확산함으로써 후학들이 메타평가를 실무에 직접 적용할 수 있는 기틀을 제공하였다.

타평가의 개념을 평가결과 활용과 관련하여 광의로 파악하였다. 즉 메타평가를 '과정평가와 총괄평가의 수행 중 또는 수행 후에 평가기조, 평가자원, 평가수행, 평가활용 등 평가활동의 과정과 내용 및 결과를 검토하고 평가함으로써 정책평가의 질을 제고하여 결과 활용을 증진시키려는 활동'으로 정의하였다. 또한 메타평가의 분석틀을 설계하여 국내 최초로 연구개발사업에 대한 메타평가를 실시하였다.

지금까지 살펴본 메타평가의 개념 정의에 근거하여 메타평가의 범주를 분류하면 <표 1-2>와 같이 최협의, 협의, 광의로 구분할 수 있다.

〈표 1-2〉 메타평가의 범주 및 주요 내용

구 분	메타평가 개념 (대표적 학자)	메타평가대상	주요 내용
최협의	평가결과의 종합 (Chelimsky)	평가결과	평가결과에 대한 재분석
협 의	경험적 총괄평가에 대한 평가 (Cook & Gruder)	경험적 총괄평가	평가의 오류, 조작, 타당성 점검
광 의	평가시스템에 대한 평가 (Stufflebeam, Larson & Berliner)	평가시스템 전반	평가시스템에 대한 포괄적 평가

첫째, 최협의로 볼 때 메타평가는 '평가결과의 종합'과 동일한 의미로 사용된다. 이러한 입장을 취하는 대표적인 학자는 Chelimsky이다. 이 경우 메타평가의 대상은 기존 평가로부터 얻어진 '평가결과'가 되며, 이러한 평가결과에 대한 재분석이 메타평가의 주요 내용이 된다

한편 평가결과종합은 하나의 평가결과뿐 아니라 여러 개의 기존

평가결과를 대상으로 할 수 있다는 점에 착안하여 이를 넓은 개념으로 파악하는 경우도 있으나(이광희, 2006: 7), 본서에서는 평가시스템의 여러 단계 중 어느 단계까지를 대상으로 하는지를 기준으로 판단하여 최협의로 분류하였다.

둘째, 메타평가를 협의의 개념으로 규정할 때는 '경험적 총괄평가에 대한 평가'를 의미한다. Cook & Gruder로 대변되는 이 견해에 따를 경우, 메타평가의 대상은 경험적 총괄평가가 되며, 평가에 사용된 자료의 오류, 조작 여부, 결과 해석의 타당성 등을 평가하게 된다. 따라서 협의의 메타평가 개념에서는 평가시스템 중 과정과 결과까지 메타평가의 대상이 확장된다.

셋째, 메타평가에 대한 광의의 개념은 '평가시스템에 대한 평가'를 의미한다. Dror를 비롯해 Stufflebeam이나 Larson & Berliner 등 많은 학자들이 이에 속하며, 현재 가장 널리 사용되는 범주이다. 평가시스템 전반이 메타평가의 대상이 되고, 평가시스템 및 절차에 대한 포괄적인 평가가 이루어진다.

국내의 연구에서 메타평가에 대한 정의는 광의의 개념인 '평가시스템에 대한 평가'로 보는 시각이 일반적이다. 최협의인 평가결과의 종합이라는 개념을 적용한 경우는 이무신 외(1995)의 연구가 보일 뿐이며, 협의의 개념을 적용한 구체적인 사례는 확인되지 않는다. 다만 정부업무평가 기본법이 2006년 4월부터 시행되어 통합국정평가체계가 자체평가 중심으로 이루어짐에 따라 자체 평가결과를 확인·점검하는 것이 중요한 이슈로 제기됨으로써 협의의 개념에 근거한 메타평가 영역이 새롭게 대두되고 있다(이광희, 2006: 10). 국내 선행연구를 종합해서 볼 때, 메타평가란 평가결과의 활용도를 증진하기 위하여 평가시스템 전반에 대해 실시하는 평가로 인식하고 있다고 요약할 수 있다.

본서에서는 메타평가를 광의의 개념으로 파악하여 '평가시스템 전반에 대한 포괄적 평가'로 이해한다. 이에 따라 메타평가란 "평가의 기능 및 활용을 제고하기 위하여 평가시스템 전반을 대상으로 그 가치와 장단점을 분석할 수 있는 체계적인 모형에 의해 수행하는 평가"로 정의한다. 이렇게 볼 때 메타평가 연구에서는 메타평가대상 평가시스템이 지니는 개념요소 및 특성 등이 반영된 적합한 메타평가 모형의 설계 및 적용과 올바른 해석이 연구의 핵심을 이룬다고 할 수 있다.

3. 메타평가의 목적

메타평가의 목적은 그 개념 정의를 어떻게 하느냐에 따라 달리 규정할 수 있다. 그러나 메타평가의 본질적 목적은 환류기능의 강화 또는 평가결과의 활용 제고로 수렴된다. 메타평가를 하게 되면 메타평가의 대상이 되었던 평가시스템 전반에 대한 판단을 내릴 수 있게 되어 환류 기능을 강화할 수 있고, 이를 통하여 평가결과의 활용을 제고할 수 있다는 것이다.

메타평가의 구체적 목적에 대한 국내외 주요 학자들의 견해를 보면 다음과 같다.

Stufflebeam(1981: 151)은 메타평가의 목적을 평가활동에 대한 길잡이로서의 역할을 하는 형성적 메타평가와 평가활동의 강점과 약점에 대한 공개적인 보고의 역할을 하는 총괄적 메타평가로 구분하여 설명하였다. 또한 그는(2001: 184) 평가 전문가(professional)는 물론 소비자(consumer)와 기관(institution) 및 개인(personnel)의 입장으로 나누어 메타평가의 필요성을 제시하기도 하였다. 각기 평가에 대한 품질을 보증하기 위해, 적절한 평가정보를 자신 있게 활용하기 위해, 수행된 평가서비스가 실용적이며 가치 있는 것임을 증명하기 위해, 그리고 개인의 역량 및 성과 평가가 적합한 표준에 근거하여 측정되었는지를 확인하기 위해 메타평가가 필요함을 강조하였다.

Larson & Berliner(1983: 162)는 의사결정자에게 평가에 포함된 정보의 질에 대한 판단자료 제공, 장래에 적합한 평가자를 선정하기 위한 지침 제공, 독립적이지만 유사한 다수의 프로그램으로부터 연구지식 획득, 평가 그 자체를 실험할 수 있는 수단 제공 등의 목적을 제시하였다.

Chelimsky(1985: 11)는 메타평가를 평가결과에 대한 재분석으로 이해하고, 평가대상이 된 프로그램의 효과에 대한 정확한 정보를 제공함으로써 평가의 책무성 향상 기능을 강조하였다.

Patton(1997: 24)은 메타평가의 목적을 분석적 환류와 유용한 권고를 제공함으로써 평가자가 그들의 목표에 도달하도록 돕는 데 있다고 보았다.

한편 Brinkerhoff et al.(1983)은 메타평가의 목적을 평가기획, 평가과정, 평가종료 후 등 세 단계로 구분한 다음, 이를 다시 주요 기능별로 나누어 방향설정(focusing evaluation), 설계(designing evaluation), 자료수집(collecting evaluation), 분석(analysing evaluation), 보고

(reporting evaluation), 관리(managing evaluation) 등에 따라 메타평가 수행자들이 해야 할 사항을 <표 1－3>과 같이 제시였다(류영수, 2007: 35, 재인용). 이는 메타평가의 개념 및 유형을 어떻게 구분하든, 각각의 구분에 따른 메타평가별 세부목적을 이해하는 데 도움이 되며, 특히 '평가종료 후 평가' 단계에서 제시된 사항들은 메타평가의 목적을 종합적으로 파악하는 데 유용한 참고가 된다.

<표 1－3> 기능별 메타평가의 목적

기 능	평가기획의 평가	평가과정의 평가	평가종료 후 평가
방향설정	－ 평가목적 및 문제의 평가와 조정 － 착수 조사 및 고객 확인	－ 제시된 질문과 목적의 수행 여부 및 가치 평가	－ 제시된 질문과 평가목적에 대한 적정성 및 가치 평가
설 계	－ 설계방법 평가와 조정 － 설계 대안 및 지원정보 제공	－ 설계의 효과성 실현여부 평가 및 조정	－ 평가 설계 및 수행의 적절성 평가 － 고객에 대한 유용성 평가
자료수집	－ 수집도구와 방법 설계	－ 자료수집에 대한 관찰 및 평가	－ 수집정보 및 이용된 도구의 질과 적절성 평가
분 석	－ 분석방법 평가자 검토 － 누가, 어떻게 판단할 것인지 검토	－ 분석과정의 효과성 평가	－ 분석판단의 타당성 및 적절성 평가
보 고	－ 보고방법 평가 － 형식, 고려할 고객, 보고내용 제시	－ 보고서 초안 평가 － 대안 보고서 검토 － 전문가의 보고서 조정	－ 평가보고서 평가 － 보고서의 균형성, 적시성, 타당성, 활용성 등 평가
관 리	－ 관리를 위한 계획, 예산, 약정내용에 대한 평가와 조정	－ 관리를 위한 계획, 예산, 약정내용에 대한 모니터링의 적정성 평가	－ 평가관리 및 예산집행의 합리성 평가 － 약정내용 유지여부 평가

[자료] Brinkerhoff et al.(1983: 205), 류영수(2007: 35)에서 재인용.

국내 학자들의 경우에도 메타평가의 본질적 목적이 평가 환류기능 강화 또는 평가결과 활용 제고라는 데 인식을 같이하고 있다. 연구의 영역 및 목적에 따라 강조점이 다를 뿐, 평가시스템 전반에 대한 포괄적 평가를 통하여 문제점과 개선방안을 도출하고, 이를 환류·활용함으로써 평가의 유용성을 제고하는 것을 가장 중요한 목적으로 제시하고 있다.

한편, 김명수(1993: 175 – 176)는 Larson & Berliner(1983)의 견해와 Nick L. Smith(1981)의 견해를 종합하여 메타평가의 목적을 다음과 같이 세 가지로 대별한 후, 각각의 목적과 관련된 질문들을 제시함으로써 메타평가의 구체적 목적을 파악하는 데 도움을 주고 있다.

첫째, 메타평가는 평가에 포함된 정보의 질에 관해 정책결정자에게 독립적인 판단자료를 제공하는 것을 목적으로 한다. 이를 위하여 메타평가에서는 다음과 같은 질문에 대한 해답을 구한다. ① 평가과정(사용된 척도와 표본추출절차 등)은 적절했는가? ② 평가 설계는 적절했는가? ③ 적절한 자료수집 및 분석방법이 적용되었는가? ④ 평가에 있어 어떤 편견은 개입되지 않았는가?

둘째, 평가작업의 영향 또는 평가결과의 활용도를 측정하기 위하여 메타평가를 한다. 이를 위하여 다음과 같은 질문에 대한 해답을 구한다. ① 평가결과의 이용자는 누구인가? ② 평가보고서는 늦지 않게 제출되었는가? ③ 평가보고서는 연구결과를 명백하게 제시하고 있는가? ④ 평가보고서는 해당 평가고객들에게 배포되었는가? ⑤ 평가결과에 따라 내려진 결정은 정당화될 수 있는가?

셋째, 메타평가는 장래에 적합한 평가자를 선정하기 위한 지침을 제공하기 위해서도 수행된다. 이러한 목적을 달성하기 위하여 다음과 같은 문제를 제기하고 대답을 구한다. ① 평가자는 평가를 수행할 만한 지식을 갖추고 있는가? 그의 교육적 배경은 어떠한가? ② 평가자는 평가업무를 수행해 본 경험이 있는가? ③ 평가자는 고결한 인품의 소유자인가? ④ 평가자는 잘 알려진 사람인가? 등이다.

　이러한 여러 목적들을 종합할 때, 메타평가의 기본적 목적은 '평가실제의 개선을 통한 평가결과 활용성 제고'에 있다고 요약할 수 있다.

■■■ 제2절 메타평가 선행연구 분석

1. 해외 선행연구 분석

메타평가에 관한 해외 선행연구는 처음 미국의 교육학 분야에서 주창되어 여타 분야로 확대되었다. Orata를 비롯해, Larson & Berliner, Stufflebeam, Scriven 등이 모두 교육학을 학문적 배경으로 하고 있다. 이들에 의해 개념적·실증적 체계가 확립된 해외의 메타평가 연구는 주로 사업(program)평가를 대상으로 수행되었다.

그러므로 해외 선행연구를 통해서는 메타평가 모형[4] 또는 구성 요소가 갖추어야 할 일반적 사항을 파악하는 데 초점을 맞추고, 이를 파악할 수 있는 대표적인 사례를 중심으로 고찰한다.[5] 즉 학자

---

[4] 메타평가를 수행하는 데 기준이 되는 메타평가 모형은 연구자에 따라 다양한 용어로 표현된다. 예를 들면, ① 메타평가 분석틀(임성옥, 2003; 송환빈, 2004; 홍성걸, 2004; 이혜승 외, 2006; 송희준·조택, 2006; 김태훈, 2006), ② 메타평가 모형(이찬구, 2004; 황병상·강근복, 2005; 김용훈·오영균, 2007), ③ 메타평가 연구모형(송형주, 2002; 공병천, 2004), ④ 메타평가 분석모형(김헌구·박희정, 2003; 문영세, 2005; 권혁인, 2008), ⑤ 메타평가 준거(김순남, 2002; 2003; 2006) ⑥ 메타평가 구성요소(이찬구·강근복, 1999) 등이다. 같은 논문에서 이러한 용어들이 혼용되는 경우도 있다. 또한 메타평가 모형에서 논리 모형만 제시하는 경우도 있고, 메타평가 구성요소(평가영역, 평가항목, 평가지표 등)까지 제시하는 경우도 있다. 본서에서는 '메타평가 모형'이라는 용어 사용을 원칙으로 하며, 이는 메타평가 논리모형과 메타평가 구성요소를 포함하는 의미이다.

[5] 해외 선행연구 검색은 Education Resources Information Center(http://eric.ed.gov), ScienceDirect(http://www.sciencedirect.com), SAGE Journals Online(http://online.sagepub.com), ProQuest(http://www.il.proquest.com), Library of Congress(http://www.loc.gov) 등을 활용하였다. 미국 이외의 자료는 각 기관의 홈페이지를 이용하였으며, 인용한 홈페이지 URL은 참고문헌에 제시하였다.

들의 연구 중에서는 가장 널리 인용되고 있는 Larson & Berliner의 연구와 Scriven의 연구에 관해 살펴보고, 이어 평가 관련 주요 협회 및 기관에서 제시한 평가표준(Evaluation Standards)[6]과 평가 가이드 라인(Evaluation Guidelines)[7]에 중점을 두어 분석한다. 이러한 평가 표준 및 가이드라인 등은 특정 평가가 어떻게 수행되어야 하는지 에 관해 체계적인 해법을 제시하는 결과물이므로, 이에 대한 검토 는 메타평가의 일반적 구성요소를 파악하는 데도 매우 유용하기 때문이다.

Larson & Berliner의 연구(1983)는 메타평가에 대한 개념을 평가 시스템 전반에 대한 평가로 확대하였을 뿐 아니라, 메타평가 구성 요소를 체계적으로 제시하여 이후 학자들이 빈번하게 인용하는 사 례가 되고 있다.[8] 이들은 그 구성요소를 평가투입(evaluation inputs), 평가과정(evaluation process), 평가결과(evaluation outcomes) 등 3개 요소로 대별한 후, 다시 세분하여 <표 1-4>와 같이 제시하였다.

Larson & Berliner는 첫째, 평가투입은 평가에 동원되는 자원, 평 가방법론, 평가 및 사업 환경과 관련된 요소로 정의하고, 세부 평 가항목으로 예산 등 11개를 제시하였다. 둘째, 평가과정은 평가설 계의 계획과 대비시켜 진행되는 실질적 평가활동과 관련된 요소를

---

6) 평가표준이란 어떤 평가의 가치와 장점을 측정하기 위해 널리 공유되고 있는 원칙들을 말한다 (stufflebeam, 1981: 154).

7) 평가 가이드라인이란 평가자가 평가표준을 충족시키도록 도와줄 목적으로 개발된 절차 상의 여러 제안을 말한다(stufflebeam, 1981: 161).

8) 메타평가의 개념을 체계적으로 정리하여 국내에 소개한 김명수(1993: 176)는 메타평가의 구성 요소에 대한 "저술이 별로 없는 관계로 Larson & Berliner의 견해를 인용할 수밖에 없다."고 하면서, 이를 기초로 상위평가의 3요소를 실명하고 있다. 또한 메타평가의 분식틀에 근거하여 국내 최초로 연구개발사업에 대한 메타평가를 실시한 이찬구(1997: 26) 역시 앞의 두 연구를 비판적으로 검토한 후 연구목적에 적합한 메타평가 구성요소를 도출하고 있다.

말하며, 따라서 평가과정에 대한 평가에서는 평가작업이 기술적으로 적절하게 수행되었는지에 초점을 맞추어, 그 하위구성요소로 평가자와 사업실시자 간 상호관계의 유형과 강도 및 빈도 등 8개 항목을 들었다. 셋째, 평가결과는 평가에 의해 영향을 받는 여러 의사결정과 관련된 요소로 정의한 후, 구체적으로 자금제공자의 사업에 대한 지원·재지원·수정 및 폐지 결정 등 5개 항목을 제시하였다.

〈표 1-4〉 Larson & Berliner의 메타평가 구성요소

구성요소	평가항목
평가투입 (Inputs)	① 예산 및 그 외의 물질적 자원 ② 평가기간 ③ 평가시기(timing) ④ 평가자의 특성(훈련, 경험, 세계관 등) ⑤ 사업실시자의 특성(교육, 경험, 사업집행의지 등) ⑥ 사업의 특성(목표, 관심영역, 수혜자집단 등) ⑦ 평가방법론 및 평가설계 ⑧ 평가결과 이용자와 평가의 목적 ⑨ 기존자료와 자료의 제약 ⑩ 평가대상사업의 기본적 이론모형 ⑪ 기대되는 정책 향상 가능성
평가과정 (Process)	① 평가자와 사업실시자 간 상호관계의 유형과 강도 및 빈도 ② 사업실시자와 평가결과 이용자의 평가자에 대한 반응 ③ 평가과정에서 얻은 정보가 사업실시자에게 환류되는 정도 ④ 평가과정에서 얻은 정보가 평가자원의 할당을 변경시키는 데 사용되는 정도 ⑤ 사업계획 상의 변화에 따른 평가설계의 적응성 ⑥ 평가자, 사업실시자, 평가결과 이용자의 인적 변화 정도 ⑦ 평가방법론(정보가 평가결과에 이르는 공식적·비공식적 처리과정) ⑧ 평가보고서의 검토
평가결과 (Outcomes)	① 자금제공자의 사업에 대한 지원·재지원·수정 및 폐지 결정 ② 사업실시자의 사업과정에 대한 수정 결정 ③ 사업대상집단의 사업참여 형태 변화에 대한 결정 ④ 평가로 인해 제기된 문제 및 이슈에 대한 연구자집단의 후속연구 결정 ⑤ 여타 자금제공자와 사업실시자의 유사 사업의 개시·수정·종료 결정

[자료] Larson & Berliner(1983: 155-160).

Scriven(2007)은 메타평가의 주요 구성요소를 <표 1-5>에서 보는 바와 같이 서론(preliminaries), 기반(foundations), 하위평가(sub-evaluations), 결론 및 함의(conclusions and implications) 등 4개로 구분한 후, 이를 다시 세분하였다.[9]

---

9) 여기에 인용된 Scriven의 메타평가 구성요소는 그의 최근 연구(2007)를 기준으로 한 것이다. Scriven은 이미 1991년에 Key Evaluation Checklist를 개발하여, Part A: 기반

Scriven은 사업이나 계획 및 정책을 설계하고 평가하는 데 적용함은 물론, 그에 대한 평가보고서의 작성, 평가성 사정(assessing evaluability), 평가에 대한 평가(evaluating evaluations) 등에 활용하기 위해 평가 핵심 점검항목(Key Evaluation Checklist: KEC)을 개발하였다. 'Part A: 서론' 부분은 평가의 설계 및 수행 단계와는 직접 관련이 없지만 보고서 작성 시 필수적인 부분이며 평가 전반에 관한 상황과 용어 등을 명확히 하는 데 유용하기 때문에 포함시키고 있다.

메타평가에서 필수적으로 점검해야 할 공통적 구성요소는 세 부분에 걸쳐 총 15개 항목으로 제시하였다. 'Part B: 기반' 부분은 평가대상이 되는 평가시스템의 상황(context)과 본질(nature)을 조사하기 위한 요소들로 구성되어 있다. 'Part C: 하위평가' 부분은 메타평가의 핵심 영역(key dimensions)에 해당하며, 이 중 과정·결과 항목은 평가의 장점(merit)을, 비용·비교 항목은 그 가치(worth)를, 그리고 비교·일반화 가능성 항목은 평가의 의의(significance)를 결정하기 위해 사용되는 구성요소로 설명하고 있다. 'Part D: 결론 및 함의' 부분은 앞의 두 부분을 종합하고, 권고·보고서 작성·메타평가 등에 필요한 구성요소를 제시하였다.

(foundations), Part B: 하위평가(sub-evaluations), Part C: 결론(conclusions)으로 구분하고, 이를 다시 기술·배경 및 상황·소비자·사원·가지, 과성·결과·비봉·비교·일반화 가능성, 의의(significance)·권고·메타평가의 보고서(reports of the meta-evaluation) 등 13개의 항목으로 제시한 바 있다(Scriven, 1991: 230-231).

〈표 1-5〉 Scriven의 메타평가 구성요소

구성요소	평가항목
Part A: 서론	ⓐ 수행요약(executive summary) ⓑ 서문(preface) ⓒ 방법론(methodology)
Part B: 기반	① 배경 및 상황(background and context) ② 기술 및 정의(descriptions and definitions) ③ 소비자(consumers) ④ 자원(resources) ⑤ 가치(values)
Part C: 하위평가	① 과정(process) ② 결과(outcomes) ③ 비용(costs) ④ 비교(comparisons) ⑤ 일반화 가능성(generalizability)
Part D: 결론 및 함의	① 종합(synthesis) ② 권고 및 설명(recommendations and explanations) ③ 책임 및 정당화(responsibility and justification) ④ 보고서 및 지원(report and support) ⑤ 메타평가(metaevaluation)

[자료] Scriven(2007: 1-21).

각 항목별 구체적 내용을 살펴보면, 배경 및 상황에서는 이해관계자·관련 법률·평가의 근본적 이유(rationale)·이전의 평가 등에 대해 검토하며, 기술 및 정의에서는 평가대상 사업·구성요소·환경, 사업의 목적, 일정, 용어 등에 대해 점검한다. 소비자 항목에서는 평가의 직간접 고객 및 수요자, 자금제공기관(funding agency), 납세자(taxpayers), 정치적 지원자, 예상고객(anticipators) 등을 확인한다. 자원 항목은 평가에 활용 가능한 재정적·물질적 자산, 지적·사회적·관계적 자산, 인적자본(human capital) 및 사회적 자본(social capital)을 모두 포괄한다. 가치 항목에서는 평가 이해관계자들의 수요(needs), 평가설계 및 방법에서의 일관성 등 논리적 요건(logical requirements), 법적·윤리적 요건, 전문적 표준, 정치적 장점(political merit), 자원 경제성(resource economy) 등의 세부요소를 제시하고 있다.

하위평가 부분의 과정 항목에서는 평가가 설계되고 실행되는 과정 전반, 즉 평가활동, 절차, 태도, 사기(morale)에 대해 평가하며, 결과 항목에서는 평가 고객을 비롯한 이해관계자들에게 미친 직접적·간접적 효과, 의도하거나 하지 않은 효과, 즉시·단기·장기 효과, 부작용(side effect) 등에 대해 검토한다. 비용 항목에서는 금전적·비금전적 비용, 직접적·간접적 비용, 실제·기회비용이 주요 요소이다. 비교 항목에서는 평가에 사용된 자원이나 접근방법 등의 효율성과 효과성을 주요 경쟁자(critical competitor)와 비교한다. 평가의 의의(significance)를 결정하는 데 가장 중요한 항목인 일반화 가능성은 이 평가를 다른 내용(content)·장소(sites)·상황(climates)에서 하더라도 같은 결과가 나올지를 검토하는 것으로, 구체적으로는 이전가능성(transportability), 외적 타당성(external validity), 지속가능성(sustainability), 내구성(durability) 등에 대해 점검한다.

　결론 및 함의 부분의 종합에서는 SWAT(Strengths, Weaknesses, Opportunities, Threats)방식 등을 이용하여 평가결과를 정리한다. 권고 및 설명에서는 평가에서 얻은 교훈(lessons learned)의 조직 내부적 반영에 관한 미시적(micro) 권고와 외부적 처리에 관한 거시적(macro) 권고, 즉 반환(refund)·삭감(cut)·수정(modify)·전파(export)에 대한 검토가 이루어진다. 책임 및 정당화 항목에서는 평가에 따른 상벌(blame or praise)을 결정하기 위해 주요 행위자(mainplayers), 그들의 자원과 책임성, 그들의 주장과 변명 및 정당화에 대한 윤리적 해석 등이 실시된다. 보고서 및 지원에서는 방식·시기·장소의 적절성, 이해관계자에 따른 보고서 방식의 차별성 여부, 평가를 통해 얻은 교훈, 실패와 한계, 보고서의 보급 계획 등에 관해 점검한다. 끝으로 메타평가 항목에서는 평가자에 의한 보고서 최종안 검토, 외부 평가지에 의한 평가 전반에 대한 검토가 필요하며, 타당성(validity), 유용성(utility), 신뢰성(credibility), 비용효과성(cost-effectiveness),

윤리성(ethicality), 적법성(legality), 메타평가 방식의 적절성 등이 세부 평가요소가 된다.

한편, 메타평가에 관한 학자들의 선행연구 외에 평가와 관련된 주요 협회 및 기관들이 다양한 평가표준과 평가 가이드라인 등을 발표하였다. 평가표준 등은 평가 관계자들이 준수해야 할 핵심사항과 그들이 추구해야 할 목표를 제시함으로써 궁극적으로 평가의 질을 제고하기 위해 제정되고 있으므로, 메타평가의 일반적 구성요소를 파악하는 데도 많은 시사점을 제공한다.

평가표준 및 가이드라인 등은 주요 협회 및 기관에 따라 다양하게 개발되어 왔다.[10] 이들 중에서 여기서는 미국의 Joint Committee on Standards for Educational Evaluation(이하 'Joint Committee' 라 한다)에서 개발한 프로그램 평가표준(1994)을 비롯해, Swedish International Development Cooperation Agency(이하 'Sida'라 한다)에서 발간한 평가 매뉴얼(2004), United Nations Evaluation Group(이하 'UNEG'라 한다)에서 제정한 평가표준(2005b), 그리고 Organisation for Economic Co − operation and Development(이하 'OECD'라 한다)의 DAC(Development Assistance Committee)에서 작성한 평가품질표준(2006)에 대해 구체적으로 살펴본다.

Joint Committee의 사례는 공식적인 평가표준 개발의 효시이자 이후 평가표준의 전범(典範) 역할을 하고 있고, Sida의 사례는 주요

---

10) 평가표준 및 가이드라인의 예로는 Joint Committee(1994), Sida(2004), UNEG(2005b), OECD/DAC(2006) 외에도 OECD/PUMA(1998), Widmer et al.(2000), Patel(2002), United Kingdom Evaluation Society(2003), World Bank(2003), American Evaluation Association(2004), Research Councils UK(2005), Asian Development Bank(2006), Ministry of Foreign Affairs of Denmark(2006), Ministry for Foreign Affairs of Finland(2007) 등이 있다.

평가표준 및 가이드라인을 기초로 작성되어 유럽에서 널리 활용되는 매뉴얼이며, UNEG 및 OECD의 평가표준은 회원국을 대상으로 공통적으로 적용되는 지침이므로 각기 그 의의가 각별하기 때문이다.

Joint Committee의 The Program Evaluation Standards는 1994년에 개발된 이래 미국뿐 아니라 유럽이나 아시아, 아프리카 등 전 세계적으로 널리 활용되고 있다(Patel, 2002: 2). 이 평가표준에서는 유용성 표준(utility standards), 실현가능성 표준(feasibility standards), 타당성 표준(propriety standards), 정확성 표준(accuracy standards) 등 4개의 표준으로 구분한 후, <표 1-6>과 같이 총 30개의 세부 평가 항목을 제시하였다.

〈표 1-6〉 Joint Committee의 평가표준

구 분	평가표준
유용성 (Utility)	U1: 이해관계자의 확인(stakeholder identification) U2: 평가자의 신뢰성(evaluator credibility) U3: 정보의 범위 및 선택(information scope and selection) U4: 가치의 확인(values identification) U5: 보고서의 명료성(report clarity) U6: 보고서의 적시성 및 보급(report timeliness and dissemination) U7: 평가 영향(evaluation impact)
실현가능성 (Feasibility)	F1: 실질적 절차(practical procedures) F2: 정치적 실행가능성(political viability) F3: 비용효과성(cost effectiveness)
타당성 (Propriety)	P1: 서비스 지향성(service orientation) P2: 공식적 협정(formal agreements) P3: 인권(rights of human subjects) P4: 인간적 상호작용(human interactions) P5: 완전하고 공정한 사정(complete and fair assessment) P6: 결과의 공개(disclosure of findings) P7: 이해 충돌(conflict of interest) P8: 재정적 책임(fiscal responsibility)
정확성 (Accuracy)	A1: 사업 문헌조사(program documentation), A2: 상황분석(context analysis) A3: 기술된 목적 및 절차(described purposes and procedures) A4: 방어할 수 있는 정보원(defensible information sources) A5: 타당한 정보(valid information) A6: 신뢰할 수 있는 정보(reliable information) A7: 체계적 정보(systematic information) A8: 양적 정보의 분석(analysis of quantitative information) A9: 질적 정보의 분석(analysis of qualitative information) A10: 정당한 결론(justified conclusions) A11: 공평한 보고(impartial reporting) A12: 메타평가(metaevaluation)

[자료] Joint Committee on Standards for Educational Evaluation(1994).
　　　여기서는 (http://www.wmich.edu/evalctr/jc/) - The Program Evaluation Standards 2 -
　　　Summary of the Standards를 참고하여 정리.

유용성 표준은 평가가 의도된 사용자의 정보수요에 기여하도록 보증하기 위한 항목들이다. 실현가능성 표준은 특정 평가가 실제적 (realistic)이고, 신중하며(prudent), 외교적(diplomatic)이고, 간소한 (frugal) 것이 되도록 하기 위한 표준들이다. 타당성 표준은 평가가 합법적(legally)이고, 윤리적(ethically)이며, 평가결과에 의한 영향뿐 아니라 평가와 관련된 복지까지를 충분하게 고려하여 수행되도록 하기 위한 요소들이다. 정확성 표준은 평가대상의 가치나 장점을 결정하는 특징들에 관해 기술적으로 알맞은 정보를 밝히고 전달하기 위해 적용되는 표준들이다.[11]

한편, Stufflebeam(1981)도 Joint Committee와 유사한 메타평가기 준을 제시한 바 있다. 그는 기술적합성(technical adequacy)·유용성 (utility)·효율성(efficiency)을 주요 구성요소로 제안하였다. 기술적 합성은 다시 내적 타당성(internal validity)·외적 타당성(external

---

11) Joint Committee에서는 2007년 10월 기존의 프로그램 평가표준에 대한 3차 개정안(Draft 3)을 작성하였다. 개정안에서 유용성 표준은 U1 evaluator credibility, U2 attending to stakeholders, U3 clear purposes, U4 explicit values, U5 selection of relevant information, U6 meaningful processes and products, U7 responsive communicating and reporting, U8 concern for consequences and influence로 수정하고, 실현가능성 은 F1 practical procedures, F2 political viability, F3 resource use, F4 project management로, 타당성에서는 P1 responsive and inclusive orientation, P2 formal and informal agreements, P3 human rights and respect, P4 balance, P5 transparency and disclosure, P6 conflicts of interest, P7 fiscal responsibility로, 그리 고 정확성은 A1 trustworthy conclusions and decisions, A2 explicit evaluation reasoning, A3 valid constructs, A4 reliable information, A5 sound qualitative and quantitative methods, A6 sound designs and analyses, A7 trustworthy evaluand and context portrayals, A8 valid communication and reporting으로 개정하였다. 밑줄 친 6개 항목 외에는 내용이나 표현이 수정되었으며, 유용성 표준 및 실현가능성 표준에 서 각 1개 항목이 늘고, 타당성 표준에서 1개, 정확성 표준에서 4개 항목이 줄어, 총 27개 세부항목으로 조정되었다. 한편 기존에 정확성 표준영역 중 하나였던 'A12 메타평가' 항목 을 분리하여 제5의 표준영역으로 격상한 후 그 세부항목을 개발 중에 있다(Joint Committee, 2007. 10)(http://www.wmich.edu/evalctr/jc/). — Draft Program Evaluation Standards Statements — Program Evaluation Standards(October 2007, Draft 3) 및 — PgES Review Page — Review Guidelines and Suggestions 참조.

validity) · 신뢰성(reliability) · 객관성(objectivity)으로 구분하고, 유용성은 적실성(relevance) · 중요성(importance) · 범주성(scope) · 신용성(credibility) · 적시성(timeliness) · 보급성(pervasiveness)으로 세분하였다.

이후 Stufflebeam(1999: 1 - 11)은 Joint Committee(1994)의 평가표준에 근거한 프로그램평가 메타평가 체크리스트(Checklist)를 발표하였다. 즉 유용성에 관한 요건으로 이해관계자 확인(stakeholder identification) 등 7개, 실현가능성에 관해 실질적 절차(practical procedures) 등 3개, 타당성에 관해 서비스 지향성(service orientation) 등 8개, 정확성에 관해 프로그램 문헌조사(program documentation) 등 12개, 모두 4개 영역 총 30개의 세부항목으로 구성된 메타평가 체크리스트를 제시하였다.

Sida(2004)에서는 평가관리자 및 파트너들이 사용할 Sida 평가매뉴얼(Evaluation Manual)을 통해 <표 1 - 7>과 같이 평가과정 전반에 대한 각 단계별 필수 구성요소를 제시하였다.

〈표 1-7〉 Sida의 평가 구성요소

구 분	평가 구성요소
Step 1 초기 고려사항 (initial considerations)	① 이해관계자의 고려(involving stakeholders) ② 평가목적의 정의(defining the evaluation purpose) ③ 평가관리 조직의 설치(establishing an organisation for evaluation management)
Step 2 평가과업 준비 (preparation of evaluation tasks)	① 개입의 검토(reviewing the intervention) ② 평가질문의 공식화(formulating evaluation questions) ③ 평가성 사정(assessing evaluability) ④ 사전평가연구 수행(making a pre-evaluation study) ⑤ 평가비용의 추정(estimating evaluation costs) ⑥ 관련 용어의 기술(writing terms of reference) ⑦ 평가자 선정(recruiting evaluators)
Step 3 평가연구 단계 (evaluation research phase)	① 개시 단계(the inception phase) ② 평가자 지원 단계(supporting the evaluators during the research phase)
Step 4 보고 및 보급 (reporting and dissemination)	① 보고서 초안 점검(checking the draft report) ② 이해관계자 의견 반영(accommodating stakeholder comments) ③ 평가 결과의 보급(dissemination of evaluation results) ④ 평가보고서 발간(publishing the evaluation report)
Step 5 반응 관리 (management response)	① 관리해야 할 반응의 공식화 지원(assisting in the formulation of Sida's management response) ② 협력파트너들과의 대화 촉진(facilitating dialogue with cooperation partners)

[자료] Sida(2004: 55-93).

평가의 첫 단계에서는 평가와 관련된 이해관계자 파악 및 참여 수준 결정, 평가목적(purpose)의 정의, 평가관리조직의 설치 등이 고려되어야 한다. 이 중 평가목적을 분명히 하는 것이 가장 중요하다. 명확한 평가목적의 설정은 평가질문이나 수행방법 및 결과활용의 전제가 되기 때문이다. 이를 위해 평가결과의 사용자와 이해관계자를 명확히 하고, 이들과의 협의를 통해 평가의 의도된 활용에 관한 세부사항(details about the intended use)을 정하는 것이 핵심임을 강조하고 있다.

평가과업 준비 단계 중 개입의 검토는 어느 시점에서 평가를 실시할 것인지를 검토하는 것으로 이를 위해서는 개입의 논리(intervention logic)를 수립해야 한다. 즉 평가를 왜 해야 하며, 어떤 활동을 통해 어떤 결과를 도출할 수 있는지, 특히 여러 개입 수단 중 평가가 가장 효과적인 수단임을 논리적으로 제시하여야 한다. 평가질문의 공식화를 위해서는 타당성, 효과성, 영향, 지속가능성, 효율성 등 평가기준(evaluation criteria)에 대한 검토가 선행되어야 한다.

평가연구 단계는 평가수행 단계를 의미하며 Sida의 경우 모든 평가가 외부평가자에게 의뢰한 문헌연구 중심으로 실시되기 때문에 이러한 용어를 사용하고 있다. 개시 단계에서는 이전 단계에서 이루어진 평가목적, 평가질문, 평가성 사정결과, 용어 등이 평가연구 수행자에게 정확히 전달되도록 하는 것이 요체이며, 평가연구 수행자와 협의하여 구체적인 평가 실행 방법론(methodology) 및 업무계획(workplan)을 결정한다. 평가자 지원 단계에서는 평가자와 긴밀한 협의체계를 유지하고 평가자의 실무적 애로(practical matters)를 지원한다.

보고 및 보급 단계 중 보고서 초안 점검에서는 보고서의 체계 및 평가문제에 대해 질적으로 충족하고 있는지를 중심으로 검토하되, 보고서는 읽는 사람의 입장에서 기술되고, 근거가 명백히 제시되어 정당한 결론이 도출되도록 해야 한다. 이해관계자의 의견이 적극 개진되도록 하고, 그 의견이 보고서에 적절히 반영되도록 한다. 평가결과의 보급은 누구를 대상으로 언제·어떻게 할 것인지 검토해야 하며, 보고서의 배포뿐 아니라 이해관계자와의 대화·회의·세미나·워크숍 등 효과적인 커뮤니케이션 전략을 사용해야 한다. 또한 보급은 각 이해관계자별 수요(needs)와 관심 및 정보요건에 맞추고 평가결과의 활용에 초점을 맞추어 이루어져야 한다.

마지막 단계인 반응관리 단계에서는 평가결과의 반응관리를 위한 체계를 구축하고 이 체계 속에 무엇을 언제까지 어떻게 개선할 것인지에 대한 실행계획과 시간계획, 평가자의 권고에 이견이 있거나 변경하여 수행할 경우에는 그 이유 및 수정계획을 포함한다. 끝으로 평가결과에 대한 반응계획의 수립 및 집행, 평가과정 및 제도 전반에 대한 개선의견 수렴을 위해 파트너를 비롯한 이해관계자들과의 대화를 촉진한다.

UNEG의 평가표준(Standards for Evaluation in the UN System) (2005b)은 UN 산하 조직들[12]의 평가에 관한 제도적 틀 및 평가기능 관리, 평가수행자들의 역량 및 직업윤리, 평가의 수행 및 활용 (conduct and use)에 관한 공통적 기준을 제시하기 위하여 제정되었다. 이 평가표준은 각 영역별로 매우 구체적인 기준을 규정하고 있는데, 정리하면 <표 1-8>과 같다.

이 평가표준은 UN 산하 여러 조직들의 평가 정책 및 가이드라인(evaluation policies and guidelines)뿐 아니라, OECD/DAC의 평가원칙(evaluation principles), OECD 회원국들의 국가표준(national standards), 국제적 기관들의 평가정책, EU의 평가정책, 각종 협회들의 평가표준 등을 참고하여 작성되었다(UNEG, 2005b: 2).

이처럼 UNEG의 평가표준은 주요 국제기구 및 기관, 국가, 협회에서 활용되고 있는 평가표준, 원칙, 정책, 가이드라인 등을 종합하였을 뿐 아니라, 제도적 틀의 구축에서부터 평가기능 관리, 평가관계자들의 역량 및 직업윤리, 평가수행의 각 단계별 세부사항 등을

---

12) UN 산하 조직들이란 UN 시스템 내의 조직들(organizations)은 물론, 각종 기금(funds), 사업(programmes), 특별기관(specialized agencies) 등을 모두 포함하는 개념이다(UNEG, 2005b: 2).

모두 검토하여 제정되었고, 전 세계 UN 산하 조직에 공통적으로 적용되고 있다는 점에서 대표적인 평가표준에 해당한다고 할 수 있다.

〈표 1-8〉 UNEG의 평가표준

구 분		평가표준
제도적 틀 및 평가 기능 관리	제도적 틀[*] (institutional framework)	① 평가기능의 효과적 관리를 위한 제도적 틀 구축 ② UN 평가표준에 근거한 평가정책 개발 및 규칙적 갱신 ③ 평가계획의 제출 및 승인 ④ 적절한 평가환류체계 및 명시적 공개정책 운영
	평가기능 관리[**]	⑤ 전문적 표준에 따른 평가수행의 보증 ⑥ 평가 가이드라인 준비의 보증 ⑦ 조직 내외부의 수요 변화 및 신규 개발에 적응하는 역동적 평가 기능 수행 보증
역량 및 윤리[***]	역량 (competencies)	① 평가 설계, 수행, 관리 관계자의 핵심 평가역량 보유 ② 평가 관련 교육적 배경 및 자격 ③ 평가 관련 전문적 실무경험 ④ 평가 관련 방법론과 접근법 및 관리기술에 관한 전문 지식
	윤리 (ethics)	⑤ 이해관계자들과 관계에 있어서의 성실성 및 정직성 ⑥ 존경심에 근거한 개인 접촉 ⑦ 개인 정보제공자에 대한 익명성 및 보안성 유지 ⑧ 성과와 결과물에 대한 책임
평가 수행	설계 (design)	① 시의적절하고 타당하며 믿을 수 있는 정보에 근거한 설계 ② 목적(purpose)과 과정 및 결과를 제공하는 용어 정의 ③ 평가의 목적 및 상황에 대한 명확한 공표 ④ 평가대상의 명확한 기술 ⑤ 현실적이고 달성 가능한 평가목표(objectives) 및 범위의 정의 ⑥ 평가기준의 명확한 제시 ⑦ 논리적으로 옳은(rigorous) 평가방법론 ⑧ 비용효과성 평가 ⑨ UN 인권기반(human rights-based) 접근법을 고려한 평가설계
	과정 (process)	⑩ 상호존경과 신뢰에 근거한 평가자와 위원 간 관계 ⑪ 평가의 기획, 설계, 수행, 환류 시 이해관계자의 고려 ⑫ 외부전문가로 구성된 동료평가(peer review) 또는 준거집단(reference group) 활용
	평가팀 구성 (selection of team)	⑬ 충분한 자격을 갖춘 평가팀에 의한 평가수행 ⑭ 성(gender)적 균형 및 지리적 다양성이 유지되고 지역전문가가 포함된 평가팀 구성
	수행 (implementation)	⑮ 전문적이고 윤리적인 방식에 의한 평가수행
	보고 (reporting)	⑯ 증거에 근거한 결과·결론·교훈·권고 등을 포함한 논리적으로 구조화된 평가보고서 작성, 정보에 접근하기 쉽고 이해할 수 있는 (accessible and comprehensible) 방식에 의한 평가보고서 보급
	환류 (follow-up)	⑰ 평가권고에 따른 관리 및 지배기구의 명시적 반응(explicit response)

구 분		평가표준
평가 보고서	평가 보고서 (evaluation reports)	① 표지 및 시작 페이지에서 핵심기초정보 제공 ② 수행요약(executive summary) 제시 ③ 논리모델, 기대효과 및 영향, 이행전략 등을 포함한 평가대상의 명확한 기술 ④ 평가대상에 대한 UN 조직 및 여타 이해관계자들의 역할과 기여 명시 ⑤ 평가의 목적 및 상황 기술 ⑥ 평가기준(evaluation criteria)에 대한 설명 ⑦ 평가 목표 및 범위에 대한 명확한 설명 ⑧ 성 이슈 및 인권에 관한 고려가 반영된 정도 ⑨ 적용된 평가방법론에 대한 투명한 기술 ⑩ 이해관계자의 참여에 대한 완전한 설명 ⑪ 평가설계에 윤리적 보호장치(ethical safeguards)가 포함된 정도에 대한 논의 ⑫ 가능한 한 계량화된 투입물·산출물·결과물·영향 등의 제시 ⑬ 이해관계자들의 기여에 대한 적절한 토의가 포함된 분석 ⑭ 평가대상에 대한 성취 및 애로 이유 설명 ⑮ 적정한 자료 및 방법론에 의해 입증된 결론 및 주요 문제에 대한 해결책의 제시 ⑯ 타당하고 현실적인 증거 및 분석에 근거하며 실행을 위한 우선순위가 명백한 권고 ⑰ 일반화된 교훈(lessons)의 제시 ⑱ 완전하고 적절한 부록(annexes)

[자료] UNEG(2005b: 3-23).
[주] 1. 제도적 틀 구축의 주체는 UN 조직들(United Nations Organizations)임.
　　 2. 평가기능 관리의 주체는 평가의 장(Head of evaluation)임.
　　 3. 역량 및 윤리의 주체는 평가표준 ①은 평가관계자 전원, 그 외는 평가재(Evaluators)임.

　　OECD/DAC(2006)에서는 평가 과정 및 결과의 품질 제고를 위해 필요한 핵심 기둥(key pillars)을 확정하기 위해 평가품질표준(evaluation quality standards)을 작성하였다.[13]

　　이에 앞서 OECD/PUMA(Public Management Service)(1998: 1-5)에서는 평가를 위한 최적 사례 가이드라인(best practice guidelines for evaluation)을 제정하여, 결과지향적 환경(results-oriented envi-ronment) 속에서 모든 단계의 의사결정에 기여하기 위해 요구되는 핵심 이슈 및 사례(key issues and practices)를 평가활동 관리에 초

---

13) 이 평가품질표준은 2008년 3월 현재 최종 확정되지 않은 상태이다. 동 표준은 2006년 3월 3년간의 테스트단계에 적용할 초안(draft)으로서 OECD/DAC Network on Development Evaluation 회원국들에 의해 승인된 안이다. 회원국 및 관련 파트너들의 사용 경험을 반영하여 최종 확정할 예정이다. 이 Network에는 미국, 영국, 독일, 프랑스, 일본 등 23개 국가와 World Bank, ADB, UNDP, IMF 등 7개 다자간 개발은행 및 국제기구가 참여하고 있다(OECD/DAC, 2006: 1-2). 테스트 단계에 있는 상태이지만 OECD/DAC의 주요 국가 및 기관들의 승인을 받은 안이고, 평가품질 제고를 위해 고려해야 할 사항들이 체계적으로 종합되어 있으므로 메타평가의 핵심 구성요소를 파악하는 데 시사하는 바가 크다.

점을 맞추어 도출한 바 있다. 즉 평가로부터 최적의 수집(getting the most from evaluations) 부분(section)에서 ① 정의 및 목표, ② 주요 참여자의 파악, ③ 이익과 비용의 사정, 평가 틀의 조직 (organising the evaluation framework) 부분에서 ④ 평가문화 함양, ⑤ 평가활동의 전략적 관리, ⑥ 신뢰성 강화, 그리고 효과적 평가 구축(building effective evaluations) 부분에서 ⑦ 의사결정과정과의 연계 보증, ⑧ 합당한 평가자 선정, ⑨ 이해관계자 고려와 결과에 대한 공개적 커뮤니케이션 등 총 9개 항목의 평가 가이드라인을 제시하였다.

이 가이드라인에 이어 작성된 평가품질표준은 ① 평가의 과정(수행) 및 결과(산출)(process(conduct) and products(outputs))에 대한 표준 제공, ② 국가 간 평가(evaluations across countries)에 대한 비교 촉진, 즉 메타평가(meta-evaluation), ③ 협동평가(joint evaluations)에 관한 파트너십 및 협력 증진, ④ 평가결과 및 보고서 (findings and reports)의 회원국 상호간 활용 강화, ⑤ 평가노력의 간소화 (streamline evaluation efforts) 등을 구체적인 목표로 하고 있다.

이 평가품질표준은 Paris Declaration on Aid Effectiveness[14] 원칙과 일치하는 평가접근법을 개발하기 위해 제안된 것으로, <표 1-9>와 같이 총 32개에 이르는 표준을 제시하였다.

---

14) '원조 효과성에 관한 파리 선언'은 2005년 3월 2일 파리에서 90여 개 국가와 국제기구 및 NGO 대표들이 참석한 가운데 채택되었다. 이 선언은 원조의 효과성 제고를 위해 주도권 (ownership), 조율(alignment), 조화(harmonisation), 결과(results), 상호책임(mutual accountability) 등 5대 목표를 제시하고, 그 달성 정도를 측정할 수 있는 12개의 진도지표 (indicators of progress)를 제정하였다(OECD/DAC, 2005: 1-5). 진도관리를 위해 OECD/DAC 내에 The Joint Venture on Monitoring the Paris Declaration을 설립, 운영 하고 있다. 이 조직에서는 원조가 개발도상국들의 빈곤 퇴치에 얼마나 효과적인지를 측정, 관리 하기 위해 조사 및 연구를 수행하고 있는데, 평가품질표준도 그 일환으로 작성된 것이다.

〈표 1 - 9〉 OECD의 평가품질표준

구 분	평가품질표준
근본적 이유, 목적 및 목표 (rationale, purpose and objectives)	① 평가의 근본적 이유(rationale of the evaluation), ② 평가의 목적(purpose of the evaluation) ③ 평가의 목표(objectives of the evaluation)
평가범위 (evaluation scope)	① 평가의 범위(scope of the evaluation) ② 개입 논리 및 결과(intervention logic and findings) ③ 평가기준(evaluation criteria) ④ 평가질문(evaluation questions)
상 황 (context)	① 개발 및 정책 상황(development and policy context) ② 제도적 상황 (institutional context) ③ 사회 – 정치적 상황(socio – political context) ④ 이행 협정(implementation arrangements)
평가방법론 (evaluation methodology)	① 사용방법론에 대한 설명(explanation of the methodology used) ② 결과 사정(assessment of results) 방법의 구체화 ③ 이해관계자 고려(relevant stakeholders consulted) ④ 표본(sampling) ⑤ 평가팀(evaluation team)
정보원 (information sources)	① 정보원의 투명성(transparency of information sources) ② 정보원의 신뢰 성 및 정확성(reliability and accuracy of information sources)
독립성 (independence)	① 이해관계자에 대한 평가자의 독립성(independence of evaluators vis – a – vis stakeholders) ② 자유롭고 공개적인 평가 과정(free and open evaluation process)
평가 윤리 (evaluation ethics)	① 전문적이고 윤리적인 방식에 의한 평가수행(evaluation conducted in a professional and ethical manner) ② 평가팀 내 의견 차이 인정 (acknowledgement of disagreements within the evaluation team)
품질 보증 (quality assurance)	① 이해관계자의 의견 반영(incorporation of stakeholders' comments) ② 품질관리(quality control)
평가결과의 적실성 (relevance of the evaluation results)	① 평가결과의 공식화(formulation of evaluation findings) ② 시간 및 예산 배정과 연계된 평가수행(evaluation implemented within the allotted time and budget) ③ 권고 및 교훈(recommendations and lessons learned) ④ 평가의 활용(use of evaluation)
완 결 (completeness)	① 평가질문에 부합하는 결론(evaluation questions answered by conclusions) ② 분석의 명료성(clarity of analysis) ③ 결론, 권고, 교훈 간의 구별(distinction between conclusions, recommendations and lessons learned) ④ 요약의 명료성 및 대표성(clarity and representativeness of the summary)

[자료] OECD/DAC(2006: 3 - 8).

지금까지 살펴본 메타평가에 관한 해외의 주요 선행연구와 평가 표준 등은 평가에서 추구해야 할 일반적인 목적(purpose)과 목표

(objectives)[15][16]를 제시함은 물론 평가 관계자들이 준수해야 할 핵심사항들을 규정하고 있으므로, 본서의 사례연구에서 메타평가 모형을 설계하는 데 많은 시사점을 제공한다. 특히 메타평가 모형의 상위구성요소를 파악하는 데 유용하게 활용할 수 있다. 메타평가 모형의 세부적인 하위구성요소들은 평가대상의 고유한 특성을 반영하는 것이 중요한 데 반해, 상위구성요소는 일반적 기준에 충실할 필요가 있기 때문이다. 그렇지 않을 경우, 그 메타평가는 평가대상의 핵심을 진단하지 못하는 피상적인 평가가 되거나 연구자 자신이 원하는 부분만 평가하는 결과를 초래하게 될 것이다.

또한 해외의 평가표준에서 규정하고 있는 세부 기준들은 메타평가를 통해 확인된 문제점을 개선하는 데 직접 적용할 수 있다. 한 예로, UNEG에서는 평가보고서에 대해 표지부터 부록에 이르기까지 총 18개 항에 달하는 세부 기준을 적시하고 있는데, 이를 적용하여 연구기관 평가보고서의 표준 형식을 모색할 수 있다.

---

15) UN 및 OECD의 평가표준에서는 평가의 목적(purpose)과 목표(objectives)를 구분하고 있나. 누 기관에서 이에 대한 정의는 각기 다르나, 목적은 목표의 상위 개념이며, 하나의 목적을 이루기 위해 여러 개의 구체적인 목표를 정할 수 있음을 예시하고 있다. 본서에서도 각 문맥에서 이러한 어감의 차이를 기준으로 목적과 목표를 구분하여 사용하며, 영문을 옮길 때에는 purpose는 목적으로, objective는 목표로 번역한다.
사전적 의미에 있어서 목적은 '어떤 일을 통해 이루고자 하는 바. 또는 어떤 일을 하는 동기나 이유'를 말하는 데 비해, 목표는 '어떤 의도에 따라 계획을 세우고 노력의 과정을 거쳐 마지막에 이루려고 하는 일'을 의미한다(금성출판사 사전팀, 2004: 749, 751).

16) 목적(目的)·목표(目標) 둘 다 이루고자 하는 바를 가리키나, '목적'이 어떤 일을 하게 하는 원동력으로서의 동기나 이유에 초점을 두는 반면, '목표'는 이루고자 하는 일이 구체적으로 무엇인가에 초점을 둔다. 따라서 '목적'은 추상적이고 다소 막연한 것일 수 있으나, '목표'는 달성을 위해서 반드시 상당한 노력이 따라야 하는 것으로서, 대체로 현실적이고 실현이나 성패 여부기 분명히 판기름되는 것이다. 가령, '삶의 목직'이 '왜 사는가'의 문세라면, '삶의 복표'는 '무엇이 되고자 하는가', '무엇을 얻고자 하는가' 등의 문제라 할 수 있다(금성출판사 사전팀, 2004: 749).

2. 국내 선행연구 분석

메타평가에 필요한 일반적 구성요소를 중심으로 살펴본 해외 선행연구 분석과는 달리, 국내 선행연구 분석에서는 실제 수행된 메타평가 사례의 구체적 구성요소에 대해 고찰한다. 특히 본서에서 제시하는 사례연구의 대상이 되는 정부출연연구기관 평가제도[17]에 부합하는 메타평가 선행연구 분석을 위해 여러 유형의 메타평가 연구 중 '기관평가'에 적용된 사례를 중심으로 검토한다.

이를 위해서는 먼저 메타평가에 관한 국내 선행연구를 평가단위에 따라 분류할 필요가 있다. 이를 통해 기관평가를 대상으로 한 메타평가 선행연구를 확인할 수 있기 때문이다. 메타평가의 대상이 된 평가가 단위사업에 대한 '사업평가'를 대상으로 하느냐, 개별정책에 대한 '개별평가'를 대상으로 하느냐, 기관 전체에 대한 '기관평가'를 대상으로 하느냐에 따라 선행연구를 정리하면 <표 1 - 10>과 같다.

<표 1 - 10> 메타평가에 관한 국내 선행연구 분류

평가단위	연구자(시기)	주요 내용
사업평가	이무신 외(1995)	정보통신연구개발사업 종합평가의 개념과 운용방안
	이찬구(1997)	연구개발사업의 메타평가에 관한 연구: 정보통신분야 중심
	홍형득(2000)	정부연구개발사업의 메타평가
	홍형득(2002)	국가 연구개발 사업의 메타평가에 관한 연구: 선도기술개발사업 중심
	박종수(2003)	정보화사업 메타평가모형의 설계와 적용
	김용훈(2003)	지역연구개발사업의 메타평가 연구
	이형우(2005)	국가연구개발사업 평가체제에 관한 소고
	한미경(2006)	국가연구개발사업에 대한 메타평가 연구
	홍성걸(2007)	국가연구개발사업 평가시스템에 대한 메타평가 연구

---

17) 정부출연연구기관 및 그 평가제도에 관한 자세한 사항은 각주 29)와 제2장 연구기관 평가제도 이해 부분 참조.

평가단위	연구자(시기)	주요 내용
개별평가	김명수・박경효(1996)	한국정부의 심사평가제도에 대한 비판적 고찰
	문영세(1997)	한국 중앙심사평가기능의 위상 재정립을 위한 메타평가: 설문조사 중심
	문영세(2001)	정부업무평가기본법에 대한 메타평가
	오철호(2003)	정책평가모형 및 방법론에 대한 이론적 재음미: 토지정책의 경우
	이창길(2006)	한국의 전략적 성과관리정책 연구: 중앙부처의 성과평가제도 중심
	라휘문(2007)	지방행정혁신평가결과의 수용도에 대한 영향요인분석
	류영수(2007)	기술영향평가의 메타평가 모형 개발 및 적용
	임옥진(2007)	학점은행제 평가체제에 대한 메타평가
기관평가	이찬구・강근복(1999)	정부출연연구기관 평가제도 발전방향: 과기계 연구기관 평가사례 중심
	송형주(2002)	정부출연연구기관 메타평가에 관한 연구: 공공기술연구회 중심
	김명수(2003)	중앙행정기관 평가제도의 운영에 대한 비판적 검토
	임성옥(2003)	사회복지시설 평가에 대한 메타평가
	김현구・박희정(2003)	광역자치단체 합동평가체제의 실증분석
	송환빈(2004)	한・일 공공연구기관 평가시스템의 비교・분석 연구
	공병천(2004)	자체평가 및 상위평가 개선방안
	이찬구(2004)	과학기술계 연구회의 기관평가제도 발전방안: 산업기술연구회 사례 중심
	홍성걸(2004)	과학기술부 출연기관 평가: 기관평가사례의 실증적 분석
	문영세(2005)	정부업무평가에 대한 메타평가: 국방부 중심
	황병상・강근복(2005)	정부출연연구기관 평가의 발전방안 논고: 기초기술연구회 중심
	이혜승 외(2006)	지방공기업 경영 및 평가제도 개선방안 연구
	김순남(2002, 2006)	학교/ 대학평가의 메타평가 준거 개발
	송희준・조택(2006)	기금관리 산하기관에 대한 평가제도 분석
	김태훈(2006)	책임운영기관 사업성과 메타평가에 관한 연구: 국립중앙극장 중심
	김용훈・오영균(2007)	지방농촌진흥기관에 대한 평가체계 분석
	권혁인(2008)	우리나라 지방자치단체 평가시스템의 메타평가에 관한 연구
	김병철(2008)	정부출연연구기관 평가에 대한 메타평가 모형 설계 및 적용

　　메타평가를 실제 사례에 적용한 국내의 연구들은 1990년대 중반 이후 도입되기 시작하였다. 초기의 대표적 연구로는 이무신 외 (1995), 김명수・박경효(1996), 문영세(1997), 이찬구(1997) 등이 있다. 이 시기에는 주로 단위사업 또는 개별정책에 대한 메타평가가 시도되었으며, 메타평가 분석틀의 적합성에 대한 고려보다는 메타평가의 필요성 내지 유용성을 강조하는 데 중점이 두어졌다.

　　평가단위별로 구분하면 사업평가를 대상으로 한 메타평가연구가 9편(26%), 개별평가를 대상으로 한 경우가 8편(23%), 그리고 기관평가를 대상으로 실시된 연구가 18편(51%) 등 총 35편이다.[18] 기관평가를 대상으로 한 메타평가연구는 가장 늦게 시작되었지만 전체의 절반에 달할 만큼 활발히 진행되고 있다. 이는 한국의 제도적 평가가 대체로 기관평가 형식으로 이루어지는 점과 관련된 것으로 보인다.

총 35편의 선행연구 중 박사학위논문은 이찬구(1997)가 최초이며, 이후 김순남(2002), 박종수(2003), 임성옥(2003), 송환빈(2004), 김태훈(2006), 이창길(2006), 류영수(2007), 임옥진(2007), 권혁인(2008), 김병철(2008) 등 11편에 이른다. 이들은 학위논문을 작성하는 과정이나 종료 후에 이를 바탕으로 재정리한 논문들을 주요 학술지에 발표하고 연구영역을 다양화함으로써 메타평가연구의 발전에 기여하고 있다.

기관평가를 대상으로 한 메타평가 연구로 범위를 좁힌 후, 이를 구체적인 연구대상[19] 및 연구방법을 기준으로 다시 분류하면, [그림 1-1]과 같이 정리할 수 있다. 이러한 분류를 통해 본서에서 다루는 사례연구의 목적, 대상, 방법과 가장 근접하는 선행연구를 파악하는 것이 가능하다.

[그림 1-1]에서 보는 바와 같이 실제 사례를 대상으로 한 메타평가 연구는 연구기관을 포함한 공공기관 평가에 집중되고 있다.

---

18) 메타평가에 관한 국내 선행연구는 2006년 12월부터 지속적으로 정리, 종합하였다. 주요 선행연구를 선정함에 있어서 동일인에 의해 비슷한 내용을 다룬 연구는 대표적인 연구만 포함하였다. 예를 들면, 학위논문을 바탕으로 3편의 논문을 각기 다른 학술지에 발표하기도 하였는데 이 경우 학위논문만을 제시하였고, 발표대회 등에 발표한 후 이를 보완하여 학술지에 등재한 경우에도 학술지 논문만을 대상으로 하였다. 그리고 메타평가에 관한 선행연구 여부는 키워드나 제목이 아니라 내용분석을 통해 메타평가 개념 및 분석틀에 부합하는지를 기준으로 판단하였다. 주요 연구논문의 참고문헌 목록을 참조하여 '기관평가·정책평가·메타평가'에 관한 논문 '153편'을 정하고, 내용검토를 거쳐 '63편'의 메타평가 관련 연구를 선별한 후, 세부적인 내용분석을 통해 최종적으로 '35편'을 선정하였다.

19) 연구대상의 분류는 '정부업무평가 기본법' 상의 평가대상 구분을 준용하였다. 다만 본서에서 다루는 사례연구의 목적 및 대상을 고려하여 공공기관은 '연구기관'과 '이를 제외한 공공기관'으로 나누어 정리하였다.

또한 연구방법[20]은 주로 문헌연구방법에 의존하고 있다. 여기서 메타평가의 수요가 증대되고 있는 분야와 연구방법상의 특징을 파악할 수 있다.

		연구방법		
		문헌연구(=a)	(a)+면접(=b)	(b)+설문조사(=c)
연구대상	중앙행정기관	김명수(2003) 공병천(2004)		
	지방자치단체	김현구·박희정(2003) 문영세(2005) 권혁인(2008)		
	공공기관	이혜승 외(2006) 송희준·조택(2006) 김용훈·오영균(2007)	김태훈(2006)	김순남(2002) 김순남(2006) 임성옥(2003)
	연구기관	이찬구·강근복(1999) 송형주(2002), 송환빈(2004) 이찬구(2004), 홍성걸(2004) 황병상·강근복(2005), 홍성걸(2007)*	박종수(2003)*	류영수(2007)* 김병철(2008)

[주] 박종수, 홍성걸, 류영수의 연구는 기관평가에 대한 메타평가가 아니다. 하지만 이 연구들은 모두 연구개발(R&D) 사업 및 정책에 관한 메타평가연구이므로 본서의 사례연구에 시사하는 바가 크다. 따라서 이 연구들에 관해서는 선행연구 검토과정에서 보다 면밀한 분석을 할 것이므로 여기에 포함하였다.

[그림 1 - 1] 기관평가에 관한 메타평가 선행연구 분류

메타평가는 특정 평가의 문제점을 찾아내 개선하는 데 기본목적이 있으므로 문헌연구 및 자료 분석은 필수적이다. 그러나 메타평가의 기준이 되는 메타평가 모형을 결정함에 있어서 문헌연구만을 근거로 하는 것은 문제의 소지가 있다. 메타평가 모형의 설계 및 그 적용에 있어서 적합성을 높이기 위한 다양한 방법이 강구될 필

---

20) 메타평가의 연구방법은 다양한 기준에 따라 분류할 수 있다. 메타평가의 핵심 요소인 메타평가 모형의 설계와 그 적용 난계로 구분하여 살펴볼 수도 있고, 각 단계별로 실제 사용되는 구체적 기법들을 기준으로 세분할 수도 있다. 여기서는 모형의 설계 단계를 기준으로 문헌연구(자료분석), 전문가(관계자) 면접, 설문조사 등 세 가지 유형으로 분류하였다.

요가 있기 때문이다.

본서에서는 메타평가에 관한 국내 주요 선행연구 전체에 대해 ① 평가단위 ② 연구대상 ③ 연구방법 ④ 연구내용의 충실성을 기준으로 예비적 고찰을 하여, 본서에서 제시한 사례연구의 목적과 대상 및 방법에 가장 적절한 시사점을 제공해 줄 것으로 판단한 선행연구 8편을 선정하였다. 김순남(2002), 이찬구(2004), 황병상·강근복(2005), 이혜승 외(2006), 김태훈(2006)의 연구는 기관평가, 특히 공공기관평가에 대한 메타평가 선행연구이다. 박종수(2003), 홍성걸(2007)은 사업평가, 류영수(2007)는 개별평가에 대한 메타평가이지만 모두 연구개발(R&D)에 관한 연구들이다. 이들 선행연구들에 대해서는 메타평가의 모형은 물론 구체적 구성요소에 대해 면밀히 분석한다.

연구방법에 있어서는 모두 체제론적 접근법(systemic approach)[21]에 입각한 연구들이며, 문헌연구뿐 아니라 전문가 면접이나 설문조사를 병행한 경우가 많다. 연구내용 또한 매우 충실한 연구로 판단하였으며, 황병상·강근복, 이혜승 외, 홍성걸을 제외한 5인은 메타평가 연구로 박사학위를 취득한 사례이다.

김순남(2002)은 16개 시·도교육청 주관 학교평가에 대한 메타평가 준거를 개발하였다. 그는 실제 메타평가를 수행하는데 평가단계별 접근이 용이한 점에 착안하여 학교평가의 일반적 절차에 따라

---

21) 체제론적 접근법(systemic approach)은 체제를 기초로 분석하는 거시적인 접근방법이다. 여기서 체제(system)란 독립적이면서 상호의존적인 환경과 끊임없이 영향을 주고받는 실체를 의미한다. 이러한 체제는 환경으로부터 요구(demand)와 지지(support)라는 투입(input)을 받아 전환(conversion) 과정을 거쳐 산출(output)을 가져온다. 이러한 산출은 환경으로 보내지며 환류(feedback)를 통해 다시 체제로 투입됨으로써 계속적인 순환과정(투입-전환-산출-환류)이 반복된다고 본다.

[그림 1 – 2]와 같은 메타평가 모형을 제시하고, 각 단계별 메타평가 구성요소를 도출하였다.

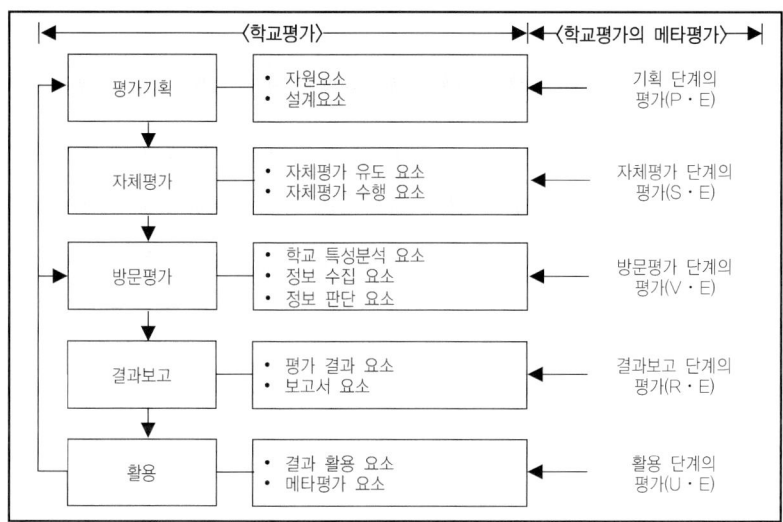

[자료] 김순남(2002). 여기서는 김순남(2003: 233) 참조.

[그림 1 – 2] 학교평가 PSVRU 메타평가 모형

이 모형은 학교평가의 기획(planning)단계부터, 자체평가(self – evaluation), 방문평가(visiting – evaluation), 결과보고(reporting), 그리고 활용(utilizing)단계까지 다섯 영역으로 나누고, 이를 'PSVRU 모형' 이라 명명하였다.[22)

문헌고찰을 통해 각 단계별 메타평가 구성요소(준거)[23)를 설정하

---

22) 김순남은 이후 '대학평가의 메타평가 준거 개발 연구'에서도 평가의 단계에 따른 접근법을 사용하여 기존의 PSVRU 모형 중 자체평가와 방문평가 사이에 서면평가단계(paper evaluating step)를 추가하여 대학평가의 PSPaVRU 모형을 제시하였다(김순남, 2006: 378)

23) 김순남은 메타평가의 구성요소를 준거라고 표현하고 있다. 이처럼 메타평가 구성요소에 대해서는 학자들마다 그 구분이나 표현을 달리하고 있다. 구성요소를 영역 – 요소 – 평가준거 – 항

고, 이에 대해 학교평가 전문가 10명의 검토와 학교평가 관계자를
대상으로 한 설문조사를 실시하여 <표 1-11>과 같은 최종안을
결정하였다. 개발된 메타평가 준거는 시·도교육청 학교평가 관계
자들을 대상으로 하는 설문조사에 적용되었다.

즉 평가관계자들이 Likert 5점 척도법에 따라 답변한 설문결과를
분석하여 각 준거별 점수를 산정함으로써 해당 준거에 문제가 있다/
없다는 식의 판단을 한다. 본서의 사례연구는 제목에서도 나타나는
바와 같이 타당성과 신뢰성이 높은 메타평가 준거를 개발하는 데
초점이 맞추어져 있어, 학교평가 현실에서 나타나는 주요 문제에
대한 심층분석은 이루어지지 않고 있다. 따라서 학교평가의 시스템
전반에 대한 개선방안 제시 역시 개괄적으로 다루고 있다.

〈표 1-11〉 학교평가 메타평가 구성요소

평가영역	평가항목	평가지표
P. 기획단계	평가자원	P1. 평가자 인력의 충족성 P2. 평가자 전문성 P3. 재정의 충족성
	평가설계	P4. 학교현황 진단의 적절성 P5. 목적 설정의 타당성 P6. 방법 설정의 적절성 P7. 준거의 타당성 P8. 준거판단 근거의 명확성 P9. 절차 설정의 적절성 P10. 연수 프로그램의 충실성
S. 자체평가단계	자체평가유도	S1. 자체평가 지원·조성의 적절성
	자체평가수행	S2. 자체평가 계획의 적절성 S3. 자체평가 참여의 적절성 S4. 자체평가의 정확성 S5. 자체평가 활용의 적절성
V. 방문평가단계	학교특성분석	V1. 서면평가의 적절성 V2. 학교특성 분석의 충실성
	정보수집	V3. 자료요구와 출처의 명확성 V4. 평가수행방법의 적절성 V5. 평가수행의 윤리성 V6. 자료수집의 충분성
	정보판단	V7. 평가의 객관성 V8. 평가의 공정성

목(김순남, 2002)으로 구분한 경우를 비롯해, 구성요소-항목-지표-체크리스트(박종수,
2003; 김태훈, 2006), 구성요소-세부평가항목(이찬구, 2004; 황병상·강근복, 2005),
구성요소-세부항목(이혜승 외, 2006), 상위구성요소-하위구성요소-세부내용(홍성걸,
2007), 평가요소-평가항목-평가지표(류영수, 2007) 등으로 다양하게 구분하고 있다. 본서
에서는 구성요소를 '평가영역-평가항목-평가지표'로 구분하여 사용한다.

평가영역	평가항목	평가지표
R. 결과보고단계	결과	R1. 평가결과의 신뢰성 R2. 학교 간 평정의 공정성
	보고서	R3. 보고서의 충실성
U. 활용단계	개선을 위한 활용	U1. 평가결과의 공개성 U2. 평가결과의 활용성 U3. 평가결과의 영향성
	메타평가	U4. 메타평가의 적절성

[자료] 김순남(2002). 여기서는 김순남(2003: 239) 참조.

박종수(2003)는 정보화추진위원회에서 실시하고 있는 정보화사업 외부평가를 대상으로 메타평가 모형 설계 및 적용에 관한 연구를 수행하였다. 기존의 연구개발사업에 대한 메타평가 분석틀을 근간 으로 하여 메타평가 모형을 설계하였으며, 특히 Stufflebeam의 메타 평가 체크리스트(checklist)를 응용하여 세부적인 평가항목 및 평가 지표와 체크리스트를 작성하였다.

이 모형은 [그림 1 - 3]과 같이 메타평가에 관한 접근법[24] 중 체 제론적 접근법에 입각하여 정보화사업 메타평가의 구성요소를 평 가상황(context), 평가투입(input), 평가수행(process), 평가결과(output), 그리고 평가활용(utilization) 등 다섯 영역으로 나누고, 각 영역의 첫 글자를 조합하여 'CIPOU 모형'이라 하였다.

---

24) 메타평가에 관한 접근법은 ① 정책평가의 기준을 원용하여 평가가 추구하는 가치(value)를 기준으로 하는 접근법, ② 평가가 수행되는 체제 및 절차를 기준으로 하는 체제론적 접근법 (systemic approach)으로 대별할 수 있다. 첫째, 가치를 기준으로 하는 접근법은 주로 미국 에서 널리 사용되고 있는 유형으로, 정책평가의 기준인 효율성·효과성 등에 근거해 메타평 가 구성요소를 설계하고 분석하는 접근법이다. 대표적인 예는 Joint Committee(1994)에서 제시한 유용성(utility)·실현가능성(feasibility)·타당성(propriety)·정확성(accuracy) 요소 를 들 수 있다. 국내에서는 김용훈(2003)이 적정성·성과지향성·객관성·비용효과성을 기 준으로 메타평가를 수행한 바 있고, 송희준·조택(2000)은 통합성·자율성·성과지향성· 결과활용성 기준을 사용한 바 있다. 둘째, 체제론적 접근법은 Larson & Berliner(1983)를 필두로, 국내의 거의 모든 메타평가 연구가 채택하고 있다.

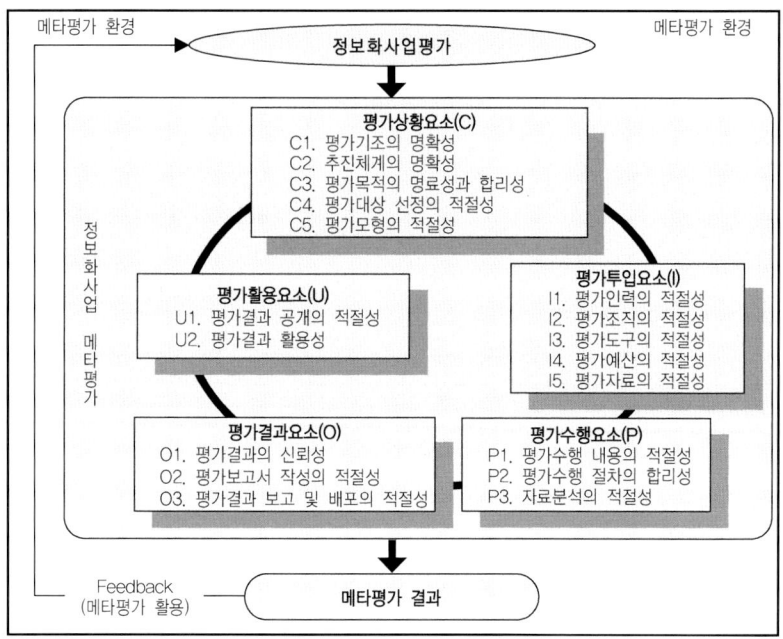

[자료] 박종수(2003: 121).

[그림 1-3] 정보화사업평가 CIPOU 메타평가 모형

　　체제론적 접근법에 따라 메타평가 모형을 도출한 그는 문헌연구를 토대로 작성된 메타평가 구성요소 초안을 대상으로 정책 및 평가 전문가, 정보화사업 평가담당자, 그리고 정보화사업 평가위원 등의 자문을 거쳤다. 이러한 과정을 통해 최종 확정된 메타평가 구성요소는 <표 1-12>와 같이 5개 평가영역, 18개 평가항목, 37개 평가지표, 그리고 108개의 체크리스트로 이루어졌다.

평가영역	평가항목	평가지표
C. 평가상황요소	평가기조의 명확성	① 평가동기의 명확성 ② 법적·제도적 근거의 명확성 ③ 평가에 대한 관심과 저항의 정도
	추진체계의 명확성	④ 평가주체와 객체의 명확성 ⑤ 평가 추진체계의 명확성 ⑥ 추진체계 간의 역할과 권한의 명확성
	평가목적의 명료성과 합리성	⑦ 평가목적의 명료성 ⑧ 평가목적의 합리성
	평가대상 선정의 적절성	⑨ 평가대상사업 선정기준의 적절성 ⑩ 평가대상사업 선정의 적절성
	평가모형의 적절성	⑪ 평가모형의 적절성 ⑫ 평가지표 구성의 적절성
I. 평가투입요소	평가인력의 적정성	① 평가자 선정기준의 적정성 ② 평가자 전문성과 평가인원의 적정성
	평가조직의 적정성	③ 평가조직의 제도화 ④ 평가조직의 중립성과 독립성
	평가도구의 적절성	⑤ 평가도구의 적절성 ⑥ 평가도구 이해의 용이성
	평가예산의 적정성	⑦ 평가예산 확보의 적정성 ⑧ 평가자 처우의 적정성
	평가자료의 적정성	⑨ 평가자료 제공의 적절성 ⑩ 자료접근의 용이성
P. 평가수행요소	평가수행 내용의 적정성	① 평가수행방법의 적정성 ② 평가기준(항목)의 적정성
	평가수행 절차의 합리성	③ 평가절차의 적합성 ④ 평가절차 및 일정의 준수
	자료분석의 적절성	⑤ 분석절차의 적절성 ⑥ 자료분석의 적절성
O. 평가결과요소	평가결과의 신뢰성	① 결론도출의 적정성
	평가보고서 작성의 적정성	② 보고서 작성의 기준 및 양식의 적정성 ③ 보고서 내용 및 체계의 적절성
	평가결과 보고 및 배포의 적정성	④ 평가결과 보고의 적정성 ⑤ 평가보고서 배포의 적정성
U. 평가활용요소	평가결과 공개의 적정성	① 평가결과 공개기준의 적절성 ② 공개범위의 적정성
	평가결과 활용성	③ 평가결과 활용기준의 적정성 ④ 평가결과 활용 정도

〈표 1-12〉 정보화사업평가 메타평가 구성요소

[자료] 박종수(2003: 124).

연구자 자신이 자료분석을 통해 정리한 사항을 기반으로 하고, 체크리스트 문항에 의한 설문조사결과를 반영하여 각 평가항목별로 점수를 부여하는 방식으로 메타평가를 실시하였다. 따라서 이 연구 역시 메타평가대상시스템의 구체적 문제분석보다는 메타평가 모형의 개발이 강조된 연구라 할 수 있다.

이찬구(2004)는 산업기술연구회의 사례를 중심으로 과학기술계 연구회의 기관평가에 대한 메타평가 연구를 수행하였다.

국내외 메타평가 모형을 비판적으로 검토하고 연구기관 평가의 성격을 고려하여 평가기조요소 추가, 기존의 구성요소 재분류, 평가 활용개념 확대 등을 강조한 모형을 고안하였다. 별도의 논리모형은 제시하지 않은 채, 연구의 분석틀인 메타평가 모형을 <표 1-13>과 같이 제시하였다.[25] 메타평가 모형 설계는 문헌연구 방법에 의존하였으며, 그 적용에 있어서는 평가편람 및 평가보고서 등의 2차 자료 분석과 관계자 면접을 병행하였다.

〈표 1-13〉 산업기술연구회 연구기관 평가 메타평가 구성요소

평가영역	평가항목	평가지표
평가기조	평가목적	① 평가목적의 합리성 및 타당성
	평가대상	② 평가대상의 적정성 및 합리성
평가자원	평가인력	① 평가인력의 충분성 및 우수성
	평가조직	② 평가조직의 기능적 적정성과 전문성
	평가정보	③ 평가정보의 양적/질적 충분성
평가수행	평가주기	① 평가주기의 적정성
	평가방법	② 평가방법의 적합성 및 타당성
	평가기준/지표	③ 평가기준/지표의 합리성

---

25) 이에 비해 1997년의 연구에서는 연구개발평가의 구성요소를 평가목적, 평가대상, 연구개발 평가의 기본요소, 연구개발평가의 지원요소, 평가활용으로 구분, 도식화한 개념모형을 제시한 바 있다(이찬구, 1997: 54). 그리고 연구개발사업의 메타평가 요소 및 세부 평가항목은 다음과 같이 제시하였다. 즉 평가기조요소에는 평가목적과 대상 외에 '평가유형'이 추가되었으며, 평가자원요소 중에는 평가인력 외에 '평가조직 및 규정'과 '평가예산 및 정보'로 구성하였다. 평가수행요소에는 큰 차이가 있다. 먼저 평가항목을 '수행내용'과 '수행절차'로 대별한 후, 수행내용의 세부평가항목으로 '평가주체 선정 및 구성의 합리성', '평가형태의 적절성', '평가방법의 적합성 및 타당성', '평가기준의 합리성', '평가지표 채택의 타당성'으로 세분하고, 수행절차는 '평가절차의 합리성', '평가과정의 독립성 및 공정성', '평가기간의 적정성'을 제시하였다(위의 논문: 72). 또한 평가활용 요소는 '평가보고서의 작성 및 배포'와 '평가결과의 활용'으로 구분하였다. 이를 통해 사업평가와 기관평가에 대한 메타평가 항목의 구성에 상당한 차이가 있음을 이해할 수 있다.

평가영역	평가항목	평가지표
평가활용	평가등급 산정	① 평가등급 산정의 합리성(상대평가 대 절대평가)
	결과활용 형태	② 도구적/개념적 활용 여부

[자료] 이찬구(2004: 409).

이 연구는 머리말에서 밝히고 있듯이 정책평가와 연구개발평가의 '이상적'인 관점에서 개별적인 평가요소들이 어느 정도의 합리성·적정성·효율성 등을 확보하고 있는지를 판단하기 위해 시도된 것이므로(이찬구, 2004: 407), 메타평가의 기본취지인 특정 평가에 대한 현실적 문제분석이나 실무적 활용에는 한계가 있다.

이를 보완하기 위해서는 연구기관 평가제도가 도입된 배경이나 입법취지 및 정부관련정책을 정확히 이해하고, 기관평가의 일반적인 기준을 충족하면서, 연구기관 평가의 고유한 특성을 반영할 수 있는 종합적인 접근이 필요하다.

황병상·강근복(2005)은 기초기술연구회의 평가사례에 대한 메타평가를 중심으로 정부출연연구기관 평가의 발전방안을 연구하였다. 이 연구에서는 기존의 연구결과를 활용하되 기관평가의 진행순서를 고려하여, 메타평가 구성요소를 <표 1 - 14>와 같이 평기기획·평가수행·평가결과 및 활용의 세 영역으로 구분, 제시하였다.

〈표 1-14〉 기초기술연구회 연구기관 평가 메타평가 구성요소

평가영역	평가항목	평가지표
평가기획	평가목적	① 평가목적의 적정성
	평가기획주체	② 평가기획주체의 일관성
	평가주기 및 평가편람	③ 평가주기의 타당성
		④ 평가편람 작성시기의 타당성
	평가항목 및 평가지표	⑤ 평가항목 및 평가지표의 일관성

평가영역	평가항목	평가지표
평가수행	평가조직 및 평가인력	① 평가조직 및 평가인력의 적정성
	평가정보	② 평가자료와 정보의 적정성
	평가절차	③ 평가절차의 합리성
평가결과 및 활용	평가결과	① 평가등급의 합리성
		② 보고서 작성의 충실성
	결과활용	③ 평가결과의 활용성

[자료] 황병상·강근복(2005: 127).

이 메타평가 모형에서는 기존 연구의 평가상황, 평가기조 또는 평가투입요소 중 기획과 관련되는 사항은 평가기획요소로 재분류하여 평가영역을 3개로 간소화하였으며, 출연연이라는 평가대상의 특성을 고려하여 '평가기획주체의 일관성', '평가항목 및 평가지표의 일관성' 등을 세부평가항목으로 채택한 점이 특징이다. 이 분석틀은 체제론적 접근법에 따라 문헌연구를 통해 도출되었고, 적용에 있어서는 자료분석과 연구기관 평가관계자 8명 및 평가위원 1명과의 면접이 사용되었다.

이혜승 외(2006)는 행정자치부 주관으로 실시되는 지방공기업 경영평가제도[26)에 대한 메타평가 연구를 실시하였다. 문헌연구결과를 기초로 [그림 1 - 4]와 같은 메타평가 모형을 제시하였다.

---

26) 지방공기업은 2006년 6월 현재 225개 지방직영기업 등 총 358개가 운영되고 있다. 이들 지방공기업의 세입은 28조 3,490억 원, 세출은 28조 5,170억 원으로 국가예산 202조 원의 약 14%에 달하는 규모이다. 이 중 2006년도 평가대상기관은 169개이다(이혜승 외, 2006: 1, 115).

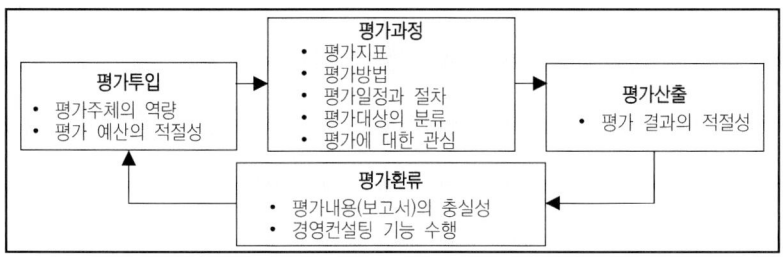

[자료] 이혜승 외(2006: 137).

[그림 1-4] 지방공기업 경영평가 메타평가 모형

이 연구는 투입-전환-산출-환류라는 체제론의 흐름과 지방공기업 경영평가의 진행과정이 유사하여 제도의 이해 및 단계별 문제점의 진단에 용이하다는 점에 근거하여, <표 1-15>와 같이 평가투입, 평가과정, 평가산출, 평가환류 등 네 영역으로 구분되는 메타평가 구성요소 및 세부항목을 결정하였다.

이러한 모형에 근거하고 문헌연구와 관계자 면접법을 사용하여 지방공기업 경영평가제도 전반에 대한 메타평가를 수행한 후 개선방안을 제안하였다.

〈표 1-15〉 지방공기업 경영평가 메타평가 구성요소

평가영역	평가항목	평가지표
평가투입	평가주체(조직·인력)의 역량	① 인적구성이 적절하고 전문성, 신뢰성, 객관성 있게 평가할 역량이 충분한가
	평가예산의 적절성	② 평가예산이 평가수행에 적절한 수준인가
평가과정	평가지표의 적절성	① 지표의 구체성, 타당성, 가중치의 객관성
	평가방법의 적절성	② 비계량 평가방법의 구체성, 평가군 비교방식의 공정성
	평가일정과 절차의 합리성	③ 평가일정과 절차가 합리적인 순환구조인가
	평가대상기관 분류의 적절성	④ 평가대상기관의 분류는 합리적인가
	평가에 대한 관심	⑤ 유사, 중복 평가로 인한 평가부담이 있는가
평가산출	평가결과의 적절성	① 평가등급 및 인센티브 부여체계가 공정한가
		② 성과급 규모가 적절한가

평가영역	평가항목	평가지표
평가환류	평가내용(보고서)의 충실성	① 평가보고서의 내용이 충실한가
		② 평가보고서가 충분한 정보를 전달하는가
	경영컨설팅 기능의 수행정도	③ 평가보고서와 평가위원이 경영컨설팅 기능을 수행할 수 있는가

[자료] 이혜승 외(2006: 139).

　　김태훈(2006)은 국립중앙극장의 사례를 중심으로 책임운영기관
사업성과평가에 대한 메타평가 연구를 수행하였다. 책임운영기관평
가에 대해 최초로 메타평가를 시도한 그는 관련 문헌 검토와 평가
전문가를 대상으로 한 토의 및 면접을 통해 [그림 1 - 5]와 같은 메타
평가 모형을 제안하였다.

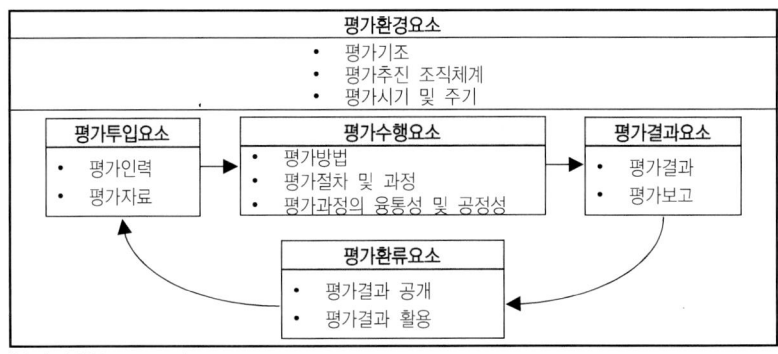

[자료] 김태훈(2006: 109).

[그림 1 - 5] 책임운영기관평가 메타평가 모형

　　이 연구 역시 체제론적 접근법에 따라 메타평가의 구성요소를
평가환경·평가투입·평가수행·평가결과·평가환류로 구분한 후,
<표 1 - 16>과 같은 세부항목을 제시하였다.

　　구성요소를 12개 평가항목, 31개 평가지표로 구분한 뒤, 각 평가

항목별로 6개씩의 체크리스트를 작성, 총 72개의 체크리스트를 통해 메타평가를 실시하였다. 체크리스트 방식에 따라 수행된 이 연구는 평가제도 전반에 걸친 여러 문제점을 폭넓게 점검하는 장점이 있는 반면, 점검항목이 너무 많고 핵심 문제가 무엇인지 파악하기 어려우며, 특히 문제에 대한 심층분석이 어렵다는 한계를 지니고 있다.

〈표 1-16〉 책임운영기관평가 메타평가 구성요소

평가영역	평가항목	평가지표
평가환경 요소	평가기조	① 평가의 법적·제도적 근거 ② 평가목적의 합리적 타당성 ③ 평가규정의 유무 및 내용적 적절성 ④ 평가에 대한 관심과 저항 정도
	평가추진 조직체계	⑤ 평주체와 객체의 명확성 ⑥ 평가조직 선정의 공정성 ⑦ 평가조직의 기능적 적정성 ⑧ 평가조직의 법적·제도적 근거
	평가시기 및 주기	⑨ 평가시기의 적절성 ⑩ 평가시간의 충분성
평가투입 요소	평가인력	① 평가인력 선정기준의 적정성 ② 평가인력의 질적 전문성 ③ 평가인력의 양적 충분성
	평가자료	④ 평가자료의 적절성 ⑤ 평가자료의 신뢰성
평가수행 요소	평가방법	① 평가방법의 적정성 ② 평가모형의 적절성 ③ 평가지표의 적절성
	평가절차 및 과정	④ 평가절차의 적합성 ⑤ 평가절차 및 일정의 준수
	평가과정의 융통성 및 공정성	⑥ 평가과정의 융통성 ⑦ 평가과정의 공정성
평가결과 요소	평가결과	① 평가결과 도출의 민주성 ② 평가결과 및 점수의 적정성
	평가보고	③ 평가내용의 충실성 ④ 평가보고의 적정성
평가환류 요소	평가결과 공개	① 평가결과 공개의 적절성 ② 평기결과 공개범위의 적정성 ③ 평가결과의 보안성
	평가결과 활용	④ 평가결과의 활용성 ⑤ 평가결과 활용의 법적·제도적 보장성

[자료] 김태훈(2006: 112-117).

홍성걸(2007)은 국가과학기술위원회의 특정평가를 주요 분석대상으로 하여 국가연구개발사업 평가시스템[27]에 대한 메타평가 연구

---

27) 국가연구개발사업은 과학기술기본법에 따라 조사·분석·평가를 받도록 되어 있으며, 2005년도의 대상은 총 402개 사업, 약 7조 8,000억 원 규모이다. 이 중 사업기간 10년 이상·사업규모 500억 원 이상인 장기/대규모사업, 중복조정/연계사업, 다수부처 공동사업 등에 대

를 수행하였다. 국내외의 메타평가 선행연구를 종합적으로 검토한 후, 연구개발사업 평가시스템에 적용할 메타평가 모형을 <표 1-17>과 같이 제시하였다.

이 모형은 체제론적 접근법에 입각하여 평가환경·평가투입·평가실행·평가효과 등 4개 범주로 나누고, 각각의 하위구성요소와 세부내용을 설정하였다. 특히 평가체제는 그것에 영향을 주는 평가환경이 제공하는 과업환경을 토대로 평가투입과 평가실행 및 평가효과 등의 제반 활동이 영향을 받게 된다는 점에 착안하여 평가환경요소를 강조하였다.

〈표 1-17〉 연구개발사업평가 메타평가 구성요소

평가영역	평가항목	평가지표
평가환경	평가배경	① 평가취지
	평가대상사업환경	② 사업의 특성 ③ 사업실시자의 특성
	평가목표	④ 평가목표의 타당성
평가투입	평가조직	① 평가조직의 독립성과 기능적 적정성
	평가인력	② 평가인력의 양적 충분성과 질적 우수성
	평가예산	③ 평가예산의 적정성
	평가주기와 시간	④ 평가주기와 시간의 충분성과 적정성
평가실행	평가방법	① 과학적 방법과 비과학적 방법(실험설계와 비실험설계)
	평가대상추출	② 평가대상 선정의 적정성
	평가기준(평가지표)	③ 평가지표의 적합성
	평가절차	④ 평가절차의 적합성
	평가자료 수집방법	⑤ 평가자료의 양적·질적 충분성(양적 자료와 질적 자료)
	평가분석방법	⑥ 평가분석방법의 적절성(양적 분석과 질적 분석)
평가효과	평가결과	① 평가등급 산정의 합리성 ② 평가보고서 산출과 정책제안
	평가결과환류	③ 평가결과 활용

[자료] 홍성걸(2007: 30).

해서는 국가과학기술위원회에서 '특정평가'를 실시하고, 그 외의 사업에 대해서는 각 부처 및 연구회에서 자체평가를 실시하고 있다(홍성걸, 2007: ⅰ).

개발된 메타평가 모형을 기초로 평가보고서 등 관련 문헌을 검토하고 평가위원들에 대한 면접을 통해 메타평가대상시스템의 문제점을 체계적으로 분석, 개선방안을 도출하였다. 특정평가 관련 전문가들과의 연구협력과 선진국 사례에 관한 벤치마킹을 병행하여 실현가능한 개선방안 도출에 주안점을 두었다.

류영수(2007)는 기술영향평가의 메타평가 모형 개발 및 적용에 관한 연구를 수행하였다. 그는 기술영향평가의 분석틀로서 메타평가의 모형은 어떠해야 하는가를 핵심 연구문제로 설정하고, 평가활동을 평가목표와 연계하여 [그림 1-6]과 같은 메타평가 모형을 고안하였다.

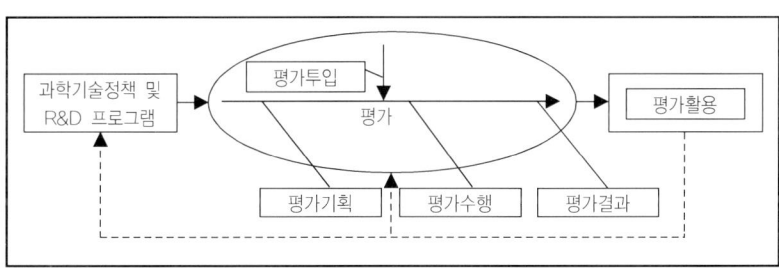

[자료] 류영수(2007: 66).

[그림 1-6] 기술영향평가 PIPOU 메타평가 모형

연구자는 기술영향평가를 평가기획(planning), 평가투입(input), 평가수행(process), 평가결과(output), 평가활용(utilization) 등 5단계의 순환과정으로 파악하고, 이를 'PIPOU 메타평가 모형'이라 명명한 후, <표 1-18>과 같이 세부구성요소를 제시하였다.

이 모형은 평기체계 및 권리에 중점을 두고 평가요소를 구별한 것으로, 모형 개발에 있어서는 이론적 논의를 통한 자료 분석을 거쳐 메타평가 지표(안)를 도출하고, 이의 검증에는 델파이 조사를 사용하였다. 총 3차례에 걸친 전문가 델파이 조사를 통해 메타평가 지표의 타당성을 지속적으로 제고시킨 연구 방법은 국내에서 처음으로 시도된 것으로서 그 의의가 크다.

한편, 기술영향평가에 대한 메타평가 결과분석은 설문조사를 주요 수단으로 하고 해외사례 비교와 면접조사 및 관찰결과를 반영하여 수행되었다. 이 연구도 특정 평가시스템에 대한 구체적인 문제분석 및 개선방안 제시보다는 메타평가 모형 개발에 강조점이 두어진 연구라 할 수 있다.

〈표 1-18〉 기술영향평가 메타평가 구성요소

평가영역	평가항목	평가지표
P. 평가기획	평가목표의 적합성	P1. 평가목표의 명확한 제시 여부 P2. 평가목표의 기술영향평가 가치 부합 여부
	평가설계의 타당성	P3. 이해관계자 및 수요파악 정도 P4. 실천전략의 구체화 정도 P5. 적합한 평가모형 선택 여부 P6. 평가주체들 간 역할분담의 명확 여부 P7. 평가제도의 완비 정도
	대상기술의 적정성	P8. 대상기술의 정보 분석 정도 P9. 대상기술 선정 집단의 다양성 정도 P10. 대상기술 선정기준의 적용 여부 P11. 대상기술의 우선도 P12. 대상기술의 수준과 범위
I. 평가투입	평가인력의 적정성	I1. 평가자의 수 I2. 평가자의 전문성 확보 정도 I3. 평가기관 담당인력의 전문성 확보 정도
	평가조직의 적합성	I4. 평가조직(기관)의 평가기능 부합 여부 I5. 평가조직(기관)의 제도적 독립 여부
	평가예산의 적절성	I6. 평가예산의 규모 I7. 평가예산의 안정적 지원 여부
	평가자료의 충실성	I8. 평가자료의 양적 확보 I9. 평가자료의 핵심내용 포함 여부 I10. 평가자료의 객관성·균형성 유지 I11. 평가자료의 적기 제공 여부
P. 평가수행	평가방법의 적합성	P1. 평가기준의 평가목표 달성 가능도 P2. 양적·질적 평가방법 활용 정도 P3. 평가형태(외부평가)의 적정 여부 P4. 평가자(팀) 구성의 균형 여부
	평가과정의 적절성	P5. 평가기간의 부여 정도 P6. 평가절차의 일관성 유지 정도 P7. 평가교육의 실시 정도 P8. 이해관계자 간 의사소통 정도 P9. 평가자들의 균형 유지 정도

평가영역	평가항목	평가지표
O. 평가결과	평가보고서 의 신뢰성	O1. 기술에 대한 기술(記述)의 정확도 O2. 평가결과의 균형 정도 O3. 정책대안의 실현 가능도 O4. 평가결과의 합의 정도
	평가보고서 의 유용성	O5. 평가보고서 정보의 수요자요구 부합 정도 O6. 평가보고서의 체계 정도 O7. 평가보고서의 이해 가능도
	평가결과보 고의 충실성	O8. 평가보고서의 수요자 제공 정도 O9. 평가보고서의 적기 제공 여부
U. 평가활용	평가결과의 활용성	U1. R&D 프로그램의 중단·보완 반영 정도 U2. R&D 프로그램 관련자의 인식 정도 U3. 평가정보의 평가시스템 개선 활용 정도 U4. 정책반영장치 구비 정도
	평가결과의 확산성	U5. 일반대중의 평가결과 관심도 U6. 일반대중의 평가결과 이해도 U7. 일반대중 접근매체 구비 정도

[자료] 류영수(2007: 129).

3. 메타평가 선행연구결과 종합

국내외 선행연구를 통해 메타평가의 구성요소에 관해 자세히 살펴보았다. 메타평가는 학문적·이론적 측면보다 정책적·실무적 측면이 강조되는 본질적 특성으로 인해, 실제 사례에 적용된 선행연구의 고찰이 특히 중시되는 연구분야이다. 선행연구결과를 종합하면 메타평가의 개념과 목적에 대한 정확한 이해는 물론, 메타평가 모형의 구성요소, 메타평가방법론 등에 대한 시사점을 파악할 수 있다.

메타평가는 평가결과의 활용 미흡이 직접적 원인이 되어 등장하였다. 평가결과의 활용 미흡과 그에 따른 평가의 기능에 대한 의문이 확산되면서 평가에 대한 평가, 즉 메타평가가 등장했다는 사실은 메타평가를 이해하는 열쇠이다. 따라서 메타평가의 기본적 목적은 평가실제의 개선을 통한 평가결과의 활용성 제고에 있다.

오늘날 메타평가는 평가결과의 종합이나 총괄적 평가에 대한 평가에 한정되는 것이 아니라 평가시스템 전반에 대한 포괄적 평가로 이해되고 있다. 이에 따라 메타평가방법론 역시 체제론적 접근법을 근간으로 한다. 이를 세분하면 평가의 환경부터 투입·전환·산출·환류까지 체제의 기본요소에 따른 접근과 평가의 기획부터 수행·결과·활용까지 업무단계에 따른 접근 그리고 그 혼합형으로 나눌 수 있다.

메타평가의 주된 목적이 평가의 문제를 찾아내어 이를 개선하는데 있다는 점을 고려할 때 체제론적 접근이 유용성이 높다. 특히 대상업무의 포괄성과 평가내용의 다원성을 핵심적 개념요소로 하는 '기관평가'에 대한 메타평가에서는 그 설득력이 더욱 커진다고 할 수 있다. 다만 평가대상의 범위나 특성을 고려하여 획일적인 체제론적 접근법에서 탈피하는 시각이 필요하다.

선행연구결과를 종합할 때, 메타평가 모형의 구성요소에는 공통점과 차이점이 있음을 알 수 있다. 구성요소 중 상위요소에서는 공통점을 묶어 낼 부분이 많으나, 하위요소로 갈수록 차이점이 커진다는 것을 확인할 수 있다. 따라서 메타평가 모형의 설계는 메타평가 구성요소에 대한 공통적 사항에 대한 이해를 바탕으로, 평가대상의 고유한 특성을 반영할 수 있는 하위구성요소를 선정하는 것이 관건이라 하겠다. 즉 메타평가목적 및 대상에 적합한 상위구성요소(평가영역)를 결정한 후, 그 하위요소인 평가항목이나 평가지표의 설정 시에는 평가대상의 특성 반영에 유의해야 한다.

앞에서 살펴본 국내외 주요 선행연구 중 체제론적 접근법에 입각한 메타평가 사례의 평가영역(상위구성요소)을 종합하면 <표 1-19>와 같다.[28]

연구자(시기)	환경영역	투입영역	과정영역	산출영역	환류영역
Larson & Berliner (1983)	–	투입(inputs)	과정(process)	결과(outcomes)	–
Sida(2004)	초기고려사항	평가과업준비	평가연구단계	보고 및 보급	반응관리
UNEG(2005b)	제도적 틀 등*	역량 및 윤리	평가수행	평가보고서	–
OECD/DAC (2006)	근본적 이유 등**	평가방법론 등***	독립성 등****	완결	평가결과의 적절성
김순남(2002)	기획		자체평가/ 방문평가	결과보고	활용
박종수(2003)	평가상황	평가투입	평가수행	평가결과	평가활용
이찬구(2004)	평가기조	평가자원	평가수행	–	평가활용
황병상·강근복(2005)	평가기획		평가수행	평가결과 및 활용	
이혜승 외(2006)	–	평가투입	평가과정	평가산출	평가환류
김태훈(2006)	평가환경	평가투입	평가수행	평가결과	평가환류
홍성걸(2007)	평가환경	평가투입	평가실행	평가효과	
류영수(2007)	평가기획	평가투입	평가수행	평가결과	평가활용

[주] 생략된 부분의 본래 표현: 1. '제도적 틀 및 평가기능관리' 2. '근본적 이유, 목적 및 목표', '평가범위', '상황' 3. '평가방법론', '정보원' 4. '독립성', '평가윤리', '품질보증'

체제론적 접근법에 입각한 주요 선행연구의 메타평가 평가영역 분류는 [그림 1-7]에서 정리한 바와 같이 네 가지 유형으로 대별할 수 있다. 이는 체제론적 접근법의 기본요소인 '환경-투입-과정-산출-환류' 중 '과정(수행)'을 기준으로 이선 단계나 이후 단계 중 어느 한 단계에 변화를 주는 경우와 양쪽 모두 변경하는 경우로 요약할 수 있다.

---

28) 메타평가 구성요소들 간의 공통점과 차이점을 명확히 식별하기 위해 평가영역별 하위구성요소의 분류는 체제론적 접근법의 기본요소에 따라 구분하였다. 즉 환경(상황, 기조, 기획 등), 투입(과업순비, 방법론, 자원 등), 과정(수행 등), 산출(결과 등), 환류(반응관리, 활용 등)로 구분하여 정리하였다. 따라서 이러한 기본요소를 모두 갖춘 연구에 대해서는 연구자의 분류에 따랐고, 그렇지 않은 경우에는 내용분석을 통해 재분류하였다.

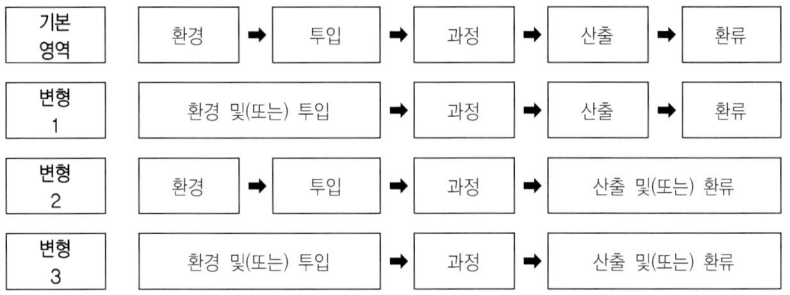

[그림 1-7] 체제론적 접근법에 입각한 메타평가 평가영역 분류 유형

<표 1-19>의 선행연구를 대상으로 정리하면, 기본영역을 모두 포함한 연구(Sida, 2004; OECD/DAC, 2006; 박종수, 2003; 김태훈, 2006; 류영수, 2007)가 5건으로 가장 많고, 환경 및 투입을 통합하거나 그중 어느 한 요소만 구성한 연구(김순남, 2002; 이혜승 외, 2006)가 2건, 산출 및 환류에 변경을 가한 연구(UNEG, 2005b; 이찬구, 2004; 홍성걸, 2007)가 3건, 그리고 양쪽 모두 변경한 연구(Larson & Berliner, 1983; 황병상·강근복, 2005)가 2건이다.

이들 선행연구를 통해 상위평가요소(평가영역)의 분류에 있어서 몇 가지 공통점이 있음을 알 수 있다.

첫째, 과정영역을 제외하는 선행연구는 없으며, 평가과정이라는 표현 대신 '평가수행'이라는 용어가 널리 쓰이고 있다. 이는 메타평가 연구에서 평가수행에 대한 평가가 몸통에 해당함을 의미한다.

둘째, 투입영역을 따로 분류하지 않는 경우도 예외적이다. 업무수행단계를 기준으로 하여 환경과 투입을 합쳐 기획영역으로 분류한 경우(김순남, 2002; 황병상·강근복, 2005)가 이에 해당한다. 이경우 구성요소 간 개념충돌이 일어날 수 있음에 유의해야 한다. 기획내용에는 환경과 투입뿐 아니라 수행이나 결과 및 환류에 관한 것도 포함되기 때문이다. 예컨대 앞의 연구 중 평가조직 및 평가인력의 적정성을 평가수행영역하에 구분한 경우가 있으나, 이 역시 평가기획에서 다룰 수 있는 사항이며, 평가결과활용마저도 기획단계에서 어떻게 정하느냐에 따라 좌우될 수 있다.

셋째, 산출에서는 '평가결과'라는 용어 사용이 일반적이며 평가결과와 환류 영역을 통합하여 하나의 평가영역으로 하는 사례도 적지 않다. 다른 시스템과는 달리 평가시스템의 경우 산출물이 평가보고서로 한정되고, 환류는 결과활용이 핵심이기 때문으로 보인다.

끝으로 환경이나 환류영역에서는 다양한 용어들이 혼용되고 있다. 이는 연구자의 의도를 적절히 표현할 수 있는 상징적 용어의 선택에 따른 결과일 뿐 본질적으로는 각기 환경 및 환류와 동일한 의미를 지니고 있다 하겠다.

메타평가의 평가영역을 어떻게 구분할 것인지는 메타평가의 목적과 대상 및 방법 등을 종합적으로 고려하여 판단할 사항이다. 하지만 가능하면 간단한 유형으로 결정해야 한다. 왜냐하면 메타평가의 기본목적이 평가결과의 활용성 제고에 있으므로 구성요소가 간단하면 할수록 그 적용이 용이할 것이기 때문이다.

그런데 메타평가의 평가영역 구분이 동일한 경우에도 하위구성요소, 즉 평가항목이나 평가지표의 구성에서는 많은 차이점이 발견된다. 선행연구를 종합해 볼 때, 하위구성요소들의 선정이나 분류에는 공통점보다 차이점이 더 두드러진다. 심지어 지극히 자의적인 분류마저 확인된다. 주요 선행연구의 메타평가 구성요소가 각 평가영역별로 어떻게 설정되어 있는지를 비교하면 <표 1 - 20>과 같다.

<표 1-20>을 통해 메타평가 구성요소의 공통점과 차이점을 파악할 수 있다. 또한 메타평가 평가영역의 분류나 하위구성요소의 분류 역시 일반적인 공통점과 각 평가대상에 따른 고유한 특성이 반영되고 있음을 확인할 수 있다.

〈표 1-20〉 주요 선행연구의 메타평가 구성요소 비교

구성요소 연구자	환경	투입	과정	산출	환류
Larson & Berliner (1983)	–	예산, 기간, 평가자 특성, 사업 특성, 평가방법론, 평가설계, 평가목적, 기존자료	이해관계자, 이용자 반응, 과정상 환류, 평가자원 할당, 평가설계의 적응성, 평가보고서 검토	지원·재지원·수정·폐지 결정, 사업과정 수정 결정, 참여형태 변화 결정, 평가후속연구	–
Scriven (2007)	〈기반〉배경·상황, 기술·정의, 소비자, 자원, 가치	–	〈하위평가〉과정, 결과, 비용, 비교, 일반화 가능성	〈결론 및 함의〉종합, 권고·설명, 책임·정당화, 보고서·지원, 메타평가	–
Joint Committee (1994)	이해관계자 확인, 가치의 확인, 정치적 실행가능성, 서비스 지향성, 공식적 협정, 목적 및 절차, 상황분석	평가자 신뢰성, 정보의 범위, 비용효과성, 재정적 책임, 문헌조사, 타당한 정보	실질적 절차, 인간적 상호작용, 공정한 사정, 이해 충돌, 정보의 분석	보고서 명료성, 보고서 적시성 및 보급, 정당한 결론, 공평한 보고	평가 영향, 결과의 공개, 메타평가
Sida (2004)	〈초기고려사항〉이해관계자의 고려, 평가목적의 정의, 평가관리조직의 설치	〈평가과업준비〉개입의 검토, 평가질문 공식화, 사전평가연구, 평가비용 추정, 관련 용어 기술, 평가자 선정	〈평가연구단계〉개시 단계, 평가자 지원 단계	〈보고 및 보급〉보고서초안 점검, 이해관계자 의견 반영, 평과결과 보급, 평가보고서 발간	〈반응관리〉관리해야 할 반응의 공식화 지원, 협력 파트너와의 대화 촉진

구성요소 연구자	환경	투입	과정	산출	환류
UNEG (2005b)	〈제도적 틀 등〉 제도적 틀, 평가 정책, 평가계획, 평가 환류 체계, 공개정책, 전문 적 표준, 평가 가이드라인, 내외부의 수요	〈역량 및 윤리〉 평가관계자, 평 가 역량, 교육적 배경, 실무경험, 전문 지식, 성실 성·정직, 보안 성 유지, 결과 책임성	〈평가수행〉 설계, 과정, 평가팀 구성, 실행, 보고, 환류	–	–
OECD/DAC (2006)	〈근본적 이유 등〉 평가의 근본적 이유, 평가목적, 평가목표, 평가 범위, 개입논리, 평가기준, 평가 질문, 정책상황, 제도적 상황, 사 회·정치적 상 황, 이행 협정	〈평가방법론 등〉 사용방법론, 결 과사정 방법, 이 해관계자 고려, 표본(sampling), 평가팀, 정보의 투명성, 정보의 신뢰성 및 정확 성	〈독립성 등〉 평가자 독립성, 공개적 평가과 정, 전문적·윤 리적 평가수행, 평가팀 내 의견 차이 인정, 이해 관계자 의견 반 영, 품질관리	〈완결〉 평가 질문에 부합하는 결론, 분석의 명료성, 결론·권고·교 훈 간의 구별, 요약의 명료성 및 대표성	〈평가결과의 적절성〉 평가결과 공식 화, 시간 및 예 산 배정과 연계, 권고 및 교훈, 평가의 활용
김순남 (2002)	〈기획〉 평가자원, 평가설계		〈자체/방문평가〉 자체평가 유도, 자체평가 수행, 학교특성분석, 정보수집, 정보 판단	〈결과보고〉 결과, 보고서	〈활용〉 개선을 위한 활용, 메타평가
박종수 (2003)	〈평가상황〉 평가기조, 추진 체계, 평가목적, 평가대상 선정, 평가모형	평가인력, 평가조직, 평가도구, 평가예산, 평가자료	〈평가수행〉 평가수행 내용, 평가수행 절차, 사료문석	〈평가결과〉 평가결과 신뢰 성, 평가보고서 작성, 평가결과 보고 및 배포	〈평가활용〉 평가결과 공개, 평가결과 활용성
이찬구 (2004)	〈평가기조〉 평가목적, 평가대상	〈평가자원〉 평가인력, 평가조직, 평가정보	〈평가수행〉 평가주기, 평가방법, 평가기준/지표	–	〈평가활용〉 평가등급 산정, 결과활용 형태

〈계속〉

구성요소 연구자	환경	투입	과정	산출	환류
황병상· 강근복 (2005)	〈평가기획〉 평가목적, 평가기획주체, 평가주기 및 평가편람, 평가항목 및 평가지표		〈평가수행〉 평가조직 및 인력, 평가정보, 평가절차	〈평가결과 및 활용〉 평가결과, 결과활용	
이혜승 외 (2006)	−	평가주체(조직 ·인력) 역량, 평가예산	평가지표, 평가 방법, 평가일정· 절차, 대상기관 분류, 평가관심	평가결과의 적절성	평가내용(보고 서) 충실성, 경 영컨설팅 기능 수행 정도
김태훈 (2006)	평가기조, 평가추 진조직 체계, 평가 시기 및 주기	평가인력, 평가자료	〈평가수행〉 평가방법, 평가 절차·과정, 평가 과정 융통성 및 공정성	〈평가결과〉 평가결과, 평가보고	평가결과 공개, 평가결과 활용
홍성걸 (2007)	평가배경, 평가대 상사업 환경, 평가 목표	평가조직, 평가 인력, 평가예산, 평가주기와 시간	〈평가실행〉 평가방법, 평가 대상추출, 평가 기준, 평가절차, 평가자료 수집방 법, 평가분석방법	〈평가효과〉 평가결과, 평가결과환류	
류영수 (2007)	〈평가기획〉 평가목표의 적합 성, 평가설계의 타 당성, 대상기술의 적정성	평가인력의 적정 성, 평가조직의 적합성, 평가예 산의 적절성, 평 가자료의 충실성	〈평가수행〉 평가방법의 적합 성, 평가과정의 적 절성	〈평가결과〉 평가보고서의 신뢰성, 평가보 고서의 유용성, 평가결과보고 의 충실성	〈평가활용〉 평가결과의 활용성, 평가결과의 확산성

[주] 1. 〈 〉는 연구자가 구분한 상위구성요소 명칭이며, 〈 〉가 없는 경우 이 표의 상위구성요소, 즉 환경·투입·과정·
산출·환류 명칭과 동일. 다만 실제 표기에 있어서 모든 국내 연구자들은 환경은 '평가환경', 투입은 '평가투입'
등으로 평가를 추가하고 있음.
2. 하위구성요소는 연구자가 사용한 명칭 및 항목을 그대로 제시하되, 절차를 기준으로 하지 않은 Joint
Committee의 경우 내용분석을 통해 재분류함.

제2장
연구기관 평가제도 이해

연구기관 평가제도를 제대로 이해하기 위해서는 먼저 연구기관, 즉 정부출연연구기관[29])에 대한 이해가 선행되어야 한다. 본서에서 제시하는 사례연구의 대상이 되는 연구기관이란 정부출연연구기관, 그중에서도 경제·인문사회연구회 소관 연구기관을 말한다. 따라서 연구기관 평가제도에 관해 논의하기 전에 평가의 대상이 되는 연구기관, 특히 경제·인문사회연구회 소관 연구기관에 대한 이해가 필요하다.

메타평가는 어떤 평가에 대해 다시 평가할 것을 요구하는데, 본서에서는 메타평가의 대상이 되는 평가로 경제·인문사회연구회 소관 연구기관 평가제도를 상정하고 있다. 즉 경제·인문사회연구회 소관 연구기관 평가제도를 대상으로 메타평가 모형을 설계하고 이를 적용한 후 개선방안을 모색하는 과정을 통해 메타평가 전반을 설명하고자 한다. 따라서 메타평가 모형을 설계하고 적용하기 전에 메타평가의 대상이 되는 '연구기관'과 '연구기관 평가제도'에 대한 정확한 이해가 선행되어야 하는 것이다.

---

29) 흔히 '국책연구기관'이라는 용어가 널리 사용되고 있으나 법률적 용어는 '정부출연연구기관'이다. 1999년 제정된 '정부출연연구기관등의설립·운영및육성에관한법률(법률 제5733호, 이하 '출연연법'이라 한다)' 및 2004년 제정된 '과학기술분야 정부출연연구기관등의설립·운영및육성에관한법률(법률 제7219호, 이하 '과기분야 출연연법'이라 한다)'에서 "정부가 출연하고 연구를 주된 목적으로 하는 기관을 정부출연연구기관"으로 정의하고 있다. 본서에서는 '정부출연연구기관'이라는 용어 사용을 원칙으로 하되, 법령 및 학계의 용례에 따라 '연구기관'이나 '출연연'이라는 약칭을 함께 사용한다.

한편, 한국의 정부출연연구기관 관리체제는 1999년 연구회체제[30]로 개편되었다. 1966년 출범한 한국과학기술연구원을 효시로, 각 부처별 정책수요에 따라 설립된 연구기관들은 주무 부처의 관리감독하에 운영되었다. 그러나 부처의 관리 통제를 받는 체제하에서는 연구기관의 독립성과 자율성이 제한될 수밖에 없고, 그 결과 연구결과의 객관성이나 공정성에 대한 의문 등 여러 문제점들이 지속되어 왔다. 이에 따라 새로운 환경 변화에 대응하고 제반 문제점들을 해소하여, '합리적인 국가연구체제의 구축과 연구기관의 경영 합리화 및 발전을 도모함을 목적으로' 1999년 연구회체제가 출범하였다(출연연법 제1조). 이러한 체제하에 운영되고 있는 정부출연연구기관은 크게 경제인문사회분야 연구기관과 과학기술분야 연구기관으로 대별할 수 있다.

따라서 여기서는 먼저 정부출연연구기관의 전반적 개황을 살펴본 후 정부출연연구기관의 발전경과를 개괄하고, 본서의 사례연구 대상인 경제·인문사회연구회 소관 연구기관 현황에 대해서는 좀 더 구체적으로 알아본다. 즉 경제·인문사회연구회 소관 연구기관 개요에 이이, 이를 지도·관리하는 경제·인문사회연구회의 조직 및 기능, 연구기관과 정부와의 관계에 대해 고찰한다.

---

30) 연구회체제는 1999년 1월 29일 제정된 '출연연법'에 의해 3월 15일 출범하였다. 동 법률은 국무총리 산하에 '경제사회연구회', '인문사회연구회', '기초기술연구회', '산업기술연구회', '공공기술연구회' 등 5개 연구회를 설립, 각 소관 연구기관을 지도·관리하도록 하였다. 2004년 9월 23일 '과기분야 출연연법'을 제정, 과기분야 3개 연구회 및 연구기관의 감독권을 과학기술부장관에게 이관하였다. 2005년 5월 31일 출연연법의 일부개정(법률 제7573호)에 따라 2005년 7월 1일 경제사회연구회와 인문사회연구회가 통합된 '경제·인문사회연구회'가 출범하였다. 이후 정부조직법의 전부개정에 따라 2008년 2월 29일 출연연법도 일부개정(법률 제8852호) 되었고, 과기분야의 경우 공공기술연구회가 폐지되고 '기초기술연구회'는 교육과학기술부로, '산업기술연구회'는 지식경제부로 이관되어 2008년 3월 재출범하였다. 본서에서 사용하는 '연구회'라는 약칭은 '경제·인문사회연구회'를 말한다.

1. 정부출연연구기관 개황

한국의 정부출연연구기관은 2007년 7월 현재를 기준으로 할 때
총 4개 연구회 산하의 43개 연구기관에서 총 1만여 명의 임직원이
3조 2,600억 원에 달하는 예산을 집행하는 규모로 운영되고 있다.
이를 정리하면 <표 2-1>과 같다.

먼저 경제인문사회분야 연구기관은 '출연연법'에 따라 경제·인문
사회연구회의 지도·관리를 받으며 국무총리가 감독관청이다. 소관
연구기관 수는 23개로 전체 출연연 수의 53.5%에 달한다. 인력
규모는 2,719명으로 출연연 전체의 25.5%, 예산 규모는 497,372백만
원으로 전체의 15.2%를 차지하고 있다.

〈표 2-1〉 정부출연연구기관 인력 및 예산 현황

구 분	연구기관 규모		인력 규모		예산 규모	
	수(개)	비율	수(명)	비율	금액(백만 원)	비율
경제·인문사회연구회	23	53.5	2,719	25.5	497,372	15.2
- (경제사회연구회)*	14	32.6	1,877	17.6	307,238	9.4
- (인문사회연구회)*	9	20.9	842	7.9	190,134	5.8
과학기술분야 연구회	20	46.5	7,924	74.5	2,765,324	84.8
- 기초기술연구회	5	11.6	1,188	11.2	367,644	11.3
- 산업기술연구회	6	14.0	2,873	27.0	1,135,600	34.8
- 공공기술연구회	9	20.9	3,863	36.3	1,262,080	38.7
합 계	43	100	10,643	100	3,262,696	100

[자료] 공공기관 경영정보 공개시스템 게시자료를 종합하여 정리(2007. 7.)
[주] 구분의 ( )는 경제·인문사회연구회 소관 연구기관을 기존의 경제사회연구회 및 인문사회연구회의 소관 연구기관
기준에 따라 분류한 것임.

한편 과학기술분야 연구기관은 연구회체제가 출범하던 1999년에

는 경제인문사회분야와 동일한 법률의 적용을 받았으나, 2004년 9월 '과기분야 출연연법'의 제정에 따라 감독관청이 부총리인 과학기술부장관으로 변경되었다. 이후 2008년 2월 정부조직법의 전부개정에 따라 과기분야 출연연법도 개정되어 공공기술연구회는 폐지되고, 기초기술연구회는 교육과학기술부장관으로, 산업기술연구회는 지식경제부장관으로 감독관청이 변경되었다. 과학기술분야 연구기관은 모두 20개로 전체 출연연의 46.5%에 해당한다. 그러나 인력규모는 임원인 연구기관 원장 20인과 상임감사 5인 등 25인을 포함해 총 7,924명으로 전체의 74.5%에 이른다. 또한 예산규모는 총 2,765,324백만 원으로 전체의 84.8%에 달한다.

2009년 현재 한국의 정부출연연구기관 운영체제는 근거법률의 측면에서 경제인문사회분야(경제·인문사회연구회)와 과학기술분야(기초기술연구회 및 산업기술연구회)로 양분되어 있다고 요약할 수 있다.

2. 정부출연연구기관 발전경과

한국의 정부출연연구기관 운영체제는 과학기술분야의 한국과학기술연구원(KIST, 1966년 설립)[31]과 경제인문사회분야의 한국개발

---

31) '한국의 공업기술 및 응용과학연구소 설립에 관한 한·미 양국 대통령의 공동성명'을 바탕으로 탄생한 이 연구소는 박정희(朴正熙) 대통령의 비전과 경륜에 의하여 설립되었다. 1961년 박 대통령은 경제개발 5개년계획을 추진하면서 신기술을 개발하고 신제품을 만들기 위한 과학기술연구소를 만들고자 하였다. 1963년 5월 존슨 대통령의 공식 초청을 받아 미국에 긴 빅 대통령이 우리나라 공입 빌진에 기어힐 종립응용연구소의 설립에 협력해 줄 깃을 요청하자 존슨 대통령이 흔쾌히 승낙하여 이루어졌다. 연구소의 설립과 운영 원칙에 관해서는 미국의 저명한 과학기술 행정가인 Donald F. Hornic과 Edward E. Slowter의 자문과 조언

연구원(KDI, 1971년 설립)[32]을 효시로 형성되었다. 이후 국내외 연구 환경 및 정책수요의 변화에 따라 성장을 거듭해 온 출연연을 설립 연도순으로 정리한 것이 <표 2-2>이다. 이들 연구기관 중 경제 인문사회분야를 중심으로 발전경과를 살펴보면 다음과 같다.

경제인문사회분야 출연연은 경제기획원이 설립한 한국개발연구 원이 시초이다. 한국개발연구원의 설립은 정부 주도의 중앙집권적 경제개발정책을 추진하던 시대상황 속에서 국가 장기비전을 설계 하고 정책대안을 개발하는 두뇌집단(think tank)으로 소위 국책연구 기관을 설립하는 신호탄이 되었다.

1970년대 중반 이후 경제기획원에 경쟁적인 여타 부처들도 산하 출연연을 설립하기 시작하였다. 1976년에는 상공부가 중동문제연 구소(현 산업연구원)를, 1978년에는 농림부가 한국농촌경제연구원 을, 건설부가 국토개발연구원(현 국토연구원)을 설립하였다. 이들 연구원은 개별 연구원 설립법에 의해 만들어지고 독립적 이사회를 두었다는 점에서 외형상으로는 해당 부처로부터 독립된 것처럼 보

이 있었다. 이들은 ① 기관 경영의 자율성 확보, ② 수요 지향적 산업기술 연구 지향 및 민간 기업의 수요 충족에 우선순위 부여, ③ 연구인력의 탁월성 유지 등을 적극 권고하였다 (민철구, 1996: 4-5).

32) KDI는 1966년에 완성한 제2차 경제개발 5개년계획의 입안과정에서 '경제발전에 필요한 모 든 부문의 과제를 현실적·체계적으로 분석하고 연구하여 경제계획과 정책 수립에 도움을 줄 수 있는 연구기관의 설립이 반드시 필요하다.'는 데 의견이 모아져 설립한 연구소이다. 그 러나 당시 박정희 대통령이 연구소의 필요성을 절감하지 않았다면 설립은 불가능한 실정이 었다. 제2차 경제개발 5개년계획 입안과정에서 외국인 경제학자들의 자문을 받는 것을 지켜 보면서 언제까지나 우리의 경제문제를 외국인 두뇌의 도움으로 해결할 수는 없다고 보았다. KDI를 설립하여 해외의 한국인 경제학자를 데려와 경제정책을 개발하고 정책 실행을 자문하며 경제 관련 공무원들을 교육시켜 3차·4차 경제개발 5개년계획 때에는 순수한 우리 힘으로 계획안을 작성해야 한다는 대통령의 자존심이 작용했다고 한다. 이처럼 관심이 컸기 때문에 박정희 대통령은 스스로 설립자(設立者)가 되어 설립자 출연금 1백만 원을 납부했고, 원장과 이사장의 선임에도 직접 관여하는 적극성을 보였다. 그 후 1971년 4월 KDI 본관 기공식에 직접 참석하여 첫 삽의 흙을 뜨고 치사를 할 정도였다(정인영 편, 2002: 18, 40, 103- 104).

였으나, 실제로는 해당 부처의 지원 없이는 연구가 어려웠다는 점에서 결국 부처입장을 대변하는 '부처 싱크탱크'로 전락하지 않을 수 없었다(황윤원, 2006: 387 - 388).

〈표 2- 2〉연도별 정부출연연구기관 설립 현황

연도	기관수	경제인문사회분야 연구기관(설립 연도)	과학기술분야 연구기관(설립 연도)
합계	58개	25개	33개
60년대	2개	-	한국과학기술연구원(66), 산업기술시험평가연구소(66) 2개 기관
70년대	15개	한국개발연구원(71), 한국교육개발원(72), 한국보건사회연구원(75), 산업연구원(76), 한국농촌경제연구원(78), 국토개발연구원(78), 한국정신문화연구원(78). **7개 기관**	국방과학연구소(71), 한국과학기술원(71), 한국원자력연구소(73), 한국표준과학연구원(75), 한국전자통신연구원(76), 한국화학연구소(76), 한국전기연구소(76), 한국에너지기술연구소(77). **8개 기관**
80년대	24개	한국여성개발원(83), 한국지방행정연구원(84), 세종연구소(84), 에너지경제연구원(86), 교통개발연구원(87), 한국국방연구원(87), 정보통신정책연구원(88), 한국노동연구원(88), 대외경제정책연구원(89), 한국형사정책연구원(89), 한국청소년개발원(89) **11개 기관**	국방품질관리연구소(81), 한국기계연구원(81), 시스템공학연구소(84), 생명공학연구소(85), 천문대(86), 과학기술정책관리연구소(87), 한국식품개발연구원(87), 한국해양연구소(87), 기초과학지원연구소(88), 한국건설기술연구원(88), 한국항공우주연구소(89), 한국생산기술연구원(89), 산업기술정책연구소(89) **13개 기관**
90년대	17개	한국법제연구원(90), 한국금융연구원(91), 민족통일연구원(91), 한국행정연구원(91), 한국조세연구원(92), 한국식업능력개발원(97), 한국교육과정평가원(98) **7개 기관**	한국원자력안전기술원(90), 한국자원연구소(91), 산업기술정보원(91), 국방정보체계연구소(92), 광주과학기술원(93), 연구개발정보센타(93), 한국한의학연구원(94), 고등과학원(96), 한국철도기술연구원(96), 한국해양수산개발원(97) **10개 기관**

[자료] 기획예산위원회(1999: 49 - 50, 451) 및 과학기술정책연구원 홈페이지를 참조하여 재구성.
[주] 1. 1998년 4월 기준.
　　2. ＿＿＿기관은 경제·인문사회연구회 소관 연구기관을 의미.
　　3. 1999년 1월 출연연법 제정 시, 환경부의 보조기관이었던 한국환경정책·평가연구원을 정부출연연구기관으로 전환하고, 과학기술정책연구원을 설립한 후 경제사회연구회에 소속시켜 경제인문사회분야 23개 연구기관이 확정됨.

1980년대 후반에 접어들면서 경제부처들이 경쟁적으로 산하 연구기관을 설립하였다. 1986년 동력자원부 산하에 에너지경제연구원이 설립된 것을 비롯해, 1987년에 교통부 산하에 교통개발연구원(현 한국교통연구원), 1988년에 상공부 산하에 통신개발연구원(현 정보통신정책연구원), 1988년에 노동부 산하에 한국노동연구원, 1989년에 경제기획원 산하에 대외경제정책연구원, 국민경제제도연구원(1991년에 한국개발연구원에 통합), 1992년에 한국조세연구원이 설립되었다.

1990년대에 이르러서는 비경제부처들도 출연연 설립에 가세하게 된다. 교육부는 이미 1972년에 한국교육개발원을 설립하였고, 보사부는 1975년에 한국보건사회연구원, 1983년에 한국여성개발원(현 한국여성정책연구원)을 설립하였다. 법무부는 1989년에 한국형사정책연구원, 문화관광부는 1989년에 한국청소년개발원(현 한국청소년정책연구원), 법제처는 1990년에 한국법제연구원, 통일부는 1991년에 민족통일연구원(현 통일연구원), 총무처는 1991년에 한국행정연구원을 설립하였다. 해양수산부는 1997년에 한국해양수산개발원을, 교육부와 노동부는 공동으로 1997년에 한국직업능력개발원을, 교육부는 1998년에 한국교육과정평가원을 설립하였다. 또한 1999년 1월 출연연법 제정 시, 1997년에 환경부가 보조기관으로 설립한 한국환경정책·평가연구원이 정부출연연으로 전환되고, 과학기술처가 1987년에 한국과학기술연구원 부설로 설립한 과학기술정책관리연구소와 산업기술정책연구소의 정책연구기능이 통합되어 과학기술정책연구원이 신설됨으로써 경제·인문사회연구회 소관 23개 연구기관이 모두 출범하게 되었다(기획예산위원회, 1999: 46 – 50, 과학기술정책연구원 홈페이지).

출연연의 설립과정을 통해 발견할 수 있는 가장 뚜렷한 특징은 이들 연구기관들이 정부 부처에 의해 설립되고, 정부의 예산 지원에 의해 운영되었다는 점이다. 각 부처에서는 정책과제에 대한 전문적 연구수요의 증대를 이유로 산하 출연연을 설립, 운영하였다. 따라서 부처에서는 자신들이 원하는 목적과 필요에 부합하는 연구를 수행하도록 연구기관을 운영하였으며, 이에 따라 여러 문제점들이 노정되었다.

1998년 2월 김대중 대통령의 취임으로 출범한 국민의 정부는 3월 기획예산위원회를 발족하여 당시 IMF외환관리체제라는 국가적 위기를 극복하기 위한 공공부문 개혁을 단행하였다. 정부에서 공공부문 개혁의 일환으로 출연연체제 개편에 착수한 것은 당시 출연연이 다음과 같은 문제점을 지니고 있다는 인식에서 비롯되었다.

첫째, 1980년대 후반부터 기업과 대학 소재 연구기관들의 연구개발능력이 비약적으로 향상됨에 따라, 출연연이 이들 연구기관의 역할 및 기능과 중복되지 않으면서 국가발전에 기여할 수 있는 전략적 위치 설정이 필요하게 되었다. 둘째, 독립된 이사회를 가진 출연연들이 그 담당영역을 지속적으로 확대하는 경향을 보여 한번 구성된 조직은 그 수명이 다한 경우에도 폐지되거나 전환되지 않아 다른 연구기관들과 기능이 중복되는 예가 허다하였다. 셋째, 잦은 인사이동으로 인하여 전문성을 축적하기 힘든 정부 관료가 직접적으로 출연연 운영에 관여함으로써 전문적이고 유연한 의사결정이 필요한 출연연의 경영이 경직화되고 있었다.

이러한 문제점을 해결하기 위해 정부는 연구회체제를 도입하였다.

상정 가능한 여러 대안 가운데 연구회체제를 채택하게 된 이유는 첫째, 출연연이 급변하는 연구환경의 변화에 신속하고 능동적으로 대처할 수 있도록 의사결정의 자율성을 보장하고, 둘째, 최근 확산되고 있는 학제 간 연구 추세에 부응할 수 있도록 여러 전공 간의 유기적 연결이 가능한 체제로의 변화가 불가피하며, 셋째, 연구개발 속성상 도전과 위험은 감수해야 하는 대상임에도 불구하고 가급적 위험을 줄이면서 보수적으로 운영하려는 속성을 지닐 수밖에 없는 공무원들의 관여를 최소화하기 위해서는 정부부처와 출연연 간의 소속관계를 완전히 해소해야 하는데, 이러한 취지에 가장 부합하는 시스템이 연구회체제라고 판단하였기 때문이다(이계식, 1999: 43 - 44).

정부는 1999년 1월 출연연법을 제정하고 그해 3월 연구회를 설립하여 각 부처에 소속되어 있던 출연연을 국무총리 산하 5개 연구회로 재편하였다. 이렇게 재편된 출연연 운영체제는 다소간의 변화를 겪으면서 현재에 이르고 있다.

3. 경제·인문사회연구회 연구기관 현황

1) 연구회 소관 연구기관 개요

경제·인문사회연구회는 경제사회연구회와 인문사회연구회가 통합되어 2005년 7월에 출범하였다. 경제·인문사회연구회 소관 23개 연구기관[33]의 현황은 <표 2 - 3>과 같다.

<표 2-3> 경제·인문사회연구회 소관 연구기관 현황

연구기관명	인력 규모(명)			예산 규모(백만 원)*		
	연구직	연구직 외	소계	정부출연금	자체수입	소계
과학기술정책연구원	53	23	76	8,624	4,747	13,371
국토연구원	143	26	169	18,815	17,705	36,520
대외경제정책연구원	77	34	111	17,718	3,897	21,615
산업연구원	103	37	140	13,026	8,364	21,390
에너지경제연구원	71	22	93	6,881	13,159	20,040
정보통신정책연구원	97	28	125	3,722	18,940	22,662
통일연구원	33	20	53	7,777	430	8,207
한국개발연구원	202	71	273	48,819	12,758	61,577
한국교육개발원	55	69	124	12,628	25,079	37,707
한국교육과정평가원	120	73	193	14,957	56,744	71,701
한국교통연구원	82	14	96	8,052	13,688	21,740
한국노동연구원	79	29	108	13,594	8,207	21,801
한국농촌경제연구원	108	35	143	13,292	13,546	26,838
한국법제연구원	34	7	41	5,450	1,913	7,363
한국보건사회연구원	84	31	115	13,090	7,592	20,682
한국여성정책연구원	72	33	105	12,482	12,375	24,857
한국조세연구원	61	29	90	12,522	2,286	14,808
한국직업능력개발원	83	41	124	15,111	11,539	26,650
한국청소년정책연구원	32	15	47	5,363	1,278	6,641
한국해양수산개발원	95	18	113	10,338	13,870	24,208
한국행정연구원	44	17	61	8,027	1,661	9,688
한국형사정책연구원	35	14	49	5,853	636	6,489
한국환경정책·평가연구원	92	22	114	9,269	8,837	18,106
합계	1,855	708	2,563	285,410	259,251	544,661

[자료] 경제·인문사회연구회(2008c: 19).
[주] 2008년 2월 기준. 2007년도 이월액 포함 시 예산 규모는 총 571,679백만 원임.

---

33) 연구회체제 설립 이후 경제인문사회분야 연구기관 중 3개 기관의 명칭이 법률 개정을 통해 변경되었다. 2005년 5월 31일 교통개발연구원이 한국교통연구원으로 변경되었고, 2007년 5월 11일 한국여성개발원이 한국여성정책연구원으로, 한국청소년개발원이 한국청소년정책연구원으로 변경되었다.

2008년 2월 현재 경제·인문사회연구회 소관 연구기관 전체 인력 2,563명은 연구기관장인 임원 22명(1명은 공석), 연구직 1,855명, 전문직 173명, 행정직 513명으로 구성되어 있다. 이 중 박사는 1,248명(48.7%)이다. 연구기관 총예산 544,661백만 원 중 285,410백만 원(52.4%)은 정부출연금이고, 나머지 259,251백만 원(47.6%)은 수탁연구수입 등 자체수입으로 채워지고 있다. 예산은 인건비 166,453백만 원(30.6%), 연구사업비 304,273백만 원(55.9%), 경상운영비 27,159백만 원(5.0%), 부설센터 40,114백만 원(7.4%), 시설비 6,662백만 원(1.2%) 등으로 구성되어 있다(경제·인문사회연구회, 2008c: 19).

2) 연구회 조직 및 기능

경제·인문사회연구회의 조직도는 [그림 2-1]과 같이 도식화할 수 있다. 이러한 조직도의 기본체제는 통합 연구회 이전과 동일하다. 다만 통합 연구회에서는 소관연구기관의 수가 많아짐에 따라 이사회의 구성 인원이 확대되었을 뿐이다.

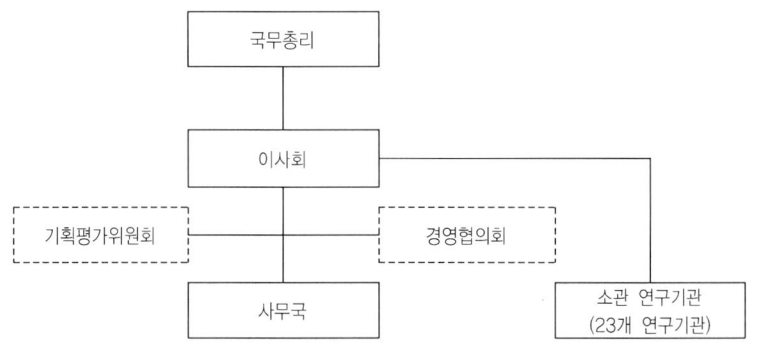

[주] 실선은 상설 조직. 점선은 비상설 조직을 의미.

[그림 2-1] 경제·인문사회연구회 조직도

국무총리는 연구기관 및 연구회의 감독관청이다. 국무총리는 연구회의 연구기관에 대한 지도·관리 및 연구회의 사업 등에 대하여 평가하여 그 결과를 기획재정부장관에게 통보하고, 국회 소관 상임위원회에 보고하여야 한다(출연연법 제29조).

이사회는 이사장 1인을 포함한 20인 이내의 이사로 구성된다. 이사장은 공개모집하거나 대통령령이 정하는 이사장추천위원회가 추천하는 자 중에서 국무총리가 임명한다. 이사장은 연구회를 대표하고 그 업무를 통할한다. 이사회를 소집하고 의장이 되며, 연구기관 원장 및 감사를 임면한다. 이사장을 제외한 이사는 대통령령이 정하는 자(당연직이사)와 산업계·연구계·학계 등의 추천을 받아 이사회의 의결을 거쳐 국무총리가 임명하는 자가 된다(출연연법 제12조, 제22조, 제23조).

정부의 당연직이사는 국무총리실장 및 기획재정부 차관, 교육과학기술부·외교통상부·통일부·법무부·행정안전부·농림수산식품부·지식경제부·보건복지가족부·환경부·노동부·여성부·국토해양부의 차관·방송통신위원회 위원장이 지명하는 상임위원 및 법제처장 중 6인 등 총 8인이다. 국무총리실장 및 기획재정부 차관은 상시 이사가 되고, 여타 부처는 규정된 순서에 따라 1년간 당연직이사가 된다(출연연법 시행령 제15조). 현행 15개 행정각부 중 국방부와 문화체육관광부만 제외되어 있다.

기획평가위원회는 연구기관 간의 기능조정업무와 연구기관에 대한 평가업무를 지원하고, 연구분야의 장기발전방향에 대한 자문에 응하기 위하여 구성된다(출연연법 제25조 제1항). 위원은 학식과 경험이 풍부한 산업계·연구계·학계 등 각계의 인사 중에서 이사회의 동의를 얻어 이사장이 위촉한다(연구회 정관 제26조).

경영협의회는 연구회의 주요 정책결정에 관한 자문에 응하기 위해 이사장·이사와 연구기관의 원장으로 구성된다(출연연법 제25조 제2항). 현행 경영협의회는 이사장과 이사 18인 및 연구기관 원장 23인 등 총 42인으로 구성되어 있다.

사무국은 연구회의 사무를 처리하기 위해 두며(출연연법 제26조), 사무국에는 사무처장 1인과 그 밖에 규정으로 정하는 조직을 둘 수 있다(연구회 정관 제25조). 연구회체제 출범 이후 통합 연구회가 출범할 때까지 5개 연구회는 모두 사무국 내에 기획팀과 평가관리 팀을 두었다. 2008년 현재 경제·인문사회연구회는 경영지원실, 연구 지원실, 기획평가실, 성과관리실을 운영하고 있다.

연구회체제는 부처 산하기관 형태로 운영되던 출연연의 제반 문제점을 해소하고 연구기관의 발전을 도모하기 위해 설립되었다. 연구회체제의 핵심은 기존에 각 연구기관별 감독관청의 예산지원과 관리감독을 받던 관계를 해소하고 연구기관의 독립성과 자율성을 보장하는 데 있다. 따라서 감독관청의 공무원 등으로 구성되어 개별 연구기관별로 운영되던 이사회를 폐지하는 대신, 국무총리 산하에 설립되는 연구회별로 이사회를 구성하여 소관 연구기관을 지도· 관리하도록 하였다. 이러한 연구회체제의 근간의 되는 법률이 '출연 연법'34)이다(경제사회연구회, 2001c: 9 – 11).

---

34) 출연연법은 모두 8차에 걸쳐 개정되었다. 1999년 1월 29일 제정된 동 법률(법률 5733호) 은 1999년 5월 24일 정부조직법 개정에 따라 '예산청장'을 '기획예산처장관'으로 변경하여 1차 개정(법률 5982호)되었고, 2000년 12월 30일 과기분야 연구회에 대한 평가주체를 '국 가과학기술위원회'에서 '국무총리'로 일원화하여 2차 개정(법률 6329호)되었으며, 2001년 1월 16일 과학기술기본법의 개정에 따라 '과학기술혁신을 위한 특별법'을 '과학기술기본법' 으로 변경하여 3차 개정(법률 6353호)되었다. 이후 2002년 12월 18일 과기계 출연연 공

이 법률의 목적은 정부출연연구기관의 설립·지원·육성과 체계적인 관리 및 책임경영에 관한 기본적인 사항을 정함으로써 합리적인 국가연구체제의 구축과 정부출연연구기관의 경영합리화 및 발전을 도모하는 데 있다(출연연법 제1조).

연구기관을 지원·육성하고 체계적으로 관리하기 위하여 설립된 연구회는 연구기관을 지도·관리하는 것을 책무로 한다(출연연법 제18조, 제19조). 연구회는 설립목적 달성을 위하여 ① 연구기획과 연구기관의 발전방향 기획, ② 연구기관의 기능조정 및 정비(연구기관의 신설·통합 및 해산에 관한 사항 포함), ③ 연구기관의 연구실적 및 경영내용에 대한 평가, ④ 연구기관 간의 협동연구를 위한 지원, ⑤ 기타 연구회의 목적달성을 위하여 필요한 사업을 수행한다(출연연법 제21조).

또한 연구회의 최고의사결정기구인 이사회는 연구회 및 연구기관의 예산·결산 및 사업계획의 승인에 관한 사항을 비롯해, 연구기관 원장 및 감사의 임면, 연구기관 경영목표의 승인, 연구기관의 기능조정 및 정비, 연구기관의 연구실적 및 경영내용에 대한 평가, 연구기관 간의 협동연구를 위하여 필요한 조치 등에 관하여 의결한다(출연연법 제24조).

연구회는 연구기관의 연구실적과 경영내용을 공정하고 객관적으

동 '대학원대학의 설립' 근거조항을 추가하기 위해 4차 개정(법률 6790호)되었고, 2004년 9월 23일 과기분야 연구회 및 소관연구기관에 대한 감독권을 '국무총리'에서 '과학기술부장관'에게 이관하여 '과기분야 출연연법'을 제정함에 따라 5차 개정(법률 7219호)되었으며, 2005년 5월 31일 경제사회연구회와 인문사회연구회를 '경제·인문사회연구회'로 통합하기 위해 6차 개정(법률 7573호)된 데 이어, 2007년 5월 11일 '한국여성개발원'과 '한국청소년 개발원'의 명칭 변경을 위해 7차 개정(법률 세8432호)되었고, 2008년 2월 29일 정부조직법의 전부개정에 따라 '기획예산처장관'을 '기획재정부장관'으로 변경하는 등의 조치를 위해 8차 개정(법률 제8852호)되었다(법제처 홈페이지, 2008. 3).

로 평가하여야 하고, 평가결과를 국무총리 및 기획재정부장관에게 제출하여야 한다(출연연법 제28조). 연구기관의 평가결과 원장 재임기간 중 해당 연구기관의 연구실적 및 경영내용이 대통령령이 정하는 기준[35)에 해당하는 경우 연구회 재적이사 3분의 2 이상의 찬성으로 해당 연구기관의 원장을 재선임할 수 있으며(출연연법 제12조 제6항), 반면 평가결과 당해 연구기관의 목적달성이 불가능하다고 연구회가 인정하는 경우에는 그 연구기관을 해산할 수 있도록 하고 있다(출연연법 제17조 제1항). 또한 평가결과 원장으로서의 관리능력이 현저히 부족하다고 판단되는 경우에는 이사회의 의결을 거쳐 해임할 수 있다(출연연법 시행령 제8조 제2항).

3) 연구회 소관 연구기관과 정부와의 관계

한국의 정부출연연구기관은 정부 부처 주도로 설립되었다. 경제인문사회분야의 경우 1971년에 당시 경제기획원이 한국개발연구원을 설립한 것을 효시로, 1972년에는 교육부가 한국교육개발원을, 1976년에는 상공부가 중동문제연구소(현 산업연구원)를 설립하는 등 모두 정부 부처의 필요에 의해 부처 주도로 설립된 것이다. 이후 1980년대에는 주로 경제부처 산하 연구기관들이, 1990년대에는 비경제부처까지 산하 연구기관을 설립, 운영하였다.

1999년 연구회체제가 출범하면서 연구기관과 정부부처 간의 직

---

35) 대통령령이 정하는 기준이라 함은 원장의 경영혁신으로 인하여 연구회가 승인한 최근 2년간의 연구기관에 대한 평가결과를 평균하여 등급을 산정하는 경우에는 최상위 등급을, 종합순위를 산정하는 경우에는 전체 연구기관 중 상위 10퍼센트 이내인 경우를 말한다(출연연법 시행령 제8조의 3).

접적 소속관계는 단절하였으나 정부 예산이 지원되고 정책 개발을 주 임무로 하는 출연연의 속성상 정부의 감독 및 협력은 필수적이다. 따라서 출연연법에서는 경제인문사회분야 연구기관의 감독관청을 국무총리로 하고, 평가결과를 기획재정부장관에게 통보하여 예산 결정에 반영할 수 있도록 하며, 제출된 평가결과를 국무총리가 국회 소관 상임위원회에 보고하도록 하고 있다(출연연법 제28조, 제29조).

또한 이들 기관을 제외한 여타 중앙행정기관과 연구기관 간의 연계채널도 마련되어 있다. 즉 중앙행정기관의 장은 매년 연구기관에서 연구함이 상당하다고 인정되는 과제에 대한 우선순위와 소요 예산 등을 기재한 의견서를 국무총리에게 제출할 수 있다. 국무총리는 제출된 의견서 등을 종합적으로 검토하여 다음 사업연도의 연구기관 예산 요구 시 적용되는 사항에 관한 기준(예산요구기준)을 연구회에 통보하여야 하며, 연구회는 이를 연구기관에 통보하여 각 연구기관의 연간사업계획에 반영할 수 있도록 하는 체제를 구축하고 있다(출연연법 제13조).

정부 부처 등 중앙행정기관별 관련 정부출연연구기관 현황을 경제·인문사회연구회 소관 연구기관을 대상으로 정리하면 <표 2-4>와 같다. 여기서 중앙행정기관별 관련 정부출연연구기관의 분류는 연구기관의 원장 선임 시 해당 연구기관과 관련성이 많은 부처의 차관급 공무원이 참석할 수 있도록 한 기준에 근거하였다.

〈표 2-4〉 중앙행정기관별 관련 정부출연연구기관 현황

중앙행정기관	관련 정부출연연구기관
국무총리실[*]	23개 연구기관
기획재정부[*]	23개 연구기관(한국개발연구원, 한국조세연구원)[**]
교육과학기술부	한국교육개발원, 한국교육과정평가원, 과학기술정책연구원
외교통상부	대외경제정책연구원
통일부	통일연구원
법무부	형사정책연구원
국방부	–
행정안전부	한국행정연구원
문화체육관광부	–
농림수산식품부	한국농촌경제연구원
지식경제부	산업연구원, 에너지경제연구원
보건복지가족부	한국보건사회연구원, 한국청소년정책연구원
환경부	한국환경정책·평가연구원
노동부	한국노동연구원, 한국직업능력개발원[***]
여성부	한국여성정책연구원
국토해양부	국토연구원, 한국교통연구원, 한국해양수산개발원
방송통신위원회	정보통신정책연구원
법제처	한국법제연구원
18개	23개

[주] 1. 국무총리실 및 기획재정부는 23개 기관 전체가 관련 연구기관임. 따라서 다른 중앙행정기관들은 1년간 순차적으로 당연직이사가 되는 데 비해 이들 부처는 상시 당연직이사가 됨.
　　 2. ( )의 한국개발연구원과 한국조세연구원은 연구회 출범 전 소속부처를 기준으로 구분.
　　 3. 한국직업능력개발원은 노동부 외에 교육과학기술부와도 관련성이 많음.

　　연구기관의 원장은 이사회의 의결을 거쳐 이사장이 임명하는데, 이사회의 정부 당연직이사는 국무총리실장 및 기획재정부 차관, 그리고 교육과학기술부 등 14개 중앙행정기관 중 6인이 규정된 순서에 따라 1년간 맡게 되어 있다. 따라서 특정 연구기관의 원장 선임 시 관련성이 많은 중앙행정기관이 이사회에 포함되지 않을 수 있다. 이 경우 연구기관과의 관련성을 고려하여 관련 중앙행정기관이 이사회에 참석할 수 있도록 하고 있다. 즉 "국무총리는 원장 임명에 있어서 필요하다고 판단되는 경우에는 해당 연구기관과 관련이 많은 부처의 차관급공무원을 당해 원장 임명안건에 한하여 당연직 이사로 임명할 수 있다."고 규정하고 있다(출연연법 시행령 제15조 제3항).

<표 2-4>에서 보는 바와 같이 국무총리실과 기획재정부를 제외하면 중앙행정기관 중 교육과학기술부와 국토해양부 관련 연구기관이 3개로 가장 많고, 이어 지식경제부와 보건복지가족부 및 노동부 각 2개, 그 외의 중앙행정기관은 각 1개의 관련 연구기관이 있다. 반면 정부의 15개 행정각부 중 국방부와 문화체육관광부는 관련 연구기관이 없는 것으로 나타나 있다.

사실 국방부 관련 정부출연연구기관으로 한국국방연구원이 있으나 이 연구원은 출연연법의 적용을 받지 않는다.[36] 또한 문화체육관광부 관련 연구기관으로는 한국문화관광연구원이 있다. 이 연구원도 출연연법의 적용을 받지 않으며, 따라서 연구회 소관 연구기관이 아니다.

그러나 이들 두 연구기관 역시 정부의 예산(출연금 또는 보조금) 지원으로 운영되고 해당 부처와의 관련성이 매우 높은 연구기관들이다. 한국국방연구원은 국방부 소관이라는 특별한 사정으로 인해 부처에서 직접 관리·감독할 필요가 있다고 인정되어, 그리고 한국문화관광연구원은 1999년 연구회체제 출범 시 검토대상이 되지 않

---

[36] 1999년 연구회체제 출범 당시 존재하였던 전체 25개 경제인문사회분야 출연연 중 20개 기관은 연구회 소관 연구기관이 되었고, 나머지 5개 기관은 제외되었다. ① 한국정신문화연구원은 교육기관이라는 사유로 제외된 것을 비롯해, ② 한국지방행정연구원은 지자체 출연기관이라는 사유로, ③ 세종연구소는 민간기부금 위주의 기관이라는 사유로, ④ 한국국방연구원은 국방부 소관이라는 사유로, ⑤ 한국금융연구원은 은행연합회 출연기관이라는 사유로 제외되었다(기획예산위원회, 1999: 49-50, 451).

앗고, 출연금이 아니라 보조금이 지원되는 기관이기 때문에 연구회 소관 연구기관에서 제외된 것으로 보인다.[37] 이렇게 볼 때 현 정부의 15개 행정각부는 사실상 모두 1개 이상의 관련 정부출연연구기관이 있다고 할 수 있다.

---

[37] 한국문화관광연구원의 전신인 한국문화정책개발원(1994년 개원)과 한국관광연구원(1996년 개원)은 1999년 연구회체제 출범 당시 경제인문사회분야 25개 출연연에 포함되지 않았다. 당시 부처별 정부출연연구기관 현황에 이 두 기관은 나타나지 않으며, 문화관광부 소속기관으로는 한국청소년개발원이 분류되어 있다(기획예산위원회, 1999: 46). 한국문화정책개발원과 한국관광연구원은 문화관광부가 발표한 통합계획에 따라 2002년 11월 창립이사회를 개최하고 그해 12월 한국문화관광정책연구원으로 개원하였다. 이후 2007년 2월 한국문화관광연구원으로 명칭을 변경하였다. 2007년 현재 주무부처는 문화관광부이고, 원장과 이사는 문화관광부 장관이 임면하며, 예산은 143억 원(관광개발기금 보조금 69억 원 및 용역수입 등 71억 원) 규모이다(한국문화관광연구원 홈페이지, 2007. 12).

현행 연구기관 평가는 제도적 평가로서의 특성을 지니고 있다. 법적 근거에 따라 공식기관에 의해 실시되는 제도적 평가는 민간에 의한 비공식 평가와는 다른 속성이 있다. 제도적 평가에 있어서는 그 제도가 탄생하게 된 논리 및 배경을 비롯해 표면상 드러나지 않는 이면의 의미를 정확히 파악하는 것이 중요하다.

따라서 여기서는 연구기관 평가에 대한 올바른 이해를 위해 연구기관 평가의 제도화 논리를 살펴보고, 이어 본 제도의 도입배경과 변천과정에 관해 고찰한다.

1. 연구기관 평가의 제도화 논리

현행 정부출연연구기관 평가는 출연연법에 근거하여 수행되는 제도적 평가이다. 모든 제도(制度)는 그 제도가 도입, 운영되는 고유한 논리와 배경을 지니고 있다.

법적 근거에 따라 실시되는 연구기관 평가는 그 자체가 하나의 제도이다. 그러므로 연구기관 평가제도 역시 일반적인 제도가 갖는 제도화의 논리에 근거하면서 연구기관 평가만의 논리가 추가된 경우로 이해할 수 있다.

제도(institution)를 한 사회의 게임의 규칙, 더 공식적으로는 인간의 상호작용을 결정하는 인간이 고안한 제약들로 정의할 때(North, 1990: 3 – 4), 이러한 게임의 규칙이 도입되게 된 논리가 무엇인지를 이해할 필요가 있다. 연구기관 평가라는 게임에의 관계자들이 적극적으로 참여하고 그 결과를 활용하도록 하기 위해서는 게임이 도입된 논리에 대한 이해와 수긍이 전제되어야 하기 때문이다.

연구기관 평가의 제도화 논리는 다양한 시각에서 살펴볼 수 있다. 그러나 여기서는 정부와 연구기관 간의 관계에 초점을 맞추어 제도화 논리를 고찰한다.

정부와 연구기관 간의 관계는 크게 두 가지 대립적인 패러다임 (paradigm)이 지배해 왔다. 하나는 정부의 개입을 최대한 억제하는 대신 연구기관에 자유로운 의사결정권을 보장해야 한다는 패러다임이다. 다른 하나는 특정 목적을 위한 지식의 육성과 관리를 담당하는 제도적 장치를 중요하게 여기는 패러다임이다.

이러한 대립되는 두 패러다임은 결국 정부라는 위임자(principal)와 연구기관이라는 대리인(agent)의 틀 속에서 살펴볼 수 있다. 정부와 연구기관 간의 위임자 – 대리인의 관계는 [그림 2 – 2]와 같은 조합으로 이루어진 게임으로 가정할 수 있다.

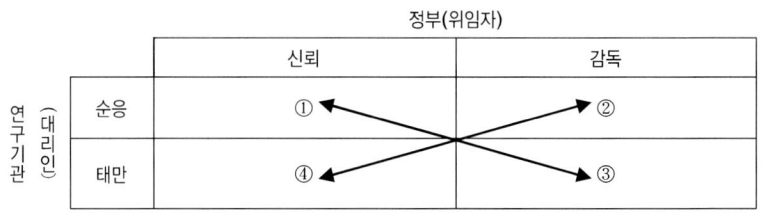

[그림 2 – 2] 정부(위임자)와 연구기관(대리인) 간의 관계

위임자와 대리인은 각자 자신의 이익을 최대화하고 자신의 목표를 달성하기 위해 노력한다. 이를 위해 위임자는 감독(monitoring)을 하기도 하나 여기에는 비용이 수반된다. 따라서 위임자는 대리인이 순응한다면 신뢰를 보내길 원하고(①), 대리인이 태만하다고 느낄 때에는 감독하기를 원할 것이다(③). 그러나 대리인은 자신이 신뢰를 받고 있다면 태만해지려고 하고(④), 감독을 받고 있다면 순응하려고 할 것이다(②). 두 행위자는 자신의 이익을 추구하기 위해 노력하므로 어느 한 상태에 고정되지 않고 각 조합이 끊임없이 변화하는 불안정한 상태가 지속된다.

Van der Meulen(1998: 397 – 414)은 위임자 – 대리인 간의 불안정한 상태를 안정화하고 두 행위자의 전략을 조정하기 위한 제도의 확립이 중요하다고 주장하고, 이러한 제도의 형태를 세 가지로 분류, 분석하였다.

첫 번째는 전후 미국에서 채택한 것과 같은 방법으로, 위임자와 대리인 중간에 연구자금을 배분하는 기능을 하는 재단(foundation)을 만드는 형태이다. 이러한 재단은 연구자들로 구성되어 있지만 연구자들 사이의 동료평가(peer review) 기능에 대해 위임자가 신뢰하고 동료평가가 적절하게 진행된다면 위임자 – 대리인 간의 불안정한 게임이 안정화된다고 보았다. 두 번째는 위임자와 대리인이 공통의 목적에 대하여 합의를 도출하도록 하는 제도를 만들어 게임을 안정화시키는 형태이다. 이는 네덜란드 등의 유럽 국가에서 많이 채택하고 있는 방식이다. 세 번째는 위임자가 직접 나서서 대리인들을 경쟁시키고, 이를 통해 위임자가 선호하는 방식으로 대리인들이 따라오게 하는 형태이다. 여기서는 경쟁의 촉진과 그 결과에 따른 상벌을 위해 대리인들 간의 성과에 대한 엄격한 평가가 중요해진다. 따라서 정부에서는 평가를 전문적으로 담당하는 조직 및 단체를 설립, 운영하게 된다(송형주, 2002: 43 - 44).

현재 한국의 연구회체제 및 연구기관 평가제도를 이러한 유형에 대입시켜 보면, 세 번째 형태에 가장 가깝다고 할 수 있다. 한국 정부는 자신의 대리인인 연구기관을 못 믿어 하면서 끊임없이 감독과 통제를 실시해 왔다(김계수·최형림, 1999). 또한 1999년 연구회체제의 도입은 출연연의 역할에 대한 정부의 회의적인 시각이 반영된 논란 끝에 채택된 결과였다(기획예산위원회, 1999; 이계식, 1999; 김인수, 2002). 이러한 점들을 종합적으로 감안할 때, 정부는 감독을 통하여 대리인인 연구기관들을 순응하게 만들고, 다른 한편으로는 대리인들을 서로 경쟁시켜 위임자인 정부가 선호하는 방식으로 유도하기 위해 연구기관 평가제도를 도입한 것이라 해석할 수 있다. 결국 연구기관 평가제도는 이러한 제도화의 논리 위에서 운영되고 있다고 보아야 한다. 따라서 연구회는 위임자인 정부와 대리인인 연구기관 사이에서 합리적인 평가제도를 운영하기 위한 균형적 시각이 필요하다.

2. 연구기관 평가제도의 도입배경

한국의 출연연들은 민간부문의 취약성에 기인하는 시장실패(market failure)를 보완하면서 근대화 정책의 수행 및 과학기술 개발을 통해 국가 발전에 기여해 왔다. 시장은 물론 대학도 연구개발을 위한 투자를 거의 할 수 없었던 현실에서 출연연이 한국의 미래를 창조할 수 있는 기술의 흐름을 선도하였을 뿐 아니라, 국가 발전을 지원하는 전략적 연구, 목적 지향적이고 공공성이 강한 연구, 장기적이고 시스템적인 연구를 적극 수행함으로써 국가 과학기술 개발을 이끌었다(국가과학기술자문회의, 1999: 66). 또한 정부 주도의 성장모형을 채택했던 상황 속에서 많은 우수 연구인력을 확보한 출연연은 관료들이 갖지 못했던 전문지식을 활용하여 정책의 수립 및 추진에 많은 영향력을 행사하였고, 정책 개발의 효과성을 높임으로써 국가 경제발전에 크게 공헌한 것으로 평가되고 있다(유일호·홍준형, 2004: 39).

그러나 부처의 필요와 지원에 의해 급속히 증대된 출연연들은 양적 팽창에 따른 문제점들도 드러내기 시작하였다. 출연연이 부처의 지원과 감독을 동시에 받아야 하는 데서 기인하는 정체성의 혼란을 비롯해, 부처 산하에 있다 보니 정책연구를 위한 싱크탱크(think tank)로서의 역할보다는 부처의 '화이트칼라 심부름센터'로 전락하게 된다는 비판, 관료문화가 연구문화를 압도하여 공정한 연구를 저해하는 문제, 대학이나 민간기업의 연구역량 성장에 따른 출연연의 상대적 중요성 약화 등이 드러나기 시작하였다(김인수, 2002: 4). 그 결과 중복된 연구, 각 부처를 대변하는 부처 이기주의적 연구, 부처의 과도한 감독으로 인한 연구원들의 사기 저하, 운영상의 경직적 관료주의화 등 다양한 문제점들이 노정되었다(황윤원, 2006: 391).

한편 1990년대 이후 신공공관리(New Public Management)적 풍토가 확산되면서 정부는 물론 출연연을 포함한 공공부문도 새로운 환경에 직면하였다. 공공부문에도 민간의 시장원리를 과감히 도입할 것을 주창한 신공공관리적 환경 속에서 투입과 산출의 효율성·성과중심주의·고객지향성·평가시스템·참여 활성화·거버넌스38) 등의 가치가 강조됨으로써(장현주, 2006: 7 - 10), 출연연의 정체성과 임무에 대한 새로운 논의가 전개되었다. 특히 1997년 외환위기에 따른 IMF관리체제를 맞게 되자 출연연을 포함한 국가연구개발체제 전반에 관한 개혁이 단행되었다.

새로운 환경 변화에 대응하고 제반 문제점들을 해소하여 출연연의 경영합리화 및 발전을 도모하기 위하여 1999년 연구회체제가 출범하였다. 독일의 막스프랑크연구회(Max - Planck Gesellschaft)를 비롯한 선진 연구관리체제를 벤치마킹하여 고안된 연구회체제는 기존의 개별 연구원법을 모두 폐지하여 부처와 연구기관 간의 소속관계를 해소하고 '출연연법'을 제정, 연구회가 연구기관을 지도·관리하도록 하였다. 이에 따라 연구회의 목적을 달성하기 위한 사업 중 하나로 '연구기관 평가제도'를 도입하였다(출연연법 제28조).

연구기관 평가제도를 도입한 배경은 다음과 같이 요약할 수 있다(송형주, 2002: 46 - 47).

첫째, 연구기관 평가제도는 출연연 관리자들에게 연구기관이 국내외 연구개발 환경 변화에 유연하게 대처할 수 있는 능력을 기르는 데 필요한 정보 및 자료를 제공해 줄 수 있기 때문이다. 국제적

---

38) 거버넌스라는 용어는 기본적으로 공공정책의 형성 및 집행에 국가 이외의 행위자나 민간 기업의 행위자 등 공식 조직들이 참여하는 비계층적 통치방식을 의미한다('Governance' refers to a basically non - hierarchical mode of governing, where non - state, private corporate actors (formal organizations) participate in the formulation and implementation of public policy)(Mayntz, 2003: 1).

으로는 세계화·개방화의 추세 속에 연구개발에 대한 경쟁 여건이 악화되고 있으며, 국내적으로는 1980년대를 기점으로 급증하기 시작한 대학 및 산업계 연구기관의 활성화로 인해 이들과의 경쟁이 심화되고 있다. 이러한 상황하에서 연구기관 평가제도는 연구기관들이 국내외 환경 변화에 유연하게 대응하여 자신의 위상을 정립해 나갈 수 있는 능력을 배양하고, 앞으로 연구기관이 지향해야 할 방향을 설정하는 데 필요한 정보 및 자료를 제공한다.

둘째, 연구기관 평가제도는 연구기관 구성원들의 책임의식을 고양하고 적극적인 동기 부여를 통해 연구기관의 경쟁력을 강화시킬 수 있다. 연구기관 평가제도는 연구기관의 설립목적 달성 실적과 기관운영능력 및 고객만족도 등을 중심으로 실시, 공표됨으로써 연구기관 구성원들의 책임의식 고양에 기여할 수 있다. 또한 이를 통해 대외적으로는 연구기관에 대한 신뢰성을 제고할 수 있으며, 대내적으로는 성과에 따른 보상을 강화함으로써 동기 부여를 촉진할 수 있다.

셋째, 연구기관 평가제도는 출연연의 감독책임을 맡고 있는 정부 관련 부처에 출연연의 문제점과 개선방안을 마련하는 데 필요한 정보 및 자료를 제공해 줄 수 있다. 한국의 출연연은 비영리 재단법인으로 운영되어 연구재원의 대부분을 정부로부터 출연금이나 연구비의 형태로 지원받고 있으며 이윤을 추구하는 사업은 하지 않는다. 따라서 정부 관련 부처에서는 국민의 세금으로 지원되는 연구비가 제대로 사용되고 있는지, 그 성과는 어느 정도인지를 파악하고, 연구기관의 문제점과 개선방안을 도출하기 위해 연구기관 평가제도를 활용할 수 있다.

3. 연구기관 평가제도의 변천과정

정부출연연구기관은 과학기술분야 연구기관과 경제인문사회분야 연구기관으로 나뉘어 운영되고 있다. 1999년 연구회체제 출범 이전의 연구기관 평가제도는 과학기술분야 연구기관에 한해 운영되었고, 경제인문사회분야 연구기관에 대한 평가는 존재하지 않았다. 따라서 과학기술분야와 경제인문사회분야로 나누어 연구기관 평가제도의 변천과정을 살펴본다.

1) 과학기술분야 연구기관 평가제도의 변천과정

정부출연연구기관은 연구환경과 정책수요의 변화와 함께 성장, 발전해 왔다. 특히 국가 연구개발에 있어서 경쟁 또는 보완관계에 있는 여타 연구개발주체인 기업 및 대학의 연구개발 능력에 따라 변화하는 과정을 거쳐 왔다.

1962년부터 시작된 제1차 경제개발 5개년계획에 따라 공업여건 조성 및 자립경제 달성을 위한 기반 구축 정책을 추진하던 한국 정부는 이러한 정책을 뒷받침하기 위해 1966년에 한국과학기술연구원을 설립하였다. 이어 1973년 제정된 '특정연구기관육성법'을 근거로 분야별 전문연구기관들이 설립되어 기업과 대학의 미흡한 연구개발능력을 보완하면서 양적·질적 성장을 계속하였다.

그러나 1990년대 들어 기업과 대학의 연구개발능력이 급속히 확충되면서 연구수행 주체들 간의 연구영역에 대한 논쟁과 더불어 출연연의 여러 문제점들이 노정되었으며, 나아가 출연연의 기능 및 역할에 대한 재정립 논의가 거론되기 시작하였다.

과학기술분야 연구기관 평가는 이러한 배경 속에서 제반 문제점을
해결하기 위한 정책의 일환으로 1991년에 처음 도입되었다. 이후
1999년 연구회체제가 출범하기까지의 전개과정을 정리하면 [그림
2 - 3]과 같이 요약할 수 있다(송환빈, 2004: 63 - 64).

1991년 3월: 제조업 경쟁력 강화 대책 보고회의
- 대통령의 출연연에 대한 정밀진단 및 평가 지시

⬇

1991년 4~7월: 1차 연구기관 평가 실시
- 국무총리실 주재, 민관 합동평가단 구성, 실시
- 과학기술분야 22개 연구기관 대상, 평가분야는 연구관리 및 기관운영분야
- 기능 재정립, 연구생산성 제고, 운영 효율화, 정기적 기관평가제도 도입 제안

⬇

1991년 11~1992년 1월: 2차 연구기관 평가 실시
- 1차 합동평가결과의 후속조치 이행정도 점검 목적
- 과학기술처 주관, 소속 19개 연구기관 중 16개 기관 대상
- 기능재정립 및 정예화, 기관운영 효율화, 연구생산성 제고 추진실적 중점 평가

⬇

1992~1995년: 매년도 연구기관 평가 실시
- 과학기술처 평가기준 시달 - 〉 연구기관 자체평가 - 〉 평가위원회 검토, 보고서 작성
- 평가지표는 연구 및 사업수행 성과, 기관운영 성과, 발전잠재력
- 1992년 평가결과에 따른 인센티브제 도입, 1995년 인센티브제 폐지

⬇

1996~1997년: 3년 단위 중장기 연구기관 평가제 도입
- 중장기적 관점의 연구기관 임무 및 발전전략 평가 도입
- 1년 단위의 연차평가는 연구기관 자체평가, 3년 단위의 종합평가는 정부 주관 실시

⬇

1998년 8~10월: 연구기관 경영진단 실시
- 맥킨지(McKinsey Seoul)에 의뢰, 실시
- 과학기술(연), 화학(연), 원자력(연), 기계(연), 생명공학(연), 항공우주(연) 등 6개 기관
- 인터뷰 및 설문조사, 자료 분석, NASA 등 선진국 연구기관 벤치마킹 병행

⬇

1999년~현재: 출연연법에 의한 법적 연구기관 평가제도 도입, 운영
- 정부출연연구기관 등의 설립·운영 및 육성에 관한 법률 제정·공포(1월 29일)
- 경제사회연구회 등 5개 연구회체제 출범(3월 15일)
- 연구기관 평가제도의 법제화 및 정례화
- 1999년부터 2008년 현재까지 매년 연구회에 의한 연구기관 평가 실시

[그림 2 - 3] 과학기술분야 연구기관 평가제도 변천과정

과학기술분야 연구기관 평가제도는 1991년 3월 '제조업 경쟁력 강화대책' 보고회의에서 대통령이 출연연에 대한 정밀진단 및 평가를 지시한 데서부터 기원을 찾을 수 있다. 이에 따라 당시 연간 2,500억 원의 예산이 투입되는 과학기술분야 출연연이 제대로 기능하고 있는지를 파악하기 위해 국무총리실 주재로 관계부처 및 각계 전문가로 합동평가단을 구성하여 평가를 실시하였다.

합동평가단에서는 1991년 4월부터 7월까지 과학기술분야 22개 출연연을 대상으로 연구관리분야 및 기관운영분야에 관한 평가를 실시하고 그 결과를 국무위원 및 민간전문가 17인으로 구성된 종합과학기술심의회에 보고하여 확정하였다. 이 평가에서 합동평가단은 출연연의 기능 및 역할 재정립에 대한 기본 방향과 함께 운영효율화를 위한 제도개선 방안을 다양한 측면에서 검토하였다. 이에 따라 합동평가단은 출연연 운영의 자율성은 최대한 확대하고 경영성과에 대해서는 엄격한 책임을 묻는 정기적인 기관평가제도 도입의 필요성을 제안하였다.

과학기술분야 출연연에 대한 1차 합동평가결과의 후속조치 이행정도를 점검하여 기관운영의 효율화와 연구생산성 제고를 촉진하기 위하여 1991년 11월부터 1992년 1월까지 과학기술처 소속 19개 출연연 중 16개 기관을 대상으로 2차 기관평가가 실시되었다.

1991년도 합동평가단의 권고에 따라 과학기술처는 1992년부터 매년 출연연에 대한 기관평가를 지속적으로 추진하였다. 평가는 과학기술처가 평가기준과 평가방법을 출연연에 시달하고, 각 출연연은 자율적으로 자체평가단을 구성하여 자체평가를 실시하여 그 결과를 제출하면, 산업계·학계·연구계 및 정부부처 전문가들로 구성된 평가위원회에서 자체평가보고서를 분석하여 결과보고서를 작성, 종합과학기술심의회에 제출하는 절차로 진행되었다.

1996년에는 과학기술처 산하 출연연에 대한 기관평가제도가 발전적으로 변경되었다. 그동안의 기관평가제도가 1년 단위의 단기적 기관운영성과를 정량적인 점수로 환산한 상대평가에 치우쳐 중장기적 관점에서 출연연의 임무 및 발전전략에 대한 평가가 미흡하였다는 지적이 반영된 결과였다. 이에 따라 단기적인 1년 단위의 기관평가, 즉 연차평가는 각 출연연에서 자율적으로 실시하도록 하고, 정부는 3년 단위의 중장기적 종합평가를 실시하게 되었다. 그러나 이러한 평가제도는 1997년까지 2년간 적용되다가 1998년의 출연연 경영혁신 준비과정을 거쳐 1999년 연구회체제로 전환되면서 자동 폐기되었다(이철원, 1998: 48 - 71).

1998년에는 기관평가를 대신하여 과학기술연구원, 화학연구소, 원자력연구소, 기계연구원, 생명공학연구소, 항공우주연구소 등 6개 기관을 대상으로 맥킨지(McKinsey Seoul)에 의뢰하여 경영진단을 실시하였다.

이 경영진단은 연구원에 대한 인터뷰 및 설문조사와 관련 자료 분석뿐 아니라 출연연의 고객이라 할 수 있는 산업계 인사에 대한 인터뷰 등 폭넓은 자료수집 및 분석과정을 통해 진행되었다. 출연연 내부의 연구영역 설정, 과제선정 및 평가, 인력관리, 행정 지원 등에 대한 분석이 이루어졌다. 또한 출연연의 경영성과 비교측정을 위해 미국 국립항공우주국(NASA: National Aeronautics and Space Administration), 배텔연구소(Battelle Memorial Institute), 독일 프라운호퍼연구회(FhG: Fraunhofer Gesellschaft), 일본 이화학연구소

(RIKEN: Rikagaku Kenkyusho) 등 선진국의 유수한 연구기관에 대한 벤치마킹도 실시되었다. 경영진단 결과 연구기관이 전반적으로 고객 지향성이 부족하고, 성과평가제도의 실효성이 부족하며, 폐쇄적으로 운영되고 있다는 것이 주된 문제점으로 지적되었다.

1999년 3월 연구회체제가 출범함에 따라 연구기관 평가가 연구회 주관으로 변경되었다. 종전의 연구기관 평가는 법적 근거가 없어 평가의 실효성 확보에 어려움이 많았으나 연구회체제에서는 출연연법에 법적 근거를 두고, 또한 연구회의 주요 사업 중 하나로 평가를 명시함으로써 연구기관 평가제도가 정착될 수 있는 전기가 마련되었다. 과학기술분야 3개 연구회는 각 소관 연구기관 평가에 적용할 평가틀을 공동으로 개발하였다. 1999년 7월 과학기술정책연구원 (STEPI)에 의뢰하여 11월에 완성한 평가틀은 평가항목 및 지표, 평가 대상, 평가주기, 평가추진체계, 추진일정 등을 구체화하였다(송환빈, 2004: 73). 과학기술분야 연구회는 매년 기관평가 지표를 발전적으로 개선하면서 현재까지 연구기관 평가를 실시해 오고 있다.

2) 경제인문사회분야 연구기관 평가제도의 변천과정

경제인문사회분야 연구기관 평가제도는 1999년 3월 연구회체제의 출범과 함께 처음으로 도입되었다. 이전의 연구기관 평가는 과학기술분야에 한해 임의적으로 운영되었을 뿐 경제인문사회분야 연구기관에 대한 평가제도는 존재하지 않았다. 그러나 출연연법에 연구기관의 평가를 명문화함으로써 제도화된 것이다.[39]

---

39) 출연연법과 동법 시행령에서는 '연구기관의 평가'와 관련하여 다음과 같이 규정하고 있다. 먼저 출연연법에서는 ① 연구회는 연구기관의 연구실적과 경영내용을 대통령령이 정하는 바에

이에 따라 경제인문사회분야 연구기관에 대해서는 1971년에 한국개발연구원(KDI)이 설립된 이후 28년 만에 처음으로 연구기관 평가제도가 도입되었다.

당시 경제사회연구회에서는 공정하고 객관적인 평가제도의 조기정착이 연구회체제의 성패를 좌우할 중요한 과업으로 판단하였다. 그 결과 평가단의 단장은 물론 제1분과부터 제4분과까지의 분과위원장에 이사들이 직접 참여하고 이들 분과를 지원하는 총괄분과에는 연구회 사무국장이 참여한 가운데 산·학·연의 관계전문가들과 함께 평가체계를 설계하고 평가편람을 개발하였다. 경제사회연구회의 소관 연구기관 평가체계를 요약하면 [그림 2 - 4]와 같다.

이러한 평가체계하에서 경제사회연구회는 소관 14개 연구기관의 연구실적과 경영내용을 평가하는 기본지침서인 평가편람을 개발하기 위해 대학·연구기관 및 정부투자기관 등의 평가편람 개발에 참여했던 외부전문가들로 평가편람개발팀을 구성하였다. 평가편람개발팀은 관계 법령, 평가단장 및 분과위원장 의견, 대학 및 정부투자기관의 사례, 연구기관 관계전문가의 의견 등을 바탕으로 평가편람 개발에 착수하였다. 평가의 공정성 및 객관성 유지에 최우선 목표를 두고 평가지표, 평가배점, 평가방법, 평가내용 등으로 구성

따라 공정하고 객관적으로 평가하여야 한다. ② 연구회는 제1항의 규정에 의한 평가결과를 대통령령이 정하는 바에 따라 국무총리 및 기획재정부장관에게 제출하여야 한다. ③ 국무총리는 제2항의 규정에 의하여 제출된 평가결과를 총괄하여 국회 소관 상임위원회에 보고하여야 한다(출연연법 제28조). 또한 동법 시행령에서는 ① 연구회는 법 제28조 제1항의 규정에 의하여 연구기관의 연구실적과 경영내용을 평가함에 있어서 법 제25조의 규정에 의한 기획평가위원회 또는 관련 분야를 전문적으로 평가할 수 있는 기관의 의견을 들어 공정하고 객관적으로 평가하여야 한다. ② 제1항의 규정에 의한 연구기관에 대한 연구실적 및 경영평가의 내용은 연구회가 이사회의 의결을 거쳐 징한다. ③ 국무총리는 언구회가 이사회의 의결로 성한 평가내용 외에 추가적인 평가가 필요하다고 인정하는 경우에는 연구회에 이를 요청할 수 있으며, 연구회는 이에 응하여야 한다(출연연법 시행령 제19조).

되는 평가편람 시안을 개발하였다. 평가편람 시안은 소관 연구기관의 의견 수렴, 기획평가위원회의 자문, 여타 연구회 및 국무조정실과의 협의, 평가분과위원장 합동회의 등을 거쳐, 1999년 11월에 연구회 이사회의 의결로 최종 확정되었다. 이 평가편람에 의거하여 소관 연구기관 평가가 2000년 1월부터 4월에 걸쳐 실시되었다(경제사회연구회, 1999: 4 - 5).

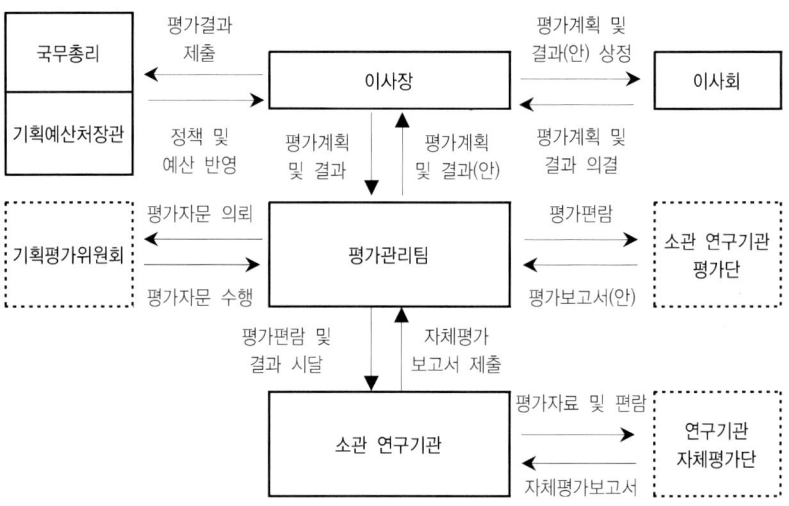

[자료] 경제사회연구회(2000b: 25 - 29)를 참조하여 재구성.

[그림 2 - 4] 경제사회연구회 소관 연구기관 평가체계

이후 경제사회연구회는 2005년 7월 인문사회연구회와 통합되어 경제·인문사회연구회로 출범할 때까지 이러한 평가체계 및 평가편람의 기본틀을 유지하고, 매년 평가를 통해 드러난 문제점들을 수정보완하면서 연구기관 평가를 실시해 왔다.

경제인문사회분야 연구기관 평가는 통합 연구회의 출범과 함께 상당한 변화를 겪게 되었다. 법적 근거나 평가주체 등의 기본틀에서는 변화가 없었으나 성격이 상이한 경제사회분야 연구기관과 인문사회분야 연구기관이 통합되어 평가를 받게 됨에 따라 평가의 지표 등 구체적인 부분에서의 개정은 불가피하였다.

두 연구회는 합동으로 통합연구회에 적용할 연구기관 평가체제를 연구하였다. 이 연구에서는 ① 연구회 통합 시 평가대상이 되는 23개 기관의 특성을 반영한 유형화와 이들 유형의 성격을 감안한 특성화 평가시스템 설계, ② 기존 평가지표의 검토를 통한 새로운 평가모형 기준 및 합리적 평가방법 개발안 제시, ③ 평가의 투명성과 공정성을 제고할 수 있는 평가위원 선정, 평가절차, 평가단계, 평가주기, 평가등급 등 평가지원시스템 주변요소에 대한 기본사항 설계, ④ 평가결과의 생산성 제고를 위한 효과적 환류(feedback) 및 결과활용방안 제시 등에 주안점을 두었다. 이를 통해 제시된 경제·인문사회연구회 연구기관 평가체제의 주요 내용을 요약하면 다음과 같다(경제사회연구회·인문사회연구회, 2005: 3-20).

〈표 2-5〉 경제·인문사회연구회 평가대상기관의 유형화

구분	경제정책분야 (5개 기관)	자원·인프라분야 (6개 기관)	인적자원분야 (7개 기관)	공공정책분야 (5개 기관)
연 구 기 관	▷대외경제정책연구원 ▷산업연구원 ▷한국개발연구원 ▷한국농촌경제연구원 ▷한국조세연구원	▷국토연구원 ▷에너지경제연구원 ▷정보통신정책연구원 ▷한국교통연구원 ▷한국해양수산개발원 ▷한국환경정책·평가(연)	▶한국교육개발원 ▶한국교육과정평가원 ▷한국노동연구원 ▷한국보건사회연구원 ▶한국여성개발원 ▶한국직업능력개발원 ▶한국청소년개발원	▷과학기술정책연구원 ▶통일연구원 ▶한국법제연구원 ▶한국행정연구원 ▶한국형사정책연구원

[자료] 경제사회연구회·인문사회연구회(2005: 4).
[주] 연구기관 명칭에서 ▷ 표시는 기존의 경제사회연구회 소관연구기관, ▶ 표시는 기존의 인문사회연구회 소관연구기관을 의미.

첫째, 평가대상기관을 유형화하고 유형별 특성화 지표를 배정하였다. 각 기관이 담당하고 있는 연구·사업영역을 기준으로 <표 2-5>와 같이 유형화하고, 각 유형별로 전체의 50%를 특성화 지표로 배정하여 기관별 특성을 감안하였다.

둘째, 주요 평가지표의 문제점 및 개선방안을 제시하였다. 연구결과의 우수성·정책기여도·협동연구사업·수요자만족도 평가지표 등에 대해 개선방안을 제시하였다.

셋째, 평가지원시스템 개선방안을 제안하였다. 즉 평가의 목적 및 원칙, 평가기준, 평가주기, 평가단 구성, 평가절차 등에 대한 개선안을 제시하였으며, 특히 평가목적을 상대적 비교평가에 의한 경쟁유도에서 절대평가를 통해 기관발전을 위한 종합진단으로 변화할 것을 제안하였다.

넷째, 평가결과의 환류 및 결과활용방안을 검토하였다. 출연연에 대한 평가결과 활용체계를 분석한 후, 효과적인 환류체계의 구축방안, 성과보상체계 실효성 제고방안을 검토하여 개선의 방향성을 제시하였다.

이와 같은 변천과정을 거쳐 수정 보완되어 온 경제·인문사회연구회 소관 연구기관 평가제도는 2009년 현재까지 매년 실시되고 있다. 2009년에는 기존의 연구기관 평가제도에 대한 대폭적인 개선작업을 추진 중에 있으며, 특히 '연구기관 평가'와는 별도로 '연구기관장 리더십 평가'제도를 도입, 운영하고 있다.

현행 연구기관 평가는 정책평가 유형 중 기관평가 형식으로 수
행되는 제도적 평가에 해당한다. 그 결과 연구기관 평가는 정책평
가의 일반적 속성을 지니면서 동시에 연구기관 평가만의 고유한
특성도 지니고 있다.

따라서 이 절에서는 먼저 정책평가와 연구기관 평가 간의 관계에
관해 고찰하고, 이를 바탕으로 연구기관 평가의 개념 및 특성 등
그 의의에 관해 살펴본다.

1. 정책평가와 연구기관 평가

1) 정책평가의 의의

행정관리학파의 대표적 학자인 Gulick은 이미 1930년대에 행정
관리자들이 수행해야 할 가장 기본적인 기능을 POSDCORB(Planning,
Organizing, Staffing, Directing, Coordinating, Reporting, and Budgeting)
란 말로 요약 제시한 바 있다(Gulick, 1937: 13). 이러한 제안은 행
정조직의 구성 및 행정학의 교과내용 설정에 결정적인 기여를 해
왔다. 그런데 1970년대에 이르러 Poland는 여기에 Evaluation의 E를

포함시켜 POSDECORB로 만들 것을 제창하였다(Poland, 1971: 201 - 202). 행정학에서 평가에 대한 관심이 본격화된 것이다.

정책평가가 필요한 이유는 정책의 성격에서 유래한다. 즉 정책이란 '실현하고자 하는 사회를 만들기 위하여 정부가 수행하는 활동'이라고 정의할 때, 어떤 정책이 그러한 사회를 실현하는 데 의미 있는 것인가 하는 정책의 당위성, 정책 집행의 결과로 어떠한 결과가 초래되었는가 하는 정책의 영향과 효과, 그러한 결과를 가져오는 데 더 나은 방법이 있겠는가 하는 정책대안의 효율성 등이 정책의 성격에서 유래되는 기본적인 정책평가의 이슈들이다. 정책평가는 바로 이들 정책평가 이슈들에 답하는 활동이다.

일반적으로 정책평가는 '정책의 내용, 집행 및 집행의 결과와 그 영향 등을 추정하거나 사정 또는 평가하기 위하여 체계적 연구방법들을 응용하는 것으로서, 어떤 한 정책의 과정이나 결과를 이해하고, 그 값어치를 판단하는 사회적인 과정'이라고 정의할 수 있다(노화준, 2003: 29 - 30).

정책평가의 일반적 목적은 지식 및 학습, 관리, 책임성 등의 세 가지 관점에서 살펴볼 수 있다(Chelimsky, 1977: 6).

첫째, 지식 및 학습의 측면에서 볼 때 정부가 직면하고 있는 여러 문제들과 이를 해결하기 위한 전략의 적절성에 대해 새로운 지식을 얻고, 이를 통하여 정책학습을 할 수 있기 때문에 정책평가를 한다. 둘째, 관리의 관점에서는 정책평가의 목적이 행정관리를 위한 도구, 즉 정책의 효과성과 능률성을 평가하여 대안의 선택과 개선, 운영상의 효율성을 증진시키기 위한 지원시스템으로 기능하기 위해 정책평가를 실시한다. 셋째, 책임성의 관점에서는 정책결정자나 관리자들에게 효과성과 운영상의 질적 측면을 책임지도록 함으로써 정부 자원을 최선의 방법으로 활용하도록 하기 위해 정책평가가 필요하다.

오늘날 정책시스템에서 평가가 차지하는 위치는 점점 더 중요해지고 있다. 정책평가는 정책의 집행상황에 대한 평가라는 차원을 넘어, 정책에 중장기 비전을 제시하고 주요 정책목표의 달성여부를 점검하며 체계적 환류과정을 통해 정책의 효과성(effectiveness)과 효율성(efficiency) 등을 높여 나가는 수단이 되고 있다.

정책평가는 그 유형이나 결과의 활용목적, 사용되는 평가의 방법 등에 따라 평가의 절차가 각기 달라질 수 있다. 이와 관련 미국 정책평가학회에서는 정책평가의 표준적 절차를 제안하였다. 즉 그 절차는 ① 형성과 협상, ② 평가의 구조화와 설계, ③ 자료의 수집과 준비, ④ 자료의 분석과 해석, ⑤ 의사전달과 발표, ⑥ 결과의 활용 등 여섯 단계로 조직화되어 있다(Evaluation Research Society Standards Committee, 1982: 11 – 17).

한편 현대 국가의 정책은 수행하는 기능의 복합성과 상호연관성 및 상호의존성 등의 속성으로 인해 시스템적 접근이 요구된다. 시스템(system), 즉 체제는 특정 기능을 수행하는 상호 유기적으로 연결된 요소들의 집합으로 이해된다. 시스템이론에서는 전체를 하나의 시스템으로 보고 시스템을 구성하는 구체적인 구성요소를 식별하며, 이들 사이의 유기적인 관계를 규명하는 것으로부터 출발한다(안문석, 1998: 18). 체제는 외부로부터 투입(input)을 받아 전환(conversion) 과정을 거쳐 산출(output)을 내고 산출은 다시 환류(feedback)되는 순환과정으로 이루어져 있다. 따라서 체제적 관점에서는 종래의 단선적 사고에서 벗어나 시스템과 환경의 관계를 중시하고, 문제 요인의 순환적 인과관계를 강조하며, 성과평가 및 환류를 통한 지속성을 강조하는 특성이 있다. 그러므로 정책평가 및 연구기관 평가에 있어서도 이러한 시스템적 접근을 고려할 필요가 있다.

2) 정책평가 유형과 연구기관 평가제도

정책평가는 분류기준에 따라 다양하게 유형화할 수 있다. 예를 들면, 평가자의 소속이나 평가주체, 평가시기, 평가목적, 평가단계, 평가수행 횟수, 평가방법, 평가범위 등에 따른 분류가 가능하다.

미국 정책평가학회에서 제안한 분류기준 등을 종합하여 볼 때 정책평가 유형은 ① 착수직전분석(front – end analysis, 맥락분석 또는 실행가능성 분석), ② 평가성사정(evaluability assessment), ③ 형성적 평가(formative evaluation, 과정평가 또는 프로그램 발전을 위한 평가), ④ 프로그램 모니터링(program monitoring), ⑤ 정책영향평가 (총괄적 평가[summative evaluation], 산출평가 또는 효과성 평가), ⑥ 능률성 평가(효율성 평가), ⑦ 적합성(appropriateness) 평가, ⑧ 평가종합(evaluation synthesis), ⑨ 메타평가(metaevaluation) 등으로 나눌 수 있다(노화준, 2003: 60 – 76).

여기서는 본서에서 다루는 사례연구의 목적 및 방법론을 고려하여, 평가주체, 평가시기, 평가목적, 평가방법, 평가범위, 평가단위, 평가내용에 따른 정책평가의 유형을 살펴본다.

첫째, 평가주체에 따라 자체평가, 내부평가, 외부평가로 나눌 수 있다. 자체평가란 정책이나 사업의 집행 담당자나 기관이 스스로 수행하는 평가를 의미한다. 내부평가는 정책이나 사업의 집행 담당자 자신은 아니나 그것의 시행에 책임이 있는 기관의 구성원이 수행하는 평가를, 외부평가는 제삼자적 위치에 있는 외부전문가가 수행하는 평가 및 상위기관에 의한 평가를 말한다. 한편 평가주체의 공식성 여부에 따라 공식기관에 의한 제도적 평가와 민간에 의한 비공식 평가로 구분하기도 한다.

둘째, 평가시기에 따른 분류는 정책이나 사업의 수행단계에 따라 평가를 구분하는 것으로, 이는 사전평가·과정평가·사후평가로 구분한다. 먼저 사전평가는 정책의 계획 수립 과정에서 실시되는 평가를 말하며, 여기에는 착수직전분석·평가성 사정·형성평가·적합성 평가 등이 있다. 이 중 형성평가는 프로그램이 집행과정에 있으며 아직 유동적일 때 이를 개선하기 위해 실시되는 것으로, 총괄평가와 대비되는 개념이다. 또한 과정평가는 정책의 집행단계에서 이루어지는 평가를 뜻하며, 프로그램 모니터링·집행과정평가 등이 있다. 그리고 사후평가는 정책이나 사업이 종료된 시점에서 수행되며, 정책영향평가·총괄평가·효과성 평가·능률성 평가·평가종합·메타평가 등이 포함된다.

셋째, 평가목적에 따른 분류는 매우 다양하나 Suchman의 분류에 따르면 노력평가(evaluation of effort), 성과 또는 효과평가(evaluation of performance or effects), 성과의 충분성 평가(evaluation of adequacy of performance), 능률성 평가(evaluation of efficiency), 과정평가 (evaluation of process) 등으로 나누고 있다(Suchman, 1967: 61−71). 노력평가란 수행되는 활동의 양과 질에 대한 평가를 말하고, 성과 또는 효과평가는 노력의 결과를 측정하는 평가이다. 성과의 충분성 평가는 정책이나 사업의 성과가 전체 문제를 해결한 정도를 측정한다. 능률성 평가는 노력과 성과의 비율을 측정하는 것으로 효율성 평가라고도 한다. 과정평가란 어떤 정책이 어떻게, 왜 그러한 성과를 시현했는지 분석하는 평가를 말한다(김명수, 1993: 93 - 94).

평가방법에 따라 객관적·과학적 평가와 주관적·비과학적 평가, 양적 평가와 질적 평가, 분석적 평가와 판단평가로 나누기도 한다. 분석적 평가는 과학적 연구방법에 의한 평가인 데 비해, 판단평가는 평가적 추론에 의한 평가를 의미한다.

평가범위에 따라 단일평가와 포괄적 평가로 나누기도 하는데, 단일평가는 정책의 한 측면을 평가하는 것이고 포괄적 평가는 여러 측면을 포함하는 것을 의미한다.

평가단위에 따라 조직 전체에 대한 기관평가와 개별 정책에 대한 개별평가 및 단위 사업(program)에 대한 사업평가로 구분하기도 한다. 또한 평가내용에 따라 관리역량평가, 정책과제평가, 만족도평가 등으로 구분하기도 한다(김현구, 2003: 60 - 64).

다양한 정책평가 유형 중에서 현행 연구기관 평가는 어떠한 유형에 속하는지를 정리하면 <표 2 - 6>과 같다. 이를 통해 연구기관 평가의 핵심적 성격을 파악할 수 있다.

<표 2 - 6>에서 보는 바와 같이 평가주체를 기준으로 할 때 현행 연구기관 평가는 연구기관에서 제출한 자체평가결과를 토대로 연구회에 의한 외부평가 형태로 실시되는데, 연구회에 의한 외부평가는 연구기관 자체평가에 대한 상위평가 혹은 메타평가의 성격을 지닌다. 또한 연구기관 평가는 출연연법의 법적 근거에 따라 공식 기관에 의해 실시되는 '제도적 평가'에 해당한다.

<표 2-6> 정책평가 유형과 연구기관 평가

구 분	정책평가 유형	연구기관 평가
평가주체	- 자체평가, 내부평가, 외부평가 - 제도적 평가, 비공식 평가	- 자체평가, 외부평가 - 제도적 평가
평가시기	- 사전평가: 착수직전분석, 평가성 사정, 형성평가, 적합성 평가 - 과정평가: 프로그램 모니터링, 집행과정평가 - 사후평가: 정책영향평가, 총괄평가, 효과성 평가, 능률성 평가, 평가종합, 메타평가 등	- 사후평가
평가목적	- 노력평가, 성과 또는 효과평가, 성과의 충분성 평가, 능률성 평가, 과정평가	- 모두 포함
평가방법	- 객관적·과학적 평가, 주관적·비과학적 평가 - 질적 평가, 양적 평가 - 분석적 평가, 판단평가	- 모두 포함
평가범위	- 단일 평가, 포괄적 평가	- 포괄적 평가
평가단위	- 기관평가, 개별평가, 사업평가	- 기관평가
평가내용	- 관리역량평가, 정책과제평가, 만족도평가	- 모두 포함

평가시기 및 범위의 측면에서 볼 때는 매년도 연구 및 경영 실적에 대해 사후적으로 평가하는 사후평가이며, 포괄적 평가에 속한다.

평가단위에 따른 유형 구분과 관련하여 현행 연구기관 평가는 '기관평가'에 해당한다는 사실은 중요한 의미를 지닌다. 연구기관 평가는 기관 전체에 대한 기관평가이지, 개별평가나 사업평가가 아니다. 그러므로 현행 연구기관 평가에 대해 보다 체계적으로 이해하기 위해서는 기관평가에 대한 검토, 나아가 기관평가와 연구기관 평가와의 관계에 대한 고찰이 매우 중요하다.

현행 연구기관 평가의 경우, 평가주체나 시기·범위·단위에 따른 구분에서는 어느 유형에 속하는지가 명확하다. 즉 평가주체에서는 외부평가 및 제도적 평가, 평가시기에서는 사후평가, 평가범위에서는 포괄적 평가, 평가단위에서는 기관평가에 해당한다.

이에 반해 평가목적·방법·내용에 따른 구분에서는 어느 특정 유형에 속하는 것이 아니라 여러 세부유형들을 포함하고 있다. 따라서 이들 기준에 따른 유형 구분과 관련해서는 여러 세부유형 중 어떤 유형으로, 또는 어떤 유형을 강조하여 평가할 것인지를 사전에 명백하게 결정해 두어야 한다. 이는 곧 연구기관 평가의 정체성 (identity) 정립 조건이 됨을 의미한다. 예를 들어, 평가목적에 따른 세부유형, 즉 노력평가·성과평가·능률성 평가·과정평가 중 어디에 초점을 둘 것인지, 또는 각 세부유형 간의 비중을 어떻게 할 것인지를 사전에 결정한 후 평가를 실시해야 한다. 그렇지 못할 경우 평가의 목적이 모호해지고, 따라서 평가의 방향이나 방법, 내용도 애매해지며, 결국 목적 달성이 불가능한 평가로 전락할 수밖에 없음을 시사한다.

2. 연구기관 평가의 의의

1) 연구기관 평가의 개념

연구기관 평가의 개념은 매우 다양하게 사용되고 있다. 연구기관 평가를 포함한 '기관평가'는 이론적·학문적으로 정립된 용어가 아니라 현실적·실무적 필요에 의해 형성, 발전되어 온 개념이기 때문이다. 그러나 사회과학연구에 있어서 주제에 대한 명확한 개념 정의는 연구의 출발점에 해당한다.

평가(評價)의 사전적 의미는 "어떤 대상을 그 가치나 수준 따위를 따져 평하는 것. 또는, 그 가치나 수준"(금성출판사 사전팀,

2004: 2304)으로 정의하기도 하고, "어떤 것의 가치나 특질을 판단하거나 결정하는 것(to judge or determine the worth or quality of something)"(Agnes, 2000: 492)으로 규정하기도 한다.

Suchman(1967: 28)은 평가(evaluation)를 "어떤 활동, 예컨대 정책이나 사업의 가치(worthwhileness)를 판단하는 과정"으로 정의하였고, Scriven(1991: 1)은 "평가대상(evaluand)의 장점(merit)이나 가치(worth)를 결정하는 과정"으로 정의하였는데, 일반적으로 평가란 "어떤 것의 장점, 가치, 의의(significance)에 대한 체계적인 결정"(Wikipedia 홈페이지, 2007. 7.)으로 정의하고 있다.

이러한 개념 정의를 평가실무에 적용하여 OECD/DAC(2002: 21)에서는 평가란 "진행 중이거나 완료된 프로젝트, 프로그램 또는 정책의 설계, 집행, 결과에 대한 체계적이고 객관적인 사정(systematic and objective assessment of an on-going or completed project, programme or policy, its design, implementation and results)"으로 규정하였다. 또한 UNEG(2005a: 4)에서는 평가대상을 더욱 구체화하여 평가를 "활동(activity), 프로젝트, 프로그램, 전략, 정책, 논제(topic), 주제(theme), 부문(sector), 운영영역(operational area), 기관성과(institutional performance) 등에 대한 체계적이고 공정한 사정(assessment)"으로 정의하고 있다.

연구기관 평가의 개념은 평가의 일반적 개념을 기초로 하되, 기관평가라는 측면에 초점을 맞추어 살펴볼 필요가 있다. 정책평가는 평가단위에 따라 조직 전체에 대한 '기관평가'와 개별 정책에 대한 '개별평가', 그리고 단위 사업에 대한 '사업평가'로 구분하는데 기관평가는 여타 평가와 구별되는 특성을 지니고 있기 때문이다.

한국의 기관평가(機關評價) 개념은 1998년 국무총리실에서 기존의 개별정책단위별 심사평가의 한계를 극복하기 위해 '정부업무의 심사평가 및 조정에 관한 규정(대통령령)'을 개정하여 기관단위의 종합평가인 기관평가를 도입함으로써 제도화되었다. 이에 따라 기관평가는 "각 부처의 행정을 포괄적으로 평가하는 방식, 즉 성과평가+정책추진역량평가+국민중심평가의 종합된 형태"로 이해되었다(차의환, 2002: 240).

그 후 2001년 '정부업무등의평가에관한기본법'을 제정하여 기관평가에 대한 법적 근거가 마련되었고, 2006년 4월 1일부로 시행된 '정부업무평가 기본법'에 의해 기관평가가 보다 체계화되었다.

정부업무평가 기본법 제2조에서는 우선 "평가라 함은 일정한 기관·법인 또는 단체가 수행하는 정책·사업·업무 등(정책 등)에 관하여 그 계획의 수립과 집행과정 및 결과 등을 점검·분석·평정하는 것을 말한다."고 규정하고, 이어 "정부업무평가라 함은 국정운영의 능률성·효과성 및 책임성을 확보하기 위하여 다음 각 목의 기관·법인 또는 단체(평가대상기관, 즉 중앙행정기관, 지방자치단체, 중앙행정기관 또는 지방자치단체의 소속기관, 공공기관)가 행하는 정책 등을 평가하는 것을 말한다."고 정의하고 있다.

이를 종합할 때, 기관평가는 기본적으로 평가를 기관의 활동이나 운영 차원에서 파악하는 개념으로, 특정 기관이 추진하는 주요 업무 전반에 대한 기관단위의 다원적 종합평가라고 할 수 있다(김현구, 2003: 63-64). 그러므로 연구기관 평가를 포함한 전형적인 기관평가는 [그림 2-5]에서 보는 바와 같이 평가단위의 기관성, 대상업무의 포괄성 그리고 평가내용의 다원성을 핵심적 개념요소로 한다.

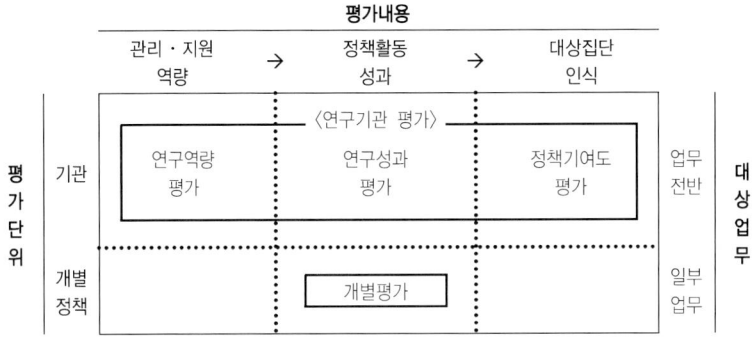

[자료] 김현구(2003: 64)를 참조하여 재구성.

[그림 2-5] 연구기관 평가의 개념요소

　기관평가의 개념요소에 비추어 볼 때 연구기관 평가 역시 이러한 요소들을 두루 갖추고 있다. 따라서 연구기관 평가를 기관평가의 관점에서 정의하면, "연구기관이 수행하는 주요 업무 전반에 대한 기관단위의 다원적 종합평가"라 할 수 있다. 기관평가에서 평가를 통해 값을 매기려는 궁극적 평가단위는 개별정책이 아니라 기관이다. 따라서 기관평가에서는 당해 기관의 기능을 대변할 수 있는 주요 업무 전반을 포괄적으로 검토하게 되며, 정책활동성과뿐 아니라 기관의 관리·지원역량과 대상집단인식에 이르기까지 다양한 차원의 내용을 종합적으로 평가한다.

　그런데 실제 평가에 있어서 평가내용은 각 평가별 특성을 고려한 핵심요소들로 한정하여야 한다. 그렇지 않을 경우 백화점식 평가로 전락하기 쉽다. [그림 2-5]에서 보는 바와 같이 일반적인 기관평가의 경우 평가내용의 핵심요소는 관리·지원역량, 정책활동성과, 대상집단인식으로 구성된다. 연구기관 평가를 이에 적용하면 연구역량, 연구성과, 정책기여도가 평가내용의 핵심에 해당함을 유추할 수 있다.

2) 연구기관 평가의 특성

연구기관 평가를 포함한 기관평가는 다음과 같은 운영상의 특성을 지닌다. ① 기관평가는 관리통제의 실효성 제고를 위해 주로 상급기관이 하급 소속기관의 비교평가에 활용한다. ② 기관평가는 주체 면에서 민간에 의한 비공식평가보다는 정부기관에 의한 제도적 평가의 형식을 취하는 경우가 많다. ③ 기관평가는 접근방법 면에서 주로 판단평가에 의존하게 된다. 왜냐하면 기관평가는 과학적 분석을 적용하기 어려운 규범적 문제까지 다루고 시간적 제약이 따르기 때문이다(김현구, 2003: 64).

한편 연구개발 활동은 여타의 정책활동들과 다른 특성을 가지고 있으며, 이는 다시 그 결과물에 대한 측정과 평가를 어렵게 만드는 요인으로 작용한다. 먼저 연구개발 활동의 일반적 특성을 정리하면 다음과 같다. ① 연구개발 조직에서는 미래의 불확실성을 제거하기 위해 좀 더 많은 유연성과 독창성이 요구된다. ② 연구개발의 진행 정도는 계량적으로 파악하기 어렵고 관리하기가 쉽지 않다. ③ 연구개발의 효과는 재무제표로 나타내기 어렵다. ④ 연구개발은 성공하기 쉽지 않지만, 일단 성공하면 그 가치 및 파급효과가 매우 크게 나타나는 경향이 있다. ⑤ 연구조직의 구성원들은 미개척 영역에 대한 자신들의 역할을 중시하므로, 자신들의 조직이 일반 조직과는 다른 원칙에 의해 운영되어야 한다고 믿는다.

이러한 연구개발 활동의 특성으로 인해 연구개발 평가 역시 쉽지 않다. 그 이유를 정리하면 다음과 같다. ① 연구개발의 과정 및 결과가 전문적이고 불확실하여 연구자 이외의 사람이 평가하는 데는 한계가 있다. ② 설혹 연구개발의 결과가 확실하다 해도 이의 영향을 추적하는 것은 현실적으로 매우 어렵다. ③ 연구 성과를 측정할 수 있는 적절한 도구가 존재하지 않는다. 즉 연구개발 활동과 영향의 발현 간에는 많은 시간적 간격이 존재하므로 이를 측정하기 어렵다. ④ 연구개발의 투입과 산출을 연계시키는 것은 쉽지 않다. 많은 요소들이 연구개발 결과에 영향을 미치기 때문이다. ⑤ 연구개발의 산출을 계량화하는 과정에서 많은 저항이 발생할 수 있다. 즉 연구자들은 자신들의 연구결과가 질이 아닌 다른 기준에 의하여 평가되는 것을 강하게 거부하는 경향이 있다(이찬구, 2005: 201).

이러한 특성으로 인해 연구기관 평가는 수행과정에서 여러 가지 문제들에 직면하게 되나 그중 가장 대표적인 문제점은 평가대상기관으로부터의 저항을 들 수 있다. 저항을 줄이기 위한 효과적인 방법 중 하나가 평가대상기관의 구성원들을 평가활동에 참여시키는 방안을 생각해 볼 수 있다(Stevenson & Ciarlo, 1982: 379). 이들의 참여는 평가고객의 요구에 적합한 방향으로 평가 작업을 진행시킬 확률을 높여 주기 때문에 자료 수집에 있어서 협조를 얻을 수 있을 뿐 아니라, 평가결과의 활용도도 제고시킬 수 있는 장점을 가지고 있다(Clark, 1979: 564).

■■■ 제4절 연구기관 평가 선행연구 분석

본서에서 제시하는 사례연구는 연구기관 평가에 대한 메타평가에 초점이 맞추어져 있으므로 그 선행연구는 '연구기관 평가'에 관한 연구와 '메타평가'에 관한 연구로 나누어 살펴볼 필요가 있다. 전자는 연구기관 평가에 관한 연구 동향과 유형 및 특징을 알 수 있게 하여 본 사례연구의 필요성과 의의(목적)를 분명히 하는 것과 관련된 연구들인 데 반해, 후자는 본 사례연구에서 도출해야 하는 구체적인 분석틀 및 방법(수단)을 파악하는 것과 관련된 연구들에 해당한다.

메타평가에 관한 선행연구는 이미 앞 장에서 살펴보았으므로 이 절에서는 연구기관 평가에 관한 선행연구를 종합적으로 검토하고, 이러한 선행연구와 본서의 사례연구와의 차별성을 정리한다.

1. 선행연구 개괄

연구기관 평가에 관한 선행연구는 본서에서 다루는 사례연구의 범위를 고려하여 정부출연연구기관 평가로 한정하고, 본 평가제도가 법제화된 1999년 이후의 연구를 대상으로 살펴본다. 또한 국외의 경우 한국과 같은 형태의 정부출연연구기관을 운영하는 사례가

거의 없기 때문에 선행연구는 국내에 한정해 검토한다.[40)]

연구기관 평가에 관한 국내 선행연구를 발표된 순서에 따라 정리,
요약하면 <표 2-7>과 같다.

〈표 2-7〉 연구기관 평가에 관한 국내 선행연구 요약

연구자(시기)	연구대상	연구방법	주요 내용
이찬구・강근복(1999)	과학기술계	메타평가	- 출연연 평가제도 발전방향 종합적 연구
산업기술연구회(2000)	과학기술계	문헌연구	- 소관 연구기관 평가의 실제 요약, 정리
김정흠(2000)	과학기술계	문헌연구	- 평가대상자의 입장에서 출연연 기관평가 운영에 관한 개선방향 제안
과학기술부(2000)	과학기술계	문헌연구	- 과기계 연구회 평가제도 기본방향 모색
이민형(2001)	과학기술계	BSC접근방법	- BSC 모형을 응용한 성과지표체계 설계
송형주(2002)	과학기술계	메타평가	- 공공기술연구회 사례를 대상으로 메타평가
이장재 외(2003)	과학기술계	BSC접근방법	- 연구기관의 균형적 성과평가시스템 구축
송환빈(2004)	과학기술계	메타평가	- 한・일 공공연구기관 평가시스템 비교・분석
이찬구(2004)	과학기술계	메타평가	- 메타평가 통한 문제점 및 개선방안 제시
홍성걸(2004)	과학기술계	메타평가	- 목표달성도, 평가체제, 평가방법, 평가결과 활용에 관한 문제점 및 개선방안 제시
경제사회연구회・인문사회연구회(2005)	경제인문사회	문헌연구	- 통합연구회에 적용할 기관평가체제 도출
김병태・남영호(2005)	과학기술계	BSC접근방법	- 출연연 평가제도의 수용성 제고방안 연구
이길우(2005)	과학기술계	문헌연구	- 연구기관 평가제도 운영의 영향요인 분석
이민형(2005)	과학기술계	통합적 접근방법	- 기관평가시스템 유효성 분석 모형 연구 - 상황론적 모형과 제도론적 모형의 통합
이일용(2005)	경제인문사회	문헌연구	- 인문사회연구회 연구기관 평가체제 진단
이찬구(2005)	과학기술계	문헌연구	- 출연연 평가에서 지적자본모형의 적용

---

40) 국내 선행연구는 학회지의 경우 DBpia(http://www.dbpia.co.kr),
한국학술정보(http://kiss.kstudy.com) 및 한국행정학회(http://www.kapa21.or.kr),
한국정책학회(hhttp://www.kaps.or.kr, 한국정책분석평가학회(http://www.kapae.or.kr),
기술경영경제학회(http://www.technology.or.kr)를 중심으로 검색하였다. 학위논문은 한국
교육학술정보원(hhttp://www.riss4u.net, 학위논문원분성농이봉협의회(http://thesis.or.kr),
국가전자도서관(http://www.dlibrary.go.kr/)을 통해, 정부출연연구기관 연구보고서는 정부
출연연구기관 지식정보 검색시스템(http://www.ikis.re.kr)을 통해 검색하였다.

연구자(시기)	연구대상	연구방법	주요 내용
황병상·강근복(2005)	과학기술계	메타평가	- 기초기술연구회 평가사례 메타평가 - 메타평가 구성요소 및 평가항목 도출
경제·인문사회 연구회(2006c)	경제인문사회	문헌연구	- 연구기관 평가 발전방안 실무적 종합
최영훈·백종윤(2006)	과학기술계	BSC접근방법	- BSC모형 중심 기관평가지표체계 분석
남영호·김병태(2006)	과학기술계	BSC접근방법	- 연구회 단위 기관평가제도 적합성 분석
이민형(2007)	과학기술계	문헌연구	- 연구기관 평가에서 책임성 평가요소 변화 과정 분석
엄준용·조흥순(2007)	경제인문사회	문헌연구	- 경제인문사회연구회 출연연 평가체제의 발전방향 탐색
김병철(2008)	경제인문사회	메타평가	- 경제인문사회연구회 연구기관 평가에 대한 메타평가 모형 설계 및 적용

이찬구·강근복(1999)은 과학기술계 연구기관 평가사례를 중심으로 '정부출연 연구기관의 평가제도 발전방향'을 종합적으로 연구하였다. 특정 연구기관의 평가사례를 대상으로 하여, 메타평가적 관점에서 평가시스템 전반을 분석하였다. 평가기조·평가수행의 기본요소·평가수행의 지원요소·평가활용으로 구성된 메타평가 분석틀을 설계한 후, 이에 따라 실태 및 문제점을 분석하고 발전방향을 제시하였다. 이는 출연연 평가가 법제화된 이후 발표된 최초의 메타평가 연구이다.

산업기술연구회(2000)는 1999년도 연구기관 평가가 종료된 후 산업기술연구회 소관 연구기관 평가를 중심으로 '정부출연연구기관 평가의 실제'를 요약, 정리한 실무사례집을 발간하였다. 이를 통해 실제 평가에 적용된 배경과 목적, 평가지표 및 시스템, 평가추진단계, 평가운영사례, 정책 제언 등을 종합하였다.

김정흠(2000)은 연구회에 의한 연구기관 평가가 처음 실시된 이후, 평가를 받는 평가대상자의 입장에서 '출연연구기관 기관평가의 운영에 관한 소고'를 발표하였다. 1991년부터 실시된 과학기술계 연구기관 평가와 연구회에 의한 연구기관 평가를 비교하여 평가목적, 평가지표, 평가시행, 평가항목 등에 관한 차별성을 정리하였다.

과학기술부(2000)는 과학기술정책연구원에 의뢰하여 '과학기술계 연구회 평가제도 선진화를 위한 제도개선 방안'을 연구하였다. 이 연구는 국가과학기술체제에서 출연연의 위상을 비롯해, 연구회체제 출범배경, 연구회의 법정 기능, 향후 발전방향 등에 관한 검토와 주요 선진국의 연구회 및 평가사례를 종합적으로 고찰함으로써 한국의 연구회 평가제도가 추구해야 할 기본 방향을 모색하였다.

이민형(2001)은 '정부출연연구기관 기관성과평가지표체계 분석'을 통해 조직성과평가에 대한 접근방식들을 검토하고, 선진국 정부 연구기관 지원정책 및 평가현황에 대한 고찰을 바탕으로, 균형점수표(BSC: Balanced Score Card) 기법의 적용 필요성을 강조한 후, 이에 근거하여 출연연 기관평가의 현황을 분석하고 BSC 모형을 응용한 성과지표체계를 설계하였다.

송형주(2002)는 공공기술연구회 사례를 대상으로 '정부출연연구기관의 메타평가에 관한 연구'를 수행하였다. 평가기조·평가투입·평가수행·평가활용을 주요 요소로 하는 메타평가 모형을 도출한 후, 각 요소별로 메타평가를 실시하였다. 이 연구는 문헌연구에 의존하고 개론적 분석에 머물고 있지만, 연구회의 연구기관 평가사례에 대한 첫 메타평가라는 점에서 의미가 있다.

이장재 외(2003)는 '과학기술계 정부출연 연구기관의 균형적 성과평가시스템 구축' 방안을 균형점수표(BSC) 접근방법을 중심으로 모색하였다. 연구기관 성과평가의 새로운 모형으로 BSC 접근방법을 제안하고, 이를 구축하기 위한 구체적인 방안을 총 7단계로 나누어 고찰하였다.

송환빈(2004)은 '한·일 공공연구기관 평가시스템의 비교·분석'을 실시하였다. 한국 공공기술연구회와 일본 산업기술종합연구소의 사례를 중심으로 이루어진 이 연구는 메타평가 분석틀의 정립과 한·일 양국 사례에 대한 비교연구 방법을 통해 현행 평가시스템의 개선에 필요한 정책 제언을 도출하였다.

이찬구(2004)는 산업기술연구회의 사례를 중심으로 '과학기술계 연구회의 기관평가제도 발전 방안'을 모색하였다. 이 연구는 평가제도 자체와 이의 실제 운영현황을 다시 평가하는 메타평가방법을 사용하였다. 분석틀에 해당하는 메타평가 모형을 평가기조·평가자원·평가수행·평가활용 요소로 나누어 설계한 후, 이를 근거로 메타평가를 실시하여 문제점 및 정책대안을 제시하였다.

홍성걸(2004)은 '과학기술부 출연기관 평가 사례에 대한 실증적 분석'을 실시하였다. 이 연구는 과학기술부의 8개 출연기관 평가에 참여한 경험을 바탕으로 한국의 기관평가 현황을 개괄하고 실제 평가과정에서 나타난 문제점을 중심으로 개선방안을 고찰하였다. 메타평가 분석틀에 따라 목표달성도, 평가체제, 평가방법, 평가결과 활용 등에 관한 문제점과 개선방안을 제시하였다.

경제사회연구회·인문사회연구회(2005)는 공동으로 '통합연구회 체제에 적용할 연구기관 평가체제'를 연구하였다. 이 연구는 기존의 두 연구회에서 운영해 온 평가사례의 비교분석을 통해, 통합 후 23개로 늘어난 평가대상기관의 유형화, 유형별 연구기관 간의 특성을 고려한 특성화 지표 설정, 주요 평가지표의 문제점 및 개선방안,

평가지원시스템의 개선방안, 평가결과 활용방안 등을 도출하였다.

김병태·남영호(2005)는 'BSC 관점을 활용한 출연연구기관 평가제도의 수용성 연구'를 통해, 과학기술계 출연연 평가가 연구기관 구성원의 의견을 적절히 반영하고 있는지를 실증적으로 분석하였다. BSC 모형을 활용하여 현행 3개 연구회의 연구기관 평가지표를 정리한 후, 이 평가지표별 배점과 설문조사를 통해 나타난 피평가자의 의견을 비교하여 평가제도의 수용성 제고방안을 모색하였다.

이길우(2005)는 과학기술계 정부출연연구기관을 중심으로 '기관평가제도 운영의 영향요인에 관한 연구'를 수행하였다. 이 연구는 기관평가제도를 하나의 정책으로 보고 기관평가제도의 운영을 정책집행으로 간주하여 정책집행에 영향을 미치는 요인들에 관한 선행연구를 통해 분석틀을 도출하였다. 즉 제도자체요인·제도운영요인·환경적 요인을 기반으로 하는 분석틀을 설계한 후, 과학기술계 출연연 평가제도에 대한 실태분석을 실시하고 정책적 시사점을 정리하였다.

이민형(2005)은 '정부출연연구기관 기관평가시스템 유효성 분석모형'에 관한 연구를 수행하였다. 본 연구는 출연연 기관평가시스템의 유효성을 제고하기 위한 새로운 접근방법을 모색하고자 선행연구에 적용된 분석모형 및 접근방법을 종합적으로 검토하였다. 선행연구는 메타평가 모형을 적용한 연구와 BSC 모형을 적용한 연구로 구분하여 각각의 장단점을 분석한 후, 기관평가시스템이 정부의 제도적 환경에서 나타나는 비효율적 수준에 머물지 않고 상황론적 모형에서 제시하는 유효성 창출과정으로 연계되도록 하기 위한 관점에서 상황론적 모형과 제도론적 모형을 결합한 통합 모형을 제안하였다.

이일용(2005)은 인문사회연구회 평가사례를 대상으로 '연구기관 평가체제의 진단'을 수행하였다. 연구기관 평가체제의 도입, 현황 설명에 이어, 문제점 및 개선방안을 제안한 본 연구는 인문사회연구회의 평가체제 전반을 이해하는 데 도움이 된다. 그러나 제시된 진단기준이 임의적이고 매우 한정된 자료에 근거한 문헌연구 방법만을 사용하였다는 한계가 있다.

이찬구(2005)는 '정부출연 연구기관 평가에서 지적자본 모형의 적용 필요성'을 고찰하였다. 현행 연구기관 평가가 유형의 산출물 평가 중심으로 운영되어 연구기관의 진정한 가치를 판단하기에 미흡하다는 문제인식에서 출발한 이 연구는 인적자본·구조자본·관계자본으로 이루어진 지적자본 모형을 제시하였다. 이를 근거로 기존 연구결과와 과학기술계 연구회의 기관평가결과를 분석한 후, 출연연 기관평가의 패러다임 전환의 일환으로 지적자본 모형을 적용할 것을 제안하였다.

황병상·강근복(2005)은 기초기술연구회의 평가사례에 대한 메타평가를 중심으로 '정부출연연구기관 평가의 발전방안'을 모색하였다. 평가기획, 평가수행, 평가결과 및 활용 등 3가지 구성요소로 구분하고 총 11개의 세부 평가항목별로 메타평가를 실시한 후 발전방안을 제시하였다. 연구방법은 문헌연구와 기관평가담당자로서의 경험과 참여관찰, 기관평가 관계자들과의 비표준화 면접을 사용하였다.

경제·인문사회연구회(2006c)는 '연구기관 평가발전을 위한 관계기관 연찬회' 자료를 통해 연구회가 통합된 이후 처음 실시된 소관

연구기관 평가에 대한 발전방안을 종합적으로 검토하였다. 여기에는 평가와 관련된 주체들, 즉 연구회, 연구기관, 평가단의 관계자 등이 참여하여, 평가기준 설정 및 평가운영상의 문제점과 개선방안에 관한 경험적 의견을 수렴, 정리하였다. 그러나 본 자료는 평가관계자들의 실무적 의견을 종합한 것으로 평가시스템에 대한 객관적 분석틀이나 방법론이 적용되지 않았다. 또한 평가의 목적이나 평가결과 활용 등과 같은 본질적인 문제는 논외로 한 채 주로 평가수행과정에서 직면하게 되는 평가지표나 방법의 개선에 머무르고 있다는 한계가 있다.

최영훈·백종윤(2006)은 BSC모형을 중심으로 '정부출연연구기관 기관평가지표체계의 분석'을 실시하였다. 기관의 다양성에 부합하는 성과평가 지표체계 구축을 위해 BSC모형을 제시하고, 재무적 시각·고객 시각·내부과정 시각·학습 및 성장 시각에 따라 과학기술계 출연연의 평가지표를 분류한 후, 연구기관 연구원을 대상으로 실시한 설문조사결과를 통해 평가지표의 적합성을 분석하였다.

남영호·김병태(2006)는 '출연연구기관의 연구회 단위 기관평가제도의 적합성 분석'을 실시하였다. 적합성 판단을 위헤 재무·장기성과고객·단기성과고객·연구관리·전략방향·학습과 성장 등 6개 관점을 기준으로 과학기술계 3개 연구회의 평가지표를 분류한 후, 기관평가의 피평가자들을 대상으로 설문조사를 실시하여, 각 BSC관점별로 연구기관 피평가자의 배점과 연구회의 배점을 비교하는 방법을 사용하였다. 즉 기관평가제도의 적합성을 피평가기관의 의견에 근거하여 판단하고 있다.

이민형(2007)은 1991년부터 2005년 당시까지 실시되고 있던 과학기술계 연구기관 평가를 대상으로 '출연연구기관 기관평가의 책임성 요소 변화 분석'을 수행하였다. 각 시기에 따라 출연연에 대한 책임성이 어떻게 변화되어 왔는지를 파악함으로써 향후 연구기관 평가요소 결정과 책임성 이행의 충실화를 도모하고자 하였다. 이를 위해 연구기관 평가에서 책임성 평가요소의 변화과정을 문헌연구를 통해 분석하였다.

엄준용·조홍순(2007)은 '경제인문사회연구회 정부출연연구기관 평가체제의 발전방향 탐색' 연구를 수행하였다. 이 연구는 새롭게 출범한 통합 연구회체제하에서 수행되고 있는 평가체제의 실제를 소개함으로써 잘 알려지지 않은 본 평가체제에 대한 이해를 돕고, 평가체제가 지닌 문제점과 주요 이슈 분석을 토대로 발전방향을 모색하고자 하는 탐색적 연구이다. 평가의 도입 및 변천, 평가 현황, 문제점 및 주요 쟁점, 발전방향 등 평가시스템 전반에 관한 다루고 있지만 객관적인 연구 분석틀이 제시되지 않은 채 분석이 이루어지고, 평가편람 등 극히 제한된 자료에 근거한 문헌연구 방법에 의존하고 있다는 한계가 있다.

2. 선행연구와 본서의 사례연구와의 차별성

연구기관 평가에 관한 국내 선행연구는 다양한 기준에 따라 분류할 수 있으나 본서의 사례연구와의 차별성을 명확하게 제시하여 그 필요성 및 의의를 밝히기 위해서는 연구의 목적과 대상 및 방법에 따른 유형으로 나누어 살펴볼 필요가 있다.

선행연구를 연구목적에 따라 분류하면 '평가시스템의 설계 및 운영을 위한 연구'와 '평가시스템의 개선방안 모색을 위한 연구'로 대별할 수 있다. 전반적으로 볼 때 연구회에 의한 연구기관 평가제도가 도입된 초기에는 평가시스템의 설계 및 운영을 위한 연구들이 많으며[산업기술연구회(2000), 김정흠(2000), 과학기술부(2000), 이민형(2001), 이장재 외(2003), 경제사회연구회·인문사회연구회(2005), 김병태·남영호(2005), 경제·인문사회연구회(2006c), 최영훈·백종윤(2006), 이민형(2007)], 이러한 연구들은 주로 이론적 고찰에 근거한 평가모형의 설계와 실제 수행되고 있는 평가사례의 수정·보완에 관한 내용이 중심을 이루고 있다.

반면 연구기관 평가가 거듭될수록 평가시스템 전반에 대한 개선방안을 모색하기 위한 연구들이 늘어나고 있으며[이찬구·강근복(1999), 송형주(2002), 송환빈(2004), 이찬구(2004), 홍성걸(2004), 이길우(2005), 이일용(2005), 황병상·강근복(2005), 엄준용·조홍순(2007), 김병철(2008)], 나아가 연구기관 평가의 패러다임 변화를 주장하는 연구들도 나타나고 있다[이민형(2005), 이찬구(2005), 남영호·김병태(2006)].

연구대상에 따른 분류는 '과학기술분야 연구기관 평가에 대한 연구'와 '경제인문사회분야 연구기관 평가에 대한 연구'로 양분할 수 있다. 연구기관 평가를 대상으로 한 선행연구는 거의 대부분이 과학기술분야를 대상으로 한 연구이고, 경제인문사회분야에 대한 연구는 경제사회연구회·인문사회연구회(2005), 이일용(2005), 경제·인문사회연구회(2006c), 엄준용·조홍순(2007), 김병철(2008)의 연구기 있을 뿐이다.

과학기술분야는 이미 1991년부터 연구기관 평가가 실시되었으나 경제인문사회분야는 1999년에야 평가가 도입되어 제도 운영기간이 짧다는 점이 한 이유일 것이다. 그러나 근본적인 이유는 과학기술분야의 경우 과학기술계 출연연 평가제도가 거의 유일한 기관평가 사례이기 때문에 이에 관한 선행연구가 집중적으로 축적될 수 있었던 데 반해, 경제인문사회분야의 기관평가는 중앙행정기관을 대상으로 한 기관평가를 비롯해, 지방자치단체 기관평가, 중앙행정기관 및 지방자치단체 산하기관 평가, 공공기관 평가 등 매우 다양하여 연구기관 평가에 대한 관심이 상대적으로 적었던 데에 기인하는 것으로 해석된다.[41]

연구방법을 기준으로 한 분류 중에는 'BSC접근방법에 의한 연구'와 '메타평가방법에 의한 연구'의 구분이 큰 의미를 가진다. BSC접근방법은 평가시스템의 설계 및 운영, 특히 평가지표 설계를 위한 연구에서 가장 널리 사용되는 연구방법이고, 메타평가방법은 평가시스템의 개선방안 모색을 위한 연구에서 대표적인 연구방법이기 때문이다(이민형, 2005: 180). 여기서 메타평가방법은 메타평가 모형을 설계하고 이에 근거하여 평가시스템 전반에 관해 분석한 경우로 한정하여 판단한다. 이렇게 볼 때 BSC접근방법에 의한 연구[이민형(2001), 이장재 외(2003), 김병태·남영호(2005), 최영

---

41) 한국의 공공부문 평가제도에 대한 종합적 실태조사 결과에 따르면, 2006년 현재 공공부문 평가제도는 총 230여 개가 있으며 정상적으로 운영되고 있는 평가제도는 216개이다. 정상적 평가제도 중 기관 또는 조직을 대상으로 하는 '기관평가'는 73개(33.8%)에 달하는데, 이들 중 거의 대부분은 경제인문사회분야를 대상으로 한다. 이 실태조사에서는 예산 비중·국정 부합성·사회적 관심도·체계적 평가의 시행여부 등을 기준으로 '30개 주요 평가제도'를 선정하여 심층 분석하고 있는데, 30개 중 과학기술분야 기관평가 사례는 과학기술계 출연연 평가제도가 유일하다(감사원 평가연구원, 2006: 11-22).

훈·백종윤(2006), 남영호·김병태(2006)]와 메타평가방법에 의한 연구[이찬구·강근복(1999), 송형주(2002), 송환빈(2004), 이찬구(2004), 홍성걸(2004), 황병상·강근복(2005), 김병철(2008)]가 거의 비슷한 빈도로 연구되고 있음을 알 수 있다. 그런데 이러한 연구들은 대부분 과학기술분야를 대상으로 이루어지고 있으며, 경제인문사회분야에 대한 연구의 경우 김병철(2008)을 제외한 다른 연구들은 모두 실무적으로 평가시스템을 설계, 운영하거나 단순한 문헌연구방법에 의해 개선방안을 모색하고 있다.

이상에서 살펴본 선행연구를 종합하여 연구 목적과 연구 대상에 따라 분류하면 [그림 2-6]과 같이 요약할 수 있다.

		연구목적	
		평가시스템 설계 및 운영을 위한 연구	평가시스템 개선방안 모색을 위한 연구
연구대상	과학기술분야	산업기술연구회(2000) 김정흠(2000), 과학기술부(2000) 이민형(2001), 이장재 외(2003) 김병태·남영호(2005), 최영훈·백종윤(2006), 이민형(2007)	이찬구·강근복(1999), 송형주(2002) 송환빈(2004), 이찬구(2004) 홍성걸(2004), 이길우(2005) 황병상·강근복(2005)
	경제인문사회분야	경제사회연구회·인문사회연구회(2005) 경제·인문사회연구회(2006c)	이일용(2005) 엄준용·조흥순(2007) 김병철(2008)

[그림 2-6] 연구기관 평가에 관한 선행연구 분류

[그림 2-6]에서 나타나는 바와 같이 연구기관 평가를 대상으로 한 선행연구들은 대부분이 과학기술분야에서 이루어지고 있다. 대체로 평가제도 도입 초기에는 평가시스템의 설계 및 운영을 위한 연구의 비중이 높은 데 비해, 시간이 지남에 따라 평가시스템의 개선

방안 모색을 위한 연구들이 늘어나고 있다.

경제인문사회분야의 경우 두 연구회가 통합된 2005년부터 선행연구가 나타나고 있다. 특히 외부 연구자들이 수행한 연구들은 비록 문헌연구에 의존한 탐색적 연구이기는 하나 모두 평가시스템의 개선방안을 모색하고 있는 것이다.

한편, 이 분야 연구기관 평가시스템에 대한 문제는 지속적으로 제기되어 왔다. 1999년부터 도입, 운영된 경제인문사회분야 연구기관 평가제도에 대해서는 기대와 우려가 동시에 존재하는 채로 매년 평가가 실시되어 왔다. 연구회와 정부에서는 이를 통해 연구기관의 책임성 확보와 발전정책 수립에 필요한 실마리를 찾고자 한다. 반면 연구기관에서는 이 제도의 운영 및 결과활용 등에 있어서의 여러 문제점들을 지적하고 있다. 연구기관 평가제도가 도입된 지 10년이 되는 지금까지도 논란은 지속되고 있다.

연구기관 평가제도와 관련한 주요 이해관계자들의 입장은 각기 상이할 수 있다. 이 제도 역시 장점과 단점을 동시에 지니고 있는 것이 사실이다. 처음 도입된 제도이므로 시행착오의 개연성도 배제할 수 없다. 실제로 연구기관 평가를 대상으로 수행된 여러 연구들은 이 제도의 문제점들을 적시하고 있다.

예를 들면, 경제사회연구회의 전략과제 중 시급히 보완해야 할 과제를 조사한 연구에서 연구기관 평가제도 개선(61.4%)이 1순위로 나타났다(경제사회연구회, 2001c: 23). 인문사회연구회의 연구기관 평가제도를 대상으로 한 연구에서는 평가목적, 평가결과 활용 등에 대한 문제점들이 지적되었다(이일용, 2005: 356 - 362). 경제 · 인문사회연구회가 출범한 이후에도 사업심의와 연구기관 평가 간의 연계에 대한 연구기관의 만족도(평균 51점)가 매우 저조하며(국무조정실, 2006: 54), 연구기관 평가에 대해 평가계획·실행·결과 및 활용 단계별로 문제점이 지적되기도 하였다(엄준용·조흥순, 2007: 122 – 125). 또한 감독관청이나 국회 및 감사원 등 외부기관을 통해서도 본 평가제도에 관한 문제 제기가 지속되고 있다(국무조정실, 2001: 11 – 12; 연구회평가위원회 외, 2001: 25 – 26; 이성헌, 2001: 14; 감사원, 2003: 27; 권영세, 2004: 12 – 14; 국회정무위원회, 2005: 141 – 144; 국무조정실, 2006: 55 – 56; 국무조정실, 2007: 56 – 59; 국회정무위원회, 2007: 128).

이에 반해 연구기관 평가제도 운영이 매년 지속됨에 따라 평가 관련 자료 역시 상당한 정도로 축적되어 있다. 평가편람, 평가보고서, 평가시스템 개선을 위한 각종 검토 자료는 물론 국무총리실에 의해 실시된 연구회 평가자료 등 기초자료가 광범위하게 축적되어 있어 경제인문사회분야 연구기관 평가시스템의 개선방안에 대한 체계적인 연구의 가능성을 증대시키고 있다.

따라서 본서에서 제시하는 사례연구는 연구회에 의한 연구기관 평가제도가 도입, 운영된 지 10년이 지났으나 여진히 많은 논란 속에 있는 본 평가시스템의 개선방안을 모색하기 위한 연구들이 늘어나고 있는 점에 주목하는 한편, 이러한 연구들이 과학기술분야에 치중되어 있고 경제인문사회분야에는 극히 미흡하다는 점에 착안하여 고안되었다. 즉 정부출연연구기관 평가시스템에 관한 이러한 지적들이 과연 객관적인 사실인가? 사실이라면 구체적으로 정부출연연구기관 평가시스템의 이디에 이떤 문제가 있는가? 이러한 문제를 유발하고 지속시키는 원인은 무엇인가? 확인된 문제점들을 해소하고 보다 바람직한 정부출연연구기관 평가시스템을 구축하기 위해서는 무엇을 어떻게 개선해야 하는가?

이와 같은 질문들에 답하는 것은 매우 중요하고 시급한 정책 과제가 되고 있다. 잘못된 기관평가는 평가대상기관의 진로 및 경영 행태를 오도(誤導)할 수 있기 때문이다. 예를 들면, 관리·통제 중심의 평가가 지속될 경우 창의와 자율을 중시하는 연구의 활력은 위축될 수밖에 없다. 특히, 본 연구의 대상이 되는 경제인문사회분야 출연연은 국가적 주요 정책 개발을 임무로 하기 때문에 그 성공과 실패가 국가사회에 미치는 영향이 지대하다. 따라서 현행 연구기관 평가시스템 전반에 걸친 체계적인 분석이 시급히 요구되고 있다. 나아가 보다 바람직한 평가시스템의 정착방안을 모색하는 일은 국가적으로 중요한 의미를 갖는다.

이를 통해 연구회는 법률에서 부여한 임무, 즉 연구기관 발전방향 기획·연구기관 간의 협동연구 지원 등의 임무를 더욱 효과적으로 수행할 수 있고, 연구기관은 연구보고서 우수성 제고·국가정책 기여도 향상 등에 활용할 유용한 정보를 파악할 수 있으며, 국무총리실을 비롯한 정부 부처에서는 연구기관의 경쟁력 제고 및 합리적인 국가연구체제의 구축에 필요한 정책적 시사점을 발견할 수 있기 때문이다.

따라서 본서에서 제시한 사례연구의 목적은 1999년 도입된 이후 매년 실시되고 있는 정부출연연구기관 평가에 대한 종합적인 진단을 통해 보다 바람직한 평가시스템을 제시하는 데 있다. 여기서 정부출연연구기관은 경제인문사회분야 연구기관, 즉 경제·인문사회연구회 소관 23개 연구기관을 대상으로 한다. 이에 따라 본서의 사례연구에서는 평가시스템 전반에 대한 문제점을 종합적으로 분석하고, 특히 평가결과의 활용성 제고를 위해 개발되어 국내외적으로 널리 적용되고 있는 메타평가방법을 통해 현행 연구기관 평가시스템의 문제점을 진단하고 그 개선방안을 모색하고자 한다.

본 사례연구에서는 이러한 궁극적 목적을 달성하기 위해 연구단계별로 다음과 같은 두 가지 세부목적을 설정하였다.

첫째, 연구기관 평가 자체에 대한 체계적인 분석틀을 의미하는 메타평가 모형을 설계한다. 국내외 선행연구의 메타평가 모형을 종합적으로 검토한 후 문제점을 보완하여 본 사례연구에 적합한 메타평가 모형을 설계한다. 평가시스템의 합리성을 제고하기 위해서는 평가환경, 특히 과업환경부터, 평가투입, 평가수행, 평가활용에 이르는 전 과정에 걸친 체계적인 분석이 필요하며, 그 출발점이 바로 메타평가 모형의 설계이다. 메타평가 모형의 설계 시에는 적합성의 확보에 주력한다.

둘째, 연구기관 평가시스템에 대한 문제점 및 개선방안을 도출한다. 확정된 메타평가 모형을 연구기관 평가시스템에 적용, 실제 메타평가를 수행함으로써 현행 평기시스템의 장단점을 분석하고 개선방안을 모색한다. 메타평가의 실시 및 결과 도출에 있어서는 분석의 타당성을 제고하고 문제의 근본 원인을 찾는 데 주안점을 둔다. 또한 개선방안은 문제의 중요성 및 시급성에 근거함은 물론 국내외의 참고사례를 종합하여 제시한다. 아울러 메타평가 과정에서 드러난 문제점의 대증적 개선에서 벗어나 평가목적의 전환 등 문제 해결을 위한 근본 대책을 구현할 수 있는 합리적인 빙인을 함께 고려한다.

경제인문사회분야 연구기관 평가시스템의 개선을 위해 수행된 선행연구들이 현행 평가시스템의 다양한 문제점들을 체계적으로 분석할 수 있는 분석틀이나 방법론에 대한 면밀한 검토 없이 임의적인 기준과 단순한 문헌연구방법에 의존하고 있는 한계를 극복하기 위하여 본 사례연구에서는 객관적인 분석틀의 설계와 이에 부합하는 다양한 연구방법을 사용하고자 한다. 즉 경제인문사회분야 연구기관 평가시스템에 관한 연구로는 최초로 객관적인 메타평가 모형을 설계하고, 이를 적용하여 체계적인 분석을 시도한다. 또한 본 평가와 관련된 다양한 문헌연구는 물론 평가 전문가와 평가위원 및 연구기관 평가관계자들을 대상으로 하는 면접조사와 설문조사 등의 연구방법을 병행하여 선행연구와 차별화하고자 한다.

특히 본서의 사례연구에서는 과학기술분야 연구기관 평가시스템의 개선을 위해 사용된 메타평가 사례를 검토하고, 메타평가 이론을 개발·발전시켜 온 해외의 선행연구들을 면밀히 고찰하며, 국내의 중앙행정기관 평가·지방자치단체 평가·공공기관 평가 등에서 활용되고 있는 메타평가방법론을 종합적으로 분석함으로써, 경제인문사회분야 연구기관 평가시스템에 적합한 메타평가 모형을 최초로 개발, 적용하는 데 초점을 맞추고 있다.

이를 통해 그동안 과학기술분야 연구기관 평가사례를 중심으로 수행된 메타평가연구의 지평을 경제인문사회분야 연구기관 평가로까지 확대함은 물론, 현행 연구기관 평가시스템의 문제점과 개선방안을 도출함으로써 실무적·정책적으로 기여하고, 나아가 여타 공공부문 기관평가에 대한 메타평가 모형의 설계 및 적용에 이론적·정책적 시사점을 제공하고자 한다.

■■■ 제5절 본서의 사례연구 분석틀

　여기서는 지금까지 살펴본 메타평가 이론 및 선행연구 분석 결과 등을 바탕으로 본서의 사례연구에 적용할 분석틀을 설정한다. 사례연구 분석틀을 설정함으로써 이후 진행될 메타평가 모형의 설계 및 적용에 관한 기본골격을 제시하고자 하는 것이다.

　본서의 사례연구는 연구기관 평가에 대한 메타평가 모형을 설계하고 이를 적용하여 현행 평가시스템의 문제점을 분석, 개선방안을 모색하는 데 기본목적이 있으므로 분석틀의 구성에 있어서도 이 두 단계를 중심으로 검토하는 것이 필요하다. 다만 메타평가 모형의 설계 및 적용 단계에서는 각 단계별로 구체적 논리모형과 구성요소가 제시될 것이므로([그림 3 - 1], <표 3 - 10> 참조), 여기서는 이후 진행될 연구과정의 흐름과 기본적 시각을 중심으로 요약, 제시하고자 한다.

　먼저, 연구기관 평가에 대한 메타평가 모형의 설계 단계에서는 본 사례연구의 목적에 부합하는 모형을 개발하는 데 주안점을 둔다. 즉 메타평가 모형으로서 갖추어야 할 일반적인 기준을 충족하면서 연구기관 평가의 특성을 적절히 반영할 수 있는 모형의 개발에 주력한다. 이를 위해서는 연구기관 평가에 적합한 메타평가 논리모형을 실정하고, 이 논리모형의 주요 구성요소(평가영역)와 그 하위구성요소(평가항목 및 평가지표)를 분석, 선정하는 것이 관건이다. 따라서 이 단계에서는 국내외 선행연구에서 사용된 메타평가 구성요소에 대한 체계적인 분석은 물론 평가 전문가(14인)를 대상으로 한 면접 및 설문조사 분석에 초점을 맞춘다. 이를 통해 메타평가 구성요소(안)를 도출함에 있어서 전문가적 시각을 반영하고자 한다. 또한 도출된 메타평가 구성요소(안)에 대해서는 연구기관 평가위원(29인)을 대상으로 설문조사를 실시, 그 적합성(타당성 및 신뢰성) 검증을 거쳐 최종 확정한다.

다음으로, 연구기관 평가에 대한 메타평가 모형의 적용 단계에서는 외형적으로 드러나는 문제점의 파악에서 벗어나 문제의 근본원인과 개선방안을 모색하는 데 초점을 맞춘다. 따라서 이 단계에서는 연구기관 평가보고서 등의 2차 자료(secondary data)[42]에 대한 질적 분석에 주력하고 연구기관 평가관계자(48인) 설문조사결과 분석을 통해 이를 보완한다. 현행 평가시스템에 대한 분석단위는 메타평가 모형에서 확정된 평가지표가 된다. 메타평가를 통해 드러난 문제점들은 그 중요성과 원인에 대한 분석을 거쳐 요약, 정리한다. 이를 근거로 연구기관 평가시스템에 대한 개선방안을 제시한다. 이러한 분석틀을 도식화하면 [그림 2-7]과 같다.

---

42) 조사자는 실제 조사를 통해 수집된 자료를 근거로 향후의 의사결정을 내리게 되기 때문에 객관적이고 정확한 자료의 수집이 중요하다. 조사자가 필요로 하는 자료는 그 성격에 따라 1차 자료(primary data)와 2차 자료(secondary data)로 나눌 수 있다. 1차 자료란 조사자가 현재 수행 중인 의사결정문제를 해결하기 위해 직접 수집한 자료를 말한다. 반면, 2차 자료란 당면한 조사목적이 아닌 다른 목적을 위해 수집되고 정리되어 있는 자료로서 직·간접적으로 조사목적에 도움을 줄 수 있는 기존의 모든 자료를 말한다. 예를 들면, 기존의 정부자료나 각종 통계자료 또는 조사기관의 간행물, 기업에서 수집한 자료, 학술지에 발표된 논문 등을 말한다(채서일, 2005: 263, 276).

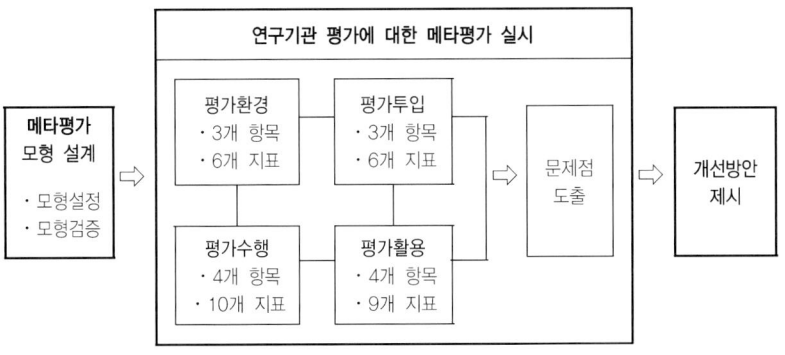

[그림 2-7] 본서의 사례연구 분석틀

한편, 메타평가를 수행함에 있어서는 메타평가결과를 어떠한 형태와 방법으로 도출할 것인지를 명확히 하는 것이 선결요건이다. 다시 말해, 메타평가 모형의 각 평가지표에 비추어 봤을 때, 메타평가의 대상이 되는 특정 평가시스템의 가치와 장단점이 어느 정도라는 수치(數值)로 결과를 도출할지, 아니면 그 가치와 장단점의 구체적인 내용까지를 질적으로 분석하여 제시할지를 미리 결정하고 시작해야 한다. 메타평가를 통해 도출하고자 하는 결과의 형태에 따라 그 분석방법 역시 양적 분석방법이나 질적 분석방법 등 합당한 방법을 선정해야 함은 물론이다.

메타평가 결과 도출의 형태나 수준은 메타평가의 목적, 2차 자료의 활용가능성 정도, 메타평가대상에 대한 연구자의 이해 정도, 인적·물적 자원이나 시간적 조건 등에 따라 달라질 수 있다. 그러나 어떤 조건에서든 메타평가의 개념 및 목적에 부응하는 결과 도출이 이루어져야 한다. 특히, 메타평가의 등장 배경이나 기본적 목적이 평가결과의 활용성 제고에 있으므로 이를 간과해서는 안 된다.

앞의 [그림 1-1] '기관평가에 관한 메타평가 선행연구 분류'에서 살펴본 바와 같이 국내 선행연구의 경우 거의 대부분이 메타평가 모형의 설계나 이를 적용하여 메타평가를 실시하는 단계 모두 문헌연구방법에 의존하고 있다. 즉 문헌연구결과를 바탕으로 연구자가 필요하다고 판단한 구성요소들로 메타평가 모형을 결정하고 별도의 검증절차 없이 특정 평가시스템에 대해 문제점을 분석하고 개선방안을 제안하는 방식으로 이루어지고 있다.

반면, 김순남(2002), 임성옥(2003), 류영수(2007), 임옥진(2007)의 연구에서는 메타평가 모형의 설계 시에 문헌연구와 면접 및 설문조사 방법을 병행하여 모형의 적합성을 제고하고자 하였다. 다만 이 연구들은 모형의 설계뿐 아니라 결과 도출에 있어서도 설문조사에 의한 양적 분석방법에 의존하고 있다. 따라서 메타평가 결과가 점수로 제시되어 명료한 장점이 있으나 평가대상 시스템의 구체적인 문제점 분석이나 개선방안 제시에는 취약하다.

이러한 인식에 근거하여 본서에서는 메타평가 모형의 설계 단계에서는 문헌연구를 통해 도출된 구성요소(안)에 대해 그 적합성(타당성과 신뢰성)을 검증하는 방법을 추가하였고, 이를 적용하여 메타평가를 실시하고 결과를 도출하는 단계에서는 평가시스템의 구체적인 문제점 및 개선방안 제시에 적합한 질적 연구방법을 주요 수단으로 사용하고자 한다. 이를 요약하면 [그림 2-8]과 같다.

메타평가 모형의 설계는 타당성과 신뢰성 제고를 위해 문헌연구를 통한 초안 작성과 전문가 면접 및 설문조사 결과를 반영한 수정 보완, 그리고 평가위원 설문조사 결과에 의한 검증 절차를 거쳐 확정하는 방법을 사용한다.

또한 확정된 메타평가 모형을 적용하여 메타평가를 실시하고 개선방안을 도출함에 있어서는 연구기관 평가편람・평가보고서 등 2차 자료 분석을 주요 수단으로 삼아 문제점의 질적 분석에 초점을 맞추고, 분석의 타당성을 제고하기 위해 설문조사, 참여관찰 경험,[43] 평가관계자 면접 등을 보조수단으로 활용한다.

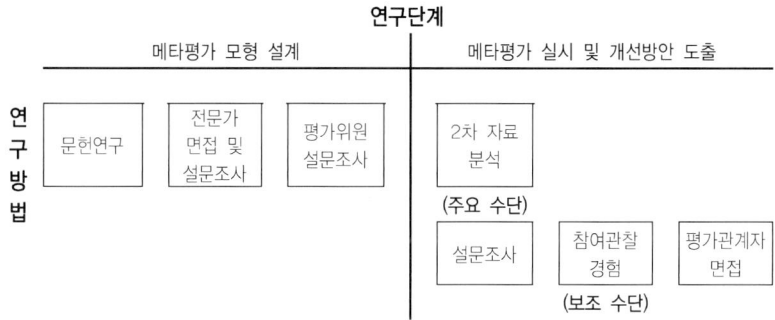

[그림 2-8] 연구단계별 연구방법 요약

마지막으로, 본서에서 제시하는 사례연구의 논의를 전개함에 있어서는 연구기관 평가에 관해 거버넌스[44]적 시각을 견지하는 것이 중요한 의미를 갖는다. 즉 메타평가 모형의 설계 단계는 물론 이를 적용하여 메타평가를 실시하는 단계에서도 주요 이해관계자들의

---

43) 필자는 국무총리 산하 경제사회연구회 평가관리팀장으로 연구기관 평가제도 도입 첫해인 1999년부터 2005년 통합 연구회가 설립될 때까지 연구기관 평가 전반에 대한 업무를 관장하였다. 경제・인문사회연구회 출범 이후 현재까지는 연구기획실장・성과관리실장의 직에서 국무총리의 연구회 평가, 기획예산처의 혁신평가 및 고객만족도 조사 등의 업무를 수행함으로써 연구회 및 연구기관 평가 전반에 대해 직접 참여 관찰한 경험이 있다.

44) 거버넌스(governance)의 어원은 '키를 잡다. 조종하다'(to steer)라는 뜻을 갖고 있는 그리스어 'kybenan'과 'kybernetes'에서 비롯되었다고 한다. 이러한 어원에 따르면 거버넌스란 '어떤 조직 능이 스스로 방향키를 조종하는 것'을 의미한다고 할 수 있다(주성수, 2004: 8). 이러한 거버넌스의 개념은 참여민주주의 정치와 탈관료주의적 사고를 적극 반영한 결과로 해석할 수 있다(정용덕, 2005: 1-2).

파악, 이들의 참여와 의사소통, 협력체계 등에 관한 사항이 적절히 고려될 필요가 있다. 이는 '정부출연연구기관 평가에 대한 메타평가'라는 근원적 특성으로부터 유래하는 것이다.

정부출연연구기관은 정부 예산에 의존하면서 정책 개발을 임무로 한다는 근원적 특성을 지니고 있다. 즉 예산의 정부 의존성과 정책의 정부 연계성을 속성으로 한다. 또한 연구회는 감독관청인 국무총리실을 비롯한 정부부처와 연구기관 사이에서 가교 역할을 하면서, 연구기관을 지원·육성하고 체계적으로 관리하기 위해 설립되었으나(출연연법 제18조), 예산배분권이 없는 등 정책을 구현할 권한이나 수단이 미흡한 게 사실이다(유성재 외, 2002: 17 - 20; 하연섭 외, 2002: 36; 유일호·홍준형, 2004: 47 - 53).[45]

따라서 본서에서 제시하는 사례연구의 목적인 '보다 바람직한 정부출연연구기관 평가시스템의 제시'를 위해서는 연구회만의 독자적 시각이나 연구회와 연구기관 간의 양자적 시각에서 벗어나 본 평가제도를 둘러싼 다양한 이해관계자를 아우르는 거버넌스적 시각이 긴요한 것이다. 평가를 주관하는 연구회를 비롯해, 평가의 대상이 되는 연구기관, 감독관청인 국무총리실, 예산 배분권을 가지고 있는 기획재정부 등의 공식적 이해관계자는 물론, 산·학·연(産·學·硏)의 전문가 등 다양한 이해관계자의 참여와 협력을 평가할

---

45) 예를 들면, 연구기관에 대한 감독권은 국무총리에게 있고 예산배분권은 기획재정부에 있다. 다만 원장 임면권은 연구회 이사장에게 있다. 그 결과 '자원배분권의 한계와 평가시스템과의 단절' 현상이 연구회 기능 수행상의 주요 문제로 지적되고 있다(하연섭 외, 2002: Ⅷ). 즉 연구회에서 평가결과에 따라 활용할 수 있는 실질적인 수단이 원장 보수의 차등 지급에 국한되고 구성원들에 대한 영향력은 거의 없다. 따라서 현행 평가가 '연구기관 평가'가 아니라 '연구기관장 평가'라는 지적을 받게 되고, 평가제도 자체의 정당성과 유용성을 저해하는 원인으로 지적되고 있다.

수 있는 메타평가 모형이 설계되어야 하고, 메타평가 실시 과정에서도 이러한 관점이 유지되어야 한다.

특히, 연구기관 평가와 관련해서는 협력적 거버넌스에 주목할 필요가 있다. Huxham(2000)은 다른 조직들에 소속되어 있는 사람들과 함께 공동으로 작업해야 하는 사람들이 행위자로 포함되어 있는 거버넌스를 협력적 거버넌스라 규정하고 있다(서순탁·민보경, 2005: 28). 이러한 협력적 거버넌스의 시각을 견지하면 정부출연연구기관 평가와 관련된 다양한 이해관계자의 참여와 의사소통 및 협력 여부를 메타평가 모형 설계에 반영할 수 있다. 또한 이를 적용하여 메타평가를 실시함에 있어서도 분석의 관점을 쌍방향적·다차원적으로 확대하는 이점이 있다. 나아가 실제 권한을 가지고 있는 주요 행위자들의 역할을 규명함으로써 보다 실현가능성이 높은 개선방안의 도출이 가능하게 된다.

한편, 본서에서 다루는 사례연구는 한국의 정부출연연구기관 중 경제인문사회분야 23개 연구기관에 대해 실시하고 있는 '경제·인문사회연구회 소관 연구기관 평가시스템'을 분석 대상으로 한다. 사례분석의 시간적 범위는 연구회체제 출범 후 첫 평가가 이루어진 1999년도 평가부터 2008년 4월에 발간된 2007년도 평가결과[46]까지 총 9년간으로 한다.

본 사례연구에서의 접근방법은 실증적 접근방법(positive approach)

---

46) 연구회의 소관 연구기관에 대한 평가는 1999년 3월 처음 도입되었다. 그러나 1999년도의 연간 실적에 대한 평가는 2000년 초에 실시되어 그해 4월 평가결과(평가보고서)가 발간되었다. 이는 출연연법 시행령에서 "연구기관의 평가결과를 4월 30일까지 국무총리 및 기획예산처(현 기획재정부)장관에게 제출"하도록 한 데 따른 것으로, 이후 매년 같은 시기에 평가결과가 발간되고 있다. 따라서 평가대상 연도와 평가결과 발간 연도 사이에는 1년간의 시차가 있다. 본서에서 평가결과(평가보고서)의 명칭은 '평가보고서'로 통칭한다.

과 처방적 접근방법(prescriptive approach)을 혼용한다.[47] 사회 현상의 사실관계 혹은 인과관계를 탐구하는 것을 의미하는 실증적 접근방법을 통해 현행 연구기관 평가의 실태와 문제점을 종합적으로 분석할 수 있고, 이러한 문제점을 개선하여 보다 바람직한 평가시스템을 구축하기 위해서는 무엇을 어떻게 해야 하는지를 모색하는 처방적 접근방법이 필요하기 때문이다.

---

47) 사회 현상을 연구함에 있어서는 다음과 같은 세 가지 접근방법을 상정할 수 있다. 첫째, 어떤 주장이 참인지 거짓인지를 따지는 데 사용되는 실증적 접근방법, 둘째, 바람직한 사회상태란 무엇인가에 대해 연구하는 규범적 접근방법(normative approach), 셋째, 어떤 특정한 상태를 이상적인 목표라고 전제한 후 그 목표를 달성하기 위해 무엇을 어떻게 해야 하는지를 연구하는 처방적 접근방법이다. 제대로 된 처방을 제시하기 위해서는 먼저 제대로 된 실증적 지식이 있어야 한다(김태영 외, 2003: 9-12).

제3장
메타평가 모형 설계

■■■ 제1절 메타평가 논리모형 설정

여기서는 지금까지 살펴본 메타평가 이론 및 연구기관 평가제도에 대한 이해를 바탕으로 정부출연연구기관 평가에 적용할 메타평가 모형을 설계한다.

특정 평가에 대한 메타평가를 제대로 수행하기 위해서는 메타평가 모형이 평가대상의 특성에 맞게 설계되어야 한다. 메타평가 모형은 연구자에 따라 메타평가 모형, 분석틀, 구성요소, 준거, 변수 등 다양한 명칭으로 표현되고 있다.

본서에서는 메타평가 모형이라는 용어 사용을 원칙으로 하되, 문맥상 특별히 분석을 강조해야 하는 경우에는 분석틀이라는 용어도 혼용한다. 일반적으로 사회과학 연구에서 모형(model)은 논리모형(logic model)과 구성요소를 포괄하는 개념으로 사용된다. 논리모형은 주요 구성요소 간의 관계만을 보여주는 데 반해, 구성요소는 다시 여러 단계의 하위구성요소들로 세분될 수 있다. 따라서 본서에서 '메타평가 모형'이란 '메타평가 논리모형'(주요 구성요소: 평가영역)과 '하위구성요소'(평가항목 및 평가지표)를 모두 포괄하는 개념으로 사용한다.

논리모형은 하나의 개념 틀(conceptual framework)로서, 주요 구성요소 간의 관계를 도식으로 표현한 것을 말한다. 이는 주요 구성요

소 간의 상관관계와 인과관계를 파악하기 위한 선후관계 및 상호
관계를 연결하는 지도로서의 역할을 한다. 이러한 논리모형은 개념
화·기획·의사소통의 수단으로서 유용하며, 평가에 있어서는 평
가성 사정·평가설계·평가정보의 수집과 해석 등에서 널리 활용
되고 있다(이용준, 2005: 44-45). 따라서 메타평가 논리모형은 메
타평가의 주요 구성요소 간의 관계를 하나의 그림으로 파악하기
위한 과정이자 결과로 이해할 수 있다.

메타평가 논리모형은 기본적으로 투입과 과정 및 결과 간의 상
관관계와 인과관계를 연결하는 틀로서, 주요 구성요소 간의 관계를
일목요연하게 보기 위한 것이다. 선행연구의 고찰을 통해 확인한
바와 같이, 국내의 메타평가 모형에 관한 접근법은 대부분 체제론
적 접근법에 기초하고 있다. 본서에서 제시하고 있는 메타평가 사
례 역시 연구기관 평가제도 전반에 대한 메타평가를 통해 그 개선
방안을 모색하는 것이 궁극적 목적이므로 체제론적 접근법을 사용
한다.

체제론적 접근법은 환경, 투입, 전환, 산출 및 환류의 제요소가
상호 작용함으로써 전체적인 흐름을 보다 용이하게 파악할 수 있
고(황병상·강근복, 2005: 126), 체제 그 자체뿐 아니라 체제를 제
외한 제 요소, 즉 환경요소까지를 고려하기 때문에 평가에 관련된
대부분의 요인에 대한 고려가 가능하다는 포괄성이 있으며(김태훈,
2006: 90), 특히 체제론적 접근법의 흐름과 본서에서 다루고 있는
사례인 연구기관 평가의 진행과정이 유사하여 제도의 이해와 단계
별 문제점의 진단 및 메타평가결과의 활용에도 적합하다고 보기
때문이다.

체제론적 접근법에 근거한 선행연구들의 메타평가 모형들을 종합하여, 본서에서는 메타평가 논리모형의 주요 구성요소를 평가의 환경(Environment), 투입(Input), 수행(Process), 활용(Utilization) 등 네 개의 범주로 대별하여 [그림 3-1]과 같이 도식화하였다.[48] 이 논리모형은 주요 구성요소의 머리글자를 따 '정부출연연구기관 평가에 대한 EIPU 메타평가 논리모형'이라 명명한다.

체제론적 접근법의 기본영역 중 산출과 환류를 따로 구분하지 않고 평가활용으로 통합한 것은 연구기관 평가의 목적과 대상의 특성을 고려한 결과이다. 즉 연구기관 평가에 대한 메타평가에서는 산출이나 환류의 측면보다는 평가결과의 활용성 제고에 일차적 목적이 있고, 연구기관 평가의 산출은 평가보고서로 한정되며 평가활용의 핵심은 평가결과의 활용을 의미하므로 이를 통합하여 함께 살펴보는 것이 효과적이라고 판단하였다.

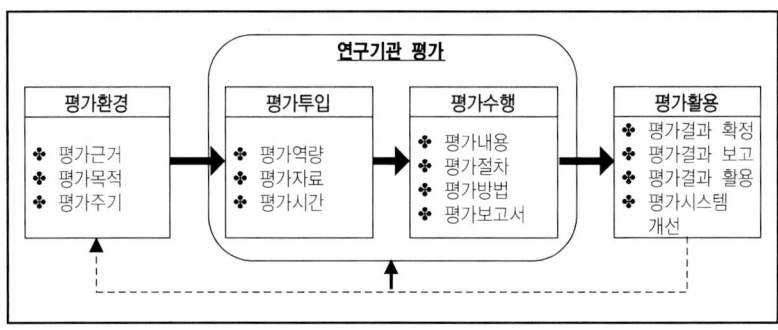

[그림 3-1] 정부출연연구기관 평가에 대한 EIPU 메타평가 논리모형

---

48) 평가의 환경·투입·수행·활용 등 주요 구성요소(평가영역)별 하위구성요소(평가항목 및 평가지표)는 연구기관 평가에 대한 메타평가 구성요소 개발 과정에 따라 계속 수정된다. 그러므로 본 논리모형에 나타난 평가근거·평가목적·평가주기 등 14개 평가항목은 최종 확정된 메타평가 구성요소의 평가항목을 그대로 옮겨 제시한 것이다.

[그림 3-1]에서 보는 바와 같이 정부출연연구기관 평가에 대한 EIPU 메타평가 논리모형은 평가환경부터 평가투입, 평가수행, 평가 활용까지의 전 과정에 걸친 최상위 구성요소(평가영역) 및 그 하위 구성요소(평가항목)로 이루어져 있다. 최하위 구성요소인 평가지표 에 대한 제시는 하지 않았다는 측면에서 본 모형은 완전한 모형이 아니라 하나의 개념 틀로서 주요 구성요소 간의 관계를 보여주는 논리모형으로 이해할 수 있는 것이다.

평가대상에 적합한 메타평가 논리모형의 설계는 핵심적인 평가 요소와 평가절차를 제시해 줌으로써 메타평가의 타당성과 효과성 을 결정하는 토대가 된다. 이러한 메타평가 논리모형에 근거하여 실제 메타평가의 기준이 되는 구체적인 하위구성요소들, 즉 평가항목 및 평가지표가 도출되기 때문이다.

■■■ 제2절 메타평가 구성요소 개발

본서의 EIPU 메타평가 논리모형은 평가환경, 평가투입, 평가수행, 평가활용 등 네 개의 주요 구성요소로 이루어져 있다. 이 주요 구성요소의 하위구성요소는 실제 메타평가를 수행하는 기준이 된다. 따라서 메타평가의 일반적 기준에 충실하면서 동시에 평가대상의 특성이 적절히 반영되어야 한다.

메타평가 모형의 적합성이 보장되지 않을 경우, 그 이후 작업은 별 의미가 없다. 메타평가 모형의 구성요소가 일반적 기준을 무시하고 자의적으로 구성된다면, 그 메타평가는 평가자 자신이 보고자 하는 부분만 보게 되는 결과를 초래한다. 또한 일반적 기준들로만 구성되어 평가대상의 특성이 반영되지 못한 구성요소에 의한 메타평가는 모든 문제를 피상적으로 다루게 될 소지가 크다.

이러한 인식하에 본서에서는 선행연구의 공통 사항을 종합하여 일반적 기준에 충실한 구성요소 초안을 작성하고, 이에 대해 두 차례의 수정 보완 단계를 거쳐 메타평가 구성요소(안)를 개발한다. 즉 문헌연구결과를 종합하여 설정한 메타평가 구성요소 초안에 대해 평가 전문가 면접조사를 실시하여 수정안을 작성한 후 다시 설문 및 면접조사를 실시하여 메타평가 구성요소(안)를 결정한다.

1. 메타평가 구성요소 초안

연구기관 평가에 대한 메타평가 구성요소 초안은 앞에서 도출된 EIPU 메타평가 논리모형의 주요 구성요소를 기준으로 국내외 선행연구의 공통적인 세부구성요소를 종합하여 작성하였다. 주요 구성요소별 분류 기준은 다음과 같다.

첫째, 평가환경은 평가시스템을 둘러싸고 있는 전체 환경 중에서 평가활동의 전반적인 방향과 내용을 규정하는 과업환경으로 한정하였다. 둘째, 평가투입은 평가에 투입되는 유·무형의 자원을 말한다. 인적·물적 자원은 물론 시간 자원 등을 포함한다. 셋째, 평가수행은 실제로 평가가 수행되는 과정상의 활동을 말한다. 실제 평가과정에서 무슨 내용을 어떻게 평가하고 있는지를 파악하고자 하는 요소이다. 넷째, 평가활용은 평가를 통해 취득한 정보를 정책과정 전반에 이용하는 활동을 의미한다. 이는 평가결과와 환류를 포괄하는 개념이다. 평가활용은 평가결과를 제도에 따라 단순히 환류하는 소극적 시각에서 벗어나 평가정보를 적극적으로 이용하고자 하는 활동을 강조하는 개념이다. 따라서 좁은 의미의 평가결과 활용뿐 아니라 이에 영향을 미치는 평가결과의 확정이나 보고 등의 요소도 포함한다. 다섯째, 선행연구에서 연구자별로 상이하게 분류한 세부구성요소에 대해서는 본서의 사례연구에서 정한 네 가지 주요 구성요소의 분류 기준에 근거하여 재분류하였다.

본 EIPU 메타평가 논리모형에서는 보고서의 작성 단계에 주목하여 평가보고서를 평가수행영역에 포함하고, 보고서의 배포 등 작성 이후의 활동은 평가활용영역으로 분류하였다. <표 1-20>에서 보는 바와 같이 국내 주요 선행연구에서는 평가보고서를 대부분 평가결과영역(김순남, 2002; 박종수, 2003; 황병상·강근복, 2005; 김태훈, 2006; 홍성걸, 2007; 류영수, 2007)이나 평가활용영역(이혜승 외, 2006)으로 분류하고 있다. 그러나 해외의 경우 체제론적 접근법의 대표적 학자인 Larson & Berliner(1983)는 평가보고서 검토를 과정영역으로 보고 있으며, UNEG(2005b)에서도 보고(reporting)를 평가수행(conducting evaluation)에서 설명하고 있다. 사실, 평가보고서 작성활동은 평가수행의 핵심을 이루는 요소이다. 평가보고서 작성이 끝나야 비로소 평가수행이 끝났다고 할 수 있기 때문이다.

이상과 같은 기준에 근거하여 분류한 주요 선행연구의 공통적인 메타평가 구성요소를 종합하면 <표 3-1>과 같다.

〈표 3-1〉 주요 선행연구의 메타평가 구성요소 종합

평가영역	평가항목	하위 구성요소
평가환경	평가상황	평가배경 분석 적절성, 평가취지 명확성, 평가기조 명확성, 정치적 실행가능성, 정책상황 분석 적절성, 평가대상 특성 분석 적절성
	평가근거	법적 근거 유무, 평가 관련 법규의 체계성, 평가규정 합리성, 평가 개입논리의 타당성, 평가제도의 완비 정도
	평가목적	평가의 근본적 이유 명시 여부, 평가 실시동기 명확성, 평가목적 타당성·합리성·적정성, 평가목적에 책임성 포함 여부, 평가목적에 결과활용 포함 여부, 평가목표의 평가가치 부합 여부, 평가목표의 명료성, 평가질문 공식화 정도, 평가의 서비스 지향성
	평가대상	평가대상의 명료성, 평가범위의 적정성, 평가대상기관 분류의 적정성, 평가대상사업 선정기준의 명확성
	평가표준	평가표준 구비 여부, 평가 가이드라인 구비 여부, 평가모형 적절성, 평가편람 적절성, 평가설계의 타당성, 평가편람 배포 시기의 적정성, 평가기본계획의 적정성, 평가실천전략의 구체화 정도
	이해관계자	평가 이해관계자 파악의 적절성, 평가결과 이용자 파악의 적절성, 내외부 수요 파악의 적절성, 평가에 대한 이해관계자의 관심 정도, 평가에 대한 이해관계자의 저항 정도
	기타 환경요소	평가유형의 타당성, 평가주기의 적정성, 평가시기의 적정성, 평가정책의 적정성, 평가 이행협정 체결 여부, 평가대상 사업환경, 평가대상 사업특성 검토, 유사중복평가로 인한 평가부담 여부

평가영역	평가항목	하위 구성요소
평가투입	평가조직	평가추진체계의 명확성, 평가추진 주체 간 역할의 명확성, 평가조직의 기능적 적정성, 평가조직의 독립성·중립성·객관성, 평가지원조직의 적절성, 평가주체의 명확성, 평가객체의 명확성, 평가조직의 법적 보장 여부
	평가인력	평가인력 양적 충분성, 평가인력 질적 우수성, 평가인력의 평가분야별 형평성, 평가자 선정 및 평가단 구성의 적절성, 평가자 사전교육의 충분성, 평가지원인력의 충분성, 평가기획주체의 일관성, 평가자 신뢰성·전문성·객관성, 평가자 선정기준 구체성
	평가예산	평가예산 규모 적정성, 예산확보의 제도화 여부, 평가예산의 안정적 지원 정도, 평가자 수당 적정성, 비용효과성 검토, 평가비용 추정의 적정성
	평가자료	평가자료의 양적·질적 적절성, 평가자료 제공의 신속성, 기존자료 검토의 적절성, 평가자료 접근의 용이성, 평가자료의 핵심내용 포함 여부, 평가정보의 충분성·투명성·신뢰성·정확성
	평가시간	평가시간의 충분성, 평가기간의 적정성, 평가일정의 적정성, 평가시기의 적절성, 평가주기의 적절성
	기타 투입요소	평가관리주체의 일관성, 관련 용어 기술의 명료성, 이해관계자 고려 정도, 평가도구 적절성, 평가자원 충분성, 평가설계 적절성, 자체평가 유도의 적절성, 평가주체의 시정요구권한 여부
평가수행	평가내용	평가기준의 명확성, 평가준거의 타당성, 평가항목의 적정성·일관성, 평가지표의 적정성·구체성·타당성·가중치의 적정성·구성의 합리성·평가대상 특성 반영 정도, 양적 지표와 질적 지표의 적절성, 평가기준 판단근거의 명확성
	평가절차	평가수행 절차의 합리성, 평가수행 과정의 독립성·공정성, 평가절차의 실질적 준수 여부, 평가과정의 공개성 정도, 평가과정에의 평가대상자 참여 정도, 평가교육의 실시 정도, 이해관계자 간 의사소통 정도, 평가과정상 환류 정도
	평가방법	과학적 평가방법의 사용 정도, 평가방법의 체계성 정도, 평가자료 수집방법의 적절성, 평가분석방법의 적절성, 평가방법론의 적절성, 표본추출의 적정성, 비계량 평가방법의 구체성, 평가군 비교방식의 공정성, 평가목적과 평가방법의 부합성
	평가보고서	평가보고서의 내용 충실성·구성 논리성·신뢰성·유용성·표현의 명료성·이해 가능도, 평가결과 도출방법의 적절성, 정책제안의 적정성, 정책대안의 실현 가능도, 권고 및 설명의 적절성, 정당한 결론, 평가질문에 부합하는 결론, 결론·권고·교훈 간의 구별, 요약의 명료성 및 대표성, 평가보고서 작성기준 적절성, 평가보고서 정보의 수요자 요구 부합 정도
	기타 수행요소	평가대상 추출의 적정성, 평가수행상 보안 유지, 인간적 상호작용, 전문적이고 윤리적인 평가수행, 평가팀 내 의견 차이 인정, 이해관계자 의견반영·참여의 적절성, 평가주기의 적정성, 이해충돌 방지, 평가자 및 피평가자 연수프로그램의 충실성, 서면평가의 적절성, 평가자료에 대한 예비분석의 적절성

평가영역	평가항목	하위 구성요소
평가활용	평가결과 확정	평가등급 산정의 합리성, 평가결과 도출의 민주성, 평가결과 확정 전 피평가자 의견수렴 여부, 피평가자의 평가결과 수용성 정도, 평가결과 확정체계의 적절성
	평가결과 보고 및 공개	평가결과 보고 체계의 명확성·시기의 적절성·내용의 충실성, 평가보고서 배포기준의 적절성·배포 대상 및 시기의 적절성, 평가결과 공개의 제도화 여부, 평가결과 공개 범위 및 수준의 적절성
	평가결과 활용	평가결과 환류시스템의 제도화 여부, 평가환류체계의 적절성, 도구적 활용 형태·개념적 활용 정도, 예산배정과의 연계 정도, 평가결과 지적사항에 대한 개선조치의 적절성, 평가결과에 따른 인센티브 부여의 적절성, 평가결과 우수사례에 대한 홍보의 적절성, 평가결과와 차년도 사업계획과의 연계성 정도, 평가활용에 대한 법·제도적 근거 여부
	메타평가	평가정보의 평가시스템 개선활용 정도, 메타평가의 적절성, 평가후속연구 수행 여부, 평가영향 평가의 적절성
	기타 활용요소	평가결과의 지원·재지원·수정·폐지 결정에의 반영 정도, 이해관계자 참여의 적절성·의견반영 정도, 관리해야 할 반응의 공식화 정도, 경영 컨설팅 기능 수행 정도

[주] 선행연구의 구성요소를 본 메타평가 구성요소 분류기준에 따라 재분류함. 다만 평가주기, 이해관계자 등의 일부 하위구성요소는 복수의 평가항목에 중복하여 분류함.

국내외 문헌연구를 통해 도출된 <표 3-1>을 기초로 연구기관 평가에 대한 메타평가 구성요소 초안을 <표 3-2>와 같이 작성 하였다.

〈표 3-2〉 연구기관 평가에 대한 메타평가 구성요소 초안

평가영역	평가항목	평가지표
평가환경	평가상황	① 평가배경 분석의 적절성 ② 평가취지의 명확성 ③ 평가대상 특성 분석의 적절성
	평가근거	① 평가 관련 법규의 체계성 ② 평가규정의 합리성
	평가목적	① 평가목적의 합리성 ② 평가목적의 연구기관 설립목적과의 부합 여부 ③ 평가목표의 명료성 ④ 평가질문의 명료성
	평가대상	① 평가대상기관 분류의 적절성 ② 평가대상 연구과제 선정의 적절성
	평가표준	① 평가편람 배포 시기의 적절성
	이해관계자	① 평가 이해관계자 파악의 적절성 ② 내외부 평가수요 파악의 적절성
	기타 환경요소	① 평가주기의 적절성 ② 유사중복평가로 인한 평가부담 여부

평가영역	평가항목	평가지표
평가투입	평가조직	① 평가추진체계의 기능적 적절성 ② 평가지원조직의 적절성
	평가인력	① 평가단 구성의 적절성 ② 평가자 사전교육의 충분성 ③ 평가자 선정 기준의 구체성
	평가예산	① 평가예산 규모의 적정성
	평가자료	① 평가자료의 양적·질적 적절성 ② 평가자료 접근의 용이성
	평가시간	① 평가시기의 적절성 ② 평가기간의 적절성
	기타 투입요소	① 관련 용어 기술의 명료성 ② 이해관계자 고려 정도 ③ 자체평가 유도의 적절성
평가수행	평가내용	① 평가항목의 적절성·일관성 ② 평가지표 구성의 합리성, ③ 평가지표 가중치의 적정성 ④ 평가지표에 연구기관 특성 반영 정도, ⑤ 평가기준 판단 근거의 명확성
	평가절차	① 평가수행 절차의 합리성 ② 평가과정에의 평가대상자 참여 정도 ③ 연구 기관 평가관계자 교육의 적절성 ④ 평가 이해관계자 간 의사소통 정도
	평가방법	① 비계량 평가방법의 구체성 ② 상대평가방법의 적절성 ③ 평가목적과 평가방법의 부합성
	평가보고서	① 평가보고서 구성의 논리성 ② 평가보고서 내용의 충실성 ③ 평가보고 서 결과도출의 적절성 ④ 평가보고서 정책 제언의 적절성 ⑤ 평가보고서 작성기준 적절성
	기타 수행요소	① 평가수행상 인간적 상호작용 정도 ② 평가팀 내 의견 차이 조정 방식 의 적절성 ③ 평가자와 피평가자 간 이해충돌 방지의 적절성 ④ 서면평가 자료에 대한 사전분석의 적절성
평가활용	평가결과 확정	① 평가등급 산정의 합리성 ② 평가결과 확정 절차의 적절성 ③ 평가결과 확정 전 피평가자 의견수렴의 적절성
	평가결과 보고 및 공개	① 평가결과 보고 체계의 명확성 ② 평가보고서 배포 대상 및 시기의 적절성 ③ 평가결과 공개 범위 및 수준의 적절성
	평가결과 활용	① 평가환류체계의 적정성 ② 평가결과의 도구적 활용 정도 ③ 평가결과의 개념적 활용 정도 ④ 평가활용에 대한 법·제도적 근거의 명료성
	메타평가	① 평가시스템에 대한 메타평가의 적정성 ② 평가정보의 평가시스템 개선 활용 정도
	기타 활용요소	① 평가결과의 경영컨설팅 기능 수행 정도

초안 작성에 있어서는 ① 메타평가의 주요 공통적 구성요소가 누락되지 않도록 하였고, ② 유사한 구성요소는 통합하였으며, ③ 특정 평가항목에 포함시키기 어려운 주요 구성요소는 기타요소로 분리하여 정리하였다.

그 결과 구성요소 초안은 4개의 평가영역과 23개의 평가항목은 그대로 유지한 채 평가지표는 63개로 조정하였다. 구성요소별 항목 수의 적정 여부는 메타평가 분석방법을 고려하여 결정할 문제이다. 즉 체크리스트나 설문조사 등의 양적 분석방법을 사용하는 연구에서는 대체로 항목 수가 많아지는 반면, 설계된 평가지표에 따른 질적 분석방법을 사용하는 경우에는 그 수가 일정 규모로 제한된다.

메타평가의 공통적 구성요소에 충실하게 작성된 이 초안은 다소 복잡하고 체계성이 부족한 게 사실이다. 또한 기관평가에 관한 특성이나 본서의 분석 대상인 경제·인문사회연구회 소관 연구기관 평가에 관한 특성 반영도 미흡한 상태이다.

따라서 작성된 초안에 대해 전문가 면접조사를 거쳐 수정 보완 작업을 수행하였다. 초안 중에서 연구기관 평가에 필요한 핵심 구성요소를 선별하고 연구기관 평가의 특성을 반영할 수 있는 세부 구성요소를 추가하여 수정안을 도출하였다.

2. 메타평가 구성요소 수정안

연구기관 평가의 메타평가 구성요소 초안에 대한 수정보완을 위해 <표 3-3>과 같이 연구회 평가관리자, 연구기관 평가관계자, 연구기관 평가위원, 외부 평가 전문가 등을 대상으로 전문가 면접 조사를 실시하였다.[49]

---

49) 전문가 면접조사는 메타평가 구성요소 초안 작성 후 두 차례에 걸쳐 실시하였다. 1차 면접조사는 전체 14인 중 7인을 대상으로 2008년 3월 중에 면대면 수시면접 형식으로 이루어져, 메타평가의 세부구성요소 선정 등 수정안 작성에 관한 자문을 받았다. 2차 면접조사는 14인

1차 전문가 면접조사는 메타평가 구성요소 초안을 작성한 이후 3월 24일부터 31일까지 전문가 7인에 대한 면대면 수시면접 방식으로 진행되었다. 이 면접조사를 통해 본서의 사례연구에 적용할 메타평가 구성요소 수정안을 도출하였다.

〈표 3-3〉 전문가 면접조사 대상자 현황

구 분	소 속	주요 경력	전공학위
1	연구회 평가관리팀장*	과학기술분야 연구회 평가관리팀장(6년), 메타평가연구 박사학위	이학 박사
2	연구회 평가담당	경제인문사회분야 연구회 평가담당(3년)	경제학 석사
3	연구기관 연구위원*	연구기관 평가담당실장(4년)	경영과학 박사
4	연구기관 선임연구위원	연구기관 평가담당실장(2년)	농업경제학 박사
5	연구기관 선임연구위원	연구기관 평가담당실장(2년)	경제학 박사
6	연구기관 연구위원*	연구기관 자체평가T/F팀장(5년)	행정학 박사
7	연구기관 연구위원	연구기관 평가담당실장(2년)	산업공학 박사
8	대학교수*	연구기관 평가위원(3년), 공기업 평가위원	경영학 박사
9	연구기관 연구위원	연구기관 평가위원(2년), 과기계 평가위원	자원경제학 박사
10	대학교수	연구기관 평가위원(2년), 학술진흥재단 평가위원	경제학 박사
11	언론사 전문위원*	연구기관 평가위원(3년), 여론조사 전문가	사회학 박사
12	연구기관 연구위원*	정책분석 및 평가 전문가	행정학 박사
13	대학교수*	교육학과 교수, 한국교육평가학회 회장	교육평가학 박사
14	대학교수	행정학과 교수, 한국정책분석평가학회 회장	행정학 박사

[주] * 표시는 1차 면접조사 대상자를 의미하며, 2차 면접조사는 14인 전원을 대상으로 실시.

전문가 면접 결과, ① 주요 선행연구의 메타평가 항목 수를 검토하여 본 사례연구의 목적에 부합하는 규모를 파악할 것, ② 유사한 평가항목 및 지표는 적절히 통합할 것, ③ 연구기관 평가의 특성을 반영할 새로운 세부구성요소를 발굴할 것을 공통적으로 주문하였

전원을 대상으로 2008년 4월 중에 실시하였다. 먼저 e-mail을 통해 구조화된 전문가 조사 설문지를 발송하여 회신을 받은 후 이를 바탕으로 전화 또는 면대면 면접과정을 거쳐 구성요소(안)를 확정하였다.

다. 또한 평가영역은 평가환경, 평가투입, 평가수행, 평가활용으로 확정하였고,[50) 각 평가영역별 기타 평가항목은 삭제하도록 결정하였다.

먼저, 본서에서 다루는 사례연구의 목적 및 메타평가 분석방법에 적합한 세부구성요소 수를 결정하기 위해 국내 선행연구의 경우를 살펴보았다.

국내 주요 선행연구의 메타평가 세부구성요소 수는 가장 많은 경우 108개(박종수, 2003)부터 72개(김태훈, 2006), 48개(류영수, 2007), 30개(김순남, 2002), 29개(임옥진, 2007), 21개(이찬구, 1997), 17개(홍성걸, 2007), 12개(이혜승 외, 2006), 11개(황병상·강근복, 2005), 10개(이찬구, 2004)까지 그 편차가 매우 크다. 그 이유는 메타평가목적 및 방법과 관련된 것으로, 메타평가 모형 및 지표 개발에 중점을 둔 연구(김순남, 2002; 박종수, 2003; 김태훈, 2006; 류영수, 2007; 임옥진, 2007)에서는 비교적 세부구성요소의 수가 많은 반면, 메타평가 모형을 적용하여 실제 메타평가를 수행하는 데 초점을 맞춘 경우는 그 수가 적었다. 특히 메타평가 분석방법으로 체크리스트법을 사용한 연구(박종수, 2003; 김태훈, 2006)에서는 세부구성요소의 수가 가장 많은 것으로 나타났다. 결국 메타평가 세부구성요소의 수는 연구 목적과 분석의 방법 및 수준과 관계됨을

---

50) 주요 구성요소인 평가영역을 구분함에 있어서 자문에 응한 전문가들은 두 가지 다른 의견을 제시하였다. 첫째는 '평가활용' 대신 '평가결과'와 '평가활용'으로 나누어 평가결과영역에 '평가보고서'와 '평가결과 확정' 항목을 포함시키는 의견이고, 둘째는 평가활용을 '평가결과 및 활용'으로 표현을 변경하는 의견이다. 그러나 연구기관 평가와 직접 관련되는 연구회 및 연구기관 관계자는 모두 '평가활용'으로 구분하는 본 안을 지지하였고, 평가의 활용 측면을 특별히 부각시키기 위해서는 '평가활용'으로 표현하는 것이 적절하다고 판단하여 당초 안을 그대로 사용하였다.

확인할 수 있다.

다음으로, 유사한 평가항목(또는 지표)을 통합함에 있어서는 각 평가항목(또는 지표)을 통해 측정하고자 하는 기능을 중시하여 판단하였다. 예를 들어 '평가주기' 항목과 '평가시간' 항목의 경우 양자 모두 시간자원이라는 측면에서 '평가시간' 항목으로 통합할 수도 있다. 그러나 본 사례연구에서의 평가주기는 매년 평가를 하도록 규정되어 있는 출연연법의 조항과 관련되는 것으로, 평가의 전체 방향과 내용을 결정하는 과업환경의 측면에서 살펴보는 것이 타당하다. 평가주기에 관한 법률 조항이 없는 상태에서 평가주체가 임의적으로 정할 수 있는 경우와는 그 의미가 다르다는 점에 주목할 필요가 있다.

그리고 연구기관 평가의 특성을 반영할 구성요소를 발굴하기 위해서는 연구회 평가관리자 및 연구기관 평가담당자의 의견을 적극 수렴하였다. 이에 따라 평가항목에 '평가주기'를 신설하여 '평가주기의 적절성'과 '유사중복평가로 인한 평가부담 정도' 지표를 구성하였고, '연구보고서 평가방법의 적절성' 지표를 추가하였다. 이 외에도 '평가목적의 연구기관 운영목적과의 부합 정도', '평가항목의 일관성 유지 정도', '평가시스템 자체에 대한 평가 및 개선노력 정도' 등의 지표는 표현을 수정하여 연구기관 평가의 특성이 강조되도록 하였다.

본서의 사례연구에서는 적합한 메타평가 모형을 개발함은 물론, 이를 연구기관 평가시스템에 적용하여 문제점을 분석하고 개선방안을 모색하고자 한다. 이러한 목적과 질적 분석 위주로 실시하고자 하는 분석방법을 고려하여, 메타평가 구성요소 초안에서 도출된

4개 평가영역하의 23개 평가항목, 63개 평가지표를 대폭 축소 조정하는 과정을 거쳤다. 그 결과 <표 3-4>와 같은 수정안을 도출하였다.

<표 3-4> 연구기관 평가에 대한 메타평가 구성요소 수정안

평가영역	평가항목	평가지표
평가환경	평가근거	① 평가 법적 근거의 명료성 ② 평가 관련 법규내용의 합리성
	평가목적	① 평가목적의 명료성 ② 평가목적의 타당성 ③ 평가목적의 연구기관 운영목적과의 부합 정도
	평가주기	① 평가주기의 적절성 ② 유사중복평가로 인한 평가부담 정도
평가투입	평가조직	① 평가추진체계의 기능적 적절성
	평가인력	① 평가단 구성의 적절성 ② 평가자 및 평가대상자에 대한 평가기준 설명의 적절성 ③ 평가 이해관계자 파악의 적절성
	평가예산	① 평가예산 규모의 적정성
	평가자료	① 평가자료의 양적·질적 적절성
	평가시간	① 평가편람 배포시기의 적절성
평가수행	평가내용	① 평가항목 및 지표 구성의 적절성 ② 평가항목의 일관성 유지 정도 ③ 평가지표에 연구기관 특성 반영 정도
	평가절차	① 평가절차의 합리성 ② 평가과정에서 이해관계자 간 의사소통 정도
	평가방법	① 평가기준 판단근거의 명료성 ② 연구보고서 평가방법의 적절성
	평가보고서	① 평가보고서 구성의 논리성 ② 평가보고서 내용의 충실성 ③ 평가보고서 결론 및 제언의 적절성
평가활용	평가결과 확정	① 평가결과 확정 절차의 적절성 ② 평가등급 산정의 합리성
	평가결과 보고	① 평가결과 보고체계의 명료성 ② 평가보고서 배포의 적절성 ③ 평가결과 공개 범위 및 수준의 적절성
	평가결과 활용	① 평가활용에 대한 법·제도적 근거의 명료성 ② 평가결과의 도구적 활용 정도 ③ 평가결과의 개념적 활용 정도 ④ 평가결과의 경영컨설팅 기능 수행 정도
	메타평가	① 평가시스템 자체에 대한 평가 및 개선노력 정도

이 수정안은 평가환경영역에 3개 평가항목·7개 평가지표, 평가투입영역에 5개 평가항목·7개 평가지표, 평가수행영역에 4개 평가항목·10개 평가지표, 그리고 평가활용영역에 4개 평가항목·10

개 평가지표 등 총 16개 평가항목·34개 평가지표로 구성되었다. 초안에 비해 평가항목은 7개, 평가지표는 29개가 축소되었으며, 수정된 주요 사항을 요약하면 다음과 같다.

첫째, 평가환경영역에서는 그 구성요소를 평가활동의 전체적인 방향과 내용을 규정하는 주요 과업환경으로 압축하여 재구성하였다. 이에 따라 평가항목을 '평가근거'와 '평가목적' 및 '평가주기' 등 3개로 정리하였다. 그 외 평가항목의 세부구성요소는 여타 평가영역으로 전환하거나 삭제하였다.

둘째, 평가투입영역에서는 공통적인 투입요소가 누락되지 않도록 항목을 구성하되, 세부구성요소는 필수 사항만 포함시켰다. 초안에서 평가기준에 대한 교육을 평가자와 평가대상자로 구분했던 것을 하나의 지표로 합치고, '평가 이해관계자 파악의 적절성' 및 '평가편람 배포 시기의 적절성'은 당초 환경영역에서 투입영역으로 이동하였다. 각기 평가인력 및 평가시간 자원과 관련이 있기 때문이다.

셋째, 평가수행영역은 평가 내용, 절차, 방법, 평가보고서 항목으로 구분하고, 10개의 평가지표로 조정하였다. 특히 연구기관 평가의 특성을 반영하여 '연구보고서 평기방법의 적절성' 평가지표를 추가하였다. 이는 연구기관 평가에서 가장 큰 비중을 차지하는 부분이므로 따로 분리해 구성하였다. 또한 '평가기준 판단근거의 명료성'은 당초 평가내용 항목에 속해 있던 것을 평가방법 항목으로 변경하였다.

넷째, 평가활용영역은 활용성 강화에 필수적인 세부구성요소를 중심으로 재편하였다. 4개 영역 중 가장 많은 지표를 배치하고, 평가결과의 확정, 보고, 활용에 이르는 각 단계별로 핵심 요소들을 평가지표로 도출하였다. 연구기관 평가의 특성을 감안하여 '평가결과의 경영컨설팅 기능 수행 정도'를 따로 제시하고, '평가시스템 자체에 대한 평가 및 개선노력 정도'를 평가지표로 포함하였다.

3. 메타평가 구성요소(안)

연구기관 평가에 대한 메타평가 구성요소 수정안은 전문가 14인을 대상으로 한 설문 및 면접조사를 거쳐 재수정하였다. 이 설문 및 면접조사는 메타평가 구성요소 수정안에 대한 적합성 검토에 초점을 맞추어 실시하였다.

구체적으로 ① 제시된 평가영역(항목, 지표)이 연구기관 평가시스템을 메타평가 하기 위한 평가영역(항목, 지표)으로서 얼마나 적합한지, ② 각 구성요소의 용어 선택 및 표현이 적절한지, ③ 구성요소의 통합, 삭제 또는 추가의 필요성이 있는지를 확인하는 데 주안점을 두었다.

전문가 설문 및 면접조사는 메타평가 구성요소 수정안을 기초로 구조화된 전문가 조사 설문지(부록 A 참조)를 조사대상자들에게 e-mail로 송부하고 접수한 후 2008년 4월 18일부터 28일까지 전화 또는 직접 면접을 통해 그 결과를 확인, 분석하였다.

구조화된 전문가 설문 조사지는 Likert 5점 척도법을 사용하였다. 평가영역(항목, 지표)별 적합성에 대해 각 영역(항목, 지표)별로 '매우 적합', '적합', '보통', '부적합', '매우 부적합' 중 하나를 선택하도록 하였다.[51] 제시된 각 평가항목 및 지표의 표현 중 수정이 필요하거나 평가항목 및 지표의 통합·삭제·추가에 대한 의견은 '개선 의견' 난에 기술하도록 하고, 면접 과정을 통해 구체적 내용을 파악하였다.

전문가 설문 및 면접조사에는 14인 전원이 응답해 주었으며, 조사결과 중 평가영역(항목, 지표)별 적합성은 Microsoft Excel을 사용하여 분석하였다. 구체적으로 평균과 표준편차를 구하여 적합성에 대한 공통의 인식 정도와 조사대상자별 차이에 관해 살펴보았다.

전문가 설문 및 면접조사는 <표 3-5>와 같이 메타평가 구성요소 수정안에 대한 적합성 검토 결과를 중심으로 정리하였다. 그리고 적합성 평점 평균이 중앙값인 보통(3.0) 미만으로 나타난 경우와 각 구성요소의 용어 선택 및 표현의 적절성, 구성요소의 통합·삭제 또는 추가에 대한 의견은 별도로 검토하였다.

<표 3-5>에서 보는 바와 같이 설문 및 면접조사에 응한 전문가들은 메타평가 구성요소 수정안의 적합성에 대해 전반적으로 높은 평점을 부여하였다. 평가영역을 비롯해 평가항목, 평가지표 모두 중앙값인 보통(3.0) 이상의 평점을 받아 그 적합성에서 특별히 문제가 되는 경우는 없는 것으로 나타났다.

---

51) 전문가 조사 설문지를 구성함에 있어서 평가영역 및 평가항목은 〈표 3-4〉의 수정안에서 표현한 문구를 그대로 사용하였다. 그러나 평가지표에 대해서는 보다 정확한 의미 전달을 위해 평가지표 명칭에 더하여 그 의미를 설명하는 완전한 문장을 함께 제시하였다(부록 A 참조). 이후 연구기관 평가위원 대상 설문(부록 B 참조) 및 연구기관 평가관계자 대상 설문(부록 C 참조)에서도 동일한 방식을 사용하였다.

<표 3-5> 메타평가 구성요소 수정안 전문가 적합성 검토 결과

평가영역	평가항목	평가지표	평균	표준편차
평가환경			4.29	0.7263
	평가근거		4.21	0.6993
		E1-1. 평가 법적 근거의 명료성	4.07	0.9169
		E1-2. 평가 관련 법규내용의 합리성	4.29	0.8254
	평가목적		4.71	0.4688
		E2-1. 평가목적의 명료성	4.64	0.4972
		E2-2. 평가목적의 타당성	4.29	0.8254
		E2-3. 평가목적의 연구기관 운영목적과의 부합 정도	4.43	1.1579
	평가주기		3.86	0.8644
		E3-1. 평가주기의 적절성	3.79	0.8926
		E3-2. 유사중복평가로 인한 평가부담 정도	4.21	0.8926
평가투입			4.07	0.4746
	평가조직		3.71	0.8254
		I1-1. 평가추진체계의 기능적 적정성	3.93	0.7300
	평가인력		4.36	0.6333
		I2-1. 평가단 구성의 적절성	4.71	0.4688
		I2-2. 평가자 및 평가대상자에 대한 평가기준 설명의 적절성	4.14	0.7703
		I2-3. 평가 이해관계자 파악의 적절성	3.86	0.8644
	평가예산		3.79	0.6993
		I3-1. 평가예산 규모의 적정성	3.71	0.7263
	평가자료		4.36	0.7449
		I4-1. 평가자료의 양적·질적 적절성	4.29	0.7263
	평가시간		3.64	0.7449
		I5-1. 평가편람 배포시기의 적절성	3.57	0.8516

[주] [부록 A] 메타평가 구성요소 선정에 관한 전문가 조사 설문지 참조

평가영역	평가항목	평가지표	평균	표준편차
			4.64	0.4972
	평가내용		4.71	0.6112
		P1 - 1. 평가항목 및 지표 구성의 적절성	4.79	0.5789
		P1 - 2. 평가항목의 일관성 유지 정도	4.64	0.4972
		P1 - 3. 평가지표에 연구기관 특성 반영 정도	4.14	1.0271
	평가절차		4.50	0.6504
		P2 - 1. 평가절차의 합리성	4.14	0.8644
평가수행		P2 - 2. 평가과정에서 이해관계자 간 의사소통 정도	4.36	0.8419
	평가방법		4.50	0.6504
		P3 - 1. 평가기준 판단근거의 명료성	4.43	0.7559
		P3 - 2. 연구보고서 평가방법의 적절성	4.50	0.6504
	평가보고서		4.50	0.7596
		P4 - 1. 평가보고서 구성의 논리성	4.14	0.8644
		P4 - 2. 평가보고서 내용의 충실성	4.21	0.8926
		P4 - 3. 평가보고서 결론 및 제안의 적정성	4.71	0.4688
			4.50	0.5189
	평가결과*		4.14	0.5345
		U1 - 1. 평가결과 확정 절차의 적절성	4.21	0.8018
		U1 - 2. 평가등급 산정의 합리성	4.14	0.6630
	평가보고*		3.93	0.8287
		U2 - 1 평가결과 보고체계의 명료성	3.86	0.9493
		U2 - 2. 평가보고서 배포의 적절성	3.79	0.8018
평가활용		U2 - 3. 평가결과 공개 범위 및 수준의 적절성	4.14	0.5345
	평가활용*		4.64	0.6333
		U3 - 1. 평가활용에 대한 법·제도적 근거의 명료성	4.29	0.8254
		U3 - 2. 평가결과의 도구적 활용 정도	4.71	0.6112
		U3 - 3. 평가결과의 개념적 활용 정도	4.36	0.6333
		U3 - 4. 평가결과의 경영컨설팅 기능 수행 정도	4.29	0.7263
	메타평가		4.50	0.6504
		U4 - 1. 평가시스템 자체에 대한 평가 및 개선노력 정도	4.50	0.6504
평가영역			4.38	0.5543
평가항목			4.25	0.6874
평가지표			4.24	0.7584

[주] 평가결과는 '평가결과 확정', 평가보고는 '평가결과 보고', 평가활용은 '평가결과 활용'이 본래의 평가항목 명칭임.

메타평가 구성요소 수정안에 대한 전문가 적합성 검토 결과의 구체적인 내용을 살펴보면 다음과 같다.

먼저 평가영역의 경우, 4개 평가영역의 적합성 평균이 4.38로 나타나 상당히 높은 평가를 받았다. 이 중 평가수행영역이 4.64로 가장 높고, 이어 평가활용 4.50, 평가환경 4.29, 평가투입 4.07의 순이었다. 또한 표준편차는 평가환경 0.7263부터 평가활용 0.5189, 평가수행 0.4972, 평가투입 0.4746까지로 나타나 그 편차가 비교적 크지 않은 것으로 확인되었다.

다음으로 평가항목의 경우, 16개 항목의 전체 평균이 4.25로 나타나 적합성이 높은 것으로 평가되었다. 평가항목 중 '평가목적' 및 '평가내용' 항목은 둘 다 4.71점으로 가장 높은 평점을 받은 반면, '평가시간'(3.64) 등 5개 항목[52]은 4.0 미만의 비교적 낮은 평점을 받았다. 평가항목의 표준편차는 0.8644(평가주기)에서 0.4688(평가목적) 사이의 값을 나타내었다.

끝으로 평가지표의 경우, 총 34개 지표의 평균이 4.24로 나타나 전반적으로 높은 평가를 받았다. '평가항목 및 지표구성의 적절성'(4.79)이 가장 높게 평가되었고 '평가단 구성의 적절성', '평가보고서 결론 및 제언의 적정성', '평가결과의 도구적 활용 정도' 등 3개 지표가 4.71의 높은 평점을 받았다. 이는 곧 이들 지표의 중요성에 대한 전문가들의 공통된 인식을 보여준다. 한편, 평가지표 중 적합성 평균이 보통(3.0) 이하로 나타나 삭제해야 할 지표는 없는

---

52) 적합성 평균 평점이 비교적 낮은 평가항목에 대해서는 표준편차를 함께 살피면서 보다 면밀한 검토가 필요하다. 이는 평가지표에서도 또한 같다. 평가항목 중 4.0 미만의 평점을 받은 항목은 평가시간(3.64)을 비롯해 평가조직(3.71), 평가예산(3.79), 평가주기(3.86), 평가결과보고(3.93) 등 5개 항목이다.

것으로 확인되었다. 그러나 '평가편람 배포시기의 적절성'(3.57) 등 7개 지표53)는 4.0 미만의 평점을 받아 보다 면밀한 검토가 필요한 것으로 나타났다. 평가지표의 표준편차는 1.1579(평가목적의 연구기관 운영목적과의 부합 정도)부터 0.4688(평가보고서 결론 및 제언의 적정성) 사이에서 분포되었다.

전문가 설문 및 면접조사 결과 나타난 평가지표의 표준편차를 통해 지표 구성에 있어서의 시사점을 발견할 수 있다. 즉 연구기관 평가의 특성을 반영하기 위해 포함시킨 평가지표들에 대해서는 연구기관의 평가 전문가와 일반 평가 전문가 사이에 상당한 견해 차이가 나타난다는 사실이다.54) 이는 결국, 평가지표의 최종적인 구성에 있어서 필자의 판단이 매우 중요함을 암시하는 대목이다.

지금까지 살펴본 전문가 설문 및 면접조사의 평균과 표준편차, 그리고 전문가들이 제시한 개선의견 등을 종합하여 <표 3－6>과 같은 '연구기관 평가에 대한 메타평가 구성요소(안)'를 도출하였다. 당초 수정안에서 재수정 보완된 메타평가 구성요소(안)의 주요 내용을 요약하면 다음과 같다.

첫째, 평가항목 중에서는 다음과 같은 수정이 있었다. 먼저 '평가예산' 항목을 삭제하였다. 이에 따라 '평가예산 규모의 적정성' 평

---

53) 평가지표 중 4.0 미만의 평점을 받은 지표는 평가편람 배포시기의 적절성(3.57), 평가예산 규모의 적절성(3.71), 평가보고서 배포의 적절성(3.79), 평가주기의 적절성(3.79), 평가결과 보고체계의 명료성(3.86), 평가 이해관계자 파악의 적절성(3.86), 평가추진체계의 기능적 적정성(3.93) 등 모두 7개 지표이다.

54) 평가지표 중 표준편차가 큰 상위 지표는 평가목적의 연구기관 운영목적과의 부합 정도 (1.1579), 평가지표에 연구기관 특성 반영 정도(1.0271), 평가결과 보고체계의 명료성 (0.9493), 평가 법적 근거의 명료성(0.9169), 유사중복평가로 인한 평가부담 정도(0.8926), 평가주기의 적설성(0.8926) 순이다. 편차의 원인은 연구기관의 평가 전문가와 일반 평가 전문가 간의 의견 차이에 기인함을 확인할 수 있다. 따라서 이들 지표들에 대해서는 필자의 분석에 의한 최종 판단이 요구된다.

가지표도 삭제되었다. 평가예산 항목의 적합성(평균 3.79)이 비교적 낮게 나타났을 뿐 아니라 실제 평가과정에서 평가예산 문제가 부각된 적이 없다는 지적을 수용한 결과이다. 또한 '평가조직'과 '평가인력' 항목을 통합하여 '평가역량'으로 변경하였다. 이와 함께 당초 평가인력 항목에 포함되었던 '평가자 및 평가대상자에 대한 평가기준 설명의 적절성' 평가지표는 평가절차의 핵심 단계에 속한다는 지적에 따라 '평가절차' 항목으로 이동하였다. 그리고 메타평가라는 용어는 아직 낯선 전문용어이므로 이 항목의 명칭을 '평가시스템개선'으로 변경하였다. 그 외에 적합성이 비교적 저조하게 평가되었던 평가항목들, 즉 평가시간(3.64), 평가주기(3.86) 등은 연구기관 평가의 특성을 고려한 평가항목들이므로 그대로 유지하였다. 결국 평가항목은 2개가 줄어들어 14개로 조정되었다.

〈표 3-6〉 연구기관 평가에 대한 메타평가 구성요소(안)

평가영역	평가항목	평가지표
평가환경 (Environment)	평가근거	E1-1. 평가 법적 근거의 명료성
		E1-2. 평가 관련 법규내용의 합리성
	평가목적	E2-1. 평가목적의 명료성
		E2-2. 평가목적의 합리성
	평가주기	E3-1. 평가주기의 합리성
		E3-2. 평가지표별 평가주기의 신축성
평가투입 (Input)	평가역량	I1-1. 평가추진체계의 기능적 적정성
		I1-2. 평가단 구성의 적절성
		I1-3. 평가 이해관계자 파악의 적절성
	평가자료	I2-1. 평가자료의 양적·질적 적절성
	평가시간	I3-1. 서면평가 및 실사평가 시간의 충분성
		I3-2. 평가편람 배포 시기의 적절성

평가영역	평가항목	평가지표
평가수행 (Process)	평가내용	P1 - 1. 평가항목 및 지표 구성의 적절성
		P1 - 2. 평가항목의 연차별 일관성 유지 정도
		P1 - 3. 연구기관 특성에 따른 평가배점 선택의 신축성
	평가절차	P2 - 1. 평가절차의 합리성
		P2 - 2. 평가자 및 평가대상자에 대한 평가기준 설명의 적절성
		P2 - 3. 평가자와 평가대상자 간 의사소통의 충분성
	평가방법	P3 - 1. 평가기준 판단근거의 명료성
		P3 - 2. 연구보고서 평가방법의 적절성
	평가보고서	P4 - 1. 평가보고서 구성 및 내용의 합리성
		P4 - 2. 평가보고서 결론 및 제언의 적정성
평가활용 (Utilization)	평가결과 확정	U1 - 1. 평가결과 확정 절차의 적절성
		U1 - 2. 평가등급 산정의 합리성
	평가결과 보고	U2 - 1. 평가결과 보고체계의 명료성
		U2 - 2. 평가보고서 배포의 적절성
		U2 - 3. 평가결과 공개 범위 및 수준의 적절성
	평가결과 활용	U3 - 1. 평가활용에 대한 법·제도적 근거의 명료성
		U3 - 2. 평가자 측면에서 평가결과 활용의 충분성
		U3 - 3. 평가대상자 측면에서 평가결과 활용의 충분성
	평가시스템 개선	U4 - 1. 평가시스템에 대한 평가 및 개선활동의 적절성

둘째, 평가지표 중 다음과 같은 통합이 이루어졌다. 우선 '평가목적의 타당성' 지표와 '평가목적의 연구기관 운영목적과의 부합 정도' 지표를 통합하여 '평가목적의 합리성'으로 하였다.[55] 또한 '평가보고서 구성의 논리성' 지표와 '평가보고서 내용의 충실성' 지표는 하나로 통합하여 '평가보고서 구성 및 내용의 합리성'으로 수정하였다. 그리고 '평가결과의 도구적 활용 정도'와 '평가결과의 개념

---

55) '평가목적의 타당성' 지표와 '평가목적의 연구기관 운영목적과의 부합 정도' 지표는 그 적합성이 4.29, 4.43으로 높은 반면, 표준편차는 각기 0.8254, 1.1579로 매우 크게 나타났다. 이는 두 지표 모두 적합성이 높은 지표임은 명백하나 연구기관의 평가 전문가와 외부 평가 진문가 간의 견해 차이에 따른 결과였다. 후사는 선사에 보함되는 개념이며 따로 분리하여 분석하기 어려운 측면도 있다. 따라서 두 지표를 통합하되, '평가목적의 합리성' 지표 내에서 연구기관 운영목적과의 부합 정도를 포함하여 살펴보고자 하였다.

적 활용 정도' 및 '평가결과의 경영컨설팅 기능 수행 정도'를 통합하여 평가의 양대 핵심 관계자인 '평가자 측면에서 평가결과 활용의 충분성'과 '평가대상자 측면에서 평가결과 활용의 충분성' 지표로 변경하였다.[56]

셋째, 전문가들의 개선 의견에 따라 연구기관 평가의 특성을 반영할 지표 한 개를 추가하였다. 즉 평가시간 항목에 '서면평가 및 실사평가 시간의 충분성' 지표를 신설하였다. 이는 현행 연구기관 평가제도는 외부전문가로 구성된 임시 조직에 의해 수행될 뿐만 아니라 법정 기한 내에 완료되어야 하는 실정으로 인해 평가에 투입되는 시간자원의 측면에서 문제의 소지가 있다는 의견을 반영한 결과이다. 이에 따라 당초 34개였던 평가지표는 3개가 줄어 31개 지표로 조정되었다.

넷째, 평가지표의 명칭 및 문장의 표현을 수정하였다. 평가지표의 명칭 중 '평가주기의 적절성'은 '평가주기의 합리성'으로 수정하고 '유사중복평가로 인한 평가부담 정도'는 '평가지표별 평가주기의 신축성'으로 변경하였다. 또한 '평가항목의 일관성 유지 정도'는 '평가항목의 연차별 일관성 유지 정도'로 수정하여 그 의미를 명백히 한 것을 비롯해, '평가지표에 연구기관 특성 반영 정도'는 '연구기관 특성에 따른 평가배점 선택의 신축성'으로, '평가과정에서 이해관계자 간 의사소통 정도'는 '평가자와 평가대상자 간 의사소통

---

56) 평가결과의 활용은 다양한 기준에 따라 분류할 수 있으나 일반적으로는 직접적 활용과 간접적 활용으로 구분한다. 그러나 본 연구기관 평가에 있어서는 평가대상자 측면의 활용은 비교적 충실하게 관리되고 있는 데 비해, 이를 연구기관 발전과 연계시키기 위한 정책적 활용이 미약하다는 지적을 반영하여 평가자와 평가대상자 측면으로 구분하여 살펴보기로 하였다. 또한 평가결과의 경영컨설팅 기능 수행 정도는 앞의 두 지표와 중복되고 연구기관 평가는 경영평가가 핵심이 아니라는 점을 고려하여 따로 분리하지 않기로 하였다.

의 충분성'으로, '평가시스템 자체에 대한 평가 및 개선노력 정도'는 '평가시스템에 대한 평가 및 개선활동의 적절성'으로 변경하였다.[57] 이에 따라 평가지표를 기초로 작성되는 설문지 문항의 문장 표현 역시 이에 부합하도록 수정하였다(부록 B 참조).

이상과 같은 과정을 거쳐 도출된 '연구기관 평가의 메타평가 구성요소(안)'를 요약하면 다음과 같다.

이 구성요소(안)는 평가환경영역 아래 평가근거·평가목적·평가주기 등 3개 평가항목, 6개 평가지표가 배치된 것을 비롯해, 평가투입영역하에 평가역량·평가자료·평가시간 등 3개 평가항목, 6개 평가지표가 구성되었다. 또한 평가수행영역에는 평가내용·평가절차·평가방법·평가보고서 등 4개 평가항목, 10개 평가지표가 선정되었고, 평가활용영역에는 평가결과 확정·평가결과 보고·평가결과 활용·평가시스템 개선 등 4개 평가항목, 9개 평가지표가 결정되었다. 결국, 연구기관 평가에 대한 메타평가 구성요소(안)는 4개 평가영역, 14개 평가항목, 31개 평가지표로 조정되었다.

---

57) 평가지표의 명칭 및 문장 표현은 전문가 설문 과정에서 이루어진 질문 및 개선의견을 반영하여 수정하였다. 예를 들면, '평가항목의 일관성 유지 정도'가 무슨 의미인지 정확히 이해되지 않는다는 지적이 있었다. 이는 '평가항목이 연차별 일관성을 유지하여 연구기관의 나아갈 방향을 알 수 있게 하는지'를 평가하기 위한 지표이다. 이처럼 각 지표의 선정 취지가 정확히 전달되도록 하는 데 초점을 맞추어 명칭 및 표현을 수정하였다. 다만 '유사중복평가로 인한 평가부담 정도'는 동일한 평가지표(내용)에 대해 각기 다른 주체에 의한 평가중복 정도를 파악하기 위한 것이므로 '평가지표별 평가주기의 신축성'을 통해 평가하고자 하였다. 또한 '평가과정에서 이해관계자 간 의사소통 정도' 지표는 평가 관련 이해관계자 전체를 대상으로 할 경우 초점이 흐려지고, 특히 평가의 공정성 및 객관성에 의문이 제기될 수 있다는 지적에 따라 평가의 핵심 관계자인 '평가자와 평가대상자 간 의사소통의 충분성'으로 한정하였다.

■■■ 제3절 메타평가 구성요소 적합성 검증

국내외 문헌연구결과를 기초로 작성한 메타평가 구성요소 초안은 두 차례에 걸친 전문가 조사를 통해 수정 보완하였다. 즉 문헌고찰을 통해 당위적 차원의 메타평가 구성요소를 고안한 후 전문가 검토과정을 거쳐 본서의 사례연구에 적용할 수 있는 실질적 구성요소를 도출하고자 하였다.

여기서는 재수정 과정을 거쳐 도출된 '연구기관 평가에 대한 메타평가 구성요소(안)'에 대해 그 적합성(타당성, 신뢰성) 여부를 검증한다.

즉 메타평가 구성요소(안)에 대해 연구기관 평가위원들을 대상으로 적합성(타당성 및 신뢰성) 검증을 실시한다. 타당성 검증에서 중앙값인 보통(3.0) 미만의 평점을 받는 평가지표 및 신뢰성 검증에서 Cronbach's α 계수가 0.6 이하인 평가지표는 재검토되고, 나머지 평가지표들로 이루어진 메타평가 모형을 확정한다.

1. 메타평가 구성요소의 적합성 검증 방법

사회과학 연구에서는 측정하고자 하는 변수들의 속성 그 자체를 명확히 규명하기 어렵고 완벽한 측정도구의 개발이 어렵기 때문에 측정상의 오차가 발생하게 된다. 이러한 오차를 최소화하여 정확한 측정을 하기 위해 이용하는 개념이 타당성(validity)과 신뢰성(reliability)이다. 따라서 본서에서 다루는 사례연구에서도 설계된 메타평가 모형이 연구목적에 적합한지를 파악하기 위해 타당성과 신뢰성에 대해 검증을 실시한다.

타당성이란 측정하고자 하는 개념이나 속성을 얼마나 정확히 측정하였는지를 나타내는 정도를 말한다. 타당성은 여러 기준에 따라 세분할 수 있으나 측정도구가 갖추어야 할 가장 중요하고 기초적인 타당성으로는 내용타당성(content validity)을 들 수 있다.[58] 이는 측정도구 자체가 측정하고자 하는 개념이나 속성을 얼마나 대표할 수 있는지를 평가하는 것이다. 그러나 추상적인 개념에 대한 내용타당성을 검증하는 것은 매우 어려운 작업이다. 따라서 내용타당성을 높이기 위해서는 기존의 문헌과 이론을 충분히 검토하여 개념을 구성하는 내용과 측정도구 사이의 관계를 객관적으로 파악한 후 접근해야 한다. 또한 전문성과 객관성을 갖춘 관련 분야 전문가들의 의견을 종합하여 내용타당성을 제고하는 접근이 요구된다.

한편 신뢰성이란 동일한 개념에 대해 측정을 반복했을 때 동일한 측정값을 얻을 가능성을 말한다. 즉 신뢰성은 안정성, 일관성, 예측가능성, 정확성 등으로 표현될 수 있는 개념이다. 신뢰성 측정

---

58) 채서일(2005: 185)은 내용타당성을 측정도구의 대표성에 관한 개념이며, 측정도구가 갖추어야 할 최소한의 타당성으로 설명하고 있다. 또한 이해영(2005: 194－195)은 내용타당성을 '측정하고자 하는 변수의 내용을 얼마나 정확하게 측정할 수 있도록 조작되어 있는가를 평가하는 것'으로 정의하고, 이는 타당성의 가장 중요한 평가라고 지적하였다. 특히 그는 내용타당성이 결여되면 제3종 오류(type Ⅲ error), 즉 측정하고자 하는 변수를 처음부터 정확하게 정의하지 못하면 그 다음 단계인 측정을 아무리 정확하게 하더라도 결국에는 원래의 연구 내용과 다른 것을 측정하는 오류에 빠지게 됨을 강조하고 있다.

방법으로는 내적 일관성(internal consistency) 측정법이 많이 사용되는데, 이는 동일한 개념을 측정하기 위해 여러 개의 항목을 이용할 경우 Cronbach's alpha(α) 계수를 이용하여 신뢰성을 저해하는 항목을 측정도구에서 제외시킴으로써 각 항목들의 내적 일관성을 높이는 방법이다. 일반적으로 Cronbach's α 계수가 0.6 이상이면 비교적 신뢰성이 높다고 보고 있다. Cronbach's α 계수는 각 구성 항목이 전체 신뢰성에 공헌하는 정도를 나타내어 신뢰성을 떨어뜨리는 항목을 삭제함으로써 측정도구의 신뢰성을 높일 수 있게 해 준다. 이 방법은 사전조사를 통하여 신뢰성이 낮은 항목을 삭제한 뒤에 본 조사를 위한 측정도구를 개발할 때 이용되기도 하고, 조사가 끝난 뒤에 신뢰성이 낮은 항목을 분석에서 제외시킬 때 이용되기도 한다(채서일, 2005: 179－188).

본서에서 메타평가 구성요소에 대한 적합성 검증은 타당성 검증과 신뢰성 검증을 통해 이루어진다. 구체적으로 타당성 검증은 Likert 5점 척도의 평균 산정에 의한 내용타당성 검증을 말하고, 신뢰성 검증은 Cronbach's α 계수 추정 방법에 의한 내적 일관성 검증을 말한다.

국내의 선행연구 중 메타평가 모형을 설계한 후 그 타당성 및 신뢰성 검증을 실시한 예는 많지 않다.[59] 설계된 메타평가 모형에 대해 검증을 실시한 연구에서는 타당성의 경우 전문가 자문이나

---

[59] 선행연구들은 대체로 문헌연구를 통해 필요하다고 판단되는 구성요소를 도출한 후 별도의 검증절차 없이 이를 분석틀로 사용하고 있다. 설계된 메타평가 분석틀에 대해 검증을 시도한 연구로는 김순남(2002), 임성옥(2003), 류영수(2007), 임옥진(2007)이 있다. 이들 연구에서 타당성 검증은 전문가 면접조사나 설문조사를 이용하고 있는데, 류영수(2007)는 3회에 걸친 델파이법을 통해 타당성을 제고하고자 하였다. 신뢰도 검증은 설문조사를 통한 Cronbach's alpha 계수 추정법을 사용하고 있다.

설문조사 및 델파이법을 통해 검증하고 있으며, 신뢰성은 설문조사 결과 분석에 의한 Cronbach's α 계수를 통해 확인하고 있다.

선행연구의 예를 참조하여 본서에서는 타당성 및 신뢰성 검증을 위해 설문조사 방법을 사용하였다. 설문조사는 최근 2년간 연구기관 평가에 참여한 평가위원 전원을 대상으로 실시하여 검증의 전문성과 객관성을 제고하고자 하였다.[60][61]

이 설문조사 역시 메타평가 구성요소(안)를 도출하기 위해 실시하였던 전문가 조사 때와 유사한 방식으로 진행되었다. 메타평가 구성요소 적합성 검증을 위한 설문지(부록 B 참조)는 Likert 5점 척도법에 따라 작성하였다.[62]

설문조사는 2008년 5월 9일부터 16일까지 실시되었다. 설문조사지를 조사대상자들에게 e-mail로 송부한 후 e-mail 또는 Fax를 통해 접수하였다. 설문조사지 배포 대상과 회수 및 활용 현황은

---

60) 메타평가 모형의 검증을 위한 설문조사에서는 적절한 대상자 선정이 매우 중요하다. 선행연구에서 김순남(2002), 임성옥(2003), 임옥진(2007)은 모두 설문조사 대상으로 평가위원 외에 평가담당자도 포함하였다. 반면, 류영수(2007)는 평가위원만을 대상으로 하였다. 본서에서는 메타평가 모형을 설계하는 단계에서는 연구회와 연구기관 평가관계자, 평가위원 및 외부 평가 전문가를 모두 포함시켜 균형 잡힌 시각을 반영고자 하였고, 설계된 메타평가 모형의 검증 단계에서는 전문성과 객관성 유지를 위해 평가위원으로 한정하였다.

61) 설문조사의 구체적 대상은 최근 2년간 연구기관 평가위원으로 한정하였다. 이 설문조사는 연구기관 평가제도의 장단점에 대한 조사가 아니라, 설계된 모형의 타당성을 조사하기 위한 것이므로, 평가기간 전체를 대표할 대상자보다는 연구기관 평가제도에 대한 이해와 관심, 그리고 전문성을 갖춘 대상자 선정이 중요하기 때문이다. 평가위원은 평가지표에 따라 직접 평가를 수행한 위원으로 한정하여 연구보고서 우수성 평가위원은 제외하였다. 2006년도 평가위원은 총 19인이었는데 이 중 7인이 2007년도 평가에도 계속 참여하여 12인을 대상으로 하였다. 또한 2007년도 평가위원은 총 23인이었으나 기관장 리더십 평가위원(7인)은 기관장 면접 간사와 구성원 면접 간사만 포함하고 연구보고서 평가위원회에서는 위원장만 포함하여 17인을 대상으로 하였다.

62) 설문문항의 구성에서는 진문가 조사 때 세시된 의견을 반영하여 '석합성'이라는 용어에 '중요성'을 병기하였다. 적합성이라는 용어만을 사용하기보다는 그 개념을 더욱 명료하게 이해할 수 있는 중요성이라는 용어를 병기하는 것이 정확한 응답에 도움이 되기 때문이다.

<표 3 - 7>과 같다.

〈표 3-7〉 메타평가 구성요소 적합성 검증을 위한 설문조사 현황

구 분	배 포	회 수	활 용
2006년도 평가위원	12	9(75%)	9(75%)
2007년도 평가위원	17	15(88.2%)	14(82.4%)
합 계	29	24(82.8%)	23(79.3%)

[주] 합계란의 ( )는 배포된 설문지에 대한 회수 및 활용 비율을 의미.

회수된 설문조사지는 유효성 여부를 검토한 후 1매를 제외한[63] 나머지 모두를 분석에 활용하였다. 설문조사 결과는 SPSS 12.0 통계 프로그램을 사용하여 분석하였다.

먼저 타당성 검증은 메타평가 구성요소(안)에서 제시된 모든 평가지표의 내용타당성을 파악하는 방법을 사용한다. 즉 설문조사 결과의 평균과 표준편차를 산출하여 각 평가지표별 내용타당성에 대한 공통의 인식 정도와 조사대상자별 차이를 확인한다.[64] 그 결과 중앙값인 보통(3.0) 이상의 평점을 받은 평가지표는 내용타당성이 적합한 것으로 판정한다. 다만 표준편차에서 지나치게 큰 차이가 나는 평가지표에 대해서는 이를 함께 고려하여 판정한다.

또한 신뢰성 검증은 각 구성요소의 영역별 내적 일관성 정도를

---

63) 회수된 설문조사지 중 1매는 모든 문항에 대한 응답이 극한의 평점에 몰려 있고 일부 문항에 대해서는 응답하지 않는 등 유효성에 문제가 있는 것으로 판단하여 분석대상에서 제외하였다.

64) 이 타당성 검증 방법은 앞에서 전문가 면접 및 설문조사를 통해 실시한 메타평가 구성요소의 적합성 검토 방법과 별 차이가 없다. 설문을 통해 알고자 하는 것은 모두 내용타당성의 정도이기 때문이다. 다만 '적합성 검토'에서는 각 구성요소에 대한 점수뿐 아니라 표현의 적절성이나 구성요소의 통합, 추가, 삭제 등에 대한 의견을 함께 파악하여 모형을 수정 보완하는 데 목적이 있었다. 이에 반해 여기서의 '타당성 검증'은 설계된 모형의 내용타당성이 어느 정도인지를 평가하여 실제 메타평가에 적용할 수 있는지를 판단하는 데 목적이 있다는 점이 다르다.

파악하는 방법을 사용한다. 이를 위해 설문조사 결과를 바탕으로 평가항목, 평가영역 그리고 전체에 대한 Cronbach's α 계수를 추정한다. 그 결과 0.6 이상이면 내적 일관성이 높은 것으로 평가한다.

2. 메타평가 구성요소의 타당성 검증

연구기관 평가위원들은 연구기관 평가시스템을 분석하기 위해 설계한 메타평가 구성요소(안)에 대해 전반적으로 타당성이 높은 것으로 평정하였다. 평가위원 대상 설문조사를 분석한 결과 모든 평가지표가 타당성 판단기준으로 정한 중앙값(3.0) 이상으로 나타나 타당한 것으로 검증되었다.

<표 3-8>에서 보는 바와 같이 전체 평가지표 중 가장 낮은 평점을 받은 지표의 평점이 3.78로 나타나 모든 지표가 중앙값인 보통(3.0)보다 높게 평가되었다. 즉 '평가 이해관계자 파악의 적절성'과 '평가항목의 연차별 일관성 유지 정도' 및 '평가 등급 산정의 합리성' 등 3개 지표가 모두 3.78로 가장 낮은 평점을 받았다.

반면, 최고의 평점을 받은 지표는 '평가단 구성의 적절성'(4.52)으로 나타났다. 이어 '평가목적의 합리성'(4.43), '연구보고서 평가방법의 적절성'(4.52), '평가목적의 명료성'(4.39) 등의 순으로 나타났다. 이러한 지표들은 메타평가 지표로서의 중요도가 그만큼 높다고 인정하고 있음을 의미한다.

한편 평가지표별 표준편차는 1.0407부터 0.5108 사이에서 분포되었다. '평가 법적 근거의 명료성' 지표가 가장 큰 차이를 나타낸

데 비해, '평가단 구성의 적절성' 지표에 대해서는 그 차이가 가장 작게 나타났다. 표준편차는 동일한 평가지표에 대한 평가위원 간 인식의 차이를 의미하므로 지나치게 큰 차이를 보이는 지표에 대해서는 심층적인 분석이 필요하다. 본 조사에서는 가장 높은 경우가 1.0407로 나타났으며, 여타 지표는 모두 1.0 미만으로 확인돼 표준편차로 인해 타당성을 재검토해야 할 필요는 없는 것으로 판정하였다.

앞의 <표 3-5>에서 살펴본 '메타평가 구성요소 수정안 전문가 적합성 검토 결과'와 <표 3-8>의 '메타평가 구성요소 타당성 검증 결과'를 비교해 보면, 지표의 적합성(타당성)에 대한 평균은 4.24에서 4.12로 소폭 하락한 반면, 표준편차는 1.1579~0.4688에서 1.0407~0.5108로 그 폭이 축소되었다.

〈표 3-8〉 메타평가 구성요소 타당성 검증 결과

평가영역	평가항목	평가지표	평균	표준편차
평가환경 (Environment)	평가근거	E1-1. 평가 법적 근거의 명료성	4.09	1.0407
		E1-2. 평가 관련 법규내용의 합리성	4.09	0.9493
	평가목적	E2-1. 평가목적의 명료성	4.39	0.6564
		E2-2. 평가목적의 합리성	4.43	0.6624
	평가주기	E3-1. 평가주기의 합리성	4.04	0.7674
		E3-2. 평가지표별 평가주기의 신축성	3.83	0.8869
평가투입 (Input)	평가역량	I1-1. 평가추진체계의 기능적 적정성	4.17	0.7168
		I1-2. 평가단 구성의 적절성	4.52	0.5108
		I1-3. 평가 이해관계자 파악의 적절성	3.96	0.5623
	평가자료	I2-1. 평가자료의 양적·질적 적절성	4.04	0.7057
	평가시간	I3-1. 서면평가 및 실사평가 시간의 충분성	3.78	0.9514
		I3-2. 평가편람 배포 시기의 적절성	4.00	0.8528

평가영역	평가항목	평가지표	평균	표준편차
평가수행 (Process)	평가내용	P1 - 1. 평가항목 및 지표 구성의 적절성	4.13	0.9679
		P1 - 2. 평가항목의 연차별 일관성 유지 정도	3.78	0.7952
		P1 - 3. 연구기관 특성에 따른 평가배점 선택의 신축성	3.91	0.7928
	평가절차	P2 - 1. 평가절차의 합리성	4.35	0.6473
		P2 - 2. 평가기준 설명의 적절성*	4.22	0.8505
		P2 - 3. 평가자와 평가대상자 간 의사소통의 충분성	4.04	0.9283
	평가방법	P3 - 1. 평가기준 판단근거의 명료성	4.30	0.7648
		P3 - 2. 연구보고서 평가방법의 적절성	4.43	0.6624
	평가 보고서	P4 - 1. 평가보고서 구성 및 내용의 합리성	4.26	0.6192
		P4 - 2. 평가보고서 결론 및 제언의 적정성	4.26	0.8643
평가활용 (Utilization)	평가결과 확정	U1 - 1. 평가결과 확정 절차의 적절성	4.17	0.8341
		U1 - 2. 평가등급 산정의 합리성	3.78	0.9023
	평가결과 보고	U2 - 1. 평가결과 보고체계의 명료성	4.13	0.8149
		U2 - 2. 평가보고서 배포의 적절성	4.09	0.6683
		U2 - 3. 평가결과 공개 범위 및 수준의 적절성	4.09	0.7332
	평가결과 활용	U3 - 1. 평가활용에 대한 법·제도적 근거의 명료성	4.04	0.7674
		U3 - 2. 평가자 측면에서 평가결과 활용의 충분성	3.87	0.7570
		U3 - 3. 평가대상자 측면에서 평가결과 활용의 충분성	4.30	0.7029
	평가개선*	U4 - 1. 평가시스템에 대한 평가 및 개선활동*	4.22	0.7359
전체 평균			4.12	0.7765

[주] 1. 평가개선은 '평가시스템 개선', P2 - 2는 '평가자 및 평가대상자에 대한 평가기준 설명의 적절성', U4 - 1은
'평가시스템에 대한 평가 및 개선활동의 적절성'이 본래의 명칭임.
2. [부록 B] 메타평가 구성요소 적합성 검증을 위한 설문지 참조.

3. 메타평가 구성요소의 신뢰성 검증

메타평가 구성요소의 신뢰성 검증을 위해 각 항목의 영역별 내적 일관성 정도를 측정하였다. Cronbach's α 계수 추정 방법을 이용하여 산출한 평가항목별·평가영역별, 그리고 전체에 대한 Cronbach's α 계수는 <표 3 - 9>와 같다.

신뢰성 검증 결과, <표 3-9>에서 보는 바와 같이 '평가시간'(0.56)을 제외한 모든 평가항목, 평가영역 및 전체에 대한 신뢰성이 0.6 이상으로 확인되었다. 평가항목 중에서는 최소 0.56에서 최고 0.87까지로 나타났으며, 평가근거(0.87), 평가내용(0.81), 평가보고서(0.81) 항목의 내적 일관성이 특히 높았다. 평가영역에서는 평가환경(0.61), 평가투입(0.75), 평가활용(0.75), 평가수행(0.91)의 순으로 높은 값을 보였으며, 전체에 대한 Cronbach's α 계수는 0.92를 기록하였다.

〈표 3-9〉 메타평가 구성요소 신뢰성 검증 결과

평가영역	평가항목	Cronbach's α		
		평가항목	평가영역	전체
평가환경	평가근거	0.87	0.61	0.92
	평가목적	0.69		
	평가주기	0.80		
평가투입	평가역량	0.67	0.75	
	평가자료	–		
	평가시간	0.56		
평가수행	평가내용	0.81	0.91	
	평가절차	0.78		
	평가방법	0.76		
	평가보고서	0.81		
평가활용	평가결과 확정	0.70	0.75	
	평가결과 보고	0.79		
	평가결과 활용	0.74		
	평가시스템 개선	–		

[주] [부록 B] 메타평가 구성요소 적합성 검증을 위한 설문지 참조.

일반적으로 Cronbach's α 계수는 0.6 이상이면 신뢰성이 높다고 보고 있으므로, 본 메타평가 모형의 구성요소에 대한 신뢰성은 대체로 높은 것으로 검증되었다.

다만 '평가자료' 및 '평가시스템 개선' 항목은 영역 내 지표가 하나 뿐이기 때문에 Cronbach's α 계수가 산출되지 않았다.

그리고 '평가시간' 항목의 경우 영역 내 두 평가지표 간의 Cronbach's α 계수가 0.56으로 나타나 0.6에 미달하였다. 하지만 이는 0.6에 근접하는 값이며, 또한 '평가시간'이 속한 평가영역의 계수가 0.75로 높은 편이므로 평가지표를 다시 구성해야 할 만큼 내적 일관성에 문제가 있는 것은 아니라고 보았다. 따라서 메타평가 구성요소(안)의 모든 평가지표에 대한 신뢰성이 양호한 것으로 판정하였다.

이로써 전체 31개의 평가지표로 구성된 메타평가 구성요소(안)는 안(案)의 상태에서 벗어나 본서의 사례연구에 적용할 '연구기관 평가에 대한 메타평가 구성요소'로 최종 확정되었다.

■■■ 제4절 메타평가 모형 확정

지금까지 연구기관 평가에 대한 분석 기준으로 사용할 메타평가 모형을 설계하고 이를 검증, 확정하는 연구를 수행하였다. 여기서는 확정된 메타평가 모형을 요약, 정리함으로써 본 평가메타 모형을 적용하여 실제 메타평가를 수행할 구체적 기준을 명확히 하고자 한다.

1. EIPU 메타평가 모형의 구성요소

본서에서는 연구기관 평가에 대한 메타평가 모형을 논리모형과 구성요소로 대별하여 살펴보았다. 먼저 메타평가 논리모형은 국내외 문헌연구결과를 기초로 체제론적 접근법에 입각하여 앞의 [그림 3 – 1]에서 제시한 바와 같이 주요 구성요소를 평가의 환경(Environment), 투입(Input), 수행(Process), 활용(Utilization) 등 네 개의 범주로 대별하여 도식화하였다. 이 논리모형은 주요 구성요소의 머리글자를 따 '정부출연연구기관 평가에 대한 EIPU 메타평가 논리모형'이라 명명하였다.

또한 메타평가 구성요소는 문헌연구를 통해 초안을 작성하고 이에 대해 2차례의 전문가 면접 및 설문조사를 통해 수정 보완하였다. 그 후 이 구성요소(안)에 대해 연구기관 평가위원을 대상으로 한 설문조사를 통해 적합성 검증을 실시하였다. 적합성 검증은 타당성과 신뢰성 검증을 통해 수행하였으며, 구체적으로 타당성은 Likert 5점 척도의 평균에 의한 내용타당성으로, 그리고 신뢰성은 Cronbach's α 계수 추정 방법에 의한 내적 일관성으로 확인하였다.

그 결과 설계된 메타평가 구성요소(안)는 타당성과 신뢰성이 적합한 것으로 검증되었다. 따라서 이 구성요소(안)는 본서의 사례 분석에 적용할 메타평가 구성요소로 최종 확정되었다.

이 구성요소의 체계 및 평가지표에 따라 연구기관 평가시스템에 대한 메타평가가 실시된다. 최종 확정된 정부출연연구기관 평가에 대한 'EIPU 메타평가 모형의 구성요소'를 요약, 제시하면 <표 3 - 10>과 같다.

〈표 3 - 10〉 EIPU 메타평가 모형의 구성요소

평가영역	평가항목	평가지표
평가환경 (Environment)	평가근거	E1 - 1. 평가 법적 근거의 명료성 (평가의 법적 근거가 명료하게 규정되어 있는지)
		E1 - 2. 평가 관련 법규내용의 합리성 (평가 관련 법, 시행령, 정관, 규정 등의 내용이 합리적으로 규정되어 있는지)
	평가목적	E2 - 1. 평가목적의 명료성 (평가 이해관계자들이 쉽게 이해할 수 있도록 평가목적이 명료하게 제시되어 있는지)
		E2 - 2. 평가목적의 합리성 (평가목적이 책무성 확보, 성과 향상, 연구기관 발전 등에 부합하도록 합리적으로 제시되어 있는지)
	평가주기	E3 - 1. 평가주기의 합리성 (평가주기가 평가목적에 부합하도록 합리적으로 규정되어 있는지)
		E3 - 2. 평가지표별 평가주기의 신축성 (주요 평가지표별로 평가주기를 신축적으로 운영하고 있는지)

평가영역	평가항목	평가지표
평가투입 (Input)	평가역량	I1 - 1. 평가추진체계의 기능적 적정성 (평가추진체계가 평가기능을 효율적으로 추진할 수 있도록 적정하게 구축되어 있는지)
		I1 - 2. 평가단 구성의 적절성 (평가단의 구성이 전문성, 객관성, 공정성에 근거하여 적절하게 이루어지고 있는지)
		I1 - 3. 평가 이해관계자 파악의 적절성 (평가에 영향을 받거나 그 결과를 활용할 이해관계자 파악이 적절한지)
	평가자료	I2 - 1. 평가자료의 양적·질적 적절성 (자체평가보고서 등 평가자료가 양적·질적으로 적절한지)
	평가시간	I3 - 1. 서면평가 및 실사평가 시간의 충분성 (서면평가 및 실사평가 시간이 정확한 평가를 하기에 충분한지)
		I3 - 2. 평가편람 배포 시기의 적절성 (평가편람의 배포시기가 평가준비 및 사업계획과의 연계성을 확보하기에 적절한지)
평가수행 (Process)	평가내용	P1 - 1. 평가항목 및 지표 구성의 적절성 (평가항목 및 평가지표 구성이 연구기관 평가의 특성에 부합하도록 적절하게 되어 있는지)
		P1 - 2. 평가항목의 연차별 일관성 유지 정도 (평가항목이 연차별 일관성을 유지하여 연구기관의 나아갈 방향을 알 수 있게 하는지)
		P1 - 3. 연구기관 특성에 따른 평가배점 선택의 신축성 (연구기관별 특성에 따른 평가배점 선택의 신축성이 적절한지)
	평가절차	P2 - 1. 평가절차의 합리성 (평가절차가 평가목적에 부합하도록 합리적으로 규정되어 있는지)
		P2 - 2. 평가자 및 평가대상자에 대한 평가기준 설명의 적절성 (평가위원 및 연구기관 평가담당자들에 대한 평가기준 설명이 적절한지)
		P2 - 3. 평가자와 평가대상자 간 의사소통의 충분성 (평가자와 평가대상자 간의 의사소통이 충분한지)
	평가방법	P3 - 1. 평가기준 판단근거의 명료성 (평가기준이 평가위원이나 평가대상자가 명료하게 이해할 수 있도록 제시되어 있는지)
		P3 - 2. 연구보고서 평가방법의 적절성 (연구보고서 평가방법이 전문성과 공정성을 담보하기에 적절한지)
	평가보고서	P4 - 1. 평가보고서 구성 및 내용의 합리성 (평가보고서의 구성 및 내용이 합리적인지)
		P4 - 2. 평가보고서 결론 및 제언의 적정성 (평가보고서의 결론 및 제언이 증빙자료에 근거하여 적정하게 제시되고 있는지)

평가영역	평가항목	평가지표
평가활용 (Utilization)	평가결과 확정	U1-1. 평가결과 확정 절차의 적절성 (평가결과 확정 전에 평가대상자의 소명기회 제공 등 평가결과의 정확성을 담보할 수 있는 절차가 구비되어 있는지)
		U1-2. 평가등급 산정의 합리성 (평가등급별 연구기관 수 등이 합리적으로 산정되고 있는지)
	평가결과 보고	U2-1. 평가결과 보고체계의 명료성 (평가결과 보고체계가 명료하게 규정되어 있는지)
		U2-2. 평가보고서 배포의 적절성 (평가보고서 배포기준이 명료하고 평가 이해관계자들에게 적시에 배포되고 있는지)
		U2-3. 평가결과 공개 범위 및 수준의 적절성 (평가결과의 공개 범위 및 수준이 적절한지)
	평가결과 활용	U3-1. 평가활용에 대한 법·제도적 근거의 명료성 (평가활용에 대한 법·제도적 근거가 명료한지)
		U3-2. 평가자 측면에서 평가결과 활용의 충분성 (평가자 측면에서 평가결과 활용이 충분한지)
		U3-3. 평가대상자 측면에서 평가결과 활용의 충분성 (평가대상자 측면에서 평가결과 활용이 충분한지)
	평가시스템 개선	U4-1. 평가시스템에 대한 평가 및 개선활동의 적절성 (연구기관 평가시스템 자체에 대한 평가 및 개선활동이 적절한지)

[주] 평가지표의 ( )는 각 메타평가지표에 대한 조작적 정의에 해당함.

2. EIPU 메타평가 모형의 특징

체제론적 접근법에 따라 총 4개 평가영역으로 이루어진 주요 구성요소하에 14개 평가항목과 31개 평가지표로 구성된 본 정부출연 연구기관 평가에 대한 EIPU 메타평가 모형은 다음과 같은 특징을 지니고 있다.

첫째, 이 메타평가 모형은 평가활용에 초점을 맞춤으로써 메타평가의 기본 목적에 충실한 설계를 도모하였다. 평가활용의 개념을 광의로 규정하여 평가결과와 환류(feedback)를 평가활용영역으로 통합하고, 제도에 따른 단순한 환류에서 벗어나 평가정보의 적극적 활용 여부를 평가하고자 하였다. 따라서 평가결과의 직접적 활용뿐 아니라 이에 영향을 미치는 평가결과 확정, 평가결과 보고, 평가시스템 개선 등의 평가항목도 평가활용영역에 배치하였다.

둘째, 본 메타평가 모형의 구성요소는 메타평가의 일반적 기준에 충실하게 설계하였다. 이러한 기준이 지켜지지 않을 경우 자칫 연구자가 보고 싶은 부분만 보게 되는 우를 범할 수 있다. 이를 위해 UN·OECD 등 해외의 각종 평가표준 및 평가 매뉴얼을 참고하고, 국내의 메타평가 선행연구를 종합적으로 분석하여 구성요소 초안 작성에 반영하였다. 또한 문헌연구를 통해 도출된 메타평가 모형 초안에 대해 2차례에 걸친 평가 전문가 적합성 검토와 평가위원들에 의한 타당성 및 신뢰성 검증을 거쳐 최종 확정하는 방법을 사용하였다.

셋째, EIPU 메타평가 모형의 구성요소는 연구기관 평가의 고유한 특성을 적극 고려하여 설계하였다. ① 평가지표별 평가주기의 신축성, ② 서면평가 및 실사평가 시간의 충분성, ③ 연구기관 특성에 따른 평가배점 선택의 신축성, ④ 연구보고서 평가방법의 적절성, ⑤ 평가등급 산정의 합리성 등이 그 예이다. 이러한 지표들은 경제인문사회분야 정부출연연구기관 평가시스템을 메타평가 하기 위해 고안된 특성화 지표라 할 수 있다.

넷째, 본 메타평가 모형은 거버넌스(governance)적 시각을 반영하여 설계하였다. 즉 메타평가 모형의 구성요소를 선정함에 있어서 본 평가에 관련된 주요 이해관계자의 파악, 이들의 참여와 의사소통·협력체계 등을 평가할 수 있는 요소를 고려하였다. 예를 들면,

① 평가추진체계의 기능적 적정성, ② 평가단 구성의 적절성, ③ 평가이해관계자 파악의 적절성, ④ 평가자와 평가대상자 간 의사소통의 충분성, ⑤ 평가결과 공개범위 및 수준의 적절성 등이다. 이를 통해 메타평가의 관점을 쌍방향적·다차원적으로 확대하고자 하였다.

제4장
메타평가 모형 적용

■■■ 제1절 **연구기관 설문조사**

여기서는 최종 확정된 메타평가 모형을 적용하여 연구기관 평가 시스템에 대한 메타평가를 실시한다. 메타평가의 실시 방법은 앞에 서 제시한 바와 같이 평가편람이나 평가보고서 등의 2차 자료에 대한 질적 분석을 주요 수단으로 하고 설문조사 등을 보조수단으로 사용한다.

이 절에서는 먼저 확정된 메타평가 모형에 근거하여 실시한 연 구기관 설문조사 결과에 관해 살펴본다. 이 설문조사 결과는 본 메 타평가 모형을 적용한 양적 분석 결과에 해당한다. 이러한 결과는 연구기관 평가시스템에 대한 질적 분석을 수행하는 데 실마리를 제공할 수 있을 뿐 아니라 그 결과의 타당성을 뒷받침하는 근거가 될 수 있다.

1. 설문조사 개요

확정된 메타평가 모형을 적용하여 실시한 이 설문조사는 23개 연구기관의 평가업무 주관 실장(본부장, 실장, 부장 등 부서장) 및 팀장과 2개 부설센터 평가업무 주관 팀장 등 총 48인을 대상으로 2008년 5월 19일부터 23일까지 실시되었다.

설문지는 메타평가지표별로 Likert 5점 척도법을 적용한 구조화
된 문항과 평가개선 우선순위 및 기타 평가개선 의견을 묻는 개방
형 문항을 혼합하여 구성하였다(부록 C 참조).

조사방식은 설문지를 e－mail로 송부하고 e－mail로 접수하는 방
식을 사용하였으며, 자율적인 응답을 보장하기 위해 전화는 사용하
지 않았다. 즉 설문지를 보낸 후 기한 내 도착한 자율적인 응답만
통계에 사용하였다. 설문지 회수율은 83%(40명)이었으며(실장
78%, 팀장 88%), 회수된 설문지는 모두 분석에 활용되었다. 평가
업무 주관 실장은 평균 2.7년, 팀장은 4.6년, 응답자 전체적으로는
3.7년 동안 평가업무를 수행해 온 것으로 나타났다.

〈표 4-1〉 연구기관 평가에 대한 연구기관 설문조사 현황

구 분	평가업무기간	배 포	회 수	활 용
평가업무 주관 실장	2.7년	23	18(78%)	18(78%)
평가업무 주관 팀장	4.6년	25	22(88%)	14(88%)
합 계	3.7년	48	40(83%)	40(83%)

[주] 합계란의 ( )는 배포된 설문지에 대한 회수 및 활용 비율을 의미.

설문조사 결과 중 구조화된 문항에 대해서는 Microsoft Excel을 사
용하여 평균과 표준편차, 지표별 순위, 평가개선 우선순위 등을 분
석하였다. 또한 개방형 문항은 내용분석을 통해 메타평가항목별로
개선의견을 정리한 후 필요한 경우 면접을 통해 확인, 보완하였다.

2. 설문조사 결과 요약

첫째, 현행 연구기관 평가시스템에 대한 연구기관 설문조사의 구조화된 문항에 대한 분석결과 중 평가지표별 평균 및 표준편차를 정리하면 <표 4-2>와 같다.

여기서 각 평가지표별 평점은 해당 지표에 대한 연구기관의 만족도를 의미한다고 볼 수 있다. 따라서 이 결과는 다음 절에서 질적 분석을 수행하는 데 중요한 실마리를 제공할 수 있으며, 분석결과의 타당성을 확인하는 데도 활용할 수 있다.

'평가 법적 근거의 명료성'(4.10)이 가장 평점이 높았고, '평가 관련 법규내용의 합리성'(3.83), '평가목적의 명료성'(3.70)의 순으로 평점이 높은 것으로 나타났다.

〈표 4-2〉 메타평가지표별 연구기관 설문조사 결과

평가영역	평가항목	평가지표	평균	순위	표준편차
평가 환경	평가근거	E1-1. 평가 법적 근거의 명료성	4.10	1	0.8102
		E1-2. 평가 관련 법규내용의 합리성	3.83	2	0.8439
	평가목적	E2-1. 평가목적의 명료성	3.70	3	0.8228
		E2-2. 평가목적의 합리성	3.18	9	0.8130
	평가주기	E3-1. 평가주기의 합리성	2.93	19	0.9167
		E3-2. 평가지표별 평가주기의 신축성	2.78	26	0.9997
평가 투입	평가역량	I1-1. 평가추진체계의 기능적 적정성	3.08	14	0.6155
		I1-2. 평가단 구성의 적절성	2.88	22	0.8530
		I1-3. 평가 이해관계자 파악의 적절성	3.23	7	0.8002
	평가자료	I2-1. 평가자료의 양적·질적 적절성	3.18	9	0.8130
	평가시간	I3-1. 서면평가 및 실사평가 시간의 충분성	2.75	27	0.9541
		I3-2. 평가편람 배포 시기의 적절성	3.08	14	1.0225

평가영역	평가항목	평가지표	평균	순위	표준편차
평가 수행	평가내용	P1-1. 평가항목 및 지표 구성의 적절성	2.75	27	0.8397
		P1-2. 평가항목의 연차별 일관성 유지 정도	3.13	13	0.7574
		P1-3. 연구기관 특성에 따른 평가배점 선택[*]	2.88	22	0.8530
	평가절차	P2-1. 평가절차의 합리성	3.15	12	0.8022
		P2-2. 평가기준 설명의 적절성[*]	2.93	19	0.8590
		P2-3. 평가자와 평가대상자 간 의사소통의 충분성	2.48	30	0.9334
	평가방법	P3-1. 평가기준 판단근거의 명료성	3.18	9	0.8439
		P3-2. 연구보고서 평가방법의 적절성	2.70	29	0.8829
	평가보고 서	P4-1. 평가보고서 구성 및 내용의 합리성	3.33	6	0.7299
		P4-2. 평가보고서 결론 및 제언의 적정성	3.03	17	0.9195
평가 활용	평가결과 확정	U1-1. 평가결과 확정 절차의 적절성	2.08	31	0.8883
		U1-2. 평가등급 산정의 합리성	2.93	19	0.9711
	평가결과 보고	U2-1. 평가결과 보고체계의 명료성	3.50	5	0.6405
		U2-2. 평가보고서 배포의 적절성	3.53	4	0.5986
		U2-3. 평가결과 공개 범위 및 수준의 적절성	3.23	7	0.8317
	평가결과 활용	U3-1. 평가활용에 대한 법·제도적 근거의 명료성	3.05	16	0.8485
		U3-2. 평가자 측면에서 평가결과 활용의 충분성	2.85	25	0.7696
		U3-3. 평가대상자 측면에서 평가결과 활용의 충분성	2.88	22	0.8224
	평가개선[*]	U4-1. 평가시스템에 대한 평가 및 개선활동[*]	2.95	18	0.7494
평 균			3.07	-	0.8289

[주] 1. 평가개선은 '평가시스템 개선'이 본래의 명칭이며, P1-3은 '연구기관 특성에 따른 평가배점 선택의 신축성',
　　 P2-2는 '평가자 및 평가대상자에 대한 평가기준 설명의 적절성', U4-1은 '평가시스템에 대한 평가 및
　　 개선활동의 적절성'이 본래의 명칭임.
　 2. [부록 C] 연구기관 평가에 대한 메타평가를 위한 설문지 참조.

반면, 전체 메타평가지표 중 평점이 낮은 10개 지표를 정리하면
<표 4-3>과 같다. <표 4-3>에서 보는 바와 같이 연구기관의
입장에서는 현행 평가시스템 중 '평가결과 확정 절차'에 관한 만족
수준이 가장 낮다는 것을 알 수 있다. '평가자와 평가대상자 간 의사
소통의 충분성' 등 여타 지표에 대해서도 연구기관 평가관계자들의
만족 수준이 어느 정도인지를 파악할 수 있다.

그러나 이러한 순위는 연구기관의 입장만을 대변한다는 맹점이

있다. 또한 각 평가지표별 만족도의 순위만 보여줄 뿐 문제의 심각성을 파악하기 어렵다는 한계가 있다.

<표 4-3> 연구기관 설문조사결과 지표별 평점 순위

순 위	메타평가지표	평 점
31	U1-1. 평가결과 확정 절차의 적절성	2.08
30	P2-3. 평가자와 평가대상자 간 의사소통의 충분성	2.48
29	P3-2. 연구보고서 평가방법의 적절성	2.70
27	P1-1. 평가항목 및 지표 구성의 적절성	2.75
27	I3-1. 서면평가 및 실사평가 시간의 충분성	2.75
26	E3-2. 평가지표별 평가주기의 신축성	2.78
25	U3-2. 평가자 측면에서 평가결과 활용의 충분성	2.85
22	I1-2. 평가단 구성의 적절성	2.88
22	U3-3. 평가대상자 측면에서 평가결과 활용의 충분성	2.88
22	P1-3. 연구기관 특성에 따른 평가배점 선택의 신축성	2.88

둘째, 연구기관 설문조사에서 개방형 문항으로 질의한 '현행 평가의 문제점을 개선하기 위해 가장 중요하게 다루어야 할 사항과 관련되는 지표'에 대한 응답 결과는 <표 4-4>와 같다. 이 개방형 문항에는 응답자 40명 중 39명이 각 3개의 지표를 기록해 주었는데, 이 지표의 빈도를 산술평균 하여 가중치를 산출함으로써 우선순위를 분석하였다.

그 결과 현행 연구기관 평가의 문제점을 개선하기 위해 가장 중요하게 다루어야 할 사항과 관련되는 지표는 '평가결과 확정 절차의 적절성'이 전체의 17.1%로 나타나 제1순위로 지적되었다. 이어 '연구보고서 평가방법의 적절성'(10.3%), '평가단 구성의 적절성'(9.4%), '평가자와 평가대상자 간 의사소통의 충분성'(9.4%) 등으로 나타났다. 상위 5개 지표의 가중치를 합하면 54.7%에 달하며, 전체 가중치의 76.1%가 상위 9개 지표에 집중되어 있다. 이러한 결과 역시 연구기관 평가의 각 지표별 문제점을 파악하는 데 참고가 될 수 있다.

〈표 4-4〉 연구기관 설문조사결과 평가개선 우선순위

순 위	메타평가지표	가중치(%)
1	U1-1. 평가결과 확정 절차의 적절성	17.09
2	P3-2. 연구보고서 평가방법의 적절성	10.26
3	I1-2. 평가단 구성의 적절성 P2-3. 평가자와 평가대상자 간 의사소통의 충분성	각 9.40
5	P1-1. 평가항목 및 지표 구성의 적절성	8.55
6	E3-1. 평가주기의 합리성	7.69
7	E3-2. 평가지표별 평가주기의 신축성	5.98
8	P3-1. 평가기준 판단근거의 명료성	4.27
9	I3-2. 평가편람 배포 시기의 적절성	3.42
10	E2-2. 평가목적의 합리성 I3-1. 서면평가 및 실사평가 시간의 충분성 P1-3. 연구기관 특성에 따른 평가배점 선택의 신축성 P4-1. 평가보고서 구성 및 내용의 합리성 U3-2. 평가자 측면에서 평가결과 활용의 충분성	각 2.56
15	P4-2. 평가보고서 결론 및 제언의 적정성 U1-2. 평가등급 산정의 합리성 U2-3. 평가결과 공개 범위 및 수준의 적절성 U3-1. 평가활용에 대한 법·제도적 근거의 명료성 U3-3. 평가대상자 측면에서 평가결과 활용의 충분성	각 1.71
20	E1-2. 평가 관련 법규내용의 합리성 I2-1. 평가자료의 양적·질적 적절성 U4-1. 평가시스템에 대한 평가 및 개선활동의 적절성	각 0.85
합 계		100

이 결과는 <표 4-3> 연구기관 설문조사결과 지표별 평점 순위에 비해 문제의 우선순위를 파악하기가 훨씬 용이하다. 병섬에 따

른 단순한 비교가 아니라 31개 지표 중 각 지표별 가중치를 확인할 수 있기 때문이다. 집중 검토해야 할 지표의 수가 압축되고 각 지표별 가중치를 확인함으로써 문제의 심각성을 유추할 수 있다.

하지만 이 방법 역시 연구기관의 의견만이 반영되어 있다는 한계가 있다. 연구기관의 입장에서 인식하는 문제의 소재를 명료하게 파악할 수 있는 장점이 있으나 문제 진단의 주관성을 해소할 다른 방법과 함께 사용되어야 함을 의미한다.

셋째, 현행 평가의 문제점을 개선하고 평가제도를 연구기관 발전과 연계시키기 위해 필요한 의견을 물은 개방형 질문에서는 평가목적, 평가주기, 평가내용, 평가방법, 평가결과 활용과 관련된 의견이 대부분을 차지하였다. 반면 평가근거를 비롯해, 평가자료, 평가시간, 평가시스템 개선에 관한 의견 제시는 거의 없었다. 개방형 질문에 대한 답변과 이를 근거로 한 면접 결과는 양적 분석에서 드러나지 않은 문제점과 그 원인을 파악하는 데 유용한 정보를 제공해 준다.

결국, 다음 절부터 실시하는 연구기관 평가시스템에 대한 질적 분석에 있어서는 이러한 설문조사 결과를 참고하되, 참여관찰 경험과 평가관계자 면접에서 확인된 다양한 정보를 활용하여 외형적으로 드러난 문제점의 확인에서 벗어나 문제의 원인과 근본대책을 모색하는 것이 관건임을 유념할 필요가 있다.

이 절부터는 확정된 메타평가 모형에 근거하여 연구기관 평가시스템에 대한 질적 분석을 실시한다. 본 메타평가 모형의 4대 주요 구성요소 중 첫 번째인 평가환경은 평가시스템을 둘러싸고 있는 전체 환경 중에서 평가활동의 전반적인 방향과 내용을 규정하는 과업환경을 말한다. 이러한 평가환경영역에 대해 평가근거 · 평가목적 · 평가주기 등 3개 평가항목과 이를 다시 세분한 6개 평가지표를 기준으로 현행 연구기관 평가시스템의 가치와 장단점을 평가한다.

1. 평가근거

평가근거 항목에서는 평가 법적 근거의 명료성(평가의 법적 근거가 명료하게 규정되어 있는지)과 평가 관련 법규 내용의 합리성(평가 관련 법, 시행령, 정관, 규정 등의 내용이 합리적으로 규정되어 있는지)에 관해 평가한다.

1) 실태 분석

메타평가 모형에서 평가환경은 평가활동의 전반적인 방향과 내용을 규정하는 과업환경으로 규정하였는데, 이러한 과업환경 중 가장 기본적인 환경으로 평가근거를 꼽을 수 있다. 평가근거는 평가에 정당성을 부여하여 평가대상자의 참여와 평가결과 활용의 유용성을 담보할 수 있는 토대가 되기 때문이다.

연구회에 의해 실시되는 연구기관 평가제도의 법적 근거는 '출연연법'(법률 제8852호)을 비롯해, 출연연법 시행령(대통령령 제20724호), 경제·인문사회연구회 정관 등에 명시되어 있다. 법규 내용을 정리하면 다음과 같다.

먼저 연구기관 평가의 직접적 근거는 출연연법에 명문화되어 있다. 즉 ① 연구회는 연구기관의 연구실적과 경영내용을 대통령령이 정하는 바에 따라 공정하고 객관적으로 평가하여야 한다. ② 연구회는 제1항의 규정에 의한 평가결과를 대통령령이 정하는 바에 따라 국무총리 및 기획재정부장관에게 제출하여야 한다. ③ 국무총리는 제2항의 규정에 의하여 제출된 평가결과를 국회 소관 상임위원회에 보고하여야 한다(출연연법 제28조).

이에 따라 출연연법 시행령에서는 ① 연구회는 법 제28조 제1항의 규정에 의하여 연구기관의 연구실적과 경영내용을 평가함에 있어서 법 제25조의 규정에 의한 기획평가위원회 또는 관련 분야를 전문적으로 평가할 수 있는 기관의 의견을 들어 공정하고 객관적으로 평가하여야 한다. ② 제1항의 규정에 의한 연구기관에 대한 연구실적 및 경영평가의 내용은 연구회가 이사회의 의결을 거쳐 정한다.[65] ③ 국무총리는 연구회가 이사회의 의결로 정한 평가내용

---

65) 평가내용은 2005년 6월 30일 시행령 개정 때부터 연구회 이사회가 결정할 수 있게 되었다. 1999년 1월 29일 시행령 제정 시에는 "소관연구기관에 대한 연구실적 및 경영평가의 내용은 다음 각 호와 같다."고 법정화되어 있었다. 즉 1. 연구결과의 우수성·활용성의 정도, 2.

외에 추가적인 평가가 필요하다고 인정하는 경우에는 연구회에 이를 요청할 수 있으며, 연구회는 이에 응하여야 한다(출연연법 시행령 제19조). 연구회는 법 제28조 제1항의 규정에 의한 연구기관의 평가결과를 다음 각 호의 서류를 첨부하여 4월 30일까지 국무총리 및 기획재정부장관에게 제출하여야 한다. 1. 각 연구기관의 평가결과서, 2. 기획평가위원회 또는 전문평가기관 등에 의뢰한 경우 그 평가보고서(법 시행령 제20조).

그리고 연구회 정관에서는 ① 연구회는 연구기관에 그의 관리와 평가 등에 필요한 자료의 제출을 요구할 수 있다. ② 연구기관의 원장은 제1항의 규정에 의한 자료의 제출요구를 받은 때에는 정당한 이유 없이 이를 거부하여서는 아니 된다(연구회 정관 제48조)고 규정하고 있으며, 연구회에 연구기관의 평가 등을 위한 기획평가위원회를 둔다(연구회 직제규정 제4조)고 명시하고 있다.

또한 법령에는 평가결과의 활용에 대해서도 규정하고 있다. 즉 평가결과가 대통령령이 정하는 기준[66]에 해당하는 경우에는 연구회 재적이사 3분의 2 이상의 찬성으로 해당 연구기관의 원장을 재선임할 수 있다(출연연법 제12조 제6항). 평가결과 당해 연구기관의

연구분야별 전문화의 정도, 3. 경영목표의 달성 정도, 4. 연구실적 평가시스템의 객관성 및 공정성, 5. 조직 및 인사관리의 합리성, 6. 연봉제 등 성과주의에 입각한 보상체계의 운영상태, 7. 산·학·연 협동연구의 활성화 정도, 8. 기타 연구기관의 생산성 향상을 위한 경영합리화의 추진 정도를 평가하도록 규정되어 있었다. 이후 2001년 3월 27일 개정을 통해, 1. 연구사업 선정의 적정성, 2. 연구사업 추진 및 관리체계의 효율성, 3. 연구분야별 전문화의 정도, 4. 산·학·연 협동연구의 활성화 정도, 5. 연구사업 성과의 우수성, 6. 연구성과의 활용·확산의 정도, 7. 경영목표의 설정 및 달성의 정도, 8. 조직 및 인력관리의 적정성, 9. 재정 및 예산관리의 적정성, 10. 그 밖에 연구기관의 생산성 향상을 위한 경영합리화의 추진 정도로 넘겨지있는데, 평가내용의 경직싱에 따른 문제짐을 해소하기 위해 ㄱ 결정권을 언구회 이사회로 이관하게 된 것이다.

66) 출연연법 제12조 제6항에서 '대통령령이 정하는 기준'에 관한 구체적인 내용은 각주 35) 참조.

목적 달성이 불가능하다고 연구회가 인정하는 경우에는 연구기관을 해산한다(출연연법 제17조). 평가결과 원장으로서의 관리능력이 현저히 부족하다고 판단되는 경우에는 이사회의 의결을 거쳐 해임할 수 있다(출연연법 시행령 제8조 제2항)는 세 가지 경우를 명시하고 있다. 평가 관련 법규 내용을 종합하면 <표 4-5>와 같다.

〈표 4-5〉 연구기관 평가 관련 법규 내용 종합

법규체계	출연연법 – 출연연법 시행령 – 연구회 정관 – 연구회 직제규정
평가근거	연구회는 연구기관의 연구실적과 경영내용을 평가하여야 함(법 제28조 제1항)
평가원칙	전문성, 공정성, 객관성(법 제28조 제1항, 시행령 제19조 제1항)
평가내용	평가의 내용은 연구회가 이사회의 의결을 거쳐 정함(시행령 제19조 제2항)
평가결과 제출	4월 30일까지 국무총리 및 기획재정부장관에게 제출(시행령 제20조)
평가결과 보고	국무총리는 평가결과를 국회 소관 상임위원회에 보고(법 제28조 제3항)
평가결과 활용	연구기관 원장 재선임(법 제12조 제6항), 연구기관 해산(법 제17조), 연구기관 원장 해임(시행령 제8조 제2항)
기타	평가주기: 매년(시행령 제20조), 평가 자료제출 요구권(정관 제48조)

2) 가치 및 장단점 평가

평가근거 항목은 특정 평가가 법·제도 등의 정당한 근거에 따라 실시되느냐, 아니면 평가주체의 편의에 의해 임의적으로 실시되느냐를 살피는 것이 첫 번째 관심사항이다. 이는 정책평가의 유형을 구분함에 있어서 평가주체의 공식성 여부에 따라 제도적 평가와 비공식 평가로 구분하는 것과 연관된다. 평가근거는 평가활동의 전반적인 방향과 내용을 규정하는 과업환경 중 가장 기본적인 요건에 해당하며, 따라서 그 명료성은 평가활동의 필요조건이라 할 수 있다.

위에서 살펴본 바를 종합할 때, 연구기관 평가에 대한 평가근거는 명료하게 규정되어 있음을 알 수 있다. 또한 법규의 체계 역시 법률 – 시행령 – 정관 – 규정, 그리고 평가의 구체적인 지침이 되는 평가편람에 이르기까지 매우 명확하게 정리되어 있다. 결국, 연구기관 평가에 대한 법적 근거의 명료성이 우수하므로 평가환경의 기초는 갖추어져 있다고 평가할 수 있다.[67]

이에 반해 평가 관련 법규 내용의 합리성에 관해서는 재고할 부분이 적지 않다. <표 4 – 5>에서 보는 바와 같이 연구기관 평가에 관한 법규 내용은 주로 관리 · 통제 위주로 규정되어 있다. 매년 평가를 실시하여 그 결과를 국무총리 및 기획재정부장관에게 제출하도록 하고, 국회에 보고하며, 특히 평가결과의 활용에 있어서 연구기관 원장의 재선임이나 해임 및 연구기관 해산의 근거로 활용할 수 있도록 규정한 것이 그 예이다. 다만 평가내용에 있어서는 당초 법정화된 내용에서 벗어나 2005년부터 연구회 이사회에서 합리적으로 결정할 수 있도록 진일보하였다.

따라서 연구기관 평가시스템에 대한 종합적인 메타평가를 통해 법 · 제도적 관점에서 그 합리성을 제고할 수 있는 방안을 모색할 필요가 있다.

한편, 평가근거에 대한 메타평가는 연구기관 설문조사를 통해서도 할 수 있다. 연구기관 설문조사 결과 법적 근거의 명료성에 대해서는 4.10으로 전체 지표 중 가장 높은 점수를 받았고, 법규내용의

---

67) 공공부문 평가제도 실태조사 보고서에 따르면 2006년 현재 우리나라 공공부문에서 정상적으로 운영되고 있는 216개 평가제도 중 법령 등 법 · 제도적 기반을 구비하지 않고 운영되는 경우는 3개(1.4%)뿐이다(감사원 평가연구원, 2006: 14 – 15). 따라서 법적 근거의 명료성보다는 법규의 내용이 얼마나 합리적인지를 파악하는 일이 중요함을 알 수 있다.

합리성 역시 3.83으로 2위의 평가를 받았다. 이를 통해 이 지표는 매우 우수하다는 판정을 내릴 수도 있다.

평가 관련 법규내용의 합리성에 관한 질적 분석 결과 문제의 소지가 있는 것으로 평가한 데 비해, 연구기관 설문조사 결과는 매우 높은 점수를 보이는 부분은 해석이 필요하다. 이는 연구기관 평가관계자들이 현행 법규의 구체적 내용에 대한 정확한 인식에 근거하기보다는 실제 평가업무를 수행함에 있어서 법규로 인한 문제에 부닥친 경우가 없었다는 경험적 사실을 반영한 결과로 해석할 수 있다. 또한 현행 법·제도적 테두리 내에서도 연구회가 하기에 따라서는 얼마든지 운영의 묘를 살릴 수 있다는 판단이 반영된 것으로도 이해할 수 있다.

평가 관련 법규내용의 합리성에 관해 도출된 이러한 결과는 메타평가 연구가 설문조사에 의한 양적 분석만으로는 한계가 있음을 보여주는 것이며, 평가대상자의 의견뿐 아니라 평가 이해관계자 전체를 고려하는 균형적 시각이 필요하고, 특히 메타평가 연구자의 합리적인 판단이 매우 중요함을 말해주는 부분이다.

2. 평가목적

이 평가항목에서는 평가목적의 명료성(평가 이해관계자들이 쉽게 이해할 수 있도록 평가목적이 명료하게 제시되어 있는지)과 평가목적의 합리성(평가목적이 책무성 확보, 성과 향상, 연구기관 발전 등에 부합하도록 합리적으로 제시되어 있는지)에 관해 분석한다.

1) 실태 분석

연구기관 평가목적은 '연구기관 평가편람'에 규정되어 있다. 연구기관 평가 관련 법령에 평가목적에 관한 명시적 조항이 없으므로 연구기관은 평가편람을 통해 평가목적을 파악하게 된다. 매년 평가 실시 전에 평가의 지침으로 제시되는 평가편람에는 평가의 목적을 비롯해, 평가 관련 법규, 기구와 조직, 과정과 절차, 추진일정, 평가방법, 평가항목별 가중치, 평가기준과 지표, 평가 관련 양식, 평가자료 작성 지침 등 평가에 관한 주요 사항들이 모두 포함되어 있다.

"경제·인문사회연구회의 연구기관에 대한 평가는 연구기관이 설립목적에 맞게 연구실적과 성과를 올리고 있는지를 판단하고, 그 기능수행과정이 효율적·효과적으로 관리되고 있는지를 검토하여, 공공성, 전문성, 효율성 및 혁신성을 제고하면서, 스스로 발전하고자 하는 열의를 한층 더 북돋우고 지원하는 데 목적이 있다.

좀 더 구체적 평가의 목적을 제시하면 다음과 같다. ① 정부출연연구기관으로서 공공성과 책무성 및 혁신성을 확보 ② 기관관리과정에 대한 자율적인 평가노력을 촉진함으로써 자율성을 제고 ③ 연구생산성과 경영효율성을 촉진하여 국제적 경쟁력을 향상 ④ 국가의 정책개발과 관련 분야의 발전방향을 이끌어 가는 데 있어 보다 효과적인 두뇌기관(Think Tank)의 역할" 등이다(경제·인문사회연구회, 2007a: 1).

이 평가목적은 기존의 두 연구회가 통합되어 경제·인문사회연구회로 재출범한 2005년에 당시 인문사회연구회의 연구기관 평가

목적을 계승한 것으로, 이는 연구회체제가 출범한 1999년 이후 큰 변화 없이 유지되어 왔다.[68]

한편, 경제사회연구회에서는 1999년 이후 2005년 통합될 때까지 평가목적을 단기목적과 중장기목적으로 구분하여 제시하였다. 즉 단기목적으로는 "① 연구생산성 향상을 위한 자율적인 개선노력 유도 ② 능동적이고 지속적인 경영혁신활동 촉진 ③ 연구실적 및 사업수행성과를 홍보·확산하는 기능 수행"을 제시하였다. 또한 중장기목적으로는 "① 연구기관의 자율성과 책임경영체제 확립 유도 ② 연구기관의 기능조정 및 역할 재정립 유도 ③ 연구기관별 특성화 및 전문화 촉진 ④ 연구기관의 중장기발전계획 및 중점추진사업에의 반영"을 명시하였다(경제사회연구회, 1999: 1; 2000a - 2004a: 1).

단기목적은 출연연법에서 요구하고 있는 과업환경을 구체화한 것으로 당해 연도에 달성해야 할 평가목표(objective)에 해당하는 데 반해, 중장기목적은 평가를 통해 유도하고자 하는 연구기관의 나아갈 방향과 관련된 평가목적(purpose)으로서의 성격을 지닌다. 이러한 목적은 당시 출연연 기관평가에 관한 선행연구(민철구 외, 1994: 5 - 9) 및 과학기술분야 연구회의 사례(송환빈, 2004: 79 - 80) 등을 종합하여 연구회 이사회의 의결로 확정되었다.

---

68) 인문사회연구회의 1999년도 소관연구기관 종합평가편람에서 평가목적은 "① 정부출연연구기관으로서 공공성과 책무성을 확보한다. ② 스스로 계획 - 실천 - 평가함으로써 자율성을 제고한다. ③ 연구생산성과 경영효율성을 확인하여 국제 경쟁력을 갖춘다. ④ 국가 정책개발과 관련 분야 발전방향 제시에 유용한 기초자료를 제공하는 계기가 된다."로 명시되었다(인문사회연구회, 1999: 1).

2) 가치 및 장단점 평가

평가목적은 평가의 과업환경을 결정하는 핵심 요소에 해당한다. 이는 본 메타평가의 구성요소에 대한 전문가 적합성 검토에서 전체 평가항목 중 가장 높은 평점(4.71)을 받은 사실과 평가위원 설문조사 결과에서도 이 항목에 속한 두 지표가 각각 4위와 2위로 평가받은 것을 통해 뒷받침된다. 모든 평가에 있어서 합리적인 평가목적의 명료한 제시는 아무리 강조해도 지나치지 않는 요건이다. 평가목적에 따라 평가자원의 투입은 물론 평가수행, 그리고 평가활용에 이르기까지 평가의 전 과정이 영향을 받게 되기 때문이다. 따라서 연구기관 평가에 있어서도 평가목적의 명료성과 합리성 분석은 매우 면밀한 검토가 이루어져야 할 부분이다.

연구기관 설문조사 결과, 평가목적의 명료성과 합리성에 대한 평점은 각각 3.70과 3.18로 나타났다. 이는 전체 지표 중 각각 3위와 9위에 해당하는 것으로, 평가목적의 명료성은 매우 높게 평가한 반면 평가목적의 합리성에 대해서는 상대적으로 개선할 측면이 많음을 시사한다. 이는 연구기관 설문조사의 개방형 질문이나 평가관계자 면접을 통해서도 확인되고 있다.

현행 평가목적에 사용된 주요 단어(key word)는 공공성·전문성·책무성·혁신성·자율성·생산성·효율성·효과성 등 여덟 가지이다. 이러한 목표는 출연연법의 취지나 정책평가의 일반적 목적 등을 두루 고려하여 사용된 것으로 보인다. 정부출연연구기관은 국민의 세금으로 운영되는 공공기관이므로 공공성·책무성이 필요하고, 창의를 핵심으로 하는 연구기관이기 때문에 전문성과 혁신성이 요구되며, 출연연법의 제정 취지가 연구기관의 독립성 및 자율성 보장에 있으므로(출연연법 제10조) 자율성을 명시하고, 연구기관도 조직의 일반적 속성에서 예외일 수 없으므로 생산성·효율성·효과성을 강조한 것으로 해석할 수 있다.

그러나 제시된 평가목적들은 좋은 목적들을 너무 많이 열거하여 집중도가 떨어지고, ④번 목적의 경우 그 표현이 명료하지 못하다. 평가목적의 합리성 측면에서는 검토할 부분이 더욱 많다.

먼저, 연구기관 평가의 특성에 부합하는 평가목적 설정이 미흡하다. [그림 2 - 5]에서 제시한 바와 같이 연구기관 평가는 "연구기관이 수행하는 주요 업무 전반에 대한 기관단위의 종합평가로서, 연구역량·연구성과·정책기여도 평가를 핵심 내용으로 하는 평가"이다. 따라서 연구기관 평가의 목적은 평가단위의 기관성 및 핵심 평가 내용에 부합해야 한다. 즉 연구기관 평가는 기관평가의 일환이므로 책무성 확보라는 목적을 간과해서는 안 되나, 동시에 연구역량·연구성과·정책기여도를 제대로 평가할 수 있는 목적이 제시되어야 한다.

둘째, 현재의 평가목적은 공공성·책무성·혁신성·생산성·효율성 등 관리·통제의 측면을 지나치게 강조하고 있다. 이에 따라 과정 및 결과평가가 중시되고 있으며 평가를 통해 연구기관의 발전을 유도하겠다는 방향 제시가 명백하지 않다. 따라서 평가목적을 결과평가와 관리·통제 중심에서 성과평가 및 연구기관 발전을 유도하는 방향으로 전환할 필요가 있다. 특히, 미국 등 선진국에서 정책평가의 큰 흐름이 성과평가로 전환된 지 오래이며,[69] 한국의

---

69) 미국에서는 1993년에 Government Performance and Result Act(GPRA: 정부성과 및

과학기술분야 연구기관 평가에서도 2005년부터 성과평가가 법제화된 현실을[70] 고려하여 시급한 보완이 요구된다.

셋째, 현재의 평가목적은 너무 많은 평가목적을 열거하고 있으며 체계성이 부족하다. 기관평가의 가장 큰 맹점 중 하나는 모든 것을 평가를 통해 해결하고자 하는 소위 '백화점식 평가'에 빠지기 쉽다는 점이다. 평가의 목적이 많아지고 분산되면 무엇을 위한 평가인지 파악하기 어렵고 평가의 방향성을 잃기 쉽다. 그러므로 현재의 평가목적은 소수의 핵심목적 위주로 압축하고 체계적으로 제시할 필요가 있다.

넷째, 평가목적과 여타 평가요소 간의 연계가 취약하고 명시적 목적과 실질적 목적 간의 괴리가 심하다. 평가목적이 실현되기 위해서는 여타 평가요소, 즉 평가주기·평가내용·평가결과(보고서)·결과활용 등과의 연계가 필수적이나 현행 평가시스템은 매우 취약하다. 따라서 평가편람에 명시된 목적과 실제 활용되는 목적 간의 괴리현상이 발생한다. 예를 들면, 평가편람에 명시된 4대 목적 중 하나가 '자율성 제고'인데, 평가내용에 자율성을 측정하는 지표가 없고, 따라서 평가보고서에도 언급이 없으며, 결과활용 역시 없다. 이 문제와 관련한 구체적 사항들은 이하 해당 지표에서

결과법)를 제정한 이후 성과평가가 일반화되었다. GPRA는 연방정부 연구개발사업의 효과와 그 성과, 서비스의 질, 그리고 고객만족에 대한 새로운 관심을 불러일으켜 공공에 대한 책임을 향상시키는 등의 목적을 위해 도입되었다. 이에 따라 연방 부처 및 각 기관은 향후 5년간의 중기전략계획(strategic plan)과 매년의 연차성과계획(annual performance plan)을 책정하고, 이러한 성과목표에 대한 실제의 연차성과보고서(annual performance report)를 제출, 평가받고 있다(이재호·조용현, 2002: 31-32).

70) 과학기술분야에서는 "정부가 추진하는 과학기술분야의 연구개발 활동을 성과 중심으로 평가하고 연구성과를 효율적으로 관리·활용함으로써 연구개발투자의 효율성 및 책임성을 향상시키는 것을 목적으로" 2005년 12월 '국가연구개발사업 등의 성과평가 및 성과관리에 관한 법률'을 제정, 시행하고 있다. 이에 따라 과학기술분야 연구회인 기초기술연구회와 산업기술연구회의 소관연구기관 평가는 연구기관이 자체적으로 설정한 성과목표를 토대로 평가하는 제도로 전환, 운영되고 있다(기초기술연구회, 2007a: 3-8, 산업기술연구회, 2007a: 3-6).

자세히 검토할 것이다.

이러한 문제점들에 대해서는 연구기관 평가관계자를 대상으로 한 설문조사의 개방형 문항 및 이에 근거한 면접과정을 통해서도 확인되고 있다. 즉 연구기관 평가관계자들은 평가목적의 개선 방향에 대해, "개별 연구기관을 대상으로 컨설팅 스타일의 평가를 실시하는 방안 검토. 기관의 연구 및 경영성과를 평가하는 데서 나아가 기관의 문제점을 진단하고 해결책을 제시하는 평가목적 설정. 연구관리 및 경영관리의 과정을 너무 중시하므로 이에 대한 개선 필요"를 주문하고 있다.

또한 "연구기관의 연간 실적을 단순 측정하는 방식으로는 연구기관의 발전을 유도하기가 어렵기 때문에 연구기관이 제시한 연간목표 혹은 중기목표에 맞추어 그 성과가 산출되었는지를 평가하여 연구기관이 개선할 점이나 잘한 점 등을 보여주어야 기관평가가 연구기관 발전에 기여할 것"이라든가, "평가의 목적과 활용이 명확하게 제시되고, 이에 대해 연구기관들이 동의하여야 함. 특히, 각 연구기관의 임무와 설립목적에 부응하는 연구성과를 창출하고 있는지를 평가하여 연구기관의 발전에 도움이 되도록 해야 할 것"이라는 제언을 하고 있다.

3. 평가주기

본 평가항목에서는 평가주기의 합리성(평가주기가 평가목적에 부합하도록 합리적으로 규정되어 있는지) 및 평가지표별 평가주기의 신축성(주요 평가지표별로 평가주기를 신축적으로 운영하고 있는지)에 관해 평가한다.

1) 실태 분석

평가주기는 평가목적 및 연구기관의 평가업무부담과 직접 연계되는 과업환경에 속한다. 평가의 기본목적이 관리·통제에 있느냐, 아니면 지원·육성에 있느냐에 따라 평가주기는 달라질 수 있다. 또한 평가주기에 따라 연구기관의 평가업무부담이 결정되고, 이는 곧 평가제도의 효율성과 관련된다. 따라서 평가제도가 평가목적 및 대상의 특성에 부합하는 주기로 운영되고 있는지를 살피는 것은 중요한 의미가 있다.

현행 연구기관 평가의 주기는 출연연법 시행령에 규정되어 있다. 즉 출연연법시행령 제20조에서 "연구회는 법 제28조 제1항의 규정에 의한 연구기관의 평가결과를 다음 각 호의 서류를 첨부하여 4월 30일까지 국무총리 및 기획재정부장관에게 제출하여야 한다."고 명시하고 있다. 이처럼 연구회는 매년 평가를 실시하고 평가결과를 4월 30일까지 제출하도록 법정화되어 있으므로, 시행령을 개정하기 전에는 평가주기를 임의로 변경할 수 없는 실정이다.

평가주기가 짧을수록, 평가내용이 복잡할수록, 유사중복평가가 많을수록 평가업무부담은 늘어나게 되고, 이는 제반 비용을 수반하게 되어 평가제도 자체의 효율성을 떨어뜨리게 된다. 따라서 현행 평가주기의 합리성을 평가하기 위해서는 평가내용의 복잡성 여부와 유사중복평가제도의 운영 여부를 함께 살펴볼 필요가 있다.

평가내용의 복잡성 여부를 파악할 수 있는 지표 중 하나가 '평가지표별 평가주기의 신축성'이다. 매년 평가를 실시할 수밖에 없는 상황이라면 주요 평가지표별로 평가주기를 신축적으로 운영하여 연구기관의 평가내용을 단순화할 수 있다는 데 착안한 지표이기 때문이다. 이와 관련, 2005년 이전에는 평가내용까지도 법정화되어 있어 운신의 폭이 더욱 제한되었으나, 이후 시행령 개정을 통해 연구회 이사회에서 정할 수 있도록 한 것은 진일보한 변화로 볼 수 있다.

따라서 매년 평가해야 할 지표와 그 이상의 주기로 평가할 지표를 선정하는 등 연구기관의 평가부담을 줄이면서 평가목적을 달성할 수 있는 방안이 필요하다. 이를 위해 연구회에서는 2001년부터 격년 평가지표제도를 도입하여 매년 평가해야 할 지표와 2년마다 평가할 지표, 단순 점검항목으로 구분, 운영하였다(경제사회연구회, 2001a: 87; 2002a: 5; 2003a: 5; 2004a: 5; 경제·인문사회연구회, 2005: 29). 그러나 2006년도 평가부터 '격년평가지표의 경우 원장임기 3년 동안 한 번의 평가만을 받는 불합리한 경우가 발생하는 점을 감안하여' 이 제도를 폐지하였다(경제·인문사회연구회, 2006a: 30).

〈표 4-6〉 연구기관 대상 평가제도 운영 현황

구 분	시행 주체	시행 근거	주기 및 시기
연구기관 자체평가	연구기관	연구회 평가편람	매년 11~1월
연구회의 연구기관 평가	연구회	출연연법	매년 1~4월
공공기관 혁신평가	기획재정부	공공기관의 운영에 관한 법률[*]	매년 2~4월
공공기관 고객만족도 조사	국무총리실	공공기관의 운영에 관한 법률[**]	매년 1~3월
국회 국정감사	국회	국정감사 및 조사에 관한 법률	매년 9월
감사원 감사	감사원	감사원법	부정기

[주] 정부출연연구기관에 대한 혁신평가 및 고객만족도 조사는 '05년 정부혁신관리기본계획'에 따라 2005년도부터 도입되었으나, 2007년에 '공공기관의 운영에 관한 법률'이 제정됨으로써 동법 제13조에 그 근거를 두게 되었다(김명환, 2007: 25; 기획예산처, 2007a: 6).

한편, 연구기관을 대상으로 하는 평가는 연구회에 의한 기관평가 뿐 아니라 <표 4-6>과 같이 총 6개에 달하는 다양한 평가제도가 운영되고 있다.[71]

2) 가치 및 장단점 평가

평가주기가 평가목적에 부합하도록 합리적으로 규정되어 있는지를 묻는 연구기관 설문조사 결과 평균 2.93(전체 지표 중 19위)의 결과가 나타났으며, 주요 평가지표별로 평가주기를 신축적으로 운영하고 있는지에 관해서는 2.78(전체 지표 중 26위)의 평가를 받았다. 이를 통해 연구기관에서는 평가주기에 대해 대체로 만족 수준이 낮다는 것을 확인할 수 있다.

이는 현행 연구기관 평가의 평가주기에 있어서 개선할 부분이 많음을 의미한다. 이를 위해 연구회에서는 연구기관의 평가업무부담을 경감하기 위한 다양한 노력을 기울이고 있다. 연구회에서는 평가지표별 격년평가제도를 폐지하는 대신, 2006년도 평가부터 연구기관 평가의 '고객만족도' 지표에 대한 평가를 국무조정실의 고객만족도 조사결과와 연계하여 활용하고 있으며, '혁신경영을 위한 노력' 지표에 대해서는 기획예산처의 혁신평가 결과를 활용하고 있다(경제·인문사회연구회, 2006a: 29).

하지만 이러한 노력에도 불구하고 여전히 연구기관의 평가부담

---

71) 국회 국정감사나 감사원 감사는 평가라는 용어를 직접 사용하지는 않으나, 두 경우 모두 연구기관의 연구실적과 경영내용 전반에 관한 책무성 및 성과의 검사·감독을 위해 실시되며, 득히 연구기관의 업무수행에 있어서 생가업무와 유사한 측변이 많으므로 이들 평가제도에 포함하였다. 이진주·서건수(1996: 236)도 국회 국정감사와 감사원 감사제도를 정책평가의 일환으로 함께 검토하고 있다.

에 대한 불만이 존재하는 것으로 확인된 만큼, 평가주기의 적절한 조정과 연구기관 평가부담을 줄일 수 있는 개선방안의 모색이 요구되며, 연구기관 평가의 특성을 고려하여 평가주기에 대한 시행령 개정도 검토할 필요가 있다.

현행 연구기관 평가가 1년 주기로 결정된 것은 연구회체제가 도입된 1990년대 말의 IMF 위기 상황에서 공공부문의 경영혁신이 강하게 요구되었으므로, 평가를 통해 이를 유도하고자 했던 당시의 정책 때문이었다. 그러나 이러한 1년 주기의 평가는 중장기적인 관점에서의 연구성과보다는 단기적인 기관운영에 치중함으로써 연구기관 평가의 근본취지를 달성하지 못한다는 비판을 받고 있다(이찬구, 2004: 416 – 417). 또한 지금까지 많은 연구자들이 연구기관 평가의 주기를 좀 더 장기화할 것을 제안하고 있는 점을 고려할 때(이진주 외, 1996: 82; 하연섭 외 2002: 102; 홍성걸, 2004: 28; 황병상·강근복, 2005: 130; 경제·인문사회연구회, 2006d: 263), 중장기적인 국가정책 연구를 주 임무로 하는 연구기관의 운영목적에 부합하도록 평가주기를 조정할 필요가 있다. 또한 관련 법령의 개정 전에는 주요 평가지표별로 신축성을 발휘하여 실질적인 평가주기 연장 효과를 도모하는 노력이 요구된다.

연구기관 평가관계자들도 평가주기의 연장을 주문하고 있다. "연구기관을 매년 일괄 평가하여 순위를 매기는 방법보다는 원장의 재임기간(3년)을 기준으로 각 기관별로 평가하는 시스템 도입 검토. 연구과제의 선정·수행·결과 등 연구결과 평가는 매년 하되 연구기관에 대한 종합평가는 원장 임기 내에 한 번만 하는 것이 바람직하다."는 의견을 피력하고 있다.

또한 "우수 기관에 대해서는 평가주기를 연장하여 매 2년마다 평가하는 방안 도입 필요, 평가 주기를 매년에서 2년으로 바꾸는 방안을 적극 고려, 평가 주기를 2년으로 변경하거나 항목에 따른 평가주기 분리 등의 대안 마련"을 제언하거나, "매년 평가를 해야 한다면 매년 종결되는 사안에 해당하는 지표만 남기고 여타 지표는 대폭 축소. 평가항목별 주기를 차등화하거나 전산화 필요" 등의 개선 의견을 제시하고 있다.

이 절에서는 현행 연구기관 평가시스템의 평가투입영역에 관해 평가역량·평가자료·평가시간 등 3개 평가항목과 이를 6개로 세분한 평가지표에 따라 그 가치와 장단점을 분석한다. 본 메타평가 모형에서 평가투입영역이란 평가에 투입되는 유·무형의 자원과 관련된 영역을 말한다. 여기에는 인적·물적 자원은 물론 시간 자원 등이 포함된다.

1. 평가역량

평가역량 항목에서는 평가추진체계의 기능적 적정성(평가추진체계가 평가기능을 효율적으로 추진할 수 있도록 적정하게 구축되어 있는지), 평가단 구성의 적절성(평가단의 구성이 전문성, 객관성, 공정성에 근거하여 적절하게 이루어지고 있는지), 그리고 평가 이해관계자 파악의 적절성(평가에 영향을 받거나 그 결과를 활용할 이해관계자 파악이 적절한지)으로 나누어 분석한다.

1) 실태 분석

평가역량 항목은 평가투입영역의 핵심에 해당한다. 이는 평가조직 및 평가인력과 관련된 평가항목으로 실제 평가를 '누가' 수행하느냐에 관한 사항이다. 이 항목 중 '평가추진체계의 기능적 적정성'과 '평가 이해관계자 파악의 적절성'은 평가편람 및 평가보고서상의 평가추진체계를 통해 살펴볼 수 있다.

현행 평가시스템의 평가 관련 기구와 조직을 도식화하면 [그림 4 - 1]과 같다. [그림 4 - 1]에서 확인할 수 있듯이 연구기관 평가추진체계는 본 평가제도와 관련되는 주요 이해관계자를 두루 포함하여 구성되어 있다. 또한 각 조직에 대해서는 평가편람에서 그 임무를 명확히 제시하고 있다(경제 · 인문사회연구회, 2007a: 6 - 11).

조직별 임무는 다음과 같다. ① 국무총리실: 국무총리는 경제 · 인문사회연구회를 관할하는 기관으로서 연구회의 연구기관에 대한 평가결과를 다음 사업연도 4월 30일까지 제출받게 되어 있으며, 제출된 평가결과를 국회 소관 상임위원회에 보고한다. '평가결과 당해 연구기관의 목적달성이 불가능하다고 연구회가 인정하는 경우' 국무총리는 연구회의 요청에 의하여 청문을 거쳐 해산을 명할 수 있다. ② 기획재정부: 연구회로부터 평가결과를 제출받게 되어 있다. 다음 해의 예산심사, 경영혁신 시책 등에 평가결과를 활용한다. ③ 국회: 연구기관에 대한 평가결과를 국무총리로부터 보고받도록 되어 있다. 연구기관에 대한 평가결과를 국회 차원의 정부출연연구기관 지원 · 육성 및 관리 정책자료로 활용할 수 있다.

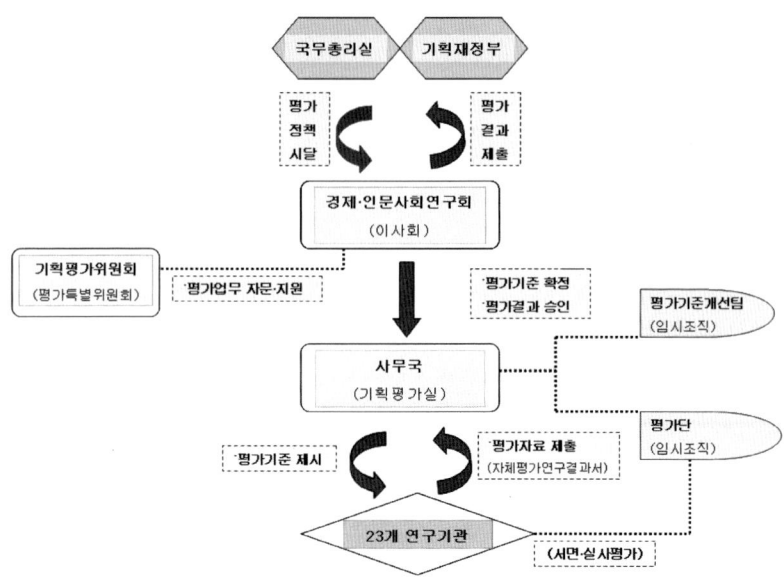

[자료] 경제 · 인문사회연구회(2008b: 5)

[그림 4-1] 경제·인문사회연구회 연구기관 평가추진체계

④ 경제·인문사회연구회: 연구기관 평가는 연구회의 기본적인 임무 가운데 하나이다. 평가결과는 국무총리와 기획재정부장관에게 제출된다. 연구회는 사무국에서 평가업무의 실무를 담당하게 하고, 기획평가위원회(평가특별위원회)를 두어 연구기관에 대한 평가업무를 지원하도록 한다. 연구회는 '평가기준개선팀'을 두어 평가기준을 연구·개선하고, '평가단'을 구성하여 평가를 한다. ⑤ 연구기관: 연구기관은 평가기준을 정확하게 이해하고 이에 알맞은 평가자료 작성 및 자체평가연구를 수행하여 소정 기일 내에 자체평가연구결과서[72]

---

72) 자체평가연구결과서라는 명칭은 1999년 이후 인문사회연구회에서 사용해 온 명칭이다(인문사회연구회, 1999: 10). 이는 출연연법 시행령 제20조에서 국무총리 및 기획재정부장관에게 제출하는 연구기관의 평가결과에 첨부하는 서류로 '1. 각 연구기관의 평가결과서, 2. 기획평가위원회 또는 전문평가기관 등에 의뢰한 경우 그 평가보고서'라고 명시한 데서 착안한 결과이다. 그러나 기초기술연구회를 비롯한 나머지 4개 연구회에서 사용해 온 명칭과 학계의

(이하 '자체평가보고서'라 한다)를 연구회에 제출하여야 한다. 평가 결과에 따라 개선 노력하여 발전의 계기로 삼고 다음 해 자체평가 보고서에 개선조치 결과를 수록하여 평가자료로 제출하여야 한다.

평가단의 구성에 대해서는 보다 구체적으로 제시하고 있다. 연구 회의 연구기관 평가단은 [그림 4-2]와 같이 3개 분과와 2개 위원 회로 구성된다.

평가단은 이사회·기획평가위원회 등의 추천으로 이사장이 임명 하는 임시조직이다. 이는 이사회의 의결로 확정된 평가기준을 적용 하여 법과 제도의 취지에 부합되게 실제로 평가를 실시하는 전문 가 집단이며, 연구기관 평가결과가 이사회의 의결로 확정되면 해산 된다. 평가단 구성 및 운영에 관한 세부내역은 다음과 같다(경제· 인문사회연구회, 2008b: 6-10).

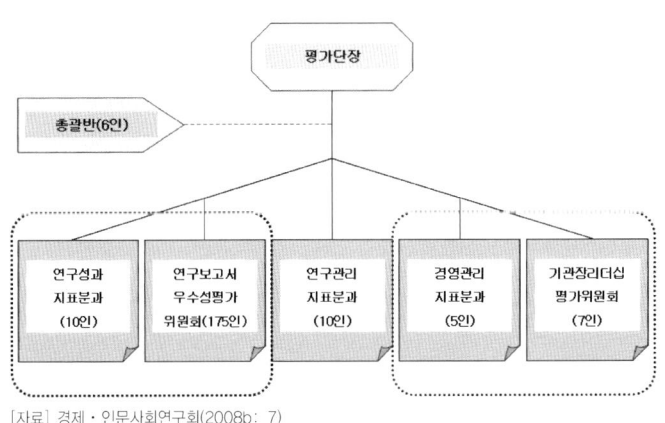

[그림 4-2] 경제·인문사회연구회 연구기관 평가단 구성

일반적인 용례에 따라 본서에서는 '자체평가보고서'라는 용어로 표현한다. 한편 과학기술분 야 2개 연구회에서는 2005년 이후 기관평가제도가 성과평가체제로 전환됨에 따라 자체평가 보고서를 '성과보고서'라는 명칭으로 변경, 사용하고 있다(기초기술연구회, 2007a: 10; 산업 기술연구회, 2007a: 11).

첫째, 평가위원의 구성요건으로는 ① 평가대상 분야 및 평가항목에 대한 전문성을 갖춘 자, ② 평가의 공정성 확보를 위해 23개 연구기관 근무경력자 및 연구참여자(3년 이내) 배제, ③ 산·학·연 인사를 안배하되, 평가의 연속성 유지 및 평가업무 수행의 효율성 제고를 위해 전년도 평가위원 중 1/3 수준을 연임 위촉, ④ 동일 연구기관 소속 인사의 중복 선정 최소화 등을 제시하고 있다.

둘째, 2007년도 평가위원 선임 경과를 살펴보면, ① 연구기관 평가단 구성·운영기본계획(안) 수립, ② 연구기관 평가 전문가 pool 구성, ③ 연구기관 평가위원 선정위원회를 개최하여 연구기관 평가위원 후보자 3배수 선정, ④ 연구기관 평가위원 후보자 중에서 연구기관의 특성과 후보자의 전공 등을 고려하여 이사장이 선임, 이사회에 보고함으로써 2007년도 연구기관 평가단 확정의 순으로 진행되었다.

셋째, 이러한 과정을 거쳐 확정된 평가단 구성은 [그림 4 - 2]와 같으며, 평가단 운영의 효율성 제고를 위해 연구성과지표 분과위원과 연구관리지표 분과위원은 동일인으로 구성, 운영하고 있다. 평가단은 평가단장을 포함한 총 23인[73]으로 구성되었다. '연구성과 및 연구관리 분과'의 평가위원은 연구기관의 국가정책기여도 등에 관해 전문지식과 경력을 갖춘 인사 10인으로 구성되었고, '경영관리' 분야는 조직관리·인사행정·회계분야 등 연구기관 경영에 관한 전문적 지식과 경력을 갖춘 인사 5인으로 구성, 운영되었다. 한편

---

73) 평가단 총인원 23인은 연구보고서 우수성 평가위원(175인) 및 중복 위원을 제외한 인원이다. 즉 평가단장, 연구성과·관리분과 위원(10인), 경영관리분과 위원(5인), 연구보고서 우수성 평가위원회 위원장, 기관장리더십 평가위원회 위원(7인) 수를 합친 인원이다. 평가단장은 기관장리더십 평가위원회 기관장분야 간사를 겸임하고 있다(경제·인문사회연구회, 2008b: 7).

연구보고서 우수성 평가위원회는 위원장을 포함하여 총 175인으로 구성되었다. 전문영역별로 11개 팀(경영팀, 거시경제팀, 미시경제팀, 농·경제팀, 지역개발팀, 공학팀, 보건의료팀, 행정학팀, 법·정팀, 사회복지팀, 교육팀)으로 나뉘어, 3인의 연구보고서 평가위원(referee)이 한 조가 되어 평가대상 연구보고서의 우수성을 평가하였다. 또한 기관장리더십 평가위원회는 이사장, 선임직 이사(2인), 평가단장, 리더십 전문가(3인) 등 총 7인으로 구성되어 이사회에 보고된 '기관장리더십 평가 기본계획'에 의거하여 독립적으로 운영되었다.

넷째, 평가위원의 주요 임무는 다음과 같다. ① 평가를 위해 개발된 평가기준과 평가방법에 관한 자체연수를 함으로써 평가에 필요한 준비를 하고, ② 연구기관에서 제출한 자료와 자체평가보고서를 검토하여 서면평가를 실시하며, ③ 서면평가의 미비점을 보완하기 위해 실사평가를 하고, ④ 평가결과서를 작성하여 연구회에 제출하며, ⑤ 평가내용을 종합·분석하여 이사장이 부의하는 연구기관별 개선·발전방향 및 연구회 평가제도 전반에 대한 개선방향 등을 검토하여 제출하며, 필요한 경우 이사회에 직접 보고한다.

2) 가치 및 장단점 평가

연구기관 평가를 기획, 수행, 활용하는 평가추진체계는 평가기능을 효율적으로 추진할 수 있도록 구축되어 있는 것으로 판단된다. 또한 평가추진체계를 설계함에 있어서 평가에 영향을 받거나 그 결과를 활용할 이해관계자 파악 역시 적절하게 되어 있음을 알 수 있다.

출연연법에서 규정하고 있는 핵심 평가 관계자인 연구회와 연구기관은 물론, 평가정책을 시달하고 평가결과를 제출받아 이를 활용하는 국무총리, 기획재정부 및 국회에 관해서도 그 위치와 역할을 명시하고 있다. 또한 평가업무를 기획, 수행, 지원하는 조직인 연구회 사무국과 기획평가위원회, 평가기준개선팀 및 평가단의 구체적인 임무에 대해서도 명료하게 규정되어 있다. 평가추진체계를 구성하고 있는 주요 기구 및 조직 간의 역할 분담이나 업무 연계성에 대해서도 합리적으로 정리되어 있는 것으로 보인다.

다만 평가를 직접 기획, 수행, 지원하는 조직의 구성이 대부분 외부 전문가에 의한 임시조직 형태로 유지되고 있으며, 연구회 사무국의 평가업무 관계자는 실장을 포함하여 4인에 지나지 않는다는 점에서 문제의 소지가 있다. 사무국 평가팀의 인원이 3인에 그칠 뿐 아니라 그 역할이 단순한 평가관리 기능에 집중됨으로써, 외부 전문가들을 섭외하고 이들의 업무를 지원하는 수준에 머무르고 있는 실정이다. 따라서 연구회가 평가제도를 도입, 운영한 지 10년이 되었지만 연구회의 평가에 대한 전문성이나 조직학습의 기회는 제한적일 수밖에 없다.

한편, 평가단의 구성이 전문성·객관성·공정성에 근거하여 적절하게 이루어지고 있는지에 대한 평가는 위에서 살펴본 평가위원 구성요건, 선임 경과, 확정된 평가위원 현황 등을 종합하여 판단할 수 있다. 이를 기초로 할 때 평가단 구성에 관한 기준은 상당히 합리적으로 구축되어 있는 것으로 판단된다.

23개 연구기관의 연구영역과 전문성 등을 고려하여 연구성과와 연구관리 및 경영관리 지표를 공통적으로 평가할 평가위원을 선정할 뿐 아니라, 연구보고서 우수성 평가는 전문영역별로 11개 팀을 구성하여 각 보고서별로 3인이 평가하도록 하여 총 175인이 참여하고 있으며, 기관장 리더십 평가에는 이사장을 비롯해 이사·평가단장·리더십 전문가 등 7인의 평가위원회를 별도로 구성하여 운영하는 것도 합리적으로 보인다. 또한 외부 전문가로 구성되는 평가단의 한계를 최소화하고 평가의 연속성 유지 및 평가업무 수행의 효율성 제고를 위해 전년도 평가위원 중 1/3 수준을 연임하도록 하는 현행 방식74) 역시 장점이 많은 것으로 판단된다.

그러나 연구기관 설문조사 결과에서는 평가단 구성에 대한 평점이 평균 2.88(전체 지표 중 22위)에 머무르고 있다. 평가역량 평가항목 중 하나인 평가추진체계의 기능적 적정성에 대해서는 3.08(전체 지표 중 14위)로 비교적 높은 평가를 하는 것과도 대비되는 결과이다. 이는 현행 평가단 구성이 합리적인 기준 및 절차에 따라 이루어지고 있음에도 불구하고 23개 연구기관을 균등하게 만족시키기 위해서는 개선해야 할 과제가 있음을 의미한다.

그 과제 중 하나는 평가대상 연구기관 수는 23개에 달하나 평가지표분과에 참여하는 평가위원은 총 15인에 불과하므로 각 연구기관별 선호에서 차이가 나타나게 되는 문제점을 해소하는 일이다. 또한 평가위원 중 절대 다수가 대학교수 위주로 구성된 점에 대해서도 연구기관의 문제 제기가 강하다. 따라서 평가위원 선정에 있어서 연구기관별 형평성 및 대학교수 외의 전문가를 보다 강화할

---

74) 2005년 통합 연구회가 출범한 이후 첫 실시된 2005년도 평가에서 전체 평가위원 21인 중 6인이 전년도에 이어 계속 평가에 참여하여 29%가 연임되었고, 이어 2006년도 평가에서도 동일한 인원 및 비율이 유지되었으며, 2007년도 평가에서는 23인 중 8인이 연임되어 35% 수준을 유지하였다(경제·인문사회연구회, 2006b: 17; 2007b: 6; 2008b: 6 – 9).

수 있도록 하는 개선조치가 요구된다. 특히 외부전문가로 구성된 임시조직이 갖는 한계를 극복할 수 있는 방안의 모색이 중요하다.

연구기관 평가관계자 의견에서도 평가역량과 관련하여 "평가단 구성에 있어서 어떤 한 분야에 치우쳐서는 안 되며 타 분야에 대한 연구문화도 존중 필요. 정책연구를 담당하는 연구기관의 특성을 고려하여 일률적으로 교수·학계 중심으로 선정하는 것을 지양하고 정책담당자 및 실질 수요자의 참여 확대 필요. 평가위원 구성 시 각 기관의 전문성을 반영하는 전문가들로 구성하는 것이 필요함"을 지적하고 있다.

2. 평가자료

이 평가항목에서는 평가자료의 양적·질적 적절성(자체평가보고서 등 평가자료가 양적·질적으로 적절한지)에 대해 평가한다.

1) 실태 분석

평가목적에 부합하는 타당한 평가가 실시되기 위해서는 양적으로 충분하면서도 질적으로 우수한 평가자료가 뒷받침되어야 한다. 평가자료는 실제 평가를 수행함에 있어서 바탕이 되는 정보이며, 특히 연구기관 평가의 경우 외부 전문가로 구성된 평가단에 의해 소정 기한 내에 평가를 완료해야 하는 실정으로 인해 필요한 정보가 누락되지 않으면서 양적으로 압축된 자료를 필요로 한다.

다른 한편으로 충분한 평가자료에 대한 요구는 평가대상기관의 업무부담으로 연결된다. 매년 실시되는 평가주기 문제에 더하여, 다양하고 복잡한 평가자료를 요청할 경우 업무부담은 더욱 가중될 수밖에 없다. 평가방식이 다양하면 할수록 평가자료도 풍부해질 수 있지만 기관의 부담 역시 증대된다는 현실도 직시해야 한다. 따라서 평가자료에 대한 실태를 분석함에 있어서는 연구기관에서 제출하는 자체평가보고서뿐만 아니라, 연구보고서 평가, 기관장 평가 등에 관한 자료도 함께 살펴볼 필요가 있다.

우선 연구기관 평가에서 가장 기본이 되는 평가정보는 연구기관에서 제출하는 자체평가보고서이다. 자체평가보고서는 규격·인쇄·편집기준·수량·표지 등의 체제에서부터 머리말·서론·연구기관 개황·자체평가연구결과·종합 및 논의·별첨 등으로 구성되는 목차, 그리고 각 장의 주요 내용과 기술방법에 이르기까지 체계적으로 구성되어 있다. 특히 '자체평가연구결과' 장에서는 소정의 평가기준에 의한 자체평가연구결과가 매우 구체적으로 정리되어 있다(한국행정연구원, 2008: 1 - 149).

연구기관 자체평가보고서 외에 평가단에 제공되는 평가자료로는 '연구결과(보고서)의 우수성'을 평가하기 위한 '연구보고서', '국가정책 기여도' 및 '수요자 만족도'를 평가하기 위한 '정부출연연구기관 고객만족도조사'[75](국무총리실 실시) 결과, '기관장 리더십' 평가를 위한 '연구기관 구성원 설문조사'와 '기관장 인터뷰 및 구성원 면접조사' 결과, '혁신경영 수행성과의 우수성'을 평가하기 위한

---

75) 국가정책 기여도 및 수요자 만족도의 평점은 국무총리실에서 실시하는 고객만족도 조사 결과를 연계·활용하고 있으나, 국가정책 기여도의 경우 그 설문 대상을 사무관급 이상으로 하여 별도 조사를 병행하고 있다.

'정부산하기관 혁신평가(기획재정부 실시)' 결과, 관련된 평가문항의 평가에 활용하기 위한 '연구기관 외부 자체평가위원 설문조사' 결과 등이 있다(경제·인문사회연구회, 2008b: 15 - 19).

한편, 위와 같은 다양한 자료에도 불구하고 추가자료가 필요할 경우 평가단은 연구회를 통해 연구기관의 자료제출을 요구할 수 있다. 연구회 정관에 "① 연구회는 연구기관에 그의 관리와 평가 등에 필요한 자료의 제출을 요구할 수 있다. ② 연구기관의 원장은 제1항의 규정에 의한 자료의 제출요구를 받은 때에는 정당한 이유 없이 이를 거부하여서는 아니 된다."(연구회 정관 제48조)고 규정하여, 평가자료를 요구할 수 있는 근거가 명문화되어 있다.

2) 가치 및 장단점 평가

평가자료에 대한 평가는 그 양적 충분성과 질적 우수성의 충족여부, 그리고 평가대상기관의 업무부담 최소화에 초점을 맞추어 실시되어야 한다. 충분한 평가자료는 정확한 평가를 하기 위한 필요조건이 되지만, 다른 측면에서는 자료의 질적 우수성을 저해할 수 있고 평가대상기관의 업무부담을 가중시키며 궁극적으로는 평가제도 자체의 효율성을 떨어뜨릴 수 있기 때문이다.

현행 평가에서 평가자료와 관련한 문제가 크게 부각된 적은 없다. 평가위원 대상 설문조사에서 이 메타평가지표의 타당성이 전체 31개 지표 중 20위에 머물렀고, 연구기관 설문조사에서는 3.18(전체 지표 중 9위)로 높게 평가된 결과를 통해서도 유추할 수 있는 사실이다. 이는 이 지표에 대한 중요도가 낮고 연구기관에서의 불만 또한 낮음을 의미한다.

이러한 결과는 연구기관 평가를 위해 요구하는 자료의 중복을 최소화하기 위해 국무총리실의 정부출연연구기관 고객만족도 조사 결과나 기획재정부의 혁신평가 결과를 그대로 활용하는 등의 노력에 따른 결실로 보인다.

평가자료에 대한 질적 우수성 제고와 연구기관의 평가업무부담을 더욱 경감하기 위해서는 자체평가보고서의 분량에 대한 검토가 필요하다. 현행 평가편람에서는 적정한 분량을 유지하기 위해 자체평가보고서의 면수를 200쪽 이내로 제한하고 있다(경제·인문사회연구회, 2007a: 14). 그러나 실제에 있어서는 제한 면수를 초과하는 경우도 있으므로 제한 규정을 엄격히 적용하거나 그렇지 않을 경우 그 범위를 200쪽 '내외'로 수정하는 것이 마땅하다.

특히 자체평가보고서의 부속자료로 작성하는 '평가자료'는 분량에 제한을 두지 않아 연구성과·연구관리분야 평가자료 743쪽, 경영관리분야 평가자료 237쪽 등 총 980쪽에 달하는 평가자료를 작성한 경우도 있다(정보통신정책연구원, 2008a; 2008b). 각 평가위원의 경우 23개 연구기관에 대한 정보를 모두 파악해야 하는 점을 고려할 때 자체평가보고서만 해도 4,600쪽에 달하는데, 연구기관별로 수백 쪽에 달하는 평가자료를 모두 검토하기란 시간적으로 무리가 따를 수밖에 없다. 따라서 평가자료에 대한 기준도 제시하여 연구기관과 평가위원의 업무부담을 덜고 평가의 효율성을 높여야 한다.

또한 자체평가보고서를 제외한 평가자료는 평가위원별로 구분하여 제시하는 것이 필요하다. 현재 연구성과분과와 연구관리분과의 평가는 동일한 평가위원이 수행하고 경영관리분과는 다른 평가위원이 수행한다. 따라서 평가자료 역시 연구성과 및 연구관리분과와 경영관리분과로 나누어 작성되는 것이 편리하나, 연구성과분야와 관리분야로 제본하는 등(국토연구원, 2008a; 2008b) 평가위원 구분과 부합하지 않는 경우가 나타나고 있다.

3. 평가시간

평가시간 항목과 관련해서는 서면평가 및 실사평가 시간의 충분성(서면평가 및 실사평가 시간이 정확한 평가를 하기에 충분한지)과 평가편람 배포 시기의 적절성(평가편람의 배포시기가 평가준비 및 사업계획과의 연계성을 확보하기에 적절한지)에 대해 평가한다.

1) 실태 분석

정확하고 타당한 평가결과를 도출하기 위해서는 평가에 투입되는 시간이 충분해야 한다. 특히 외부전문가들에 의한 임시조직 형태로 실시되는 현행 연구기관 평가에 있어서는 외부 평가위원들의 예비지식이 부족한 사정이므로, 평가의 기준 및 방법에 대한 이해와 연구기관의 특성을 파악하는 데도 소정의 시간이 소요되는 점을 고려하여야 한다. 또한 평가에서 요구하는 주요 사항을 사업계획 및 경영에 반영하기 위해서는 평가의 지침인 평가편람이 적기에 제시되어야 한다.

현행 연구기관 평가는 [그림 4-3]과 같이 평가 관련 설문조사

실시 등의 '평가준비단계'에서 시작하여 '연구결과 평가'와 '서면평가', '실사평가'를 거쳐 '평가결과 확정 및 평가보고서 작성'의 순서로 진행된다. 이 중 평가의 핵심 단계는 연구결과(보고서) 평가와 서면평가 및 실사평가로, 이 세 단계를 거쳐 실제적인 평가결과가 확정된다. 따라서 평가시간의 충분성 여부는 이를 중심으로 살펴본다.

[그림 4-3]에서 보는 바와 같이 연구결과(보고서) 평가는 2일간에 걸쳐 연구보고서 평가위원 전원이 한 장소에 모여서 평가하는 집체평가방식으로 실시되고 있다. 서면평가단계는 1월 26일부터 2월 14일까지 20일간으로, 이 기간 동안 자체평가보고서 검토 및 서면평가 실시, 추가 확인자료와 질의사항 정리, 각종 설문분석, 검토 및 반영 등의 활동을 수행한다. 실사평가단계는 총 6일간에 걸쳐 하루에 4개 기관씩, 연구기관별로 연구성과 및 연구관리분과 2시간·경영관리분과 2시간 등 총 4시간씩 실사평가를 수행한다. 실사평가 역시 특정 장소에서 평가위원과 연구기관 평가관계자들이 질의 응답 하고 확인하는 집체평가방식으로 진행된다.[76) 기관장 인터뷰 및 구성원 면접조사도 총 6일 동안 하루 4개 기관 내외를 방문하여 실시한다. 연구기관당 소요시간은 각 1시간씩이다. 결국, 연구기관의 입장에서 볼 때 1년간의 연구실적 및 경영내용에 대한 평가에서 평가위원과 직접 대면하여 설명할 수 있는 시간은 총 5시간이 된다.

---

76) 1999년 연구회체제가 출범한 이후 2006년도 평가까지는 서면평가 이후 연구기관을 직접 방문하여 실사평가를 수행하였다. 경제사회연구회의 소관 연구기관은 14개였으나 2005년 통합 이후 경제·인문사회연구회의 연구기관이 23개로 늘어남에 따라 현지방문평가가 어렵게 되었다. 2006년도 현지방문평가의 경우 하루 2개 기관씩 총 14일간에 걸쳐 실시하였으나(경제·인문사회연구회, 2007b: 25), 이동시간 등으로 인해 효율성이 낮을 수밖에 없었다. 이에 따라 2007년도 평가부터 현지방문평가 대신 집체평가방식으로 변경, 실사평가를 수행하고 있다.

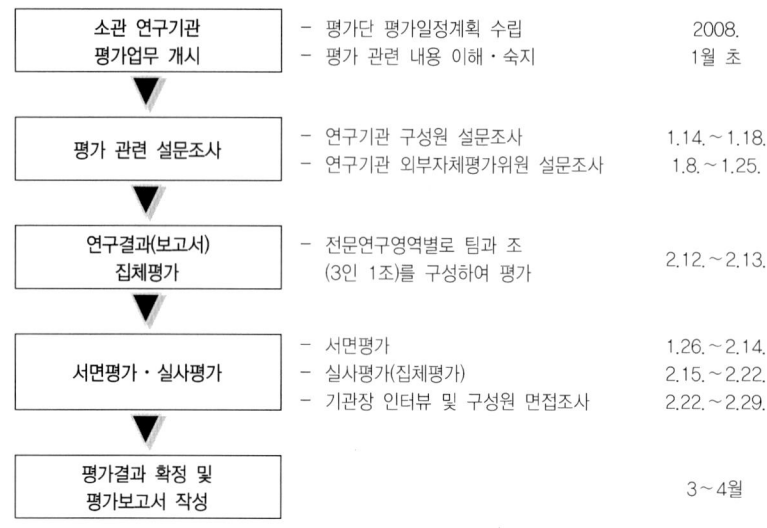

소관 연구기관 평가업무 개시	– 평가단 평가일정계획 수립 – 평가 관련 내용 이해·숙지	2008. 1월 초
평가 관련 설문조사	– 연구기관 구성원 설문조사 – 연구기관 외부자체평가위원 설문조사	1.14.~1.18. 1.8.~1.25.
연구결과(보고서) 집체평가	– 전문연구영역별로 팀과 조 (3인 1조)를 구성하여 평가	2.12.~2.13.
서면평가·실사평가	– 서면평가 – 실사평가(집체평가) – 기관장 인터뷰 및 구성원 면접조사	1.26.~2.14. 2.15.~2.22. 2.22.~2.29.
평가결과 확정 및 평가보고서 작성		3~4월

[자료] 경제·인문사회연구회(2008b: 20)

[그림 4-3] 연구기관 평가실시 단계별 일정

한편, 매년 평가의 지침이 되는 평가편람은 2007년도 평가의 경우 2007년 8월 10일 이사회 의결을 통해 확정되어 연구기관에 제시되었다.

그러나 평가제도 도입 첫해인 1999년도 평가의 경우 경제사회연구회는 1999년 11월 6일에 평가편람이 확정되었고(경제사회연구회, 1999: 4), 인문사회연구회는 동년 12월 초에 제시되었다(인문사회연구회, 1999: 17). 즉 두 연구회 모두 설립 초기에는 평가가 시작되기 직전에 평가편람을 확정, 제시하였다. 이후 매 연도별 평가편람 확정(제시) 시기를 정리하면 <표 4-7>과 같다.

〈표 4-7〉 연구기관 평가의 평가편람 확정 시기

1999년	2000년	2001년	2002년	2003년	2004년	2005년	2006년	2007년
11.6.	8.17.	12.28.*	10.24.	8.12.	9.17.	8.24.	7.26.	8.10.

[주] 1. 1999년부터 2004년까지는 경제사회연구회 기준, 이후는 경제·인문사회연구회 기준.
　 2. 2001년의 경우 연구분야는 6월에 확정되었으나 경영분야의 경우 당시 기획예산처의 의견이 10월 24일에
　　 제시되어 이를 반영하기 위해 지연됨.

<표 4-7>에서 보듯이 평가제도 도입 첫해인 1999년도와 2001
년도 등 예외적인 상황을 제외하면 평가편람은 대체로 8월을 전후
하여 확정, 제시되고 있다.

한편, 2000년의 경우 당시 모든 연구회에서는 가능한 한 조기에
평가편람을 확정하고자 하였다. 그러나 정부부처의 평가편람에 관한
의견을 반영하기 위해 8월까지 늦어지게 되었다. 이에 반해 인문
사회연구회에서는 6월에 평가편람을 확정, 연구기관에 시달하였다
가 이후 기획예산처의 의견을 반영한 평가편람(변경시행본)을 다시
제시하기도 하였다(인문사회연구회, 2001b).[77]

2) 가치 및 장단점 평가

서면평가 및 실사평가 시간의 충분성이나 평가편람 배포 시기의
적절성 등 평가시간에 관한 현재의 실태는 부득이한 측면이 있다.

---

77) 인문사회연구회에서는 2000년도 평가편람을 두 번 제시하였다. 첫해의 평가가 종료된 이후
곧바로 평가편람 개정 작업을 수행하여 2000년 6월에 '2000년도 소관연구기관 종합평가편
람'을 시달하였다(인문사회연구회, 2000: 18). 그러나 당시 기획예산처의 '경영혁신 관련
평가추진 지침'에 대한 반영이 미흡하여 2001년 1월에 다시 평가편람을 작성, '2000년도
소관연구기관 종합평가편람(변경시행본)'을 제시하게 되었다(인문사회연구회, 2001b: 85).
이후 정부에서는 2001년 3월 출연연법 시행령 제19조에 제3항을 신설하여 "③ 국무총리
는 제2항 각 호의 평가내용 외에 추가적인 평가가 필요하거나 각 연구회 간에 동일한 기준
으로 평가하는 것이 필요하다고 인정되는 경우에는 연구회에 이를 요청할 수 있으며, 연구회는
이에 응하여야 한다."고 명시하였다.

이는 평가위원 설문조사에서 이 평가항목의 지표에 대해 최하위인 공동 29위와 24위로 그 중요도를 낮게 평가한 것을 통해서도 유추할 수 있다. 즉 평가위원들은 현행 연구기관 평가에 있어서 평가시간과 관련한 문제는 그리 중요하지 않다고 판단하고 있는 것이다.

그런데 연구기관 설문조사에서는 이 항목에 대한 불만 수준이 상당한 것으로 나타나고 있다. '서면평가 및 실사평가 시간의 충분성'은 2.75로 전체 31개 지표 중 27위의 만족도를 보이고 있고, '평가편람 배포 시기의 적정성'은 3.08로 전체 지표 중 14위에 머무르고 있다. 이는 평가편람의 배포 시기에 대해서는 이해관계자의 의견수렴 등을 거쳐 확정해야 하는 불가피성을 인정하는 데 반해, 서면평가 및 실사평가의 시간은 매우 부족하다고 인식하고 있음을 의미한다.

연구기관의 입장에서 볼 때 일 년 동안 수행한 연구실적 및 경영내용에 대해 불과 5시간 만에 평가를 마쳐야 하는 아쉬움을 반영한 결과로 해석할 수 있다.

여기서 한 가지 짚고 넘어가야 할 부분은 평가시간이 절대적으로 부족하다는 점에 더하여, 실사평가 이후 연구기관의 의견을 반영할 기회가 전혀 없다는 점이다. 비록 평가 시간이 짧다고 하더라도 평가결과의 확정 및 평가보고서 작성이 완료되기 전에 연구기관의 의견을 반영할 기회가 있다면 불만의 소지는 크게 줄어들 것이다. 그러나 현행 연구기관 평가에서는 실사평가 이후 평가단과 연구기관 간의 상호 작용이 거의 없는 실정이다. 이에 관해서는 '평가자와 평가대상자 간 의사소통의 충분성' 지표와 '평가결과 확정 절차의 적정성' 지표에서 자세히 살펴볼 것이다.

외부전문가들로 구성된 평가단에서 소정 기한 내에 평가를 완료해야 하는 현실을 감안할 때 평가시간을 대폭 늘리는 것은 물리적으로 어려운 실정이다. [그림 4 - 3]에서 확인할 수 있듯이 매년도 12월 말까지의 실적에 대해 자체평가보고서를 작성해야 하므로 연구기관의 자체평가보고서 제출 기한을 더 앞당기기도 어렵다. 결국, 2월부터 시작하여 법정 기한인 4월 30일까지 모든 평가절차가 완료되어야 하는데, 평가시간을 만족할 만한 수준으로 늘리는 데는 한계가 있다.

따라서 평가시간의 문제는 실사평가 이후 최종 평가결과 확정 사이에서 평가단과 연구기관 간의 의사소통, 특히 평가결과 초안에 대한 소명 절차와 연계하여 살펴볼 문제이다.

■■■ 제4절 평가수행영역 분석

본 메타평가 모형에서 평가수행영역이란 실제로 평가가 수행되는 과정상의 활동을 말한다. 실제 평가과정에서 무슨 내용을 어떻게 평가하고 있는지를 파악하고자 하는 영역이다. 이 절에서는 출연연 평가시스템의 평가수행영역에 관해 평가내용·평가절차·평가방법·평가보고서 등 4개 평가항목과 그 하위구성요소인 10개 평가지표에 따라 평가를 실시한다.

1. 평가내용

여기서는 평가항목 및 지표 구성의 적절성(평가항목 및 평가지표 구성이 연구기관 평가의 특성에 부합하도록 적절하게 되어 있는지), 평가항목의 연차별 일관성 유지 정도(평가항목이 연차별 일관성을 유지하여 연구기관의 나아갈 방향을 알 수 있게 하는지), 그리고 연구기관 특성에 따른 평가배점 선택의 신축성(연구기관별 특성에 따른 평가배점 선택의 신축성이 적절한지)을 평가한다.

1) 실태 분석

먼저 현행 연구기관 평가의 평가항목 및 평가지표는 <표 4-8>
과 같다. 즉 연구성과·관리 등 2개 분야, 연구성과지표·연구관리
지표·경영관리지표 등 3개 분과, 연구결과의 우수성 등 12개 평
가항목, 연구결과(보고서)의 우수성 등 25개 평가지표, 그리고 국가
의 정책대안 수립에서의 기여 정도 등 51개 평가요소로 구성되어
있다(경제·인문사회연구회, 2007a: 35-62; 2008b: 12-14).

평가항목 및 지표는 연구성과분야 60%, 관리분야 40%의 비중으로
구성되어 있으며, 관리분야는 다시 연구관리지표분과 15%, 경영
관리지표분과 25%로 이루어져 있다.

〈표 4-8〉 연구기관 평가의 평가항목 및 평가지표

분과	평가항목	평가지표(배점)[*]		평가요소 수
연구성과지표	1. 연구결과의 우수성	1) 연구결과(보고서)의 우수성(30~40)[**]		–[****]
	2. 국가정책기여도	2) 국가정책대안 수립 기여 정도(5~12)[***]	(10~20)[**]	2
		3) 국가 정책집행과정에의 기여 정도(0~7)[***]		2
		4) 연구 및 사업성과의 보급·확산(3)		3
	3. 수요자만족도	5) 정부기관 고객만족도(6)		1
		6) 산·학·연 고객만족도(4)		1
소 계		(60)		9
연구관리지표	4. 연구과제 선정의 적정성	7) 기본연구과제 선정의 적합성(3)		3
		8) 수탁연구과제 수주의 적정성(1)		2
	5. 연구사업 관리 체계의 적정성	9) 연구과제 배분의 합리성(1.5)		2
		10) 추진체계의 효과성(1)		3
		11) 연구결과(보고서) 평가의 공정성(1.5)		3
		12) 수시연구과제 수행의 적합성(1)		2
	6. 연구협력의 활성화 성노	13) 연구역량의 결집 정도(3)		3
		14) 산·학·연 협동연구 추진 정도(3)		1
소 계		(15)		19

분과	평가항목	평가지표(배점)[*]	평가요소 수
경영 관리 지표	7. 기관장 리더십	15) 기관장의 리더십과 경영역량(5)	3
	8. 경영목표 실천 계획의 달성도	16) 경영목표 실천계획 대비 달성도(4)	1
	9. 조직관리의 적정성	17) 조직관리의 효율성(1.5)	2
		18) 조직 내 의사결정의 합리성(0.5)	1
	10. 인사관리의 적정성	19) 인력구조의 적정성(0.5)	2
		20) 업적평가제도의 합리성(1.5)	1
		21) 보상체계의 성과중심 운영 정도(2)	4
	11. 재정 및 예산 집행의 적정성	22) 재정구조 및 예산관리의 건전화 노력 정도(2)	2
		23) 예산집행의 적정성(2)	5
	12. 혁신경영을 위한 노력	24) 혁신경영 수행성과의 우수성(4)	1
		25) 전년도 평가결과에 대한 개선노력 정도(2)	1
소 계		(25)	23
합 계		(100)	51

[자료] 경제·인문사회연구회(2007a: 35 - 62).
[주] 1. 배점은 100점 만점 기준.
　　2. 1과 2의 평가항목은 연구기관 자율 배점 선택 항목임. 즉 두 항목의 배점 합은 50이며, 기관에 따라 각 항목
　　　 별로 35 : 15를 기준으로 ±5 범위 내에서 배점 자율 선택.
　　3. 2)와 3)의 평가지표 역시 연구기관 자율 배점 선택 지표.
　　4. 1)의 평가지표는 별도의 기준에 따라 평가되므로 평가요소 수에서 제외.

　　연구기관의 특성에 따른 평가 배점 선택의 신축성을 위해 '연구
결과의 우수성' 평가항목과 '국가정책기여도' 평가항목 간에 100점
만점 기준으로 각 10점 범위에서 기관별 자율 선택권을 부여하고
있고, 국가정책기여도 평가항목 내에서도 법규로 위임된 국가사업
대행업무의 비중이 큰 연구기관과 정책연구를 주로 하는 연구기관
의 특성을 고려하여 두 지표 간의 배점을 7점 범위 내에서 조정할
수 있다. 즉 전체 25개 지표 중 2개 지표에 대해 17점 범위의 신축
성을 부여하고 있다.

　　한편, 평가항목이 연차별 일관성을 유지하고 있는지에 관해 지난

9년 간의 변경 내역을 분석한 결과는 <표 4 - 9>와 같다.

<표 4 - 9> 연구기관 평가의 평가항목 변경 내역

평가연도	평가항목
1999년도	1) 연구과제 선정의 적절성, 2) 연구실적 및 연구결과의 우수성, 3) 연구결과의 활용성의 정도, 4) 연구분야별 전문화의 정도, 5) 산학연 협동연구의 활성화 정도, 6) 연구실적 평가시스템의 적절성, 7) 조직 및 인사관리의 합리성, 8) 연봉제 등 성과주의에 입각한 보상체계의 운영상태, 9) 경영목표의 달성 정도, 10) 기타 연구기관의 생산성 향상을 위한 경영합리화의 추진 정도
2000년도*	전년과 동일
2001년도	1) 연구<u>사업</u> 선정의 적정성, 2) <u>연구사업 추진 및 관리체계의 효율성</u>, 3) 연구분야별 전문화의 정도, 4) 산학연 협동연구의 활성화 정도, 5) 연구사업 <u>성과</u>의 우수성, 6) 연구<u>성과의 활용 · 확산</u>의 정도, 7) 경영목표의 <u>설정 및</u> 달성의 정도, 8) 조직 및 <u>인력</u>관리의 적정성, 9) <u>재정 및 예산관리의 적정성</u>, 10) 기타 경영합리화의 추진 정도
2002년도	전년과 동일
2003년도	전년과 동일
2004년도	전년과 동일
2005년도	1) 연구사업 선정의 적정성, 2) 연구사업 추진 및 관리체계의 <u>적정성</u>, 3) 연구분야별 전문화의 정도, 4) 협동연구의 활성화, 5) 연구결과의 우수성, 6) <u>수탁업무 수행의 적정성</u>, 7) <u>국가 정책 기여도</u>, 8) <u>수요자 만족도</u>, 9) 경영목표 <u>실천계획</u>의 달성도, 10) 조직관리의 적정성, 11) <u>인사관리의 적정성</u>, 12) 재정 및 예산 <u>집행</u>의 적정성, 13) <u>혁신경영을 위한 노력</u>
2006년도	1) 연구결과의 우수성, 2) 국가 정책 기여도, 3) 수요자 만족도, 4) 연구<u>과제</u> 선정의 적정성, 5) 연구사업 관리체계의 적정성, 6) <u>연구협력의 활성화</u> 정도, 7) <u>기관장 리더십</u>, 8) 경영목표 실천계획의 달성도, 9) 조직관리의 적정성, 10) 인사관리의 적정성, 11) 재정 및 예산 집행의 적정성, 12) 혁신경영을 위한 노력
2007년도	전년과 동일

[자료] 경제사회연구회(1999, 2000a - 2004a), 경제 · 인문사회연구회(2005, 2006a, 2007a).
[주] 1. 2000년에는 평가항목 구분 없이 평가지표만 제시하고 있으나, 내용을 분석해 보면 1999년도의 평가항목을 그대로 유지한 채 지표만 29개에서 17개로 축소.
　　 2. 밑줄 친 부분은 전년에 비해 수정된 부분을 의미.

평가 첫해인 1999년도의 평가항목은 출연연법 시행령 제19조에 명시된 8개 평가항목 중 '연구결과의 우수성 · 활용성의 정도'를 두 개로 나누고, '연구과제 선정의 적절성'을 추가하여 구성되었다. 이는 2000년에도 동일하게 유지되었다.

2001년에는 출연연법 시행령이 개정되어 기존의 평가항목에 '연구사업 선정의 적정성', '연구사업 추진 및 관리체계의 효율성', '재정 및 예산관리의 적정성'이 추가된 반면, '연구실적 평가시스템의 객관성 및 공정성'과 '연봉제 등 성과주의에 입각한 보상체계의 운영상태'가 삭제되었다. 또한 '연구결과의 우수성·활용성의 정도'는 '연구사업 성과의 우수성'과 '연구성과의 활용·확산의 정도'로 변경되었다. 그리고 '경영목표의 달성 정도'는 '경영목표의 설정 및 달성 정도'로 변경되는 등 용어의 표현이 수정되었다. 이에 따라 평가항목도 일부 수정되었고, 특히 '연구사업 추진 및 관리체계의 효율성' 항목과 '재정 및 예산관리의 적정성' 항목이 신설되었다. 이후 2004까지는 동일한 항목으로 평가되었다.

2005년의 평가편람에서는 기존의 두 연구회가 통합되어 경제·인문사회연구회로 재출범한 후 처음 실시되는 평가일 뿐 아니라 2005년에 출연연법 시행령이 개정되어 기존의 10개 항목을 삭제하고 평가내용을 연구회 이사회에서 정하도록 변경되어 비교적 큰 폭의 수정이 있었다. 특히 연구분야에는 특성화 지표를 도입하여, 23개 연구기관을 경제정책분과, 자원·인프라분과, 인적자원분과, 공공정책분과 등 4개 분과로 나누어 각 분과별 특성화 지표를 구성하였다. 또한 '수탁업무 수행의 적정성', '국가정책 기여도', '수요자 만족도', '혁신경영을 위한 노력' 등의 평가항목이 추가되었다.

2006년에는 전년도의 연구분야 특성화 지표를 연구성과분야 연구성과지표로 수정하고, 협동연구의 활성화 항목을 '연구협력의 활성화 정도'로 변경하였으며, 특히 '기관장 리더십' 평가항목을 재도입하였다.[78] 2007년에는 전년도와 동일한 항목이 유지되고 있다.

2) 가치 및 장단점 평가

평가내용 항목의 메타평가지표, 즉 평가항목 및 지표 구성의 적절성, 평가항목의 연차별 일관성 유지, 연구기관 특성에 따른 평가배점 선택의 신축성 지표에 대한 연구기관 설문조사 결과는 2.75(전체 지표 중 27위), 3.13(전체 지표 중 13위), 2.88(전체 지표 중 22위)의 평점을 받은 것으로 나타났다. 평가항목의 연차별 일관성은 유지되고 있으나 다른 두 개의 지표에 대해서는 문제의 소지가 있음을 암시하는 결과이다. 특히, 평가항목 및 지표 구성의 적절성에 대해서는 그 평점이 낮을 뿐만 아니라 평가개선 우선순위를 묻는 질문에서 모든 지표 중 다섯 번째를 차지할 정도로 개선 요구가 강했다.

연구기관 평가관계자를 대상으로 한 면접결과 확인된 평가항목 및 지표 구성의문제점은 '상대평가를 위한 평가항목 설정에서 벗어나 기관의 발전방안 모색에 필요한 평가체계로의 전면 수정' 요구와 '기관장 중심의 자율적 책임경영 실현을 위해 핵심내용 위주로 평가항목을 대폭 축소. 예를 들면, 연구성과 및 정책기여도 중심의 평가체계로의 전환' 요구로 압축할 수 있다.

사실 현행 평가항목 및 지표는 그 비중으로 볼 때 연구성과분야가 전체의 60%에 달할 정도로 성과평가를 강조하고 있다. 또한 연구결과 우수성 평가항목이나 국가정책 기여도 평가항목에서 총 17%에 달하는 배점을 연구기관이 자율적으로 선택할 수 있도록

---

78) 기관장 리더십 평가항목은 인문사회연구회에서 적용하던 것으로, 2005년 통합 연구회 출범 후 첫 평가 때에는 삭제되었으나 2006년도 평가에서 다시 도입되었다. 과거 경제사회연구회에서도 기관장 평가지표의 도입을 검토한 적이 있으나 기관장은 기관운영 전반에 대한 결과로 평가받아야지 리더십만을 따로 구분하여 평가하는 것은 적절치 않다는 의견에 따라 도입하지 않았다.

하는 등 기관별 특성을 반영한 평가항목 구성이 적지 않다.

그럼에도 불구하고 연구기관의 불만이 나타나고 있는 것은 평가항목 및 지표가 지나치게 많고 복잡한 데 기인하는 것으로 보인다. 이는 곧 연구기관의 업무부담과 직결되는 요소이다. 평가항목 및 지표는 연구결과 우수성(연구보고서 평가위원 평가)에서 시작하여 국가정책기여도(평가단 평가, 국무총리실 고객만족도 조사), 수요자 만족도(국무총리실 고객만족도 조사), 연구결과 평가의 공정성(평가단 서면평가, 연구기관 외부 자체평가위원 설문조사), 여타 연구관리분야(평가단 서면평가·실사평가), 기관장 리더십(평가단 서면평가, 구성원 설문조사 및 면접, 기관장 인터뷰), 혁신경영 수행성과(기획재정부 혁신평가 결과), 여타 경영관리분야(평가단 서면평가·실사평가)에 이르기까지 매우 광범위하고 복잡한 체계로 구성되어 있다.

현재의 연구기관 평가는 기관을 대상으로 업무 전반에 대한 포괄적인 평가를 의미하는 기관평가의 형식으로 운영되는 것은 사실이지만, 그렇다고 해서 매번 모든 것을 평가할 수는 없다. 경제·인문사회연구회에 비해 훨씬 단순한 과학기술분야 연구기관의 평가항목 및 지표에 대해서도 지나치게 많고 백화점식 평가로 운영되어 평가의 초점이 흐려지고 있다는 지적을 상기할 필요가 있다(이찬구, 2004: 418; 조성복, 2005: 50; 황병상·강근복, 2005: 132).

한편, 평가지표와 평가목적 간의 연계성이 매우 취약하다는 점도 중요하고 시급한 문제이다. 연구기관 평가제도가 도입된 이후 매년 평가지표에 대한 수정이 있었으나 평가목적에 대한 검토는 없었다. 예를 들면, 평가목적에 수정이 없는 상황에서 연구보고서 우수성 평가배점은 1999년 6점에서 2007년에 35점으로 확대되었고 경영분야 배점은 40점에서 25점으로 축소되었다(경제사회연구회, 1999: 48; 경제·인문사회연구회, 2007a: 35 - 36). 평가목적과 평가배점 간의 불일치가 점차 확대될 여지를 보여주는 예이다.

이에 따라 평가목적의 달성 여부를 측정하기 위해 필요한 필수적 지표의 누락 또는 부족 문제도 나타나고 있다. 예를 들면, 현행 평가편람에서 제시한 네 가지 구체적 목적 중 두 번째인 '자율성 제고'나 세 번째인 '국제경쟁력 향상' 여부를 측정하기 위한 평가 지표가 존재하지 않는다. 이러한 사실은 최초 평가목적의 수립 시부터 평가목적과 평가지표 간의 연계성에 대한 면밀한 검토가 없었기 때문으로 보이는데, 문제는 그 이후 평가목적의 수정에 대한 체계적인 검토가 한 번도 이루어지지 않았다는 데서 비롯된다.

현행 평가목적은 좋은 여러 목적들을 선언적으로 나열하는 수준이므로 연구환경이 바뀌고 평가지표가 수정되더라도 검토의 필요성이 없을 수도 있다. 대표적인 예가 첫 번째 목적으로 제시된 '정부출연연구기관으로서 공공성과 책무성 및 혁신성을 확보', 네 번째인 '국가의 정책개발과 관련 분야의 발전을 이끌어 가는 데 있어 보나 효과적인 두뇌기관의 역할'을 들 수 있다. 평가목적(또는 목표)이 이런 형식으로 제시된 상황에서는 평가지표와의 연계성 문제를 따로 검토할 필요가 줄어들 것이다. 하지만 이러한 목표는 달성 여부를 측정하기 곤란한 애매한 목표이다.

그리고 연구기관 평가관계자들은 연구기관의 업무부담을 가중시키는 주요 요인으로 평가요소의 과다를 꼽고 있다. 평가지표의 하위구성요소인 평가요소가 무려 51개에 이른나. 비록 평가시표 수를 줄이고 평가배점을 줄인다 하더라도 이 평가요소가 사라지지 않는

한 업무부담은 줄어들지 않는다는 것이다.

2. 평가절차

이 평가항목에서는 평가절차의 합리성(평가절차가 평가목적에 부합하도록 합리적으로 규정되어 있는지), 평가자 및 평가대상자에 대한 평가기준 설명의 적절성(평가위원 및 연구기관 평가담당자들에 대한 평가기준 설명이 적절한지), 그리고 평가자와 평가대상자 간 의사소통의 충분성(평가자와 평가대상자 간의 의사소통이 충분한지)에 관해 평가한다.

1) 실태 분석

연구기관 평가의 추진절차는 [그림 4-4]에서 제시한 것과 같이 평가기본계획 수립부터 평가편람 확정 및 제시, 평가단 구성, 평가준비, 평가 실시, 평가결과 확정 및 평가보고서 작성, 평가결과(안) 검토 및 승인, 평가결과 제출에 이르기까지 여러 단계로 나뉘어 진행된다.

매년 4월 30일까지 평가결과를 제출하도록 법령에 규정되어 있으므로, 이 시기를 기점으로 살펴보는 것이 이해하기 쉽다. 4월 말에 평가결과를 제출하고 나면, 바로 당해 연도 평가업무가 개시된다. 5월 중에 전년도 평가실시 상의 문제점을 파악하고, 연구기관 및 평가위원의 의견을 수렴하는 등 전년도 평가결과에 대한 종합적인 분석 및 평가결과 후속조치가 실시된다. 이를 바탕으로 6월부터 다음 해 4월까지는 [그림 4-4]에서 제시된 절차에 따라 연중 평가 업무가 진행된다.

이렇게 볼 때 현재의 평가업무 절차는 상당히 체계적이고 합리 적인 것으로 평가할 수 있다. 따라서 여기서는 전체적인 평가 추진 절차 중 연구기관의 참여 및 평가관계자 상호간의 의사소통이 필 요한 단계를 중심으로 살펴보고자 한다.

즉 평가편람 확정·제시 단계, 평가준비 단계 중 평가단 워크숍, 평가실시 단계, 평가결과 확정 및 평가보고서 작성 단계에서 연구 기관의 참여와 평가관계자 상호간의 의사소통을 중심으로 분석하 고자 한다.

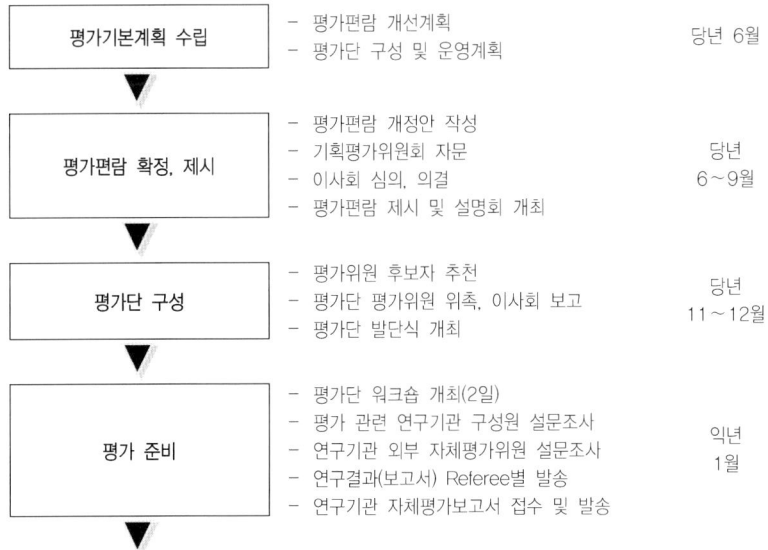

평가기본계획 수립	– 평가편람 개선계획 – 평가단 구성 및 운영계획	당년 6월
평가편람 확정, 제시	– 평가편람 개정안 작성 – 기획평가위원회 자문 – 이사회 심의, 의결 – 평가편람 제시 및 설명회 개최	당년 6~9월
평가단 구성	– 평가위원 후보자 추천 – 평가단 평가위원 위촉, 이사회 보고 – 평가단 발단식 개최	당년 11~12월
평가 준비	– 평가단 워크숍 개최(2일) – 평가 관련 연구기관 구성원 설문조사 – 연구기관 외부 자체평가위원 설문조사 – 연구결과(보고서) Referee별 발송 – 연구기관 자체평가보고서 접수 및 발송	익년 1월

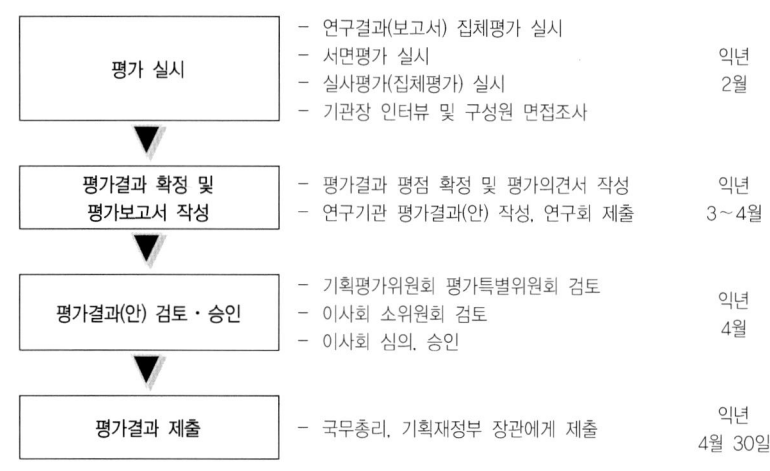

평가 실시	– 연구결과(보고서) 집체평가 실시 – 서면평가 실시 – 실사평가(집체평가) 실시 – 기관장 인터뷰 및 구성원 면접조사	익년 2월
평가결과 확정 및 평가보고서 작성	– 평가결과 평점 확정 및 평가의견서 작성 – 연구기관 평가결과(안) 작성, 연구회 제출	익년 3~4월
평가결과(안) 검토·승인	– 기획평가위원회 평가특별위원회 검토 – 이사회 소위원회 검토 – 이사회 심의, 승인	익년 4월
평가결과 제출	– 국무총리, 기획재정부 장관에게 제출	익년 4월 30일

[주] 경제사회연구회(2004a: 7) 및 경제·인문사회연구회(2008b: 20-24)의 추진절차를 종합하여 재구성.

[그림 4-4] 연구기관 평가의 추진절차

첫째, 평가편람의 확정에 있어서는 평가기준개선 T/F 구성 때부터 전년도 평가단 및 연구기관 관계자가 구성원으로 참여하며, 평가기준 개선(안) 작성 시에는 전년도 평가위원 및 전체 연구기관은 물론 기획평가위원·이사회·관계부처 등 외부 기관의 의견까지 폭넓게 수렴하고 있다.

또한 작성된 개선(안)에 대해서 다시 연구기관의 의견을 청취하고 기획평가위원회 평가특별위원회 자문과 이사회 소위원회의 검토를 거쳐 최종적으로 이사회에서 심의, 확정하고 있다. 확정된 평가편람은 연구기관에 제시함과 아울러 설명회를 개최한다(경제·인문사회연구회, 2007a: 27, 91).

둘째, 평가준비 단계에서는 평가단 워크숍을 실시하고 있다. 평가단이 구성된 후 평가편람의 기본사항과 평가기준 및 방법 등에 대한 이해를 목적으로 평가단 워크숍을 개최하고 있다.

셋째, 평가실시 단계에서는 연구기관의 자체평가보고서에 대한 서면평가에 의해 평가결과를 확정하는 것이 아니라 추가확인자료에 의한 보완, 각종 설문조사 결과 반영, 평가단과 연구기관 관계자가 질의응답 하고 설명하는 실사평가, 기관장 인터뷰 및 구성원 면접조사 등을 종합하여 결정하고 있다. 다만 연구기관별로 할당되는 실사평가 시간이 기관장 평가를 포함하여 5시간에 불과한 실정이다.

넷째, 평가결과 확정 및 보고서 작성 단계에서는 서면평가 시 부여한 평점을 실사평가를 통해 확인하고 불확실한 사항은 추가자료 수집 등으로 확인·보정하여 평가위원별 실사평점표를 확정·제출한다. 이를 토대로 평가보고서 초안을 작성한 후 평가단 간사회의 및 총괄반 회의 등을 거쳐 '연구기관 평가결과(안)'를 확정, 연구회에 제출한다.

2) 가치 및 장단점 평가

평가절차에 관한 메타평가지표 중 '평가절차의 합리성'과 '평가자 및 평가대상자에 대한 평가기준 설명의 적절성'은 비교적 무난한 수준을 유지하고 있는 것으로 판단된다.

전반적인 평가 추진절차가 체계적이고 합리적인 것으로 보이며, 특히 평가편람 작성을 비롯해 평가 실시까지는 주요 단계별로 이해 관계자의 참여가 폭넓게 이루어지고 있다. 실제 평가실시 과정에는 연구기관 평가담당자(자체평가보고서 작성)뿐만 아니라, 연구기관 기관장(인터뷰)을 비롯해, 연구기관 구성원(대상 설문 및 면접), 국무총리실(고객만족도 조사), 기획재정부(혁신평가결과), 그리고 연구기관 외부 자체평가위원(설문조사)에 이르기까지 매우 광범위한 참여가 이루어지고 있다. 참여의 폭이 너무 넓어 효율성 측면을 살펴야 할 정도이다.

또한 연구기관 평가담당자 및 평가위원들에 대한 평가기준 설명 절차도 갖추어져 있다. 2007년도 평가의 경우, 연구기관에 대한 평가 기준의 제시 및 설명은 8월에 이루어졌으며, 평가기준에 관한 의문은 연구회 담당자와의 소통을 통해 해소되고 있다. 또한 평가위원 전원을 대상으로 2008년 1월 초에 이틀간의 워크숍을 개최하여 평가 기준 및 평가방법 등에 대한 교육을 실시하였다.

이에 더하여 평가위원별 역할 분담, 평가지표별 등급부여 기준 확정, 구체적인 평가절차 및 방법의 확정, 각종 설문조사결과의 숙 지 등의 준비과정을 거치고 있다. 다만 평가위원 전원이 외부 전문 가들로 구성되며, 시간이 충분치 않아 방대하고 복잡한 평가기준과 방법 및 연구기관별 특성을 모두 숙지하기에는 한계가 있는 듯하다.

이는 연구기관 평가관계자들과의 면접을 통해서 확인할 수 있었 다. 평가절차에 대한 개선의견으로, '평가는 감사가 아님을 주지시 켜 달라'든지, '평가위원들의 자질 향상, 평가편람에 대한 사전교육 강화로 평가기준 및 평가대상기관에 대한 충분한 이해가 이루어진 상황에서 평가가 이루어졌으면 좋겠다.'든지, '평가자에 대한 사전 소양교육과 평가방법에 대한 철저한 안내 및 교육이 필요하며, 피 평가자의 평가자에 대한 역평가를 시행할 것'을 주문하는 의견도 있었다.

한편, 평가절차 항목 중 '평가자와 평가대상자 간 의사소통의 충 분성' 지표에서는 개선할 부분이 많은 것으로 평가되었다. 이는 각 평가단계별로 평가대상기관이 참여할 수 있는 장치가 마련되어 있느냐에 관한 것이 아니라, 실제 의사소통이 원활하게 이루어지고 있느냐를 보여주는 지표이다.

앞의 두 지표에서 살펴본 바와 같이 현행 평가절차는 비교적 체계적으로 구성되어 있고, 평가의 중요한 단계별로 연구기관을 비롯한 이해관계자들의 참여 장치가 마련되어 있다. 이는 연구기관 설문조사 결과 이들 지표에 대해 각각 3.15(전체 지표 중 12위)와 2.93(전체 지표 중 19위)으로 무난한 평가를 받은 것을 통해서도 뒷받침된다.

반면 '평가자와 평가대상자 간 의사소통의 충분성'에 대해서는 2.48로 나타나 31개 지표 중 30위의 평가를 받았다. 연구기관에서 이에 대한 문제 제기가 매우 강력하다는 의미이다. 그런데 31위로 가장 낮은 평점을 받은 지표는 '평가결과 확정 절차의 적절성'인데, 이 지표 역시 평가결과 확정과정에서 연구기관의 소명기회가 전혀 없다는 의사소통의 문제에 기인한 것으로 보이므로, 평가자와 평가대상자 간의 소통 문제는 시급하고도 중요한 과제이다. 평가결과 확정 절차의 적절성에 대해서는 이후 해당 지표에서 자세히 살펴보겠다.

평가자와 평가대상자 간 의사소통이 충분하지 못하다는 것은 평가실시 및 평가결과 확정과정에서 양자 간의 접촉이 거의 없다는 데서 비롯된다. 연구기관에서 한 해 동안 수행한 연구실적 및 경영내용에 대해 평가단을 직접 대면하고 설명할 수 있는 시간이 5시간에 불과하나. 충분한 설명이 이루어지기 어려운 시간상의 제약에도 불구하고 실사평가 이후 평가결과가 최종 확정될 때까지 연구기관과의 공식적 소통절차가 없다. 실사평가가 끝난 이후에는 최종 평가결과가 통보될 때까지 연구기관은 알지 못한다.

이러한 사정은 연구보고서 평가에 있어서도 마찬가지다. 평가결과 점수만 제시될 뿐 평가자와 피평가자 간의 소통 과정이 전혀 없다. 이 지표가 평가개선 우선순위에서 '평가결과 확정 절차의 적절성'에 이어 2위로 지적된 이유도 결국 소통의 문제를 지적한 것으로 보인다.

3. 평가방법

평가방법에 대한 평가항목에서는 평가기준 판단근거의 명료성(평가기준이 평가위원이나 평가대상자가 명료하게 이해할 수 있도록 제시되어 있는지) 및 연구보고서 평가방법의 적절성(연구보고서 평가방법이 전문성과 공정성을 담보하기에 적절한지)을 중심으로 평가한다.

1) 실태 분석

평가방법은 평가결과의 정확성과 타당성을 결정하는 중요한 요소 중 하나이다. 평가목적이 명료하고 평가주체 및 내용이 합리적으로 설정되어 있다 하더라도 평가방법이 적절하지 못하다면 정확하고 타당한 결과를 도출할 수 없기 때문이다. 평가위원을 대상으로 한 설문조사에서 평가방법 항목의 두 지표인 '평가기준 판단근거의 명료성'에 대해 전체 지표 중 6위, '연구보고서 평가방법의 적절성'은 2위로 높게 평가한 것도 이 평가항목의 중요성을 말해 주고 있다.

연구기관 평가방법은 평가편람 및 평가보고서에 매우 구체적이고 체계적으로 명시되어 있다(경제・인문사회연구회, 2007a: 31－65; 2008b: 11－19). 평가방법에 대한 정확한 이해를 도모하기 위해 평가기준 및 방법을 함께 제시하고 있는 점도 합리적으로 보인다.

먼저 평가기준은 타당성・유용성・실현성・명료성 등의 일반적 기준에 대해 설명한 후 연구결과 우수성 지표・국가정책 기여도 지표・수요자 만족도 지표・기관장 리더십과 경영역량 지표・혁신경영 수행성과의 우수성 지표 등 특수지표의 평가기준으로 구분하여 제시하고 있다.

평가방법은 평가척도, 지표별 가중치 설정, 계량지표의 평가, 비계량지표의 평가, 조사방법의 기준(구성원 설문조사 방법, 구성원 면접조사 방법, 수요자 만족도 조사 방법, 연구기관 외부 자체평가 위원 설문조사 방법), 전년도 대비 실적 평가, 평가 점수의 산출 등으로 나누어 자세하게 설명하고 있다.

또한 평가편람의 평가기준과 지표 부분에서는 평가항목별로 평가방향을 제시하고, 각 평가지표에 대해서는 평가질문, 평가척도, 평가방법, 평가요소, 평가자료 등을 함께 제시하여 평가방법의 이해에 어려움이 없도록 하고 있다.

한편, 전체 평가배점 중 30~40%(기관별 자율 선택 지표, 평균 35%)를 차지하고 있는 '연구결과(보고서)의 우수성' 지표에 대한 평가방법은 그 중요성만큼이나 자세하게 기술되어 있다. 그 주요 내용은 <표 4－10>과 같이 요약할 수 있다.

〈표 4-10〉 연구보고서 평가방법의 주요 내용 요약

평가지표 명칭 및 배점	연구결과(보고서)의 우수성(30~40점)[*]
평가대상 보고서 선정기준	기본연구과제 숫자의 40%(연구기관 30%, 평가단 10% 선정)
보고서 평가위원 선정기준	외부전문평가위원 후보자 pool 중 소정의 자격요건을 갖춘 자
보고서 평가기준	연구보고서 우수성 평가표의 항목, 지표, 척도
보고서 평가방식	기존 재택평가방식에서 2006년도 평가부터 집체평가로 변경
보고서 평점방법	보고서 평가위원 3인의 평점을 산술평균하여 실점수 반영
연구기관 평가보고서 상 보고서 평가결과 기술방식	연구기관별 평균 평점과 장단점, 개선 및 건의 기술 (보고서별 점수나 평점 근거 등에 대해서는 기술하지 않음)

[자료] 경제·인문사회연구회(2007a: 37-38; 2008b: 11-19).
[주] 배점은 100점 만점으로 환산한 것이며, 연구기관별 특성에 따른 자율선택 가능 지표임.

"연구결과(보고서)의 우수성 평가는 당해 연구기관이 평가대상연도에 수행한 기본·수탁·수시연구과제 중 적정 수를 추출하여 평가단이 선정한 외부 전문평가위원을 통하여 질적 수준을 평가한다. 이를 위해 각 연구기관은 기본연구과제 숫자의 30%에 해당되는 수만큼 선정하여 제출하며 10%는 평가단에서 선정한다.

기본연구과제 수의 30% 중 절반은 평가대상 연도에 수행한 연구사업 과제 중 사업 소요예산 규모가 큰 과제 순으로 선정, 제출하며(정부출연금으로 수행한 협동연구과제는 반드시 포함), 나머지 과제는 연구기관이 자체평가결과 우수하다고 판정한 보고서를 제출하여 평가한다(자체평가결과 우수과제는 수탁연구과제 및 수시연구과제를 포함할 수 있으나 전체 평가대상과제 수의 30% 범위를 초과할 수 없음). 평가단은 연구기관이 지정한 보고서 외에 추가로 전체의 10%에 해당되는 보고서를 무작위로 추출하여 평가대상 연구보고서에 포함시킨다.

평가의 공정성과 객관성을 확보하기 위해 '한국학술진흥재단'에 등재된 관련 분야 전문가, 연구보고서 관련학회에 등록된 전문가 등의 자료를 기초로 하여 평가대상 보고서를 평가할 외부전문 평가위원 후보자 집단(pool)을 구성하고, 이들 후보자 중에서 전문연구 영역별로 '연구보고서 우수성 평가위원회'를 구성하여 연구기관의 평가대상보고서를 집체평가 한다.

연구보고서 우수성 평가위원(Referee) 선정기준은 다음과 같다. '연구보고서 우수성 평가위원 선정위원회'는 '외부전문 평가위원 후보자 pool' 중에서 다음의 최소 자격요건을 갖춘 위원을 '연구보고서 우수성 평가위원 후보자'로 선정한다. ① 평가대상보고서의 연구영역에 가장 적합한 전공자, ② 평가대상보고서의 연구기관 자체평가위원으로 참여하지 않은 자, ③ 최근 5년간 5편 이상의 연구업적이 있는 자(공무원 제외), ④ 박사학위를 소지한 자(공무원의 경우 석사학위 이상), ⑤ 과거 경제·인문사회연구회의 연구보고서 우수성 평가에 참여한 자 중 평가 시 극한의 평점(outlier)을 부여하지 아니한 자이다.

연구결과(보고서) 평가는 '평가편람'의 '연구보고서 우수성 평가표'를 활용하여 시행하고, 최종적으로 산출된 평점은 등급척도로 환산하지 않고 실점수로 활용한다. 같은 조에 편성된 3인의 Referee는 동일과제를 각각 평가하여 3인의 산술평균 한 평점을 최종 평점으로 확정한다."고 규정하고 있다.

이러한 연구보고서 평가방법은 기존의 두 연구회에서 각기 운영되던 평가방법이 2005년 경제·인문사회연구회 출범 후 현재의 방법으로 결정된 것이다.[79] 연구보고시 평가는 <표 4-11>과 같이

79) 인문사회연구회에서는 2004년도 평가부터 Referee에 의한 연구보고서 평가방법을 도입하

매년 그 비중(배점)과 평가대상 보고서의 범위가 확대되면서 평가 방법 역시 점진적으로 변화되어 온 결과이다.

〈표 4-11〉 연구보고서 평가의 배점 및 보고서 수 변경 내역

평가년도	1999년	2000년	2001년	2002년	2003년	2004년	2005년	2006년	2007년
평가배점	6	25	35	35	40	40	25	30~40[**]	30~40[**]
보고서 수	3편+α	5편+α	6편+α	6편+α	6편+α	6편+α	40%[*]	40%[*]	40%[*]

[주] 1. 연구과제 보고서(2005년은 수시과제 제외) 숫자에 대한 %를 의미하며, 최소 8편.
　　2. 연구기관별 특성에 따라 30~40점 범위 내에서 자율적으로 선택 가능함을 의미.
　　3. 1999년부터 2004년까지는 경제사회연구회 기준, 이후는 경제·인문사회연구회 기준.

2) 가치 및 장단점 평가

이상의 내용을 종합할 때, 평가기준 판단근거의 명료성, 즉 평가기준이 평가위원이나 평가대상자가 명료하게 이해할 수 있도록 제시되어 있는지의 여부는 우수하다고 평가된다. 각 평가지표별로 평가기준이 구체적이고 명료하게 제시되어 있어 이를 이해하는 데 별 어려움이 없는 수준이다.

연구기관 설문조사 결과 역시 이 평가지표에 대한 평점(3.18)이 전체 지표 중 9위의 높은 순위를 나타내었다. 또한 평가관계자 면접에서 평가기준의 명료성에 대한 제언은 보이지 않았으나, 상대평가 방식에서 절대평가 방식으로의 전환을 주문하는 의견이 있었다.

였다(인문사회연구회, 2004: 47-48). 평가 첫해에는 대표 연구보고서에 대해 평가단에서 평가하였다(인문사회연구회, 1999: 50). 2000년부터는 연구기관이 자체 평가한 연구보고서 우수성 평가 결과를 평가배점에 따라 환산하여 적용하는 방법을 사용하였다(인문사회연구회, 2000: 56; 2001a: 53; 2002: 51; 2003: 50). 또한 2002년과 2003년에는 연구기관의 자체평가결과를 적용하는 방식은 유지하되, 평가단의 '연구사업결과 평가의 공정성' 평가결과에 따라 자체평가결과를 수정하도록 하거나, 공정성에 현저한 의문이 있다고 판단된 경우 외부전문가평가팀을 구성하여 평가하도록 하였다(인문사회연구회, 2002: 51; 2003: 27, 50).

즉 "연구기관 간 상대평가 방식을 개별 기관에 대한 절대평가 방식으로 변경하여, 불필요한 경쟁 심리를 불식하고 연구기관 간에 서로 배우고 돕는 분위기를 형성할 수 있도록 개선이 필요하다."는 의견을 피력한 경우가 그것이다.

한편, 연구보고서 평가방법의 적절성, 즉 연구보고서 평가방법이 전문성과 공정성을 담보하기에 적절한지에 관해서는 31개 지표 중 세 번째로 낮은 평점(2.70)을 받았으며, 평가개선 우선순위에서도 두 번째로 높은 응답을 보였다. 이에 비해 평가위원들은 이 지표에 대해 전체 지표 중 두 번째로 중요하다고 평가한 점을 고려하면, 연구보고서 평가방법의 문제점 분석이 매우 중요하고도 시급한 과제임을 알 수 있다.

앞에서 살펴본 바와 같이 현행 연구보고서 평가방법은 매우 구체적이고 합리적으로 설정된 것으로 보인다. 평가대상 연구보고서의 선정기준이나 평가위원(referee) 선정기준 및 방법, 평가위원이 일정 장소에 모여 집체평가 하는 방식, 연구보고서의 구체적인 평가기준, 3인의 결과를 산술평균 하는 평점 방식 등을 종합할 때 크게 문제점이 드러나 보이지 않는다.

그렇다면 무슨 문제가 있는 것일까? 실마리는 연구기관 평가관계자들과의 면접에서 나타났다. 첫째, 연구보고서 및 평가위원 선정의 투명성이 부족하다는 지적이다. 평가단에서 무작위로 추출하는 10%에 해당하는 보고서 선정이나 연구보고서 평가위원 선정에 대한 우려를 해소할 수 있도록 그 선정과정을 더욱 투명하게 해 달라는 요구이다. 둘째, 연구보고서 평가과정에서의 의견교환 절차가 전무(全無)하다는 점이다. 즉 소통과 피드백(feedback)의 문제이다.

특히, 이 문제는 본 메타평가지표 31개 중 연구기관 설문조사 결과 평점이 가장 낮은 세 개의 지표(① 평가결과 확정절차의 적절성, ② 평가자와 평가대상자 간 의사소통의 충분성, ③ 연구보고서 평가방법의 적절성)가 모두 소통과 관련이 있다는 점에서 시사하는 바가 크다. 셋째, 연구기관 평가보고서의 연구보고서별 평점 기술 방식에 관한 문제이다. 현행 평가보고서에는 연구보고서 평가의 기관별 평균점수만 제시될 뿐 어떤 연구보고서가 몇 점을 받았는지에 대해서는 전혀 나타나지 않는다. 넷째, 연구기관 평가보고서에서 연구보고서별 평가근거를 확인할 수 없다는 문제이다. 연구보고서의 우수성에 대한 장단점이나 개선 및 건의사항이 너무나 간단하고 추상적이며 거의 같은 내용이 여러 연구기관에 걸쳐 반복적으로 표현되고 있다는 지적이다. 결국, 연구보고서의 평가결과를 연구자가 납득할 수 있는 제반 절차 및 장치가 구비되어 있지 않다는 것으로 요약된다.[80]

4. 평가보고서

이 평가항목에서는 평가보고서 구성 및 내용의 합리성(평가보고서의 구성 및 내용이 합리적인지)과 평가보고서 결론 및 제언의 적

---

[80] 경제사회연구회에서는 2000년도 평가 때부터 현재와 같은 연구보고서 평가방법을 운영하였다. 제시된 첫 번째 문제와 관련해서는 Referee 선정 소위원회제도를 활용하였는데 현재에도 비슷한 방식을 채택하고 있으므로 그 투명성 강화를 통해 보완할 과제이다. 두 번째 문제의 해소를 위해서는 연구보고서 평가결과 초안 및 평점 차이가 큰 경우에 대해 연구기관의 반론기회를 제공하였다. 세 번째 문제와 관련해서는 연구보고서별·평가위원별 평점을 평가보고서에 제시하였다. 네 번째 문제는 각 보고서별로 우수한 점과 미흡한 점을 구체적으로 기술하여 해소하고자 하였다(경제사회연구회, 2005: 11-12, 122-123).

정성(평가보고서의 결론 및 제언이 증빙자료에 근거하여 적정하게 제시되고 있는지)에 관해 평가한다.

1) 실태 분석

평가보고서 구성 및 내용의 합리성 지표와 평가보고서 결론 및 제언의 적정성은 연구기관 평가보고서에 대한 내용 분석을 통해 파악할 수 있다.

현행 연구기관 평가보고서는 <표 4-12>에서 요약한 바와 같이 4장으로 구분된 본문과 부록으로 구성되어 있다.

〈표 4-12〉 연구기관 평가보고서 구성체계 요약

제1장 평가의 목적 및 체계	① 평가의 의의 및 목적, ② 평가단의 구성 및 임무, ③ 평가기준 및 방법, ④ 평가단계별 절차
제2장 평가결과 종합	① 총평, ② 연구기관 및 평가분야별 종합평
제3장 연구기관별 평가결과	① 과학기술정책연구원, ② 국토연구원 …… ㉒ 한국형사정책연구원, ㉓ 한국환경정책·평가연구원
제4장 연구기관 발전 및 제도개선 건의사항	① 연구기관 발전을 위한 제언, ② 정부 및 연구회 발전을 위한 제언, ③ 연구기관 평가제도 발전을 위한 제언
부 록	① 평가항목별 대표적 우수사례, ② 설문조사서 및 설문조사결과

[자료] 경제·인문사회연구회(2008b: 1-682).

제1장 평가의 목적 및 체계에서는 ① 평가의 의의 및 목적, ② 평가단의 구성 및 임무, ③ 평가기준 및 방법, ④ 평가단계별 절차 등을 제시하고 있다. 이어 제2장 평가결과 종합에서는 ① 총평, ② 연구기관 및 평가분야별 종합평으로 구분한 후 ②는 다시 ㉮ 연구기관별 종합평, ㉯ 평가분야별 종합평, ㉰ 연구성과분야 및 평가

항목별 종합평, ㉣ 관리분야 연구관리지표 및 평가항목별 종합평, ㉤ 관리분야 경영관리지표 및 평가항목별 종합평으로 나누어 기술하고 있다.

제3장 연구기관별 평가결과는 ① 과학기술정책연구원부터 ㉓ 한국환경정책・평가연구원에 이르기까지 연구회 소관 23개 연구기관별로 평가결과를 설명하고 있다. 제4장 연구기관발전 및 제도개선 건의사항에서는 ① 연구기관 발전을 위한 제언, ② 정부 및 연구회 발전을 위한 제언, ③ 연구기관 평가제도 발전을 위한 제언으로 구분하여 제시하고 있다. 평가보고서의 말미에는 부록 ① 평가항목별 대표적 우수사례, ② 설문조사서 및 설문조사결과가 첨부되었다(경제・인문사회연구회, 2008b: 1 - 682).

다음으로 평가보고서의 결론 및 제언이 증빙자료에 근거하여 적정하게 제시되고 있는지를 살펴보기 위해서는 평가보고서 전반에 대한 내용분석이 필요하다. 그런데 제2장 '평가결과 종합'의 총평이나 연구기관 및 평가분야별 종합평, 그리고 제4장 '연구기관발전 및 제도개선 건의사항'에 관한 부분은 그 적절성을 판단할 준거를 찾기 어려울 뿐 아니라, 연구기관 관계자 면접에서도 특별한 문제제기가 없었기 때문에 분석대상에서 제외한다.

따라서 여기서는 연구기관 평가보고서의 몸통(전체 682쪽 중 590쪽)에 해당하는 제3장 '연구기관별 평가결과'를 중심으로 그 실태를 살펴본다. 구체적으로 2007년도 연구기관 평가보고서에서 첫 번째 순서로 기술되고 있는 과학기술정책연구원의 사례를 위주로 하고, 필요한 경우 여타 연구기관의 내용도 비교하여 함께 분석한다.

연구기관별 평가결과는 총평(2쪽)과 평점 현황(2쪽)을 제시한 후,

평가편람에서 구분한 바에 따라 연구성과분야(4쪽)와 관리분야(16쪽)로 나누고, 평가항목 아래 각 평가지표별로 세부적인 평가결과를 설명하고 있다. 즉 각 평가지표별로 장점, 단점, 개선 및 건의사항으로 나누어 기술하고 있다(경제·인문사회연구회, 2008b: 49 - 74). 각 연구기관별 분량은 25쪽 내외이다.

총평은 평가편람에서 정한 12개 평가항목별 평점을 그래프로 제시한 후 종합의견 5개 단락, 연구성과분야 2개 단락, 관리분야의 연구관리지표 2개 단락, 그리고 관리분야의 경영관리지표 2개 단락으로 구성되어 있다.

평점 현황은 연구성과분야의 연구성과지표의 평점과 관리분야의 연구관리지표 평점 및 경영관리지표 평점을 제시하고, 연구분야와 관리분야로 나누어 각 평가항목 및 평가지표별 평점을 표로 제시하고 있다.

이어 각 평가지표별 평가결과는 앞에서 언급한 바와 같이 각 분야 및 평가항목하에 평가지표별로 장점 1~7개 단락, 단점 1~6개 단락, 개선 및 건의사항 1~5개 단락 정도로 서술하고 있다. 즉 각 평가지표별로 연구기관이 받은 평점의 근거를 이와 같이 매우 간략하게 제시하고 있다.

2) 가치 및 장단점 평가

평가보고서의 구성 및 내용은 다음과 같은 항목을 잘 기술하고 있는가를 검토할 필요가 있다.

먼저 서론에서는 평가대상·평가유형·평가목적·과거에 유사한 평가가 이루어졌는지의 여부 등에 관해 기술한다. 본론에서는 정책 (사업)에의 참여자에 대한 기술과 조사절차에 대한 기술 등 평가방법에 대해 제시한 후 평가연구결과에 대해 기술한다. 그리고 결론부분에서는 결론과 건의의 제시가 필요하다(김명수, 1993: 181 – 182).

또한 UNEG의 평가표준에서도 평가보고서(evaluation reports)의 구성에 관해 구체적인 기준을 제시하고 있다. 즉 '표지 및 시작 페이지에서 핵심기초정보 제공'을 비롯해, '수행요약(executive summary) 제시', '완전하고 적절한 부록'에 이르기까지 총 18개 항의 기준을 예시하고 있다(<표 1 – 8> 참조).

이러한 평가보고서의 구성요건과 앞의 실태분석 결과를 종합하여 판단할 때, 현행 연구기관 평가보고서는 평가보고서 구성 및 내용의 합리성 측면에서는 비교적 무난한 편이나 일부 보완할 점이 있는 것으로 보인다. 반면, 평가보고서의 결론 및 제언이 증빙자료에 근거하여 적정하게 제시되고 있는지에 관해서는 상당한 문제가 있는 것으로 판단된다.

이는 연구기관 설문조사 결과에서도 동일하게 나타나고 있다. 즉 이 두 지표에 대한 연구기관의 평점은 각각 3.33과 3.03으로 나타나 '평가보고서 구성 및 내용의 합리성'은 전체 지표 중 6위를 차지한데 비해, '평가보고서 결론 및 제언의 적정성'은 17위로 평가된 것이다.

평가보고서의 연구기관별 평가결과 부분에 대한 실태분석에서 나타난 것과 같이 현행 평가보고서는 부여한 평점에 대한 설명력이 떨어질 뿐 아니라 근거의 제시가 미흡하고, 연구기관의 발전을 위해 무엇을 어떻게 개선해야 하는지에 관한 충분한 정보를 제시하지 못하고 있다(경제·인문사회연구회, 2008b: 55 - 619).

예를 들면, 과학기술정책연구원 연구결과(보고서) 우수성 지표의 단점에 대해, "현실적인 문제를 다루면서도 구체적인 정책대안의 제시가 미흡할 뿐만 아니라 정책활용 가능성도 크지 않은 것으로 지적되고 있음. 일부 과제의 경우 선행연구에 대한 깊이 있는 검토와 최근 연구동향의 반영이 부족하고 연구방법이 설문분석에 편향되어 있어 심층 분석이 미흡하다는 지적이 있음"이라고 기술하고 있는데, 평가대상이 된 여러 보고서 중 어떤 보고서가 그러한지에 대해 알 수 없다. 또한 이러한 기술은 이 지표의 평가에서 높은 점수를 받은 기관이나 그렇지 않은 기관이나 거의 비슷하게(국토, 대외, 정보, KDI, 교육, 평가원, 교통, 노동, 여성, 조세, 직능원, 청소년, 해양, 행정, 환경) 언급되고 있다.

또한 평가내용의 중요성, 즉 평가지표별 배점의 비중과 평가보고서 분량 간의 불균형이 너무 심하다. 평가배점은 연구성과분야 60%·관리분야 40%로 구성되어 있는 데 반해, 평가보고서의 분량은 각각 4쪽(20%)과 16쪽(80%)을 차지하고 있다. 60%의 비중을 차지하는 지표에 대해 불과 20%의 지면만을 할애하는 것은 문제가 있다. 특히 연구결과(보고서)의 우수성 항목은 전체 배점 중 35%를 점하고 있으나 이에 대한 설명은 가장 긴 경우가 1쪽(4%)(국토, 정보, 해양)에 불과하다.

이 같은 문제점들은 연구기관 평가관계자와의 면접에서도 확인된다. 평가보고서와 관련하여, "연구기관 발전이나 연구·경영능력 향상에 평가가 활용되기 위해서는 평가 자체만 의미를 둘 것이 아니라 평가보고서에 연구기관의 취약점을 개선할 수 있는 방안이 명료하게 제시되어야 한다."거나, "평가자의 의견이 평가보고서에 보다 명확하게 제시되어 평가대상자가 평가결과에 대해 납득할 수 있으며, 기관발전에 실질적인 도움이 되는 개선방안 및 건의사항의 제시"를 요구하고 있다.

평가활용영역은 평가를 통해 취득한 정보를 정책과정 전반에 이용하는 활동과 관련된 영역이다. 본 모형에서 평가활용은 평가결과와 환류를 포괄하는 개념으로 사용하고 있다. 이 절에서는 현행 출연연 평가시스템 중 평가활용영역에 관해 평가결과 확정, 평가결과 보고, 평가결과 활용, 평가시스템 개선 등 4개 평가항목과 이를 다시 9개로 나눈 평가지표의 기준에 따라 그 가치와 장단점을 평가한다.

1. 평가결과 확정

이 평가항목에서는 평가결과 확정 절차의 적절성(평가결과 확정 전에 평가대상자의 소명기회 제공 등 평가결과의 정확성을 담보할 수 있는 절차가 구비되어 있는지) 및 평가등급 산정의 합리성(평가등급별 연구기관 수 등이 합리적으로 산정되고 있는지)에 대해 분석한다.[81]

---

81) 평가결과 확정절차의 적절성과 평가등급 산정의 합리성은 평가수행영역, 그중에서도 평가절차 항목에 속하는 지표로 볼 수도 있다. 평가결과가 확정되어야 비로소 평가수행이 끝났다고 볼 수 있기 때문이나. 그러나 평가설과 확성과 평가능급 산성의 합리성 여부는 평가대상자의 평가 수용성을 결정하는 핵심 근거가 될 뿐 아니라, 이는 곧 평가결과 활용을 위한 가장 기본적인 전제가 되기 때문에 평가활용영역에서 함께 살펴보는 것이 타당하다고 판단하였다.

1) 실태 분석

평가결과는 정확해야 하고 평가대상자들이 납득할 수 있는 증빙자료에 근거하여 결정되어야 한다. 평가결과의 정확성과 신뢰성은 평가제도에 대한 수용성과 직결되며, 이는 다시 평가결과 활용에 영향을 미치게 된다. 따라서 평가결과초안에 대해서는 평가대상자의 소명기회 제공 등의 절차를 거쳐 확정하는 것이 바람직하다.

현행 연구기관 평가에서는 평가추진절차에서도 살펴본 바와 같이 실사평가 후 평가결과를 확정하는 과정에서 연구기관과의 의견교환 절차가 존재하지 않는다. 2007년도 평가의 경우, 연구기관별 집체평가 4시간 및 기관장 평가 1시간 등 총 5시간 동안의 '실사평가'(2.15.~29.)가 끝나는 무렵부터, '평점 확정 및 분야별 보고서 초안 작성'(2.25.~3.31.)에 들어갔다. 각 평가위원은 서면평가 시 부여한 평점을 실사평가를 통해 확인하고 불확실한 사항은 추가자료수집 등으로 확인·보정한다. 평가위원별 실사평점표를 확정하여 제출하면, 평가 Bias(편차) 검색 및 보정을 거쳐 평가위원별로 분야별 보고서 초안을 작성하게 된다.

이어 '평가단의 평가보고서 작성 및 평가결과(안) 확정, 제출'(4.7.)이 이루어지는데, 구체적으로는 각 분과별로 평가위원의 지표별 보고서를 종합하여 작성한 분야별 보고서 초안을 검토·확정하고, 분야별 보고서를 결합한 연구기관별 보고서 초안을 작성한다. 이 초안을 총괄반의 분과별 전담 평가위원이 검토하고, 이를 바탕으로 연구기관별·분야별 종합평을 작성한다. 이어 총괄반에서 지표별·분야별·연구기관별 평가의견과 개선 및 건의사항에 대한 종합적인 검토와 조정을 통하여 평가보고서 작성을 완료하면, 평가단 간사회의 및 총괄반 회의 등을 거쳐 '연구기관 평가결과(안)'을 확정, 연구회에 제출한다.

평가결과 확정의 마지막 단계는 '연구기관 평가결과(안) 검토·승인'(4.25.) 단계이다. 평가단이 작성·제출한 '연구기관 평가결과(안)'에 대하여 기획평가위원회 평가특별위원회(4.8.), 이사회소위원회(4.14.)의 사전 검토를 거쳐 연구회 이사회(4.25.)에서 심의·승인함으로써 최종 확정된다. 평가결과 확정 절차를 도식화하면 [그림 4-5]와 같다.

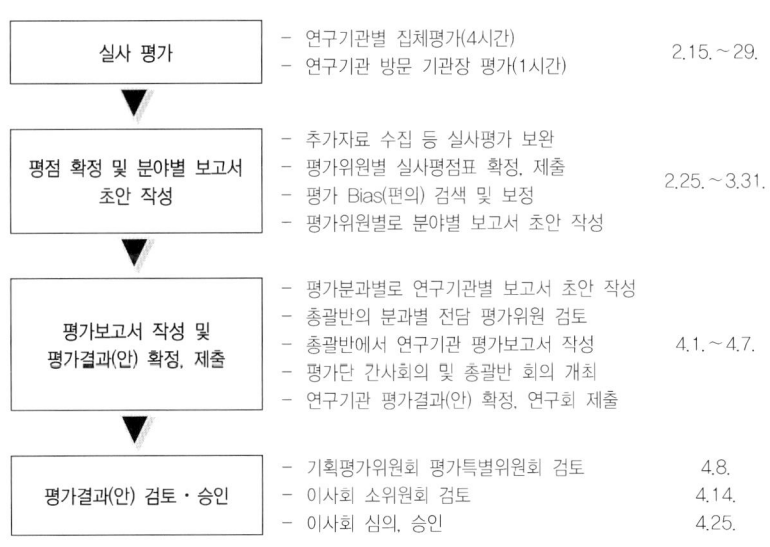

[자료] 경제·인문사회연구회(2008b: 22-24)를 기준으로 재구성

〈그림 4-5〉 연구기관 평가결과 확정 절차

한편, 이 평가항목의 두 지표 중 다른 하나인 '평가등급 산정의 합리성'에 관한 실태를 분석하면 다음과 같다.

평가등급 산정은 두 단계로 나뉘어 부여된다. 즉 각 평가지표별 평가등급 산정 방법과 평가지표별 점수의 합에 근거한 연구기관별 평가등급 산정 방법으로 구분된다. 먼저, 평가지표별 등급산정 방법은 5등급 척도에 의한 평가를 원칙으로 한다. 평가편람에서 "본 평가에서 평가척도는 일부 지표를 제외한 계량·비계량 지표 대부분을 5등급 척도를 사용하여 A등급 5점, B등급 4점, C등급 3점, D등급 2점, E등급 1점의 평점을 부여함을 원칙으로 한다."고 명시하고 있다. 단 연구결과의 우수성 지표, 정부기관 고객만족도 지표, 산·학·연 등 고객만족도 지표, 혁신경영 수행성과의 우수성 지표에 대하여는 실점수 또는 환산점수를 사용한다. 또한 계량지표 중 모든 기관이 우수한 실적을 거둔 경우에는 평가등급을 축소하여 모든 기관이 상위평가를 받게 할 수 있다. 비계량지표의 경우 평가자의 편향적 점수 부여를 방지하기 위한 방안을 평가단이 합의하여 결정하도록 하고 있다. 평가지표별 점수의 합은 연구성과분야 600점과 관리분야 400점(연구관리 150점, 경영관리 250점) 등 총 1,000점 만점이다(경제·인문사회연구회, 2007a: 31 – 36).

다음으로, 평가지표별 점수를 합계한 후 연구기관별로 부여하는 평가등급 산정 방법이다. 현행 연구기관 평가보고서에는 평가등급 구분 없이 연구기관별 평점이 제시된다. 예를 들면, 과학기술정책연구원은 789.73, 국토연구원은 860.63 등으로 제시하는 방식이다. 따라서 23개 연구기관의 평점 및 순위를 알 수 있다. 평점은 연구기관의 평가항목별 평점 및 합계 점수를 종합표로 제시하는 '연구기관별 평점표'를 비롯해, 이를 평가지표 및 항목으로 나누어 제시하는 연구성과분야 평점표, 관리분야 연구관리지표 평점표, 관리분야 경영관리지표 평점표 등으로 구성되어 있다(경제·인문사회연구회, 2008b: 30, 36, 40, 46).

또한 평가보고서에는 나타나지 않지만 연구기관 발전을 촉진하기 위한 인센티브 및 연구자원 배분 기준으로 평가결과를 활용하기 위하여 연구기관 평가결과 등급 분류를 이사회 의결을 거쳐 확정하고 있다. 2007년도 연구기관 평가결과 등급분류 결과는 <표 4-13>과 같다(경제·인문사회연구회, 2008a: 1).[82]

〈표 4-13〉 2007년도 연구기관 평가결과 등급 분류

구 분	내 용				
	매우 우수	우수	보통	미흡	매우 미흡
등급분류기준	900점 이상 (90% 이상)	850~899점 (85%~89%)	800~849점 (80%~84%)	750~799점 (75%~79%)	749점 이하 (75% 미만)
등급분류기준에 따른 기관 수	1	7	11	4	-

[자료] 경제·인문사회연구회(2008a: 1).

한편 과학기술분야 3개 연구회에서는 연구기관별 평가등급을 우수·보통·미흡의 3단계로 구분하여 제시하며, 연구기관별 점수를 비교하는 표는 제시하지 않는다(기초기술연구회, 2008: 16; 산업기술연구회, 2008: 27; 공공기술연구회, 2008: 19).

---

82) 연구기관 평가결과 등급 분류는 1999년 이후 조금씩 변경되어 왔다. 경제사회연구회에서는 1999년도 평가결과는 등급 구분 없이 점수순으로 제시하였다(경제사회연구회, 2000b: 45). 2000년도 평가부터 2004년도 평가까지는 14개 소관 연구기관을 우수·보통·미흡 등 3개 등급으로 분류하였다(경제사회연구회, 2001b: 19; 2002b: 21; 2003b: 23; 2004b: 29; 2005: 29). 연구회 통합 이후 첫해인 2005년도 평가에서는 우수 7개 기관 (30%), 보통 11개 기관(50%), 미흡 5개 기관(20%) 등 3등급 분류방식이 유지되었다. 그러나 2006년도 평가결과부터는 현재와 같이 매우 우수·우수·보통·미흡·매우 미흡의 5 등급으로 분류하고, 연구기관 원장 연봉 결정 등에 활용하고 있다(경제·인문사회연구회, 2008a: 1-2).

2) 가치 및 장단점 평가

현행 연구기관 평가에서는 평가결과 확정 전에 평가대상자의 소명기회 제공 등 평가결과의 정확성을 담보할 수 있는 절차가 구비되어 있지 않다.

연구기관 평가제도는 매년 12월 31일까지의 실적에 대해 평가하고 그 결과를 다음 연도 4월 30일까지 제출하도록 법정되어 있는 관계로 평가일정이 매우 촉박하다. 연구기관에서 자체평가를 하는 데도 시간이 필요하므로, 대체로 1월 말이 되어야 연구기관 자체평가보고서가 연구회에 제출된다. 또한 평가결과(안)에 대해서는 기획평가위원회 및 이사회 소위원회 검토, 이사회 의결 등을 거치고 있으므로 이를 위한 시간도 고려해야 한다. 따라서 실제 2개월 남짓한 시간에 모든 연구기관에 대한 평가를 마치고 평가결과 확정 및 평가보고서까지 작성, 제출해야 한다.

사정이 이렇다 보니 평가결과 확정 단계에서 연구기관의 소명기회를 제공할 시간적 여유가 없을 뿐 아니라 평가과정에서도 연구기관과 접촉하는 시간이 지극히 짧다. 또한 연구보고서 평가에서도 연구자와의 상호작용이 없는 등 평가의 전 과정을 통해 연구기관과의 의사소통채널이 부족한 실정이다.

이는 곧 연구기관의 불만 요소로 작용하고 있다. 연구기관 설문조사 결과, '평가결과 확정절차의 적절성'은 31개 지표 중 가장 낮은 평점을 받았다. 또한 '평가자와 평가대상자 간 의사소통의 충분성'(30위), '연구보고서 평가방법의 적절성'(29위) 지표 순으로 낮은 평가를 받았는데, 이 지표들은 모두 평가자와 평가대상자 간의 쌍방향적 의사소통 여부와 관련되는 공통점이 있다.

이처럼 평가결과 확정 단계에서 연구기관의 의견반영 절차가 없는 것은 촉박한 평가일정에 기인하는 것으로 보인다. 이는 평가편람(기준)을 개선함에 있어서는 연구기관의 의견을 충분히 수렴하고 있는 점에 비추어 유추할 수 있다. 평가편람 개선 단계에는 시간이 충분하므로 폭넓은 의견수렴을 하는 데 반해, 평가실시 단계에는 법정 시한에 쫓겨 의견수렴이 어려운 것으로 이해할 수 있다.

그러나 같은 조건에 있는 과학기술분야 3개 연구회는 모두 평가결과(안)에 대한 소명기회를 제공하고 있고, 평가편람 개선 때보다도 평가결과 확정 단계에서의 의견반영이 더욱 중요하다는 점을 감안하여 시급한 개선이 요구된다. 평가결과의 정확성에 문제가 제기되면 그 활용성 역시 떨어지게 되고, 이러한 상황이 지속되면 평가제도 자체가 정당성을 잃게 되기 때문이다.

그리고 '평가등급 산정의 합리성' 지표와 관련해서는 일부 개선할 부분이 있는 것으로 평가되었다. 이 지표에 대한 연구기관 설문조사 결과는 2.93(전체 지표 중 19위)으로 나타났다. 평가관계자 면접에서는 평가점수의 제시에 따른 기관별 서열화를 지양해야 한다는 의견으로 집약되었다.

평가지표별 등급산정 방법은 5등급 척도를 원칙으로 하나 연구결과의 우수성 등에 대해서는 그 특성에 부합하는 점수 부여 방식을 사용하고 있고, 평가지표별 평가방법 또한 절대평가의 성격이 강조되고 있다. 이러한 점들을 종합하여 판단할 때 평가지표별 등급산정 방법은 비교적 합리적인 것으로 보인다.

이에 반해, 연구기관별 등급산정 방법은 개선의 여지가 있다. 평가보고서에는 23개 연구기관별 평점이 모두 제시되어 그 순위까지도 바로 비교할 수 있게 되어 있다. 평가점수로 연구기관의 서열을 매기자는 것이 아니라, 평가를 통해 연구기관별 가치나 장단점을 파악하고 이를 연구기관발전에 활용하는 것이 중요하므로, 현재의 점수 표시 방식은 등급만 표시하는 방식으로 변경하는 것이 바람직하다. 과학기술분야 3개 연구회는 모두 연구기관별 점수 표시 없이 평가등급을 우수·보통·미흡의 3단계로 구분하여 제시하는 것도 참고할 만하다.

2. 평가결과 보고

여기서는 평가결과 보고체계의 명료성(평가결과 보고체계가 명료하게 규정되어 있는지), 평가보고서 배포의 적절성(평가보고서 배포 기준이 명료하고 평가 이해관계자들에게 적시에 배포되고 있는지), 그리고 평가결과 공개 범위 및 수준의 적절성(평가결과의 공개 범위 및 수준이 적절한지)에 대해 평가한다.

1) 실태 분석

현행 연구기관 평가에 있어서 평가결과 보고와 관련한 주요 내용을 정리하면 다음과 같다.

첫째, 평가결과 보고체계는 출연연법을 비롯해 출연연법 시행령, 연구회 정관, 연구기관 평가편람 등에 명시되어 있다. 연구회는 법

제28조 제1항의 규정에 의한 연구기관의 평가결과를 4월 30일까지 국무총리 및 기획재정부장관에게 제출하여야 한다(출연연법 시행령 제20조). 또한 국무총리는 제2항의 규정에 의하여 제출된 평가결과를 국회 소관 상임위원회에 보고하여야 한다(출연연법 제28조 제3항).

둘째, 연구기관 평가보고서의 배포 시기와 기준 및 대상은 연구회 자료를 통해 확인할 수 있다. 연구회에서는 연구기관 평가결과가 이사회 승인을 거쳐 최종 확정되면 곧바로 평가보고서를 인쇄하여 <표 4-14>와 같이 배포한다. 배포기준이 평가편람 등에 구체적으로 제시되어 있는 것은 아니지만, 배포 시기는 5월 초순이며 배포대상은 연구기관 평가 이해관계자들을 두루 포괄하고 있다. 즉 연구회의 의사결정기구인 이사회를 비롯해, 연구회 법정 자문기구인 기획평가위원회, 평가대상이 되는 연구기관, 경제인문사회분야 국가 연구개발정책 및 평가정책을 결정·시달하는 국무총리실, 연구기관의 예산 배분권을 가지고 있는 기획재정부, 그리고 국회 소관 상임위원회인 정무위원회 등에 연구기관 평가보고서가 배포되고 있다.

〈표 4-14〉 2007년도 연구기관 평가보고서 배포 현황

구 분	평가보고서 배포처	배포 부수
연구기관 평가단	평가위원	20
연구기관	23개 소관연구기관(각 10부)	230
연구회 이사회	경제·인문사회연구회 이사	18
연구회 기획평가위원회	기획평가위원회 평가특별위원	4

구 분	평가보고서 배포처	배포 부수
국회 정무위원회	국회의원	25
	정무위 수석전문위원, 전문위원, 행정실	5
국무총리실	총괄정책관, 평가정책관	2
기획재정부	공공정책국장	1
경제·인문사회연구회	경제·인문사회연구회 보관용	65
합 계		**370**

[자료] 경제·인문사회연구회(2008d: 1).

또한 연구회에서는 연구기관 평가보고서의 분량이 방대하기 때문에 이를 요약한 '연구기관 평가결과 개요'를 따로 작성하여 연구기관과 국무총리실 및 기획재정부에 평가보고서와 함께 제공하고 있다.

셋째, 평가결과의 공개 범위 및 수준은 다음과 같이 정리할 수 있다. 우선 평가결과는 원칙적으로 평가보고서를 통해 공개되고 있다. 따라서 평가보고서에 포함된 내용으로 공개 범위 및 수준을 파악할 수 있다. 즉 연구기관별·평가지표별 평점이 공개되고 있으며, 평가지표의 하위구성요소인 51개 평가요소별 점수는 공개되지 않는다. 또한 연구보고서별 평점 및 심의의견 등은 공개되지 않으며, 연구기관 평가보고서의 파일 제공도 허용되지 않는다.

한편, 경제·인문사회연구회의 경우 연구회 인터넷 홈페이지를 통한 평가결과 공개도 이루어지지 않고 있다. 다만 홈페이지의 '연구회 활동－연구기관 평가' 항목에서 연구기관 평가제도에 관한 간략한 소개가 있을 뿐이다(경제·인문사회연구회 홈페이지, 2008. 5). 이는 평가제도뿐 아니라 평가결과의 주요 내용을 모두 공개하고 있는 과학기술분야 연구회와 대비된다.

기초기술연구회는 1999년도 평가부터 2007년도 평가까지 평가개요뿐 아니라 평가결과에 대해서도 홈페이지의 '연구회활동 - 평가' 항목에서 모두 공개하고 있다. 평가결과는 평가추진계획·기관평가단 구성 및 운영·기관평가결과로 나누어 일목요연하게 제시하고 있으며, 이에 더하여 연구기관 평가보고서 원본을 '자료실 - 발간자료' 항목에서 PDF파일로 제공하고 있다(기초기술연구회 홈페이지, 2008. 5). 또한 2008년 현재 과학기술분야 2개 연구회 중 다른 하나인 산업기술연구회도 평가제도에 대한 소개는 홈페이지의 '연구회활동 - 평가 및 사업관리' 항목에서 하고, 평가결과에 대해서는 '자료실 - 정책자료' 항목에서 1999년도 평가보고서부터 최근에 이르기까지 평가보고서 원문 그대로를 PDF파일로 제공하고 있다(산업기술연구회 홈페이지, 2008. 5).

2) 가치 및 장단점 평가

평가결과의 보고와 관련하여 본 메타평가에서는 '평가결과 보고체계의 명료성'과 '평가보고서 배포의 적절성' 및 '평가결과 공개범위 및 수준의 적절성'으로 나누어 살펴보았다. 전반적으로 볼 때, 이 평가항목에 대한 연구기관의 평가는 비교적 우수한 것으로 나타났다. 즉 세 개의 평가지표들에 대해 각각 3.50(전체 지표 중 5위), 3.53(전체 지표 중 4위), 3.23(전체 지표 중 7위)의 높은 평점을 받았다.

먼저, 평가결과 보고체계가 명료하게 규정되어 있는지에 관해 살펴보면, 출연연법을 비롯한 관련 법규에 매우 명확하게 제시되어 있음을 알 수 있다. 국무총리 및 기획재정부장관 등 보고의 대상을 명시하고 있을 뿐 아니라, 보고의 방법과 일정 및 내용까지도 상세하게 규정하고 있다.

다만 전년도 한 해 동안의 실적에 대해 평가하고 그 결과를 4월 30일까지 제출하도록 한 평가결과 제출기한은 다소 문제가 있는 것으로 보인다. 타당성과 정확성이 높은 평가결과 도출 및 평가보고서 작성을 위해서는 현행 제출 기한을 보다 연장하는 것이 필요하다. 이와 관련, 공공기관의 경영실적 평가에서는 평가 완료 기한을 6월 20일로 정하고 있는데,[83] 이러한 점들을 고려하여 관련 조항 개정을 검토할 필요가 있다.

다음으로 평가보고서 배포기준이 명료하고 평가 이해관계자들에게 적시에 배포되고 있는지에 대해 연구기관의 평가는 비교적 만족하고 있는 것으로 나타났다. 이는 현행 평가보고서 배포대상에 평가결과를 직접 활용하게 되는 주요 이해관계자들이 모두 포함되어 있고, 평가가 종료된 직후 곧바로 평가보고서가 배포되고 있으므로 연구기관의 입장에서 볼 때는 별문제가 없음을 의미한다.

그러나 <표 4 - 14>에서 알 수 있는 바와 같이 현행 평가보고서 배포 현황은 그 대상이 너무 협소하고 배포 부수 역시 충분하지 못한 것으로 보인다. 배포대상은 연구기관 평가와 관련되는 공식적 행위자에 한정되어 있으며, 산·학·연의 전문가들이나 언론 및

---

83) '공공기관의 운영에 관한 법률'은 경영실적 평가를 제도화하고 있다. 즉 동법 제48조(경영실적 평가)에서 "기획재정부장관은 계약의 이행에 관한 보고서, 경영목표와 경영실적보고서를 기초로 하여 공기업·준정부기관의 경영실적을 평가"하도록 규정한 후, "운영위원회의 심의·의결을 거쳐 매년 6월 20일까지 경영실적 평가를 마치고, 그 결과를 국회와 대통령에게 보고한다."고 명시하고 있다.

NGO 등 비공식적 행위자들에게는 배포되지 않고 있다. 또한 국무총리실이나 기획재정부 등에 배포되는 부수가 각 대상조직별로 한 부에 불과하다. 연구기관 평가결과를 활용할 잠재적 행위자의 폭은 넓을수록 좋다는 점을 고려할 때 배포 대상에 대한 재검토가 필요하다. 특히 평가보고서의 배포 외에 평가결과를 공개하는 일체의 장치를 갖고 있지 않은 현실을 감안하면 평가보고서의 배포 대상 및 부수의 확대가 더욱 필요하다.

끝으로 평가결과의 공개 범위 및 수준이 적절한지에 관해서는 보다 종합적인 검토가 필요하다고 판단된다. 연구기관 설문조사에서는 이 평가지표 역시 무난한 평가를 받았으나 평가결과의 활용성 제고라는 측면에서 볼 때 개선의 여지가 매우 큰 부분이다.

현행 연구기관 평가결과는 단지 평가보고서 형식으로 소정의 공식적 행위자들에게만 전달되고 있다. 그 배포 대상 및 부수 역시 매우 제한되어 있음은 앞에서 본 바와 같다. 이는 평가제도 자체를 연구기관 원장의 연봉 결정 등 주로 관리 · 통제를 위한 방편으로 간주하고 있음을 방증하는 것이라 판단된다. 평가결과가 관리 · 통제의 수단으로 활용될 경우 외부 공개를 꺼릴 수밖에 없나. 반면 평가결과를 평가대상기관의 가치와 장단점을 발견하고 이를 개선하여 기관발전과 연계시키는 데 둔다면 평가결과를 공개하지 않을 이유가 없다. 또한 공개의 범위 및 수준은 평가결과의 신뢰성과도 관련이 있다. 평가결과에 대한 신뢰성이 높을수록 공개에 적극성을 띠게 되며, 공개에 적극적일수록 평가결과의 신뢰성은 향상될 개연성이 크기 때문이다.

3. 평가결과 활용

이 평가항목에서는 평가활용에 대한 법·제도적 근거의 명료성(평가활용에 대한 법·제도적 근거가 명료한지), 평가자 측면에서 평가결과 활용의 충분성(평가자 측면에서 평가결과 활용이 충분한지), 그리고 평가대상자 측면에서 평가결과 활용의 충분성(평가대상자 측면에서 평가결과 활용이 충분한지)에 관해 평가한다.

1) 실태 분석

연구기관 평가에 있어서 평가활용에 대한 법·제도적 근거는 출연연법 및 출연연법 시행령에서 찾을 수 있다. 앞의 연구기관 평가 관련 법규내용에서 살펴본 바와 같이, ① 평가결과가 대통령령이 정하는 기준에 해당하는 경우에는 연구회 재적이사 3분의 2 이상의 찬성으로 해당 연구기관의 원장을 재선임할 수 있고(출연연법 제12조 제6항), ② 평가결과 당해 연구기관의 목적 달성이 불가능하다고 연구회가 인정하는 경우에는 연구기관을 해산하며(출연연법 제17조), ③ 평가결과 원장으로서의 관리능력이 현저히 부족하다고 판단되는 경우에는 이사회의 의결을 거쳐 해임할 수 있다(출연연법 시행령 제8조 제2항)는 세 가지 경우이다. 현행 연구기관 평가제도상 평가활용과 관련한 법규 내용은 모두 관리·통제를 위한 것이라는 공통점이 있다. 평가결과를 연구기관 원장의 재선임이나 해임 및 연구기관 해산의 근거로 활용할 수 있도록 명문화하고 있는 것이다.

한편 평가자 측면에서 평가결과 활용은 연구회와 국무총리, 기획재정부 그리고 국회에서의 활용으로 구분하여 살펴볼 수 있다.

연구기관 평가편람에는 평가결과의 활용에 관해 기술하고 있다. "평가결과는 연구기관, 경제·인문사회연구회, 국무총리, 기획재정부, 국회 등 각 기관의 필요와 목적에 맞게 활용될 것이다. 평가결과 활용에 있어서는 각 분야 개별평점을 합산한 종합평점을 활용하는 것을 원칙으로 하되, 필요에 따라서는 이사회의 의결을 거쳐 각 분야를 독립적으로 활용할 수도 있다. 연구기관의 평가결과는 연구기관 간의 자원배분이나 인센티브 부여 기준으로 사용할 수 있다. 평가결과에 따른 개선사항은 다음 해의 사업계획 및 예산심의 과정과 경영목표 및 경영실적 보고서에 반영되도록 지도·관리한다."고 명시하고 있다. 이어 "연구회는 평가결과를 사업계획 및 예산의 승인, 연구기관의 기능조정, 장기발전방향 제시를 위한 자료 등으로 활용할 수 있다."고 규정하고 있으나, 여타 활용주체인 국무총리, 기획재정부, 국회에 관해서는 활용의 내용에 관한 언급 없이 법에 규정된 대로 연구회가 평가결과를 4월 30일까지 제출한다기니 국무총리가 국회 소관 상임위원회에 보고한다는 사실만 서술하고 있다(경제·인문사회연구회, 2007a: 20−21).

관련 법규 내용이나 평가편람에서의 규정과는 달리 평가결과의 실제 활용은 매우 제한적으로 이루어지고 있다. 먼저 출연연 법령에서 규정된 3개 항목이 실제로 적용된 예는 1999년 연구회체제 출범 후 2008년 현재까지 한 번도 없다. 평가결과에 따라 연구기관이 해산된 적도 없고, 연구기관 원장의 재신임이나 해임에 활용된 적도 없다.

평가편람에 명시된 바와 관련하여 실제 평가결과가 활용된 현황을 정리하면 <표 4 - 15>와 같다. 연구회 통합 전후의 활용 현황이 대동소이하나 상호 비교가 가능하도록 통합 전후 각 2년씩 2004년부터 2007년까지를 대상으로 정리하였다.

<표 4 - 15>에서 보는 바와 같이 평가자 측면에서의 평가결과 활용 내용은 연구기관 원장 연봉 차등, 연구비 인센티브 차등, 우수연구과제 및 기관 표창, 예산 차등 배정 등이다. 이 중 예산 차등 배정을 제외한 나머지는 모두 연구회에 의해 이루어졌다. 연구기관에 대해 가장 직접적인 영향을 미치는 예산 배정과 관련해서는 2004년도 및 2007년도는 당시 기획예산처에서 실시한 전년도 혁신평가결과를 기준으로 각각 인건비 및 경상운영비 인상률을 차등 적용하였다. 이에 비해 2005년도와 2006년도의 경우에는 연구회에서 실시한 연구기관 평가결과를 기준으로 기관고유사업비를 차등 인상하였다. 또한 2004년도를 제외하면 평가결과에 따라 연구기관 원장 연봉만 차등 책정될 뿐 여타 구성원들의 인건비에는 전혀 영향이 없음을 알 수 있다.

〈표 4 - 15〉 연구기관 평가결과 활용 현황

구 분		연구회 통합 전[*]		연구회 통합 후[*]	
		2004년도	2005년도	2006년도	2007년도
원장 연봉 차등 책정	경제	ㅇ 총 연봉 3단계 차등 +10%, 0%, -10%	ㅇ 전년과 동일	ㅇ 총 연봉 3단계 차등 +10%, 0%, -10%	ㅇ 성과연봉 5단계 차등(단위: 백만 원) - A: 50, B: 42.5, C: 35, D: 27.5, E: 20
	인문	ㅇ 성과연봉차등 ±30% (기관장평가 결과만으로 적용)	ㅇ 전년과 동일		

구분		연구회 통합 전[*]		연구회 통합 후[*]	
		2004년도	2005년도	2006년도	2007년도
연구비 인센티브 차등 지원	경제	o 재원: 500백만 원 - 평균평점 이하 미배정 - 배정액은 최고 100백만 원~최저 50백만 원 사이 순위별 차등	o 재원: 520백만 원 - 평균평점 이하 미배정 - 배정액은 최고110백만 원~최저 40백만 원 순위별 차등	o 재원: 882백만 원 - 우수 7개 기관 각 순위 간 총액 기준 3% 격차로 차등	o 재원: 882백만 원 - 최우수 및 우수 9개 기관 각 순위 간 총액 기준 3% 격차로 차등
	인문	o 재원: 285백만 원 - 우수 3개 기관 종합평점누계액 대비 기관별 종합 평점 비율로 배분	o 재원: 280백만 원 - 전년과 동일		
우수연구 과제·기관 표창	경제	o 우수과제: 4개(21명) o 기관표창: 1개 o 공로자표창: 1개	o 우수과제: 8개(26명) o 기관표창: 1개 o 공로자표창: 1개	o 최우수기관: 1개 o 우수기관: 6개	o 최우수기관: 1개 o 우수기관: 8개
	인문	o 우수과제: 18개 (45명) o 기관표창: 4개	–		
예산차등 인상	경제	o '03년도 기획예산처 경영혁신 평가결과에 따라 인건비 인상률 차등 - 차등폭: '05 인건비 2.5~3.5%	o '04년도 연구기관 평가결과에 따라 기관고유사업비 인상률 차등 - 차등폭: '06 기관고유 사업비 4.0~5.7%	o '05년도 연구기관 평가결과에 따라 기관고유사업비 인상률 차등 - '07 미흡기관의 기관고유사업비 1% 감액하고, 감액분을 우수 기관에 평점을 기준으로 가산하여 차등 편성	o '06년도 기획예산처 혁신평가결과에 따라 경상운영비 인상률 차등 - 차등폭: '08 경상 운영비 0~3%
	인문	o 상동	o 상동 - 차등폭: '06 기관 고유사업비 4.0~5.5%		

[자료] 경제·인문사회연구회(2007c: 2).
[주] 연구회 통합 전이란 경제사회연구회와 인문사회연구회로 구분, 운영되던 2005년 이전을 말하며, 연구회 통합 후란 경제·인문사회연구회가 출범한 이후를 말함.

마지막으로, 평가대상자 측면에서 평가결과 활용의 주요 내용은 다음과 같이 정리할 수 있다. 평가대상인 연구기관에서는 "평가결과를 소속 지원들에게 피드백(feedback)해 주고 평가결과에 대한 조치방안과 발전방향을 모색하도록 한다. 평가담당 부서에서는 각 부서와 직원들로부터 제출받은 방안과 방향을 종합하여 기관장에게 보고하며 기관 차원의 조치를 취하고 개선한다. 단기간 내 조치하기가 어려운 것은 중·장기 발전계획에 반영한다."고 평가편람에서 규정하고 있다(경제·인문사회연구회, 2007a: 20 - 21).

실제에 있어서는 매년도 평가결과에서 지적된 평가지표별 단점과 개선 및 건의사항, 그리고 연구기관발전 및 제도개선 건의사항 등에 대해 각 연구기관별로 개선계획을 수립, 실천하도록 하고, 그 결과를 다음 연도 평가에서 '전년도 평가결과에 대한 개선노력 정도'(2% 배점) 지표를 통해 평가하고 있다(경제·인문사회연구회, 2008b: 14).

이 외에도 평가결과의 간접적 활용 형태로는 연구회와 국무총리, 기획재정부, 국회 등에서 출연연 발전방향 모색 등 국가 연구개발 정책의 수립 및 집행에 기초자료로 활용하는 경우가 있으나 그 실태를 구체적으로 파악하기란 쉽지 않다.

2) 가치 및 장단점 평가

연구기관 평가결과 활용에 관한 항목은 본서의 사례연구에서 설정한 14개 메타평가항목 중 문제가 가장 심각한 부분이다. 이러한 사실은 연구기관 설문조사 결과는 물론 연구기관 평가관계자를 대상으로 한 면접이나 평가결과 활용 실태에 관한 질적 분석에서 공통적으로 확인되고 있다.

연구기관 설문조사 결과, 평가결과 활용에 관한 3개 지표에 대해 각각 3.05(전체 지표 중 16위), 2.85(전체 지표 중 25위), 2.88(전체 지표 중 22위)로 나타나 전반적으로 저조한 평가를 받았다. 평가활용에 대한 법·제도적 명료성에 대해서만 보통 정도의 평가를 한 반면, 평가자 측면에서나 평가대상자 측면에서의 활용이 모두 극히 미흡하다고 평가하였다. 특히, 연구기관 스스로가 연구기관 측면에서의 결과활용마저도 매우 미흡하다고 평가한 점은 시사하는 바가 크다. 연구기관 평가관계자들의 의견을 요약하면 "평가결과 활용에 대한 획기적인 개선 없이 현재와 같은 평가가 계속된다면 이는 곧 평가를 위한 평가로 전락하게 될 것"이라는 우려이다. 각 메타평가 지표에 따라 구체적인 가치와 장단점을 분석하면 다음과 같다.

첫째, 평가활용에 대한 법·제도적 근거가 명료한지에 관해서는 관련 법규 및 평가편람을 통해 확인할 수 있다. 실태 분석에서도 나타난 바와 같이 현행 법규에서는 평가결과를 연구기관 원장의 재선임이나 해임 및 연구기관 해산의 근거로 활용하도록 명시하고 있다. 이는 연구회체제가 출범한 1999년 당시의 IMF 외환위기 상황과 공공부문 구조개혁이라는 시대적 요구가 중첩적으로 투영된 결과로 보인다. 이에 따라 창의성과 중장기적 성과 창출에 초점을 맞추어야 할 출연연에 대해서도 경쟁원리가 강조되었고, 그 관리·통제 수단의 일환으로 평가제도를 도입함으로써 평가결과의 활용 역시 기관 및 기관장의 책무성 확보에 일차적 관심을 두게 된 것으로 판단된다.

그런데 과학기술분야 연구회 및 연구기관들은 2005년 12월에 '국가연구개발사업 등의 성과평가 및 성과관리에 관한 법률'('연구성과 평가법'이라 한다)의 제정을 계기로 평가결과 활용의 법적 근거에 중대한 변화가 일어났다. 기존의 과기분야 출연연법상의 결과활용

조항은 현행 출연연법과 동일하였으나, 연구성과평가법에서는 제3조(성과평가 및 성과관리의 기본원칙)에서 "① 정부는 연구개발 활동에 대한 평가를 성과 중심으로 실시하여 연구기관 등에 대한 연구개발투자의 효율성과 책임성을 높이도록 노력하여야 한다. ② 정부는 성과평가를 실시함에 있어 연구개발에 참여하는 연구자의 창의성을 존중하고 연구개발사업·연구개발과제 및 연구기관의 특성을 고려하여야 한다."고 선언하고, 이어 "⑤ 정부는 성과평가의 결과를 관련 정책의 수립, 사업의 추진 및 예산의 조정에 반영하여야 한다. ⑥ 정부는 연구성과가 효율적으로 활용될 수 있도록 노력하여야 한다."고 규정하고 있다. 이에 따라 과학기술분야 연구기관 평가의 결과활용은 더욱 명료하고 합리적으로 개선될 토대가 마련되었으며, 이후 매년 개선활동이 전개되고 있는 점은 주목할 필요가 있다.[84]

둘째, 평가자 측면에서 평가결과 활용이 충분한지에 관해서는 평가제도가 도입된 이후 현재까지의 활용 현황을 통해 파악할 수 있다. <표 4-15>에서 본 바와 같이 평가자 측면에서 평가결과를 활용한 가시적인 현황은 원장 연봉 차등 인상, 연구비 인센티브 차등 지원, 우수 연구과제 및 기관 표창, 차년도 예산 차등 인상 등 극히 제한적으로 이루어져 왔다.

이러한 평가결과 활용 실태를 종합할 때, 우선 평가결과 활용이 연구기관 및 원장의 관리·통제의 수단으로 이루어지고 있음을 확인

---

84) 한 예로 2007년 12월 17일 과학기술부 주관으로 개최된 출연연 기관평가제도 개선 워크숍을 들 수 있다. 한국항공우주연구원에서 개최된 이 워크숍에서는 기관 고유기능 및 특성이 고려됨으로써 심층적인 평가가 가능하고, 결과가 정책 등으로 연계될 수 있도록 하기 위한 다양한 방안이 논의되었다. 특히 과학기술부가 마련한 기관평가제도 개선(안)에는 평가결과 도출방식 개선 및 활용 강화, 출연(연) 육성정책과 기관평가 연계 강화 등이 포함되어 있다 (과학기술부, 2007. 12. 17).

할 수 있다. 우수 연구과제 및 기관 표창을 제외한 여타 모든 활용 결과가 그러할 뿐만 아니라, 평가편람에서 "평가결과 활용에 있어서는 각 분야 개별평점을 합산한 종합평점을 활용하는 것을 원칙으로 하되, 필요에 따라서는 이사회의 의결을 거쳐 각 분야를 독립적으로 활용할 수도 있다."고 규정한 데서도 유추할 수 있다. 관리·통제가 아니라 문제를 개선하고 연구기관의 발전을 위한 활용을 강조하는 경우라면 평가점수에 따른 활용이 아니라, 평가보고서에 제시된 각 지표별 장단점이나 개선 및 건의사항, 그리고 연구기관 발전 및 제도개선 건의사항 등에 관해 어떻게 활용할지를 명시할 것이기 때문이다.

실제 평가결과 활용에 있어서의 핵심은 연구기관 원장 연봉 차등 인상이다. 그 외의 활용부분, 즉 인센티브 차등 지원은 재원 규모가 8억 원 정도라 기관별 할당 금액이 1억 원 내외로 미미하고, 이 금액마저도 연구비로 사용하도록 규정되어 있어 이를 받으면 일만 더 늘어나게 된다. 예산 차등 인상에 있어서도 2004년도 및 2007년도와 같이 연구기관 평가결과가 전혀 반영되지 않거나, 반영되더라도 그 수준이 미미하고 예산 항목도 기관고유사업비니 경상운영비 위주로 적용되고 있어 연구기관 구성원들이 직접적으로 받게 되는 영향이 거의 없다.

현재의 평가는 기관장 평가에 다름 아니다는 문제 제기는 연구기관 평가관계자들과의 면접에서 매우 구체적으로 확인되었다. 즉 "기관 평가의 결과가 연구원 구성원에게는 아무 관계가 없고 단지 기관장의 연봉에만 관련이 있음. 특히 연구직 인원들의 관심도가 극히 떨어지고 자체평가보고서 작성에 차출된 인원이나 평가담당 직원만이 고생을 하여 평가의 실효성에 의문이 많음. 평가의 결과가 연구원 개인과 연관이 될 때 개선의 의지가 생길 것임"이라는 의견으로 대변된다. 현행 평가제도가 연구기관장 평가가 아니라 연구기관 평가로 기능할 수 있도록 종합적인 검토가 긴요함을 의미한다.

셋째, 평가대상자 측면에서 평가결과 활용이 충분한지에 관해서는 연구기관 스스로도 아쉬움이 많다고 평가하고 있다. 전체 31개 지표 중 22위의 저조한 평가에 머무르고 있는 것이다. 그런데 평가위원을 대상으로 한 조사에서 이 지표에 대해 여섯 번째로 중요하다고 평가하였음을 상기할 때, 이 지표와 관련해서도 개선할 부분이 적지 않음을 짐작할 수 있다.

평가대상자인 연구기관 측면에서의 평가결과 활용은 전년도 평가결과에 대한 개선활동으로 요약된다. 평가에서 지적된 각 지표별 단점과 개선 및 건의사항, 그리고 연구기관발전 및 제도개선 건의사항에 대해 당해 연도 사업수행과정에 반영하여 개선하고, 필요할 경우 중장기적 발전계획에 반영하여 개선하는 것이다.

이 부분은 매년 평가 때마다 전년도 평가결과에 대한 개선노력 정도(2% 배점) 지표를 통해 평가하고, 또한 여타 지표에서도 다시 평가하고 있으므로 구체적인 지적사항에 대한 개선은 매우 충실하게 이루어지고 있다. 이는 2007년도 경영관리지표 11개 중 이 지표가 가장 높은 평점(100점 환산 87.65점)을 받은 데서도 확인된다.

그런데 이 지표의 평점 역시 만점과는 상당한 차이가 있는데, 그 이유는 무엇일까? 이 지표에서 감점을 받는다는 것은 해당 지표에서도 좋지 않은 평점을 받게 되므로 결국 이중으로 감점을 받게 되는 지표임에도 만점을 받지 못하는 것은 쉽게 이해하기 어렵다.[85]

따라서 이 원인을 밝히는 것은 곧 연구기관 측면에서 평가결과 활용이 미흡한 원인을 파악하는 것으로 연결될 수 있다. 연구기관 평가 관계자를 대상으로 한 면접에서 그 실마리를 찾을 수 있었다.

그 이유는 크게 세 가지로 요약된다. 먼저, 앞에서 제시한 바와 같이 현행 평가제도가 연구기관 원장 평가로 인식되어 원장 외에 기관 구성원들의 참여와 협조가 극히 저조하다는 점이다. 다음으로, 연구기관의 자체적 노력만으로 개선하기 어려운 문제나 개선에 시간이 걸리는 문제가 존재한다는 점이다. 이는 연구기관별 예산규모나 가용자원, 기관역량 등의 차이에서 기인하는 바가 크다. 그리고 평가결과 지적사항, 즉 평가보고서에서 제시하는 단점과 개선 및 건의사항이 구체적이지 못해 어디에 문제가 있는지, 무엇을 어떻게 개선해야 하는지를 파악하기 어렵다는 점이다. 이에 관해서는 앞의 '평가보고서 결론 및 제언의 적정성' 지표에서 살펴본 바 있지만 연구기관에서 가장 아쉬워하는 부분으로 나타났다.

이러한 현상이 중첩되어 연구기관 차원의 평가결과 활용에 제약요인이 되고 있는 것으로 정리할 수 있다. 요약하면 평가 자체에 대한 연구기관 구성원들의 관심이 적고, 평가보고서에 서술된 문제점이나 개선방안 제시가 모호하여 구체적인 내용을 파악하기 어려우며, 이를 개선함에 있어서 다시 구성원들의 참여와 협조가 부족

---

85) 2007년도 평가에서 이 지표에서 만점을 받은 기관은 에너지경제연구원 등 3개 기관에 불과하다(경제·인문사회연구회, 2008b: 46). 이 지표의 경우 나머지 전체 지표에서 지적된 사항을 종합하여 그 개선노력 정도를 평가하므로 여기서 나쁜 점수를 받으면 해당 지표에서도 나쁜 점수를 받게 되어, 결국 연구기관의 입장에서는 이중으로 부담이 되는 지표이다. 예를 들면, 전년도 평가에서 '예산집행의 적정성' 지표에서 '예산절감 노력이 미흡하다.'는 지적을 받았는데 이에 대한 개선 실적이 미흡하면, 금년도 평가에서는 '전년도 평가결과에 대한 개선노력 정도' 지표에서도 감점을 받게 될 뿐 아니라, '예산집행의 적정성' 지표에서도 낮은 평점을 받게 될 것이기 때문이다.

하고 연구기관 자체적인 노력만으로 해결하기 어려운 여러 문제가 존재하고 있다는 것이다.

연구기관 평가관계자들은 이러한 문제를 해결하기 위한 의견으로, 보다 분석적이고 구체적인 평가결과(의견)의 제시와 더불어, "무엇보다도 전체 연구기관들의 평가결과를 공유하고 좋은 결과를 확산시키려는 노력이 없는 점이 가장 아쉽다고 생각함. 잘하는 곳을 벤치마킹하고 좋은 점들이 자연스럽게 확산될 수 있어야 하는데, 현실은 각 기관이 알아서 잘된 곳들을 찾아서 하라는 것에 가깝다고 봄. 이는 모두 함께 발전하기 위한 평가가 아니라 평가를 위한 평가에 그치게 하는 요인임"을 지적하면서, 연구회가 평가결과 도출된 우수한 사례를 종합하여 모든 연구기관에 확산하는 노력을 강화해 줄 것을 제언하고 있다.

4. 평가시스템 개선

이 메타평가항목에서는 평가시스템에 대한 평가 및 개선활동의 적절성(연구기관 평가시스템 자체에 대한 평가 및 개선활동이 적절한지)에 관해 실태를 분석하고 그 가치 및 장단점을 평가한다.

1) 실태 분석

평가시스템 개선 항목, 즉 '평가시스템에 대한 평가 및 개선활동의 적절성'은 곧 메타평가수행의 적절성을 의미하는 지표이다. 메타평가라는 용어가 아직은 낯선 전문 용어에 해당하므로 이를 이해하기 쉽게 풀어서 표현한 것일 뿐이다. '평가시스템 전반을 대상으로 그 가치와 장단점을 분석하기 위해 수행하는 포괄적 평가'로 요약할 수 있는 메타평가의 구성요소(변수)를 설정함에 있어서, 메타평가를 별도의 지표로 구분하여 포함시키는 경우는 흔치 않다. 해외 선행연구에서는 Scriven(2007: 21), Joint Committee(1994: 3)의 예가 있고, 국내 선행연구에서는 김순남(2002: 94), 류영수(2007: 129)의 사례가 있는 정도이다.

그러나 본 연구기관 평가제도와 같이 공식적이고 제도적으로 매년 수행되는 평가에 있어서는 평가시스템 자체에 대한 평가 및 개선활동이 적절히 수행되고 있는지를 분석하는 것은 충분한 의미가 있다. 모든 평가에 있어서 유일한 정답이 있는 것은 아니므로 매년 평가를 수행하면서 드러난 문제점을 점진적으로 개선하는 노력은 매우 중요하기 때문이다. 평가위원들도 이 지표의 중요성에 공감하고 있다. 평가위원 설문조사 결과 전체 31개 지표 중 10위로 평가할 만큼 메타평가지표로서의 타당성이 높음을 인정하고 있다.

연구회에서는 1999년 연구기관 평가제도가 도입된 이래 지속적으로 평가시스템의 개선을 위해 노력해 왔다. 1971년 한국개발연구원(KDI)이 설립된 이후 28년 만에 처음으로 연구기관 평가제도가 도입된 만큼 처음부터 완벽한 평가시스템을 바랄 수는 없는 노릇이었다. 당시 연구회 이사들과 기획평가위원은 물론, 연구기관 관계자들과 산·학·연의 전문가 등이 두루 참여한 가운데, 국내외의 선행연구 사례와 경험을 종합하여 평가시스템을 설계하였지만(경제사회연구회, 1999: 4-5), 매년 평가과정에서 다양한 문제점들이 드러났다.

이러한 문제점을 개선하기 위한 구체적인 활동은 다음과 같이 정리할 수 있다. 수행된 과정이나 내용에 있어서 매년 조금씩 차이가 없는 것은 아니지만, 가장 최근의 평가인 2007년도의 경우는 그 이전에 수행되어 온 평가시스템 개선에 관한 경험 및 지혜가 총 결집된 결과이므로, 여기서는 2007년도의 평가시스템 개선활동을 중심으로 살펴보기로 한다.

먼저, 평가시스템에 대한 평가는 매년도 평가보고서에 나타나 있다. 따라서 평가시스템에 대한 평가의 주체는 당해 연도 평가위원이 된다. 2007년도 평가의 경우 평가보고서 제4장 제3절에서 '연구기관 평가제도 발전을 위한 제언' 부분에 자세히 기술되어 있다. 다소 긴 내용이지만 그 중요성을 감안하여 문장 기술방식만 수정하여 전문을 그대로 옮긴다(경제·인문사회연구회, 2008b: 647-648).

"첫째, 연구기관 평가제도로의 일원화: 현재 연구기관에서는 기획재정부의 '혁신평가' 및 '고객만족도조사', 연구회의 '연구기관 평가', 국회의 '국정감사', 감사원의 '감사원감사' 등으로 인하여 1년 내내 평가를 받는 실정이다. 특히, 기획재정부의 '혁신평가' 및 '고객만족도조사', 연구회의 '연구기관 평가'는 평가시기가 동일하여 연구기관에 또 다른 규제와 부담으로 작용할 수 있다. 향후 연구회의 '연구기관 평가'로 일원화하여 연구기관의 부담을 감소시키고 책임경영체제를 강화하는 방향으로 개선하여야 할 것이다.

둘째, 평가방식 개선: 연구기관에서는 매년 실시되는 평가제도에 대한 부담을 갖고 있다. 물론 법률적인 규정에 따라서 실시하는 것이고, 또 매년 평가를 실시함으로써 얻을 수 있는 장점도 있으나 평가시기, 평가방법, 평가지표 등 현행 평가제도에 대한 종합적인 검토와 개선이 필요하다. 연구기관들의 평가에 대한 부담을 감소시키고 평가 기능의 유용성을 지속하기 위한 개선방안으로 '격년 평가제도'를 도입하는 방법 등을 신중히 검토하여야 할 것이다.

셋째, 개별 연구기관의 특성을 감안한 평가시스템의 도입: 다양한 연구기관의 특성을 충분히 반영할 수 있도록 평가지표에 대한 지속적인 개선이 필요하며, 연구기관의 의견을 충분히 반영하여 평가의 합리성과 효율성을 강화할 필요가 있다. 또한 특성화 분과별 구분은 연구영역, 규모, 사업수행 여부 등을 신중히 검토하여 재편할 필요가 있다.

넷째, 구성원 설문 및 면접조사 방식 개선: 구성원 설문 및 면접조사의 경우 연구기관의 구성원들이 사전에 교육되거나 준비된 상태에서 설문에 응하는 경향이 있다. 따라서 구성원 설문조사는 연구기관의 자체평가결과에 대하여 세분화하여 연구기관운영 전반에 대한 이해도와 연구기관의 전략적 목표에 대한 공유 정도를 파악할 수 있는 등 방법상의 개선이 필요하다.

다섯째, 기관장리더십 평가 방식 개선: 현재의 기관장리더십 평가방법은 평가내용적인 측면에서 다소 복잡하고 추상적이다. 비진구축, 인적관계자본 형성, 공유도라는 측면이 하부지표가 명확하지 않아서 연구기관 간 비교가 쉽지 않은 것으로 판단되며 보다 구체적인 비교항목을 제시하는 것이 바람직할 것이다. 기관장의 업적과 연구기관 전체의 업무성과를 구분하지 못하는 것이 리더십 평가에 있어 가장 큰 애로사항이다. 향후 기관장의 리더십 중심으로 평가되어야 할 것이다.

여섯째, 연구기관 평가결과 활용 개선: 연구회는 연구기관이 평가결과를 적극 활용하여 우수 연구기관의 벤치마킹이나 전문경영 컨설팅 등을 통하여 경영개선을 도모할 수 있도록 지원하는 시스템을 구축하여 연구기관 평가의 유용성을 제고하여야 할 것이다.

일곱째, 기타 개선사항: 2007년도 연구기관 평가부터 예년의 현지방문평가가 아닌 집체평가방식이 도입되었으며, 평가위원이 피평가 연구기관을 실제 방문하여 해당 연구기관의 조직분위기를 체감할 수 있는 기회를 갖지 못하는 아쉬움과 단점도 있었지만, 평가기간 단축, 개별 연구기관의 실사준비의 효율성의 관점에서는 효과적이라고 평가되고 있다. 다만 1주일 남짓한 집체평가일정은 평가위원이 개별 연구기관에 대한 자료를 충분히 숙지하기에는 촉박한 실정이다.

아울러 평가위원이 개별 연구기관 평가 시 평가지표별 평가착안 사항에 대한 사전 워크숍을 강화하여 평가위원 간의 중복 질의, 평가지표의 혼동, 지나친 추가 자료의 요구 등이 일어나지 않도록 하여야 할 것이다."고 서술하고 있다.

다음으로, 평가시스템 개선 절차는 매년 평가기준(편람) 개선 활동을 중심으로 이루어지고 있으므로 이를 요약하면 <그림 4-6]과 같다.

평가시스템 개선의 범위 및 내용에 관해서는 평가보고서 및 평가편람을 통해 파악할 수 있다. 앞에서 살펴본 평가보고서상의 연구기관 평가제도 발전을 위한 제언에 대해서는 매년도 연구회 사업계획 및 운영 과정에 반영하여 개선활동을 수행하고 있으나 그 범위 및 내용을 구체적으로 분석하는 데는 어려움이 있다. 한편 평가기준의 개선 범위와 내용은 비교적 자세히 분석할 수 있다(경제·인문사회연구회, 2007a: 28-30).

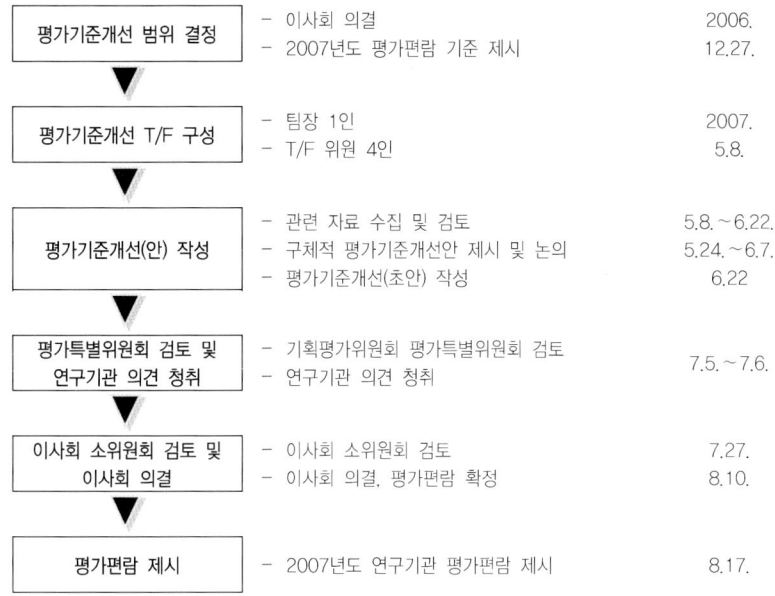

평가기준개선 범위 결정	– 이사회 의결 – 2007년도 평가편람 기준 제시	2006. 12.27.
평가기준개선 T/F 구성	– 팀장 1인 – T/F 위원 4인	2007. 5.8.
평가기준개선(안) 작성	– 관련 자료 수집 및 검토 – 구체적 평가기준개선안 제시 및 논의 – 평가기준개선(초안) 작성	5.8.～6.22. 5.24.～6.7. 6.22
평가특별위원회 검토 및 연구기관 의견 청취	– 기획평가위원회 평가특별위원회 검토 – 연구기관 의견 청취	7.5.～7.6.
이사회 소위원회 검토 및 이사회 의결	– 이사회 소위원회 검토 – 이사회 의결, 평가편람 확정	7.27. 8.10.
평가편람 제시	– 2007년도 연구기관 평가편람 제시	8.17.

[자료] 경제・인문사회연구회(2007a: 22, 27)를 기준으로 재구성.

[그림 4-6] 연구기관 평가기준 개선 절차

평가기준을 개선함에 있어서는 가장 먼저 평가기준 개선 대상과
범위 등 기본방향에 대해 연구회 이사회의 승인을 받아 결정한다.
그 구체적인 범위는 '2007년도 연구기관 평가편람 제시기준'에 따라
2006년도 평사과정에서 '평가기준과 관련하여 심각한 개선 사유가
발생한 경우'로 한정하고 있다.

평가편람의 주요 개선내용은 다음과 같다. ① 평가항목 간의 평가
요소 조정, ② 평가위원(간) 평점부여의 합리성 확보, ③ 평점부여
주체 및 방식의 변경, ④ 정책기여도 관련 평가자료 제출의 합리성
확보, ⑤ 평가자료 작성의 합리성 확보 등이다.

2) 가치 및 장단점 평가

실태 분석결과를 종합할 때, 현행 평가시스템에 대한 평가 및 개선 활동은 매년 주기적으로 실시되고 있으나 평가시스템에 대한 평가에서는 평가위원들의 의견만 제시될 뿐 연구기관이나 관련 부처 등의 의견수렴 과정이 미흡함을 알 수 있다. 반면 평가시스템에 대한 개선활동과 관련해서는 비교적 다양한 이해관계자들이 참여한 가운데 체계적인 절차에 따라 수행되고 있다. 다만 평가시스템 전반에 대한 개선이 아니라 평가기준(편람)에 한정하여 검토하고 있으며, 그 중에서도 전년도 평가과정에서 '평가기준과 관련하여 심각한 개선사유가 발생한 경우'로 제한하고 있다.

평가시스템 개선에 관한 연구기관 설문조사 결과는 2.95로 전체 지표 중 18위로 나타났다. 31개 지표 중 중간 정도를 평점을 받은 것이다. 이는 평가시스템 자체에 대한 평가나 개선활동에는 부족한 점이 많지만, 매년 연구기관 관계자 등 다양한 이해관계자들의 의견을 종합하여 평가기준을 개선해 오고 있는 점을 평가한 데 따른 결과로 보인다. 그러나 평가위원과 연구기관 간의 차이 분석 결과 전체 지표 중 여덟 번째로 큰 차이를 보여 문제의 여지가 있음을 암시하고 있다. 또한 앞에서 정리한 실태분석 결과에서도 나타나는 바와 같이 평가시스템에 대한 평가 및 개선활동과 관련하여 검토해야 할 사항이 적지 않다.

첫째, 연구기관 평가시스템 전반에 대한 객관적이고 종합적인 평가가 지난 10년 동안 거의 없었다는 점이다. 연구범위가 제한되어 있는데다 평가결과의 공개마저 극히 제한되어 있는 등의 이유로 앞의 <그림 1 - 1]에서 살펴본 바와 같이 경제인문사회분야 연구기관 평가에 대한 메타평가 연구는 전무한 실정이다. 반면, 과학기술분야 연구기관 평가제도는 연구회체제 도입 이전인 1991년부터 운영되어 왔고, 이후 다양한 연구들이 축적되어 왔다. 이에 대한 메타평가 연구만 하더라도 10여 편에 달한다.[86] 과학기술부와 과기분야 연구회 및 과학기술정책연구원 등이 중심이 되어 평가제도 자체에 대한 평가를 지속적으로 수행하고 있으며(민철구 외, 1994; 노화준 외, 1995; 공공기술연구회, 1999; 과학기술부, 2000; 산업기술연구회, 2000; 이철원, 2001; 이민형, 2004; 이정원·박기범, 2006), 특히 2005년에는 그간의 기관평가시스템을 획기적으로 개선하여 성과평가 중심으로 전환되었다는 사실은 시사하는 바가 크다(기초기술연구회, 2006, 2007b; 산업기술연구회, 2006, 2007b; 공공기술연구회, 2006, 2007).

둘째, 평가시스템에 대한 평가의 참여범위 및 개선결과에 관한 문제이다. 현행 평가시스템에 대한 평가는 매년 연구기관 평가에 참여한 평가위원들에 의해 수행되고 있다. 연구기관 평가와 관련된 다양한 이해관계자, 즉 연구기관을 비롯해, 국무총리실, 기획재정부 등의 참여 없이 단순히 평가수행 과정에서 발견한 운영상의 문제점 중심으로 평가가 실시되고 있다. 이와 같은 평가범위의 제한성

---

86) 과학기술분야 연구기관 평가를 대상으로 한 메타평가연구 중 본서에서 구체적인 분석대상으로 삼은 연구는 [그림 1 - 1]에서 제시한 총 6편이다. 그러나 이찬구의 경우만 하더라도 이들 대표적 논문 2편 외에 "정부출연 연구기관 평가에서 지적자본 모형의 적용 필요성"(2005), "지적자본 관점에서의 정부출연 연구기관 평가지표 분석"(2006) 등 메타평가의 범주에 속하는 논문을 다수 발표하였다. 다른 학자들의 경우에도 한두 편의 논문을 학회지나 학술발표대회 등에 발표하여, 과학기술분야 연구기관 평가를 대상으로 한 메타평가 연구는 10여 편에 달하는 규모이다.

으로 인해 연구기관 평가제도 발전을 위한 제언은 거의 활용되지 못하고 있다. 매년 비슷한 제언이 반복되고 있으나 그 개선결과는 미미한 실정이다. 이는 연구회 통합 이후 제시된 3년간의 제언내용을 비교해 보면 쉽게 알 수 있다. 연구기관 평가제도 발전을 위한 제언을 요약하면 <표 4-16>과 같다. <표 4-16>에서 보는 바와 같이 많은 항목이 매년 유사하게 지적되고 있다.

〈표 4-16〉 연구기관 평가제도 발전을 위한 제언 비교

2005년도	2006년도	2007년도
① 평가단 구성 및 결과활용 개선 ⑨ 평가위원 일관성 유지	—	⑨ 평가위원 사전 워크숍 강화
② 기관특성을 반영한 지표 구성	① 기관특성 감안한 평가시스템 도입	④ 기관특성 감안한 평가시스템 도입
④ 연구결과 우수성 평가 개선	⑤ 연구과제 선정 적정성 평가 개선	
⑤ 수요자 만족도조사 개선	—	① 연구기관 평가제도로 일원화
	⑥ 기관장 리더십 평가 개선	⑥ 기관장 리더십 평가방식 개선
⑥ 정책기여도 평가 개선	④ 정책기여도 평가항목 개선	—
⑦ 자체평가보고서 작성지침 구체화	⑩ 평가기준 및 항목 명료화	—
⑧ 실사평가 인력 및 기간 확대	⑪ 실사평가방법 개선	⑧ 실사(집체)평가 일정 연장
⑩ 평가결과 미흡기관 원인 제시	③ 평가관점의 다양화	⑦ 경영컨설팅 기능 수행 강화 ② 현행 평가제도 종합적 검토, 개선
	② 격년제 평가제도 도입 검토	③ 격년 평가제도 도입 검토
③ 전년도 대비 개선 지표 확대	⑦ 경영목표 실천계획 달성도 평가 개선 ⑧ 혁신경영 노력 평가 개선	⑤ 구성원 설문 및 면접조사 개선
⑪ 인센티브용 인건비 예산 확보 ⑫ 인센티브 부여 시 구성원 포함 ⑬ 연구비 인센티브 예산 확대	⑨ 평가변별력 제고 위한 척도 도입	

[자료] 경제·인문사회연구회(2006b: 572-576; 2007b: 676-680; 2008b: 647-648).
[주] 1. 각 연도별 평가제도 발전을 위한 제언을 항목 중심으로 정리하였으며, 비교가 필요한 경우에는 항목을 세분하여 제시하고 순서는 전년도와 비교하기 쉽도록 조정하여 정리.
2. 밑줄 친 부분은 전년도와 유사한 경우를 의미.

특히 기관특성을 반영한 평가지표 구성, 연구결과 우수성 평가 개선, 정책기여도 평가 개선, 실사평가 시간 확대, 평가결과 미흡기 관에 대한 원인 진단 및 처방 제시(컨설팅 기능 수행), 인센티브용 인건비 예산 확보, 인센티브 부여 시 연구기관 원장뿐 아니라 구성원 포함, 기관장 리더십 평가방법 개선, 격년제 평가제도 도입, 평가 변별력 강화, 연구기관 평가부담 저감 방안 등은 지속적으로 지적 되고 있으나 좀처럼 개선되지 않는 항목들이다.

셋째, 평가시스템에 대한 개선활동의 범위에 관한 사항이다. 현 행 개선 범위는 평가기준(편람) 개선을 중심으로 하며, 이 중에서도 전년도 평가 시 심각한 개선사유가 발생한 경우로 한정하고 있다. 그 결과 매년 실제 개선된 내용을 살펴보면 평가지표의 세부적인 항목이나 자체평가보고서 작성방법 등과 관련한 지엽적인 사항에 국한되어 있다. 실제 2007년도 평가기준 개선 시 변경된 구체적 항 목을 나열하면, ① 평가항목간의 평가요소 조정, ② 평가위원 간 평점부여의 합리성 확보, ③ 평점부여 주체 및 방식 변경, ④ 정책 기여도 관련 평가자료 제출의 합리성 확보, ⑤ 평가자료 작성의 합 리성 확보 등이다(경제·인문사회연구회, 2007a: 28 - 30). 이러한 항목들은 매우 구체적이고 지엽적인 사항들에 해당하며 평가시스 템의 큰 틀에 대한 논의가 없는 점이 아쉽다. 평가의 근거가 되는 법규에 관한 사항은 물론이고, 평가의 기본방향과 활용을 결정하는 평가목적 등 평가환경영역에 대한 검토가 전혀 이루어지지 않고 있다. 또한 평가역량이나 평가시간 등의 투입영역에 대한 검토가 부족하고 평가결과 확정방법과 평가결과의 보고, 평가결과 활용 등 평가활용영역에 대한 분석도 논외로 하고 있다.

■■■■ 제6절 연구기관 평가시스템의 문제점 종합

지금까지 본서의 사례 연구에서 설계한 메타평가 모형을 적용하여 연구기관 평가시스템에 대한 메타평가를 실시하였다. 즉 확정된 모형의 4대 주요 구성요소별로 절을 구분하여 14개 평가항목과 31개 평가지표를 근거로 현행 평가시스템의 실태를 분석하고 가치 및 장단점을 평가하였다.

이 절에서는 이러한 과정을 통해 도출된 연구기관 평가의 문제점을 종합한다. 특히 외형적으로 드러난 문제점의 나열에서 벗어나 문제의 중요성과 시급성, 그리고 그 원인을 파악하는 데 주안점을 둔다.

1. 설문조사에서 나타난 문제점 분석

현행 연구기관 평가시스템이 안고 있는 문제점은 다양하고 복잡하게 얽혀 있다. 따라서 이러한 여러 문제점들 중에서 어떤 것이 중요하고 시급한 문제인지를 정확히 진단하는 일은 매우 중요하다. 본질적인 문제와 지엽적인 문제가 혼재되어 제시된다든지, 문제의 경중(輕重)과 선후(先後)가 구분되지 않은 채 눈에 보이는 모든 문제들을 단순 나열한다면, 이에 근거한 처방 역시 효과를 발휘하기 어렵기 때문이다.

이러한 인식하에 여기서는 지금까지의 연구결과 드러난 현행 연구기관 평가시스템의 문제점을 양적 분석 방법과 질적 분석 방법을 병행하여 요약, 제시하고자 한다.

양적 분석 방법이란 본 메타평가 모형의 각 평가지표에 대한 설문조사 결과에 근거한 분석을 말한다. 예를 들어, 평가위원 설문조사 결과는 각 평가지표의 타당성, 즉 메타평가지표로서 얼마나 중요한 의미가 있는지에 대한 응답이고, 연구기관 설문조사 결과는 해당 지표에 대한 연구기관의 만족도를 의미한다고 볼 수 있다. 따라서 두 설문조사 결과에서 평가위원들이 중요하다고 본 지표에 대해 연구기관의 평점이 낮다면, 이 지표와 관련한 문제는 보다 면밀한 검토가 필요함을 시사한다. 이처럼 양적 분석의 결과는 현행 연구기관 평가시스템이 안고 있는 다양한 문제점들의 윤곽과 경중을 파악하는 데 도움이 된다.

하지만 이와 같은 양적 분석 방법은 그 결과가 명료하긴 하나 완전하지 못하다. 앞의 메타평가 실시 과정에서도 확인된 바와 같이 양적 분석에서 드러나지 않는 본질적인 문제나 그 원인에 대한 파악은 질적 분석 결과를 통해 판단할 수밖에 없기 때문이다.

따라서 여기서는 먼저 설문조사에서 나타난 메타평가지표별 문제점을 정리한다. 이어 지금까지 수행해 온 메타평가의 질적 분석 결과를 종합하여 연구자의 입장에서 중요하고도 시급하다고 판단한 문제점을 각 평가영역별로 요약, 제시한다.

설문조사에서 나타난 메타평가지표별 문제점은 다음과 같은 방법으로 분석할 수 있다. 즉 평가위원 설문조사 결과와 연구기관 실문조사 결과를 비교하여 평점의 차이를 통해 문제점을 분석하는 방법이다.

〈표 4-17〉 평가위원-연구기관 설문조사결과 차이 분석

메타평가지표	평가위원		연구기관		차 이	
	평점(a)	순위	평점(b)	순위	평점(a-b)	순위
U1-1. 평가결과 확정 절차의 적절성	4.17	12	2.08	31	2.09	1
P3-2. 연구보고서 평가방법의 적절성	4.43	2	2.70	29	1.73	2
I1-2. 평가단 구성의 적절성	4.52	1	2.88	22	1.64	3
P2-3. 평가자와 평가대상자 간 의사소통의 충분성	4.04	20	2.48	30	1.56	4
U3-3. 평가대상자 측면에서 평가결과 활용의 충분성	4.30	6	2.88	22	1.42	5
P1-1. 평가항목 및 지표 구성의 적절성	4.13	14	2.75	27	1.38	6
P2-2. 평가자 및 평가대상자에 대한 평가기준 설명의 적절성	4.22	10	2.93	19	1.29	7
U4-1. 평가시스템에 대한 평가 및 개선활동의 적절성	4.22	10	2.95	18	1.27	8
E2-2. 평가목적의 합리성	4.43	2	3.18	9	1.25	9
P4-2. 평가보고서 결론 및 제언의 적정성	4.26	8	3.03	17	1.23	10
P2-1. 평가절차의 합리성	4.35	5	3.15	12	1.20	11
P3-1. 평가기준 판단근거의 명료성	4.30	6	3.18	9	1.12	12
E3-1. 평가주기의 합리성	4.04	20	2.93	19	1.11	13
I1-1. 평가추진체계의 기능적 적절성	4.17	12	3.08	14	1.09	14
E3-2. 평가지표별 평가주기의 신축성	3.83	28	2.78	26	1.05	15
P1-3. 연구기관 특성에 따른 평가배점 선택의 신축성	3.91	26	2.88	22	1.03	16
I3-1. 서면평가 및 실사평가 시간의 충분성	3.78	29	2.75	27	1.03	17
U3-2. 평가자 측면에서 평가결과 활용의 충분성	3.87	27	2.85	25	1.02	18
U3-1. 평가활용에 대한 법·제도적 근거의 명료성	4.04	20	3.05	16	0.99	19
P4-1. 평가보고서 구성 및 내용의 합리성	4.26	8	3.33	6	0.93	20
I3-2. 평가편람 배포 시기의 적절성	4.00	24	3.08	14	0.92	21
U2-3. 평가결과 공개 범위 및 수준의 적절성	4.09	16	3.23	7	0.86	22
I2-1. 평가자료의 양적·질적 적절성	4.04	20	3.18	9	0.86	23
U1-2. 평가등급 산정의 합리성	3.78	29	2.93	19	0.85	24
I1-3. 평가 이해관계자 파악의 적절성	3.96	25	3.23	7	0.73	25
E2-1. 평가목적의 명료성	4.39	4	3.70	3	0.69	26
P1-2. 평가항목의 연차별 일관성 유지 정도	3.78	29	3.13	13	0.65	27
U2-1. 평가결과 보고체계의 명료성	4.13	14	3.50	5	0.63	28
U2-2. 평가보고서 배포의 적절성	4.09	16	3.53	4	0.56	29
E1-2. 평가 관련 법규내용의 합리성	4.09	16	3.83	2	0.26	30
E1-1. 평가 법적 근거의 명료성	4.09	16	4.10	1	0.01	31

평가위원의 평점은 각 지표의 중요도를 의미하고 연구기관의 평점은 해당 지표에 대한 만족도를 의미하므로, 양자 간에 차이가 클수록 문제가 있는 것으로 해석할 수 있다. 예를 들면, 평가위원은 가장 중요하다고 평가한 지표에서 연구기관의 평점이 가장 낮다면 그 차이는 최대가 될 것이고, 이는 곧 그 평가지표와 관련한 문제의 소지가 크다는 것을 의미한다.

평가위원 설문조사결과와 연구기관 설문조사결과의 차이를 분석한 <표 4-17>에서 보는 바와 같이 그 차이가 가장 큰 지표는 '평가결과 확정 절차의 적절성'으로 나타났다. 이어 '연구보고서 평가방법의 적절성', '평가단 구성의 적절성', '평가자와 평가대상자 간 의사소통의 충분성', '평가대상자 측면에서 평가결과 활용의 충분성' 등의 순으로 큰 차이를 보이고 있다.

이러한 결과에서 나타나는 차이를 면밀히 분석하면 이 표에서 나타난 문제점이 중요하고도 시급한 개선이 필요한 문제인지, 아니면 연구기관의 주관 또는 특성에 기인한 문제인지를 파악할 수 있다. 따라서 다음 절부터는 <표 4-17>의 결과를 참고하고 앞에서 수행한 질적 분석 결과에 근기히여 각 메타평가영역별로 중요하고도 시급한 개선이 필요한 문제점을 요약, 정리한다.

2. 평가환경영역의 문제점

양적 분석 결과를 종합할 때, 평가환경영역에 속한 6개 메타평가지표 중 '평가목적의 합리성'에 대한 문제가 가장 중요한 것으로 나타났다. 평가주기에 관한 두 지표에 대해서도 연구기관의 만족 수준이 매우 낮았다. 반면, 평가근거에 관해서는 평가위원과 연구기관 간의 인식 차이가 가장 작을 뿐 아니라 연구기관의 평점 역시 전체 지표 중 1, 2위를 차지할 만큼 높은 수준으로 확인되었다.

이러한 양적 분석 결과를 참고하고 앞에서 실시한 질적 분석 결과를 종합하여 연구기관 평가시스템에 대한 평가환경영역의 문제점을 요약하면 다음과 같다.

첫째, 평가목적의 합리성 및 체계성에 관한 문제이다. 이 항목에 대한 메타평가 결과 평가목적이 비교적 명료하게 제시되어 있으나 합리성 측면에서는 보완할 점이 많은 것으로 나타났다. 구체적인 문제점은 연구기관 평가의 특성 반영이 미흡하고, 관리·통제를 지나치게 강조하여 성과평가 및 연구기관 발전에 대한 방향 제시가 명료하지 못할 뿐 아니라, 너무 많은 목적들이 체계성 없이 나열되어 있어 백화점식 평가로 흐르기 쉽고, 평가목적과 여타 평가요소 간의 연계가 취약하여 명시적 목적과 실질적 목적 간의 괴리가 심하다는 것으로 요약된다.

둘째, 매년 평가에 따른 문제점과 평가주기의 신축성 미흡이다. 출연연 법령에서는 매년 평가를 실시하고 그 결과를 4월 30일까지 제출하도록 규정하고 있는데, 이러한 평가주기는 문제의 소지가 큰 것으로 평가되었다. 문제의 핵심은 1년 단위의 평가주기가 연구기관의 운영행태를 단기 실적 위주로 변화시키게 된다는 점이다. 경제인문사회분야 출연연은 중장기적 국가정책 연구를 주 임무로 하는데 현재와 같은 1년 단위의 평가가 지속될 경우, 당장 눈에 드러나는 단기 실적 위주의 기관운영에 치중할 수밖에 없다는 점에서 평가주기는 기관운영의 기본시각을 결정하는 중요한 문제가 되고 있는 것이다. 또한 평가주기는 평가로 인한 연구기관의 업무부담과도 직결되는 문제이다. 그리고 실질적인 평가주기 조정 효과를 실현할 수 있는 평가지표별 신축성이 미흡하다는 점도 개선 과제로 지적되었다.

한편, 평가환경영역의 문제점들을 개선하기 위한 주요 행위자 간의 협력활동은 매우 취약한 것으로 나타났다. 특히 평가목적이나 평가주기의 개선에 관한 주요 행위자 간 협력 활동은 전혀 찾아볼 수 없다. 본 평가제도가 도입된 이래 10년 동안 거버넌스적 관점에서 이 문제를 취급한 경우가 한 번도 없었음을 의미한다. 이러한 점은 연구기관 평가와 관련된 다양한 문제점들이 시간이 지나도 개선되지 않고 지속적으로 나타나고 있는 근본원인을 찾는 데 실마리를 제공한다.

3. 평가투입영역의 문제점

현행 연구기관 평가시스템에 있어서 투입영역은 비교적 무난한 평가를 받았다. <표 4-17>에서 보는 바와 같이 평가위원과 연구기관 간의 차이 분석 결과 10위 안에 드는 지표는 '평가단 구성의 적절성'이 유일하며, 여타 5개 지표는 그 차이가 크지 않고 연구기관의 평점 또한 보통 이상이다. 다만 '서면평가 및 실사평가 시간의 충분성' 지표는 연구기관의 평점 순위가 27위로 매우 낮고, 평가 개선 우선순위를 묻는 응답에서도 10위로 지적되어 문제의 소지가 큰 것으로 나타났으므로 여기서는 이 2개의 지표에 대한 문제점을 중심으로 살펴본다.

첫째, 평가단 구성 및 운영에 있어서의 문제점이다. 평가단 구성은 실제 평가를 누가 수행하는가와 관련되는 것으로 평가역량을 결정하는 핵심 요소에 해당한다. 이에 관해 평가위원들은 전체 지표 중 두 번째로 높은 중요도를 부여한 데 반해 연구기관 설문조사 결과는 22위의 평점을 받아 양자 간의 차이 역시 전체 지표 중 두 번째로 크게 나타날 만큼 문제의 소지가 크다. 구체적인 문제점으로는 평가단 구성의 외부 의존성, 연구회 사무국의 평가 전문인력 부족, 평가위원 구성에 있어서 연구기관별 형평성 미흡, 평가위원에 대한 사전교육의 부족 등을 들 수 있다.

둘째, 평가 시간의 불충분성이다. 외부전문가로 구성된 평가단에서 촉박한 법정 기한 내에 평가를 완료해야 하는 사정을 고려할 때 평가시간을 늘리는 데는 한계가 있다. 그러나 연구기관의 개선 요구가 크므로 현실 여건 속에서의 개선이 필요하다. 평가시간에 대한 문제의 핵심은 총 5시간에 불과한 실사평가 및 기관장 평가 시간의 절대적 부족이다. 이 문제는 실사평가 이후 연구기관의 의견을 반영할 기회가 전혀 존재하지 않는다는 문제와 연관되어 있다. 따라서 평가시간의 문제는 실사평가 이후 최종 평가결과 확정 사이에서 평가단과 연구기관 간의 의사소통, 특히 평가결과 초안에 대한 소명 절차와 연계하여 살펴보는 것이 바람직하다고 본다.

4. 평가수행영역의 문제점

실제 평가가 수행되는 과정에서의 활동을 의미하는 평가수행영역은 연구기관의 평가실무와 직결된다. 따라서 연구기관의 문제 제기 역시 이 영역에 집중되어 있다. 양적 분석 결과를 통해 알 수 있듯이 이 영역에 속한 지표들은 대체로 문제가 많은 것으로 지적되고 있다. 그중에서 연구기관의 개선 요구 수준뿐 아니라 평가위원과 연구기관 간의 인식 차이도 매우 크게 나타난 '연구보고서 평가방법의 적절성'을 비롯해, '평가자와 평가대상자 간 의사소통의 충분성', '평가항목 및 지표 구성의 적절성', '평가보고서 결론 및 제언의 적정성'을 중심으로 문제점을 정리한다.

첫째, 연구보고서 평가와 관련한 문제이다. 이 문제는 메타평가 결과를 종합할 때 매우 중요하고도 시급한 과제임이 확인되었다. 주요한 문제점으로 연구보고서 및 평가위원 선정의 투명성 부족, 연구보고서 평가과정에서의 소통과 피드백(feedback) 절차 부재, 연구기관 평가보고서에 연구보고서별 평점이나 평가근거가 제시되지 않는 점 등을 들 수 있다. 문제의 핵심은 연구보고서의 평가결과를 연구자가 납득할 수 있는 제반 절차 및 장치가 매우 부족하다는 것이다.

둘째, 평가절차에 있어서 평가자와 평가대상자 간 의사소통이 충분하지 못하다는 점이다. 이는 평가위원들이 매우 중요하다고 평가한 지표인 데 반해 연구기관의 만족도가 전체 지표 중 두 번째로 저조하고 개선요구 또한 두 번째로 강력한 문제로 확인되었다. 그런데 만족도가 가장 낮은 '평가결과 확정 절차의 적절성' 및 세 번째로 낮은 '연구보고서 평가방법의 적절성' 역시 의사소통의 문제에 기인한 것으로 분석되었으므로, 소통의 문제는 시급하고도 중요한 과제이다. 현행 평가에서 평가자와 평가대상자가 직접 대면하는 시간은 불과 5시간에 지나지 않음에도 불구하고 실사평가 이후 평가결과가 최종 확정될 때까지 연구기관과의 공식적 소통절차가 없다. 또한 경제·인문사회연구회를 제외한 나머지 3개 연구회가 모두 운영하고 있는 평가결과(보고서) 초안에 대한 연구기관의 소명 기회마저 마련되어 있지 않아 문제의 심각성을 더하고 있다. 이 문제 역시 본 메타평가지표 중 가장 만족 수준이 낮고 개선요구가 높은 '평가결과 확정 절차의 적정성' 지표와 함께 살펴보는 것이 바람직하다. 이 문제들의 핵심이 바로 소통의 부족이기 때문이다.

셋째, 평가목적과 지표 간의 연계성 부족 및 지표의 복잡성이다. 현행 평가지표 구성에 대한 연구기관의 만족도가 낮을 뿐만 아니라 평가개선 우선순위가 높고, 평가위원과 연구기관 간의 인식 차이도 매우 큰 것으로 나타났다. 평가지표에 관한 구체적인 문제점으로는 매년 평가지표에 대한 수정이 있었으나 평가목적에 대한 검토가 이루어지지 않아 양자 간의 연계성이 부족하다는 점을 비롯해, 평가목적 달성 여부를 측정하기 위해 필요한 필수적 지표의 누락 또는 부족, 평가지표의 과다 및 복잡성, 이에 따른 연구기관의 평가업무부담 증대 등을 들 수 있다. 특히 연구기관 평가관계자들은 평가지표의 하위구성요소인 평가요소가 무려 51개에 이르러 업무부담을 가중시키고 있음을 지적하고 있다.

넷째, 평가보고서의 기술 방식에 관한 문제이다. 평가수행의 최종 산물인 평가보고서가 어떻게 기술되어 있는지, 특히 평가보고서의 결론 및 제언이 증빙자료에 근거하여 적정하게 제시되어 있는지는 평가의 활용에 직접적인 영향을 미치는 요소이다. 이에 관해 평가위원들은 그 중요도를 매우 높게 평가하고 있는 데 반해 연구기관의 만족도가 낮고, 따라서 양자 간의 차이도 크게 나타났다. 구체적인 문제점은 부여한 평점에 대한 설명력 및 근거 제시의 미흡, 연구기관의 발전을 위해 필요한 정보의 불충분, 평가지표별 배점 비중과 평가보고서 분량 간의 불균형을 들 수 있다. 즉 "평가자의 의견이 평가보고서에 보다 명확하게 제시되어 평가대상자가 평가 결과에 대해 납득할 수 있으며, 기관발전에 실질적인 도움이 되는 개선방안 및 건의사항의 제시가 필요하다."는 것이다.

마지막으로, 평가수행영역에서 나타나는 제반 문제점들에 공통적으로 내재하는 근본원인은 평가자와 평가대상자 간의 의사소통 부족이라고 진단할 수 있다. 따라서 이러한 문제점을 개선하기 위한 연구회와 평가위원(평가자) 및 연구기관(평가대상자) 간의 협력체계 구축이 절실한 과제임을 알 수 있다.

5. 평가활용영역의 문제점

평가활용영역은 평가제도 자체의 정당성과 유용성을 결정하는 요소이다. 따라서 이 영역에서의 문제점은 본질적인 문제에 해당하므로 특히 질적인 분석을 요한다. 양적 분석 결과에 기초하고 질적 평가 결과를 종합하여 '평가결과 확정절차의 적절성', '평가결과 공개 범위 및 수준의 적절성', '평가결과 활용의 충분성', 그리고 '평가시스템에 대한 평가 및 개선활동의 적절성'에 관한 문제점을 요약한다.

첫째, 평가결과 확정 과정에서 연구기관 의견수렴 절차의 부재이다. 현행 연구기관 평가에서는 평가결과 확정 전에 연구기관의 소명기회 제공 등 평가결과의 정확성을 담보할 수 있는 절차가 구비되어 있지 않다. 이는 곧 연구기관의 불만 요소로 작용하여 본 메타평가지표 중 가장 중요하고 시급한 문제로 지적되었다. 메타평가를 통한 질적 분석 결과는 물론 양적 분석에 있어서도 이 문제가 가장 심각한 것으로 확인되었다. 구체적으로, 실사평가 시간이 극히 부족할 뿐 아니라, 실사평가 이후 평가결과 확정 때까지 연구기관의 의견반영 절차가 없고, 평가결과 확정 이후에도 연구기관의 이의제기나 소명기회 제공 절차가 존재하지 않는다. 평가결과의 정확성과 신뢰성에 대해 의문을 가지게 되면 그 활용성이 저하될 수밖에 없고, 이러한 상황이 지속되면 평가제도 자체가 정당성을 잃게 되기 때문에 시급한 개선이 요구되는 과제이다.

둘째, 평가결과 공개범위 및 수준이 극히 제한적이다. 양적 분석 결과에서는 이 부분에 대한 문제가 드러나지 않았으나 메타평가를 통한 질적 분석 결과 평가결과 활용성 제고 측면에서 개선의 여지가 큰 것으로 확인되었다. 문제점으로는 평가결과의 공개 수단이 평가보고서로 한정되어 있을 뿐 아니라, 이마저도 공식적 행위자들에게만 제공될 뿐 산·학·연의 전문가들 등 비공식적 행위자들에게는 전혀 배포되지 않는다는 점이다. 또한 연구회 인터넷 홈페이지에도 평가결과에 대해 일체 공개하지 않아, 연구회 출범 이후 최근까지의 모든 평가보고서 원본을 홈페이지에 등록하여 관심 있는 사람이면 누구나 상시 접근할 수 있도록 한 과학기술분야 연구회와 대조를 이룬다.

셋째, 평가결과 활용의 불충분성이다. 연구기관 평가결과 활용에 관한 항목은 본서의 사례연구에서 설정한 14개 메타평가항목 중 문제가 가장 심각한 부분이다. 이러한 사실은 연구기관 설문조사 결과는 물론 연구기관 평가관계자를 대상으로 한 면접이나 평가결과 활용 실태에 관한 질적 분석에서 공통적으로 확인되고 있다. 이와 관련된 구체적인 문제점은 평가자 측면과 평가대상자인 연구기관 측면으로 나누어 정리할 수 있다.

평가자 측면의 문제점으로는 ① 관련 법규에서 규정한 평가결과 활용의 초점이 지나치게 관리·통제에 편중되어 있는 것을 비롯해, ② 평가결과에 따른 예산 차등 정도가 미흡하고, ③ 사실상의 평가결과 활용이 원장 연봉 차등에 집중되어 연구기관 구성원들에게 미치는 영향이 거의 없으며, ④ 평가결과 도출된 우수 사례를 종합하여 연구기관에 확산하는 노력이 부족하다는 점을 들 수 있다. 그리고 평가대상자 측면의 문제점으로는 ① 현행 평가제도가 연구기관 원장 평가로 인식되어 구성원들의 참여와 협조가 극히 지조하다는 점, ② 연구기관 자체 노력만으로는 개선하기 어려운 구조적·장기적 문제가 존재한다는 점, ③ 평가보고서에 서술된 문제점이나 개선방안 제시가 모호하여 구체적인 문제를 파악하기 어렵다는 점 등이 지적되고 있다.

넷째, 평가시스템에 대한 평가 및 개선활동의 부적절성이다. 이에 대한 평가위원과 연구기관 간 차이를 분석한 결과 전체 지표 중 여덟 번째로 큰 차이를 보였고, 질적 분석 결과에서도 적지 않은 문제점이 확인되었다. 이를 요약하면, 먼저, 연구기관 평가시스템 전반에 대한 객관적이고 종합적인 평가가 지난 10년 동안 거의 없었다는 점, 다음으로, 평가시스템 평가에 대한 참여 범위의 제한성, 그리고 평가시스템에 대한 개선 범위의 협소성 및 지엽성을 들 수 있다.

끝으로, 평가활용영역에 관한 문제점은 다양하고 복잡하게 얽혀 있다. 또한 이를 둘러싼 이해관계자 역시 다양할 뿐 아니라 이들 상호간의 의사소통이 매우 부족한 것으로 나타났다. 이러한 사실은 결국, 평가활용을 제고함에 있어서 연구회 혼자만의 노력으로는 일정한 한계에 직면할 수밖에 없음을 의미한다. 따라서 평가활용영역에 관한 주요 이해관계자들의 참여와 협력이 필수적 과제임을 시사하고 있다.

제5장
연구기관 평가시스템 개선방안

1. 평가목적의 합리성 제고 및 체계화

평가목적은 평가의 시작과 끝을 일관하는 핵심 요소에 해당한다. 평가목적에 따라 평가대상이 결정될 뿐만 아니라, 평가 주기, 내용(지표), 방법, 절차, 결과(보고서), 결과활용 등이 모두 연계되기 때문이다. 따라서 평가목적이 잘못 설정되면 그 이후 단계에서의 활동은 잘못된 목적에 기여하는 것과 같으므로, 합리적인 평가목적을 명료하게 제시하는 일은 더없이 중요하다.

현행 연구기관 평가목적에 대해서는 여러 문제점들이 지적되고 있으나, 요약하면 너무 많은 목적들이 체계성 없이 나열되어 있고, 평가목적과 여타 평가요소 간의 연계가 취약하여, 결국 명시적 목적과 실질적 목적 간의 괴리가 심하다는 점이다. 따라서 현행 연구기관 평가를 보다 바람직한 상태로 개선하기 위해서는 무엇보다 우선하여 평가목적이 연구기관 평가의 특성에 맞게 합리적으로 설정되어 있는지를 점검하고, 설정된 목적이 명료하게 제시되어 실제 평가활동에 반영될 수 있도록 해야 한다. 즉 평가목적의 합리성 제고 및 체계화에 대한 종합적인 검토가 필요하다.

평가목적의 합리성 제고 및 체계화와 관련하여 국제적인 평가표준 등에서 제시하는 기준은 시사하는 바가 크다.

먼저, UN의 평가표준에서는 평가의 목적을 평가수행에 대한 명확한 이유(specific justification)를 제공하는 것을 의미하는 평가목적(purpose)과 이러한 목적을 달성하기 위한 현실적이고 실현 가능한 (realistic and achievable) 평가목표(objectives)로 구분하여 체계화할 것을 권장하고 있다. 특히 평가목적 및 목표는 상호 연계되어야 하며, 평가에 관련된 모든 이해관계자들의 동의(agreed upon by all stakeholders)를 거쳐 명료하게 제시되어야 함을 강조하고 있다 (UNEG, 2005b: 10 – 11).

또한 OECD의 평가품질표준에서는 평가의 근본적 이유(rationale)와 평가목적(purpose) 및 평가목표(objectives)로 체계화할 것을 권고하고 있다(OECD/DAC, 2006: 4). 평가의 근본적 이유는 왜, 누구를 위해, 그리고 왜 특정 시점에 평가가 실시되는지를 기술하는 것을 말한다.

이에 비해 평가목적은 평가의 학습 및 책임 기능(learning and accountability function)과 관련된 것이며, 평가목표는 평가를 통해 달성하고자 하는 바를 구체화한 것(specify what the evaluation aims to achieve)으로, 예를 들면, ① 결과 등의 확인이나 효과성·효율성·타당성 등의 사정(査定)을 위해, ② 특정 정책에 관해 결과나 결론 및 권고를 제공하기 위해 등이 평가목표로 제시될 수 있음을 예시하고 있다.

본 사례연구에서는 이러한 평가표준의 기준을 참고하여 기존의 평가목적을 왜 평가가 실시되어야 하며 어디에 활용할 것인가(why the evaluation is being done and how it will be used)를 결정하는

'평가목적(purpose)'과, 이러한 평가목적을 달성하기 위해 추구해야할 바를 구체화한 것을 의미하는 '평가목표(objectives)'로 구분하여[87] 체계화하고자 한다.

이러한 체계에 따르고 현행 평가목적에 대한 메타평가결과를 종합하여 판단할 때, 연구기관 평가목적은 '연구기관 책무성 확보'와 '연구기관 발전방향 제시'로 단순화한 후, 평가목표는 '경영목표의 현실적합성을 제고하기 위해', '연구성과를 향상·확산하기 위해', '연구 및 경영관리 수준을 제고하기 위해', 그리고 '기관장의 리더십 및 책무성을 강화하기 위해'로 압축할 것을 제안한다.

실제 평가목적 및 목표를 확정하는 과정에서는 연구기관과 관련 정부부처 등 평가 이해관계자의 참여와 협력을 중시하고, 평가목적 및 목표가 확정된 이후에는 이에 따라 평가지표·평가방법·평가보고서 작성방식·평가결과 활용방향 등을 이와 연계하여 전면 재조정함으로써 명시적 목적과 실질적 목적을 일치시키는 후속조치가 필요하다.

2. 평가주기의 장기화 및 지표별 신축성 확대

평가주기는 평가대상기관의 업무부담과 직결되며, 이는 결국 평가제도 자체의 효율성과 연관된다. 그러나 이보다 더욱 중요한 것은 평가주기에 따라 연구기관의 운영행태가 달라진다는 점이다. 그러므로

---

87) 평가목적 및 평가목표를 구분하는 구체적인 기준 및 정의 등에 관한 자세한 사항은 앞의 각주 15), 16) 참조.

평가주기는 가능한 한 업무부담을 최소화하면서 소기의 목적을 달성할 수 있도록 설계되어야 한다.

현행 1년 주기의 평가는 중장기적인 관점에서의 연구성과보다는 단기적인 기관운영에 치중함으로써 평가를 통해 연구기관의 발전방안을 모색하고 이를 지원·육성하는 기능을 수행하기 어렵다는 비판을 받고 있다. 이에 따라 많은 연구자들이 연구기관 평가의 주기를 보다 장기화할 것을 제안하고 있음은 주지(周知)의 사실이다.

연구기관에 대한 평가주기를 어느 정도로 하는 것이 바람직한지를 검토함에 있어서는 해외의 사례를 참고할 수 있다. 일본은 '문부과학성에 있어서의 연구개발에 관한 평가지침(文部科學省における研究及び開發に關する評價指針)'을 통해,[88] 국비를 사용하여 연구개발을 수행하는 연구기관에 대한 평가주기를 3년에서 6년 정도로 하도록 규정하고 있다(문부과학성, 2005: 1 - 2, 20).[89] 영국 정부는 각종 공공기관의 평가를 최소한 4년 또는 5년 간격으로 시행할 것을 의무화하고 있고, 이에 따라 영국의 연구회들(research councils)[90]은 4년 주기로 산하 연구기관을 평가하고 있다(이찬구,

---

88) 일본 문부과학성은 국가 연구개발 정책을 총괄적으로 기획, 추진, 평가, 조성하는 위치에 있다. 2006년 현재 문부과학성은 정부 전체 연구개발 예산 3조 5,743억 엔의 64.5%인 2조 3,037억 엔을 집행하고 있다(문부과학성, 2007: 178). 따라서 문부과학성의 이 지침은 일본의 공공연구기관 전체에 영향을 미친다고 볼 수 있다. 이 지침의 구체적인 적용 대상은 대학 및 대학공동이용기관, 문부과학성 소관 국립시험연구기관, 독립행정법인 연구기관(獨立行政法人研究機關), 특수법인 연구기관이다(문부과학성, 2005: 1 - 2).

89) 이 지침은 연구개발을 수행하는 기관 등의 평가시기(研究開發を行う機關等の評價時期)에 관해 다음과 같이 기술하고 있다. "평가실시주체는 연구개발을 둘러싼 제반 환경의 변화에 유연하게 대응하면서, 항상 활발한 연구개발이 실시될 수 있도록 3년에서 6년 정도의 기간을 하나의 기준으로 삼아 정기적으로 평가를 수행한다(評價實施主体は、研究開發をめぐる諸情勢の變化に柔軟に対応しつつ、常に活発な研究開發が実施されるよう、3年から6年程度の期間を一つの目安として、定期的に評価を行う)."고 규정하고 있다(문부과학성, 2005: 20).

90) 영국의 공공연구기관 운영체제는 혁신·대학 및 기술부(DIUS: Department for Innovation,

2003: 155).

이러한 해외 사례를 참고하되, 정부출연연구기관 평가에 있어서는 연구기관 원장의 임기와 연계하여 결정할 필요가 있다. 한국의 경우 앞에서 본 국가들에 비해 원장의 임기가 매우 짧기 때문이다. 현재 원장의 임기는 3년이므로 임기 마지막 해에 종합평가를 실시하여 이를 재선임의 기초로 활용하는 방안을 고려할 만하다. 이 경우 나머지 2년 동안에는 연구기관 원장 책임하에 기관자체평가를 실시하도록 하고, 그 결과를 연구회에서 취합하여 국무총리 등에게 제출한다.

이렇게 되면 다음과 같은 효과를 기대할 수 있다. 첫째, 연구기관의 경영행태가 보다 장기적 시각으로 전환되고, 둘째, 연구기관 원장에 의한 책임경영체제가 강화되며, 셋째 연구회체제 출범 취지인 연구기관의 자율성과 독립성 신장에도 기여할 수 있다. 이에 더하여 연구기관의 평가부담이 대폭 줄어들게 되며, 매년 같은 기준에 따라 모든 기관을 비교 평가하는 데 따른 폐단도 사라지게 된다. 이를 위해서는 연구회와 국무총리실 및 국회와의 협력을 통한 출연연 법령 개정이 이루어져야 한다.

Universities and Skills) 산하 7개 연구회(Research Council: RC)로 대표된다. 영국의 연구회체제는 비록 정부로부터 재정적 지원을 받더라도 연구 활동은 정부의 간섭으로부터 자유로워야 한다는 홀데인원칙(Haldane principle)을 반영하여 탄생하였다(김이교, 2007: 86). 2008년 현재 경제인문사회분야에는 경제사회연구회(ESRC: Economic and Social RC)와 예술인문연구회(Arts and Humanities RC)가 있고, 과학기술분야에는 생명과학연구회(BBSRC: Biotechnology and Biological Science RC), 공학·물리연구회(EPSRC: Engineering and Physical Science RC), 의학연구회(MRC: Medical RC), 자연환경연구회(NERC: Natural Environment RC), 과학기술설비연구회(STFC: Science and Technology Facilities Council)가 있다. 2002년에는 이들 7개 연구회 간의 전략적 협의체(strategic partnership of the UK's seven Research Councils)인 영국연구회(RCUK: Research Councils UK)가 설립, 운영되고 있다(영국연구회 홈페이지. 2008. 1).

한편, 출연연 법령의 개정 전에는 주요 평가지표별 신축성을 확대하여 실질적인 평가주기 조절 효과를 도모해야 한다. 모든 연구기관을 동일한 기준에 따라 매년 평가해야 한다면, 과거에 운영한 적이 있는 격년평가지표 또는 점검항목의 재도입이 필요하다. 예를 들면, 한 해는 연구보고서 우수성과 국가정책기여도 등 축소된 지표에 대해서만 평가하고, 다음 해에는 모든 평가지표에 대해 평가하는 방식이다.

1. 평가인력의 전문성 및 사전교육 강화

평가인력의 문제는 실제 평가를 누가 수행하는지와 관련되는 것으로 평가투입 요소 중 중요한 부분을 차지한다. 평가의 실제 수행은 결국 사람이 하게 되므로 인력의 구성과 역량에 문제가 있으면 소기의 결과를 기대하기 어렵기 때문이다.

그런데 현행 연구기관 평가는 소수의 외부 전문가들로 구성된 임시조직에 의해 수행된다는 데에 문제의 근원이 있다. 이에 따라 연구회 사무국의 평가 전문성 부족, 평가위원 구성에 있어서 연구기관별 형평성 미흡, 평가위원에 대한 사전교육 부족 등의 문제가 파생되는 것이다.

평가인력의 전문성을 확보하는 방법은 여러 대안이 있을 수 있다. 가장 근본적인 처방은 연구회에서 직접 평가를 수행하는 방법이다. 그동안 이에 대한 적극적인 검토 없이 늘 외부 전문가들에 의존해 왔기 때문에 이 같은 문제가 매년 반복되고 있다. 외부 전문가에 대한 의존성이 높아 평가에 소요되는 비용은 증대되는 반면, 평가의 일관성이나 책임성을 담보하기 어렵고, 특히 연구회의 평가역량이 축적되지 못해 해가 거듭되더라도 언제나 처음 평가하는 것과 다를 바 없는 위치에 놓이게 된다.

국내 최고의 두뇌집단인 23개 연구기관에 대한 평가를 주관하는 연구회 평가조직의 위상과 임무 및 역할이 어떻게 정립되어야 하는지에 대한 진지한 검토가 요구되는 대목이다. 평가 기능은 연구회의 4대 기능 중 핵심 기능으로 활용할 수 있다. 평가를 통해 연구방향 기획에 필요한 정보를 파악할 수 있으며, 평가결과에 따라 연구기관의 기능 조정 및 정비가 이루어지고, 연구기관 간 협동연구의 성과를 확인하고 후속조치를 취할 수 있으며, 궁극적으로 연구기관에 대한 지원·육성의 기초와 방향을 도출할 수 있기 때문이다.

따라서 평가인력과 관련한 고질적 문제를 해소함은 물론 연구회가 법률에 의해 부여된 임무를 제대로 수행하기 위해서도 연구회에서 직접 평가를 수행할 수 있는 체제를 갖추는 것이 중요하다. 이는 연구회의 역할과 위상에 관한 과제이며, 따라서 연구회와 국무총리실 및 기획재정부 등 관계부처와의 협력을 통해 접근해야 할 과제이다.

둘째, 연구회의 기획평가위원회 중심으로 평가를 수행하는 방안이다. 연구회에는 연구기관 간의 기능조정업무와 연구기관에 대한 평가업무를 지원하고, 연구분야의 장기발전방향에 대한 자문에 응하기 위하여 관련 분야 전문가 등으로 구성한 기획평가위원회가 있다(출연연법 제11조). 기획평가위원은 애초 연구기관에 관한 전문성을 갖춘 인사들로 선임될 뿐 아니라 연구기관의 모든 중요 사안에 관해 자문 활동을 수행하기 때문에 평가인력의 전문성 부족 문제를 해소할 대안이 될 수 있다. 출연연법 시행령에서도 연구기관 평가결과의 제출 조항에서 "기획평가위원회 또는 전문평가기관 등에 의뢰한 경우 그 평가보고서"라고 명시하여(출연연법 시행령 제20조), 기획평가위원회의 평가수행 역할을 상정하고 있다.[91] 따라서 현행 외부 교수 위주의 평가단 구성방식 대신 기획평가위원회가 중심이 되어 평가를 수행하는 방안을 전향적으로 검토할 가치가 있다.

셋째, 현행 평가단 운영방식을 유지할 경우에도 전문성을 보완하기 위한 구체적인 개선활동이 필요하다. 평가위원 중 연임하는 인원의 확대, 연구회 사무국의 평가 전문인력 확충, 평가위원 구성에서의 연구기관별 형평성 제고 등이 요구된다. 특히 평가위원에 대한 사전교육을 획기적으로 강화해야 한다. 이는 현재의 연구기관 평가가 외부전문가들로 구성된 임시조직에 의해 비교적 단기간에 실시될 뿐 아니라, 평가기준을 만드는 주체(평가기준 개발 위원)와 이를 적용하여 평가하는 주체(연구기관 평가위원)가 동일하지 않으므로 양자 간에 괴리가 발생할 수 있기 때문이다. 따라서 평가위원 사전교육 또는 워크숍의 중요성을 재인식하여 그 형식과 내용 및 기간 등에 있어서의 실질적인 개선이 필요하다.

그리고 평가결과의 정확성과 신뢰성을 제고하기 위한 일환으로 평가위원 실명제(實名制)를 도입하는 방안도 검토할 만하다. 평가위원 실명제란 각 평가위원이 담당한 역할을 명확히 밝히고 이와

---

91) 출연연법 시행령의 규정에도 불구하고 연구회체제 도입 이후 기획평가위원회에서 직접 평가를 수행한 경우는 없다. 다만 기획평가위원 중 일부가(2007년도 평가의 경우 전체 23인 중 8인, 35%) 평가단에 참여하는 정도이다. 이렇게 된 핵심적 이유는 기획평가위원회에서 직접 평가를 수행할 경우 평가의 공정성에 문제가 제기될 수 있다는 점이다. 평가위원이 사전에 알려지게 되면 소위 '평가자 포획'과 같은 부작용이 발생할 수도 있기 때문이다. 그러나 현재의 상황은 이러한 개연성보다는 전문성 부족에서 파생되는 문제가 훨씬 심각한 것으로 보인다. 특히 평가의 기본방향을 관리 · 통제 중심에서 연구기관 발전방향 제시로 전환하기 위해서는 더욱 그러하다.

관련된 책임을 평가위원에게 지우는 제도를 말한다. 하지만 이를 제도화하면 보다 많은 시간과 노력이 평가에 투입되어야 하며, 그에 따른 보상도 강화되어야 실효성을 담보할 수 있을 것이다(홍성걸, 2007: 89 - 90). 이 제도를 도입할 경우 평가위원 선임 단계에서 연구회와 평가위원 간에 보다 긴밀한 협의채널을 구축해야 하며, 상호간의 의무와 책임에 관해서는 계약의 형식으로 명문화할 것이 요구된다.

1. 연구보고서 평가절차 및 결과 서술방식 개선

연구결과(보고서)의 우수성 평가는 경제·인문사회연구회 연구기관 평가의 특성이 가장 분명하게 드러나는 평가항목이다. 기술개발 성과를 중심으로 평가하는 과학기술분야 평가시스템과는 달리, 경제인문사회분야 연구기관 평가에서는 연구보고서 평가가 가장 큰 비중(전체의 35%)을 차지할 뿐만 아니라 그 평가방법이나 평가결과의 서술방식에서도 유사한 사례를 찾기 어렵기 때문이다.

이 항목의 평가가 중요하고 독특한 만큼 이에 관한 문제점 역시 심각한 것으로 나타났다. 그중에서도 연구보고서 평가과정에서의 소통과 피드백(feedback) 절차 부재, 연구기관 평가보고서에 연구보고서별 평점이나 평가근거가 제시되지 않는 점 등의 문제로 인해, 그 평가결과를 연구자가 납득하기 어렵다는 것이 핵심이다.

이러한 문제를 개선하기 위해서는 연구보고서 평가과정에서 평가자와 연구자 간의 의사소통 절차를 구축하고, 연구기관 평가보고서의 연구보고서 평가결과 서술방식을 구체적으로 보완하는 것이 선행되어야 한다. 현행 연구보고서 평가방법은 과거 경제사회연구회에서 2000년도부터 도입, 발전시켜 온 방식 중 일부를 채택한 결과이므로 문제 해결에 필요한 구체적인 사안에 관해서는 과거의 변천 과정을 통해 시사점을 발견할 수 있다.

경제사회연구회에서는 2000년도 평가에서 연구보고서 우수성 평가배점을 기존 6점에서 25점으로 대폭 확대한 후 보고서 평가방법을 획기적으로 변경하여 현행 보고서 평가제도의 토대를 마련하였다. 당시 연구보고서는 각 보고서별로 2인의 평가위원(Referee)이 평가하도록 하였다. 이어 Referee의 1차 평가결과를 연구기관에 전달하여 반론기회를 제공한 후 2인의 점수를 평균하여 평가등급을 정하였다. 다만 Referee별로 2등급(6점) 이상 차이가 날 경우 제3의 Referee에게 의뢰하여 3인의 평균으로 최종등급을 결정하도록 하였다. 즉 보고서 평가과정 및 결과에 대한 연구기관의 의견반영(소명기회) 절차를 제도화하였다(경제사회연구회, 2000a: 19 - 21). 또한 연구기관 평가보고서에는 연구보고서별 평가점수 및 평가근거가 구체적으로 제시되었다(경제사회연구회, 2001b: 56 - 61).

이후에는 매년 운영과정에서 드러난 문제점을 수정 보완하였다. 2001년에는 각 보고서당 3인의 Referee가 평가하도록 확대하였으며 Referee별로 9점 이상 차이가 발생할 경우에는 Referee의 재평가절차와 연구기관 의견 반영 여부를 연구기관에 통보하는 절차를 신설하였다(경제사회연구회, 2001a: 39 - 40). 2002년에는 평가기준을 '기초연구'와 '정책연구'로 구분, 제시하여 연구보고서별 성격에 부합하는 평가가 되도록 보완하였으며, 반론기회를 강화하고 최종평가결과까지 연구기관에 통보하도록 변경하였다(경제사회연구회, 2002a: 43 - 45).

2003년에는 최종평가결과 3인의 Referee 중 2인의 평균점수가 나머지 1인의 점수와 9점 이상 차이가 날 경우 그 1인의 평가에 대해 평가단에서 최종 평가하여 이를 포함할지 아니면 2인의 점수를 평균할지를 결정하도록 하였고, 배점을 40점으로 확대하였다(경제사회연구회, 2003a: 53 - 55). 2004년에는 1차 평가 결과 3인의 Referee 중 9점 이상 차이 나는 경우에만 연구기관의 의견을 제시하도록 하는 대신, 재평가 후에도 계속 9점 이상 차이가 나는 경우에는 제4의 Referee에게 평가를 의뢰하여 9점 이상 차이를 낸 Referee를 제외한 나머지 3인의 평균으로 최종점수를 확정하였다(경제사회연구회, 2004a: 54 - 56).

이상에서 보는 바와 같이 연구보고서의 평가 절차나 방법에 따로 정답이 있는 것은 아니므로, 평가자와 평가대상자가 지속적으로 상호작용을 하면서 의견 차이를 좁혀 나가는 과정을 거치는 것이 중요하다. 또한 평가대상자가 평가결과에 대해 납득할 수 있도록 연구기관 평가보고서 작성 시 각 연구보고서별 평점은 물론, 평점을 부여한 근거에 대해 설득력 있는 서술이 필요하다.

현행 연구보고서 평가는 과거 재택평가방식에서 집체평가방식으로 변경되었기 때문에 평가위원별 평점 차이에 따른 조정과정은 필요 없게 되었지만, 평가자와 연구자 간의 적절한 소통채널을 구축하는 문제와 평가결과를 납득할 수 있도록 평가보고서상에 기술하는 문제는 여전히 유효한 문제라 할 수 있다.

2. 평가지표의 합리적 조정 및 연구기관 특성 고려

평가의 내용을 구체화한 평가지표는 평가목적에 부합하고 필요한 최소한의 규모로 구성되어 효과성 및 효율성을 담보할 수 있어야 한다. 또한 연구기관은 민간 기업이나 여타 공공기관과는 달리 효율성보다는 창의성과 자율성이 중시되는 조직이고, 각 연구기관별로 설립목적이나 주요 기능, 제반 여건 등이 모두 상이하므로 이러한 특성을 고려한 평가지표 구성이 이루어져야 한다.

현행 평가지표의 구성은 평가목적과의 연계성이 부족하여 그 달성여부를 측정하기 위해 꼭 필요한 지표가 부족함에도 불구하고, 전체적으로는 지나치게 많고 복잡하다는 평가를 받고 있다. 평가지표의 과다 및 복잡성은 곧 연구기관의 평가업무부담과 직결되는 문제이다.

이러한 문제를 해소하기 위해서는 우선, 평가목적과 평가지표 간의 연계성을 강화하여야 한다. 연구기관 평가제도가 도입된 지 9년 동안 매년 평가지표가 변경되었으나 평가목적에 대한 검토가 거의 이루어지지 않았다는 데서 문제의 소지를 암시한다. 예를 들면, 평가목적에 전혀 수정이 없는 상황에서 연구보고서 우수성 평가배점은 최초 6점에서 2007년에 평균 35점으로 확대되었고 경영분야 배점은 40점에서 25점으로 축소되었다. 평가목적과 평가지표 간의 불일치(mismatch)가 커질 수 있음을 보여주는 예이다. 따라서 설정된 평가목적의 달성 여부를 정확히 측정할 수 있는 지표체계로의 전면적인 검토가 요구된다.

다음으로, 평가지표는 평가목적 달성 여부를 측정하기 위해 꼭 필요한 지표로 최소화하고, 특히 연구기관 평가업무부담의 핵심 요인으로 지적되고 있는 51개 평기요소를 삭제하거나 대폭 축소할 필요가 있다. 또한 평가지표의 구성 및 배점 선택에 있어서 연구기관별 특성 반영을 더욱 확대하여야 한다. 그리고 연구기관의 평가 업무부담 경감을 위해서는 격년제 평가지표나 점검항목의 도입에 대해서도 적극적인 고려가 필요하다.

끝으로, 평가항목 및 지표체계의 개편 시[92] 이미 성과평가체제로 의 전면 전환과 함께 대폭적인 개편을 단행한 과학기술분야 연구회의 사례를 참고할 만하다.

과학기술분야 연구회의 연구기관 평가제도는 2005년 12월 제정 된 '국가연구개발사업 등의 성과평가 및 성과관리에 관한 법률'에 따라 소관연구기관 평가를 성과평가체제로 전면 전환하였다. 그 결과 연구분야(70점)에 대해서는 기관별 성과목표 및 세부목표에 근거하여 평가하고 있으며, 경영분야(30점)에 대해서만 공통평가지표에 따라 평가하고 있다. 또한 평가항목 및 지표도 대폭 축소하여 세 연구회 모두 공통평가지표를 2개 평가항목, 5개 평가지표로 운영하고 있다 (기초기술연구회, 2007a: 27 – 35; 산업기술연구회, 2007a: 39; 공공 기술연구회, 2008: 8).

3. 평가근거 및 제언의 구체화 등 평가보고서 작성방식 개선

평가수행의 최종 산물은 평가보고서이다. 평가보고서가 어떻게 작성되어 있는지, 특히 평가의 근거 및 제언이 증빙자료에 근거하

---

92) 평가지표 체계를 전면 개편할 경우, 각 평가지표가 지표로서 갖추어야 할 일반적 기준에 부합하는지에 유의할 필요가 있다. 예를 들면, OECD의 평가품질표준에서는 모든 평가지표 (indicators)는 SMART[specific(구체적이고), measurable(측정 가능하고), attainable(달성 가능하고), relevant(관련성이 있으며), time bound(시간적 기한이 있어야 한다)]의 기준에 부합해야 함을 강조하고 있다(OECD/DAC, 2006: 5).

여 적정하게 제시되어 있는지는 평가활용에 직접적인 영향을 미치는 중요한 요소이다. 현행 연구기관 평가보고서는 각 지표별 평점 부여에 대한 근거 제시 및 설명력이 미흡하고, 연구기관의 발전을 위해 필요한 정보가 불충분하며, 평가지표별 배점 비중과 평가보고서 분량 간의 불균형이 너무 심하다는 문제가 지적되고 있다.

각 평가지표별 평점 부여에 대한 설명력을 높이기 위해서는 지표별 장단점과 건의 및 개선사항을 보다 구체적으로 기술해야 한다. 평점의 고하에 관계없이 대동소이한 문장이 반복되는 점을 시정해야 할 뿐만 아니라, 각 지표에 대한 연구기관의 문제점이 구체적으로 드러나도록 기술해야 한다.

또한 연구기관 발전에 필요한 정보를 평가보고서를 통해 파악할 수 있도록 연구기관별 취약점을 분석하고 이에 대한 처방을 함께 제시할 필요가 있다. 이에 대한 연구기관의 요구가 특히 강력한 점에 귀 기울여야 한다. '연구기관의 취약점을 개선할 수 있는 방안을 명료하게 제시해 줄 것'과 '연구기관의 발전에 실질적인 도움이 되는 개선방안 제시'를 요구하고 있다. 이는 결국 평가의 기본 방향과 관련되는 것으로 관리·통제 중심의 평점 부여에 의미를 둘 것이 아니라, 연구기관의 경영 전반에 대한 진단 및 컨설팅 기능의 수행에 주력해 줄 것을 요청하는 것이다. 따라서 평가 방향의 전환 이전이라 하더라도 평가보고서의 기술방식을 가능한 한 이러한 취지에 맞추어 보완할 필요가 있다.

그리고 평가지표별 배점과 평가보고서 분량 간의 균형을 고려해야 한다. 특히 전체 배점의 50%를 차지하는 연구결과의 우수성(평균 35%) 및 국가정책 기여도(평균 15%) 평가항목에 대한 평가보고서의 분량을 대폭 확대해야 한다. 평가보고서의 분량을 확대한다는 것은 곧 이 평가항목에 대한 평점 부여 근거의 제시는 물론이고, 장단점, 건의 및 개선사항을 보다 구체적으로 기술함을 의미한다. 이는 현행 연구기관 평가보고서의 타당성과 신뢰성, 그리고 유용성을 회복하는 첫걸음에 해당하는 중요하고 시급한 과제라 판단된다.

마지막으로 현행 연구기관 평가보고서의 체제에 미비점은 없는지를 국제적인 기준 등을 참고하여 검토해 볼 필요가 있다. 예를 들면, UN에서는 평가표준에서 총 18개 항목에 달하는 평가보고서의 구체적인 기준을 제시하고 있다(UNEG, 2005b: 17 - 23). 이 기준은 UN 산하의 모든 조직이 사용하는 범용성을 지니고 있을 뿐 아니라 그 체제 및 내용 또한 매우 합리적이므로 참고할 부분이 많다. 특히 '수행요약(executive summary)'에 포함될 내용으로 평가대상 개요·평가배경(context)·평가목적(purpose)·평가목표(objectives)·보고서의 예상독자(intended audience)·평가방법·가장 중요한 발견(findings) 및 결론·핵심 권고(main recommendation)를 제시하고 있는 점이나, 여타 기준 중에서 '적정한 자료와 방법론에 의해 입증된 결론(conclusions) 및 주요 문제에 대한 해결책(solutions)의 제시', '타당하고 현실적인 증거 및 분석에 근거하며 실행을 위한 우선순위가 명백한 권고(recommendations)'를 강조하고 있는 점 등은 본 연구기관 평가보고서의 작성 시에 곧바로 적용해도 좋을 기준으로 보인다.

1. 평가자와 연구기관 간의 의사소통 확대

연구기관 평가시스템에 대한 메타평가 결과 전체 31개 지표 중 가장 중요하고도 시급하게 개선해야 할 지표가 '평가결과 확정 절차의 적절성'인 것으로 나타났다. 구체적인 문제점으로는 실사평가 시간이 극히 부족함에도 불구하고 실사평가 이후 평가결과 확정 때까지 연구기관의 의견반영 절차가 없고, 평가결과 확정 이후에도 연구기관의 이의제기나 소명기회 제공 절차가 존재하지 않는다는 점이다. 즉 평가결과 확정 과정에서 평가자와 평가대상자 간 소통의 부족이 문제의 핵심이다. 그런데 평가자와 연구기관 간 의사소통의 부족은 평가결과 확정 단계뿐 아니라 평가과정 전반에 걸친 문제로 평가되었나. '연구보고서 평가방법의 적절성'과 '평가자와 평가대상자 간 의사소통의 충분성'에 대한 분석에서도 소통 부족의 문제가 매우 심각한 것으로 드러났다. 한마디로, 일방통행식(one-way) 평가에 대한 문제이다.

따라서 본 연구기관 평가시스템은 평가과정 전반에 걸쳐 평가자와 연구기관 간의 의사소통을 확대할 수 있는 방안을 모색해야 한다. 연구기관 평가는 계량적인 경영실적을 중심으로 하는 평가가 아니라 연구보고서의 우수성 등 매우 전문적이고 정성적인 성과를 평가해야 하는 특성을 지니고 있으므로, 평가 전 과정에 걸쳐 연구기관의 참여를 보장함은 물론, 평가편람 개정 단계, 평가실시 단계, 평가결과 확정 단계, 그리고 결과활용 단계 등 주요 단계별로 의사소통을 확대, 강화해야 한다. 특히, 평가결과 확정 과정에서 평가대상자의 의견을 수렴하는 절차는 매우 중요하다. 이에 따라 국제적인 평가매뉴얼 및 평가표준에서는 평가 이해관계자의 의견수렴 절차를 명문화하여 구체적으로 제시하고 있다.

Sida의 평가매뉴얼에서는 '평가보고서 초안 점검' 다음 절차로 '이해관계자 의견 반영(accommodating stakeholder comment)'을 명시하고, 평가활용자와 주요 이해관계자의 의견을 요청할 것(solicit comments), 평가보고서 초안에 대한 논의를 위해 평가자와 주요 이해관계자 간의 회의(meeting between major stakeholders and evaluators)를 개최할 것, 이해관계자의 의견이 평가보고서에 적절하게 반영되었는지(adequately reflected in the report) 점검할 것을 권고하고 있다(Sida, 2004: 87). 또한 UN 평가표준에서는 '평가의 기획·설계·수행·환류 시 이해관계자의 고려', '평가결과에 대한 이해관계자들의 적절한 토의(appropriate discussion)'를 강조하고 있으며(UNEG, 2005b: 14, 22), OECD 평가품질표준에서는 '자유롭고 공개적인(free and open) 평가과정'과 함께, 평가 품질보증을 위해 '이해관계자의 의견 반영(incorporation of stakeholders' comments)'93)을

---

93) OECD 평가품질표준은 이에 관해 구체적으로 설명하고 있다. 즉 "이해관계자들에게는 평가의 결과, 결론, 권고 및 교훈에 관해 의견을 개진할 기회가 주어진다. 평가보고서는 이러한 의견들을 반영하며 실질적 의견 차이를 알려준다. 검증될 수 있는 사실에 논란의 소지가 있으나, 평가자는 조사해야 하고 초안의 필요한 부분을 변경해야 한다(Stakeholders are given

표준으로 제시하고 있다(OECD/DAC, 2006: 6 - 7).

또한 실제 평가과정에서 연구기관의 의견반영 절차는 여타 연구회의 운영사례를 통해서도 참조할 수 있다. 경제·인문사회연구회를 제외한 여타 연구회, 즉 기초기술연구회·산업기술연구회·공공기술연구회는 모두 평가결과 초안에 대해 소명할 수 있는 절차를 운영하고 있다.

기초기술연구회에서는 평가등급(안)을 연구기관에 통보하여 소명기회를 부여하고(3.24~28, 5일간), 기관별 이의제기사항 심의, 최종평가점수 확정 단계를 거친 후 기관평가보고서 시안을 작성한다(기초기술연구회, 2008: 11). 산업기술연구회에서는 경영 및 연구성과부문 평가결과를 종합한 후 이를 연구기관에 통보하여 의견을 수렴하는 '피평가기관 소명기회 제공 절차'(3.17~26, 10일간)를 운영하고 있다(산업기술연구회, 2008: 7). 공공기술연구회 역시 경영 및 연구성과부문 평가결과를 종합한 후 기관평가결과(평가등급 및 평가의견)를 연구기관에 통보(3월 말, 1주일)하여 이에 대한 소명을 받고 있다(공공기술연구회, 2008: 14).

기존의 경제사회연구회에서도 연구보고서 평가결과에 대해서는 2000년부터 연구기관 의견반영 절차를 운영하였고(경제사회연구회, 2000a: 20), 연구기관 평가보고서 초안에 대해서는 2003년도 평가부터 연구기관의 소명기회 제공을 제도화하였다. 즉 "평가단에서

---

the opportunity to comment on findings, conclusions, recommendations and lessons learned. The evaluation report reflects these comments and acknowledges any substantive disagreement. In disputes about facts that can be verified, the evaluators should investigate and change the draft where necessary)."고 규정하고 있다.

평가보고서 초안 작성이 완료되면 이를 기관에 통보하여 그 내용을 검토하도록 하고, 평가보고서 초안의 주요 내용에 대해 평가단과 연구기관이 질의응답 할 수 있는 공식 자리를 마련"하도록 제도화하였으며(경제사회연구회, 2003a: 13; 2004a: 10), 이는 연구회가 통합될 때까지 지속되었다(경제사회연구회, 2005: 12 – 16).

2. 평가결과 공개범위 확대 및 수준 향상

최종 확정된 연구기관 평가결과는 예정된 사용자에게 신속·정확하게 전달되어야 하며, 여타 이해관계자들에게 적절히 공개되어야 한다. 평가결과의 적절한 보고 및 공개는 곧 평가결과 활용의 유용성에 직접적인 영향을 미친다. 따라서 UN 평가표준은 정보에 접근하기 쉽고 이해하기 쉬운 방식에 의한 평가보고서 보급을 강조하고 있다(UNEG, 2005b: 16).

현행 연구기관 평가결과의 공개범위 및 수준은 극히 제한적으로 이루어져 평가결과 활용성 측면에서 개선의 여지가 큰 것으로 평가되었다. 구체적으로는 평가결과의 공개 수단이 평가보고서로 한정되어 있고, 공식적 행위자들에게만 제공되며, 연구회 인터넷 홈페이지에도 공개하지 않는다는 점이다.

평가결과는 평가보고서 형식으로 공식적 행위자들에게 직접 제공하는 것은 물론, 다양한 방식의 공개 장치를 통해 비공식적 행위자들까지 접할 수 있도록 해야 한다. 특히 최근 공공정책분야에서는 정책의 결정 및 집행을 지배하는 관리방식이 통치(government)에서 거버넌스(governance)로 전환되는 경향을 고려할 때,[94] 연구기관 평가에 있어서도 다양한 이해관계자의 참여와 상호작용을 확대할 필요가 있으며, 평가결과의 공개는 그 토대에 해당한다고 볼 수 있다.

그렇다면 평가결과의 공개 범위 및 수준을 어느 정도로 할 것인지가 과제로 남는다. 현재와 같은 점수 위주의 평가결과가 아니라면 평가결과 공개의 범위나 수준에 제한을 둘 이유가 없다고 본다. 여기서 한 가지 숙고해야 할 사항은 평가결과를 언론이나 시민단체(NGO) 등에 제한 없이 공개하는 문제이다. 평가결과에는 연구기관의 단점이나 문제점 등이 모두 포함되어 있으므로 공개로 인한 부작용도 예상할 수 있다. 그러나 언론이나 NGO에까지 적극적으로 평가결과를 공개하게 되면, 평가결과의 정확성이나 신뢰성 제고에 더욱 유념하게 될 것이고, 특히 연구기관이나 연구회만의 노력으로는 해결할 수 없는 구조적이고 근본적인 문제에 대한 공론의 장이 마련될 수 있다는 점에서 적극적인 공개 정책이 필요하다고 본다.

한편, 과학기술분야 모든 연구회에서는 평가의 기본방향을 성과 평가로 전환했을 뿐 아니라, 평가결과의 공개 범위 및 수준에서 거의 제한이 없다. 공개의 범위는 공식적 행위자들은 물론이고, 산·학·연의 전문가와 언론에까지 확대되어 있다.[95] 또한 공개의 수준

---

94) 이러한 경향을 보여주는 대표적인 표현이 '정부 없는 거버넌스(Governance without government)'(Rosenau & Czempiel, 1992)와 '정부로부터 거버넌스로(From gove-rnment to governance)'(Mayntz, 2003)라는 수사(修辭)이다. 이처럼 최근의 공공정책분야에서는 전통적인 계층제적 관료주의체제를 대신하는 새로운 관리방식으로 수평적이고 상호의존적인 거버넌스를 중시하고 있다.

95) 기초기술연구회와 산업기술연구회의 2007년도 평가결과는 언론을 통해 보도되었다. 즉 2007년도 정부출연연구기관 기관평가결과에 대해 각 연구회별 우수·보통·미흡 기관의 명칭, 평가수행 과정과 평가결과의 활용계획까지 기사화되었다(디지털타임스, 2008. 5. 6).

은 요약된 평가결과는 물론 연구기관 평가보고서 전체를 PDF 파일로 변환하여 1999년 연구회 설립 이후 2007년 현재까지를 모두 공개하고 있다. 연구회 홈페이지에 상시 공개되고 있으므로 평가 이해관계자뿐 아니라 관심 있는 모든 사람들이 언제든 접근, 활용할 수 있다.

또한 2006년 4월부터 시행된 '정부업무평가 기본법'에서는 평가결과의 공개와 관련하여 "공공기관평가를 실시하는 기관의 장은 평가결과를 전자통합평가체계 및 인터넷 홈페이지 등을 통하여 공개하여야 한다."고 규정하고 있으며(동법 제26조), 2007년 4월부터 시행된 '공공기관의 운영에 관한 법률' 역시 경영실적 평가결과 등 주요 사항을 공시하도록 하고 있다. 즉 경영실적 평가결과뿐 아니라 고객만족도 조사결과, 경영목표와 예산 및 운영계획, 결산서, 이사회 회의록 등 10개 항목을 인터넷 홈페이지를 통해 공시하도록 의무화하고 있다(동법 제11조).

이러한 점들을 고려할 때 현행 연구기관 평가결과는 공개의 범위를 확대하고 그 수준을 제고할 필요가 있다. 특히 평가결과는 연구회 홈페이지를 통해 적절히 공개되어야 할 것이다.

3. 평가결과 활용을 위한 법제도 및 기준 정비

평가결과 활용은 평가제도 자체의 정당성과 유용성을 결정하는 핵심 요소이다. "왜 평가를 하느냐?"에 대한 정답은 곧 "그 결과를 활용하기 위해서!"이기 때문이다. 다시 말해, 그 결과가 활용되지 않는 평가는 단지 평가를 위한 평가일 뿐 평가제도로 존재할 기반을 상실하게 된다. 따라서 현행 연구기관 평가와 같은 공식적 평가에서는 평가활용을 위한 법제도적 기반이 구축되어 있어야 하며, 그 실제에 있어서도 평가목적에 부합하도록 적극 활용되어야 한다.

그러나 연구기관 평가에 대한 메타평가 결과, 평가결과 활용에 관한 항목은 본서의 사례연구에서 설정한 14개 메타평가항목 중 문제가 가장 심각한 것으로 평가되었다. 이는 평가자인 연구회 측면과 평가대상자인 연구기관 측면에서 동일하게 나타났다. 평가자 측면의 문제점은 관련 법규에서 규정한 결과 활용의 초점이 관리·통제에 맞추어져 있을 뿐 아니라, 결과활용과 연계할 예산 등의 자원이 부족하며, 평가결과 도출된 우수 사례를 연구기관에 확산하는 노력이 미흡하다는 것으로 요약할 수 있다. 또한 연구기관의 측면에서는 현행 평가제도가 연구기관 원장 평가로 인식되어 구성원들의 참여와 협조가 저조하고, 연구기관 자체 노력만으로는 개선하기 어려운 구조적인 문제가 존재하며, 평가보고서에 서술된 문제점이나 개선방안의 제시가 모호하다는 점 등이 지적되었다.

연구기관 평가익 결과활용을 보다 바람직한 방향으로 개선, 강화시키기 위해서는 다음과 같은 세 가지 측면이 고려되어야 한다고 본다.

첫째, 평가목적 및 목표는 결과활용을 상정(想定)하여 수립되어야 한다. 이는 평가목적과 평가내용 및 결과활용 간의 연계성 강화를 의미한다. 이러한 측면에서 결과활용의 기본방향을 관리·통제 중심에서 연구기관 발전을 위한 활용으로 전환할 수 있는 목표 수정이 필요하다. 이러한 목표로 전환되어야 결과활용의 범위나 수준을 획기적으로 제고할 수 있다. 만일 현재와 같은 관리·통제 중심의 평가목적 아래서 그 결과활용만 확대한다면 이는 오히려 부정적인 영향을 증대시킬 수 있다.

둘째, 평가편람에 평가결과를 활용할 예상 사용자(intended users)와 활용 수준을 제시하여야 한다. 평가를 시작하기 전에 그 결과를 누가, 어떻게 활용할 것인지를 미리 정해 두어야 한다는 것이다. 현재의 실정은 연구회와 연구기관의 직접적 활용에 관한 사항만 규정되어 있는 정도이다. 평가결과의 예상 사용자인 국무총리실과 기획재정부 등과의 사전협의를 통해 결과활용에 대한 수준, 특히 예산과의 연계 수준에 대해 미리 정해 두어야 평가의 실효성을 담보할 수 있다.

예를 들면, 과거 기획예산처에서 실시한 정부투자기관 평가나 정부산하기관 평가에 대해서는 평가 실시 전에 그 결과가 기관장 및 구성원들의 인건비에 어떻게 활용될 것인지를 미리 결정, 제시하였다.[96] 이처럼 결과활용 수준이 사전에 제시되어야 기관 구성원들의 관심과 참여를 유도할 수 있고, 궁극적으로는 평가제도 자체의 정당성과 유용성을 확보할 수 있다. 따라서 이 문제에 대해서는 연구회와 국무총리실 및 기획재정부 간의 협의가 필요하며, 법·제도적 보완도 검토할 필요가 있다.

---

[96] 정부투자기관(14개) 경영평가제도는 1984년부터, 정부산하기관(90여 개) 경영평가제도는 1994년부터 도입되었다. 평가결과는 우수기관 표창 및 부진기관 경고, 평가결과 피드백, 임직원에 대한 인센티브 성과급 차등 지급 등에 활용되었다. 평가결과에 따른 임직원 인센티브 성과급 지급률은 정부투자기관의 경우 직원은 200~500% 이내, 사장은 0~200% 이내이고, 정부산하기관의 경우 직원은 100~200% 이내, 임원은 0~100% 이내로 운영되었다. 직원의 경우 차등의 범위가 월기본급(투자기관)이나 기준월봉(산하기관)의 최대 300%에 달한다. 이 평가제도는 2007년 4월 1일부로 공공기관의 운영에 관한 법률이 시행됨으로써 공기업·준정부기관 경영평가제도로 통합되었다(기획예산처, 2007b: 7, 11, 26).

셋째, 실제적인 결과활용을 제고하기 위해서는 평가의 활용과 관련된 국제적 평가표준들을 참고할 만하다. 즉 평가보고서의 권고 및 교훈은 예상 사용자에 맞추어지고 사용자의 책임 범위 내에서 실행할 수 있도록 제시되어야 한다. 평가의 활용을 위한 전제는 평가에 대한 이해관계자들의 명백한 인정(explicit acknowledgement)이다. 이를 바탕으로 평가결과의 환류에 관한 경영진의 반응이 도출되도록 해야 한다. 또한 평가 관리자들은 평가결과를 체계적으로 보급, 보관, 관리함으로써 이해관계자들이 쉽게 접근하고 활용할 수 있도록 해야 한다. 그리고 평가의 완결성(completeness)을 높이기 위해서는 평가의 결론과 권고 및 교훈을 명백하게 구분, 제시하여야 한다. 결론은 평가 결과 및 분석(findings and analysis)에 의해 입증되어야 하며, 권고와 교훈은 결론으로부터 논리적으로 추출되어야 한다. 권고는 실행할 수 있는 제안(actionable proposals)을 말하며, 교훈은 보다 폭넓은 활용을 의미하는 결론의 일반화(generalization of conclusions applicable for wider use)를 말한다(OECD/DAC, 2006: 6 - 7).

이러한 제반 조치들이 완비될 때 본 연구기관 평가를 둘러싼 이해관계자들의 수용성이 제고될 수 있으며, 이는 곧 평가결과의 활용성을 확대, 강화할 수 있는 토대로 작용할 것이다.

4. 평가시스템에 대한 평가 및 개선활동 강화

본 연구기관 평가제도와 같이 공식적이고 제도적으로 매년 수행되는 평가에 있어서는 평가시스템 자체에 대한 정기적인 평가와 그 개선활동이 매우 중요한 의미를 갖는다. 연구기관 평가에 있어서 유일한 정답이 있는 것은 아니므로 매년 평가를 수행하면서 드러난 문제점을 점진적으로 개선하는 노력이 필요하기 때문이다.[97]

현행 평가시스템에 대한 평가 및 개선활동과 관련한 문제점은 본 평가제도의 도입 이래 평가시스템 전반에 대한 객관적이고 종합적인 평가가 실시되지 않았을 뿐 아니라, 매년 평가과정에 참여하는 평가위원들의 의견을 종합하는 형식으로 실시됨으로써 그 실효성이 미흡하고, 평가시스템 개선을 위한 검토 범위 역시 매우 협소하고 지엽적이라는 것을 들 수 있다.

따라서 평가시스템 전반에 대한 객관적이고 종합적인 평가를 정기적으로 실시할 필요가 있다. 즉 현행 연구기관 평가시스템에 대한 메타평가를 정기적으로 실시하여 평가환경의 변화 여부를 비롯해, 평가목적, 평가내용, 평가절차 및 방법, 평가결과 활용 등 제반 요소에 있어서의 적정성 여부를 점검하고, 이를 개선활동으로 연계시켜야 한다. 현행 평가시스템에 대한 정기적인 메타평가를 수행함에

---

97) 이러한 시각은 의사결정모형 중 합리모형에 대한 대안으로 Charles Lindblom이 제기한 분절적 점진주의(disjointed incrementalism)와 그 맥을 같이한다. 즉 합리모형은 그 집행에 필요한 정치적 의지의 확보와 가능한 모든 대안들을 평가할 수 있는 지적능력을 전제로 하므로 지나치게 이상적이며 비현실적이라는 비판에서 자유로울 수 없다. 이에 대한 대안으로 Lindblom은 큰 목표를 향해 큰 걸음이 아닌 작은 걸음으로 문제에 접근해 나가는 이른바 분절적 점진주의를 주장하였으며(Braybrooke & Lindblom, 1963), 이를 위한 협상적 접근방법으로 참여집단 간 상호조정의 형태를 주장함으로써(Lindblom, 1965), 상호작용적 접근방법의 선구자로 평가되고 있다(권원용·서순탁, 2004: 60).

있어서 고려해야 할 사항을 정리하면 다음과 같다.

첫째, 연구기관 평가시스템에 대한 메타평가에 참여하는 이해관계자의 폭을 확장해야 한다. 현행 평가위원들에 의한 평가에서 벗어나 연구회, 연구기관, 국무총리실, 기획재정부 등의 주요 이해관계자가 모두 참여한 가운데 메타평가가 이루어져야 한다. 메타평가에서 제기되는 문제는 단순한 지표개선 사항에서부터 예산이 수반되어야 하는 사항, 법이나 제도를 개선해야 하는 사항, 나아가 국가연구개발정책 기조와 관련된 사항 등 매우 광범위한 영역에 걸쳐 있으므로, 이를 해결하기 위해서는 실제 권한을 가지고 있는 이해관계자가 직접 참여해야 한다. 매년 평가위원들이 제언한 문제들이 거의 개선되지 못한 것은 이러한 이해관계자들의 참여를 확보하지 못한 데 기인하는 바가 큰 것으로 보인다.

둘째, 평가시스템에 대한 평가 및 개선활동의 범위를 확대해야 한다. 현재의 실정은 매년 평가를 수행하면서 드러난 평가실시 상의 문제에 국한하여 평가 및 개선활동이 이루어지고 있다. 따라서 평가제도와 관련해서는 평가내용과 절차 및 방법 등에 대한 논의에 한정되고, 평기기준에 대해서는 평가지표의 구성 및 배점 조정, 자체평가보고서 작성방법 등 매우 구체적인 사항에 머무르고 있다. 큰 틀에서의 개선 방안 모색은 논외로 한 채 한정된 틀 안에서 매우 세부적인 사항에 주력하고 있다. 연구기관 평가의 기본목적과 나아갈 방향이 잘못 결정돼 있는 상황이라면 그 테두리 안에서 구체적인 사항을 개선하는 것은 의미를 갖기 어렵다. 따라서 메타평가의 범위를 평기시스템 전반으로 확대하고, 그에 따른 개신활동의 폭도 대폭 확장할 필요가 있다.

끝으로, 실제 메타평가를 수행할 기본계획 및 구체적인 기준의 마련이 필요하다. 기본계획에는 메타평가의 주기를 비롯하여 평가주체, 평가예산, 평가내용, 평가방법, 평가결과 활용 등에 관한 사항이 포함되어야 한다. 또한 메타평가의 구체적인 기준의 설계도 수반되어야 한다. 이는 현행 연구기관 평가에 있어서 평가편람에 해당하는 것이다. 메타평가의 구체적 기준을 설계함에 있어서는 체크리스트(Checklist) 방식의 적용을 검토할 만하다. 예를 들면, Daniel Stufflebeam이 개발하여 널리 활용되고 있는 프로그램 평가의 메타평가 체크리스트(Program Evaluations Metaevaluation Checklist)[98] 등을 참고하여 연구기관 평가에 적용할 메타평가 체크리스트를 설계하는 방법이다. 이러한 체크리스트 방식은 평가시스템 전반에 대해 객관적이고 종합적으로 평가할 수 있으면서도 비교적 간단하게 활용할 수 있으므로, 현행 연구기관 평가시스템에 대한 메타평가기준으로 적합성이 높은 것으로 판단된다.

---

98) 이 메타평가 체크리스트는 Joint Committee의 프로그램 평가표준(Program Evaluation Standards)에 근거하여 개발된 것이다. 즉 유용성(utility) 영역의 메타평가항목으로 이해관계자 확인(stakeholder identification) 등 7개, 실현가능성(feasibility) 영역에 실질적 절차(practical procedures) 등 3개, 타당성(propriety) 영역에 서비스 지향성(service orientation) 등 8개, 정확성(accuracy) 영역에 프로그램 문헌조사(program documentation)를 비롯한 12개 항목 등 모두 4개 영역 총 30개 항목으로 구성된 메타평가 체크리스트를 개발하였다(Stufflebeam, 1999: 1 - 11).

제6장
메타평가 사례연구의 시사점 및 향후과제

■■■ 제1절 메타평가 사례연구의 시사점

최근 한국에서는 공공부문에 경쟁과 성과를 중시하는 환경이 조성되면서 230여 개에 달하는 평가제도가 도입, 운영되고 있다. 그러나 이 평가제도들이 소기의 목적을 달성하고 있는지에 대한 평가는 미흡한 실정이다. 특히 각 평가제도의 특성에 부합하는 메타평가 모형의 설계를 위한 연구가 매우 부족한 것으로 나타났다. 메타평가 모형의 적합성이 보장되지 않을 경우 그에 따른 메타평가는 의미를 갖기 어렵다.

따라서 체계적이고 객관적인 메타평가 모형을 설계하여 적용하고자 수행된 본서의 사례연구는 이론적 측면에서 다음과 같은 의의 및 함의를 지닌다.

첫째, 본 사례연구는 메타평가 모형 설계의 영역을 확장하였다. 국내 선행연구를 분석한 결과 메타평가 모형 설계에 관한 연구는 주로 공공기관 및 과학기술분야 연구기관을 중심으로 수행되고 있음이 확인되었다. 본 사례연구는 경제인문사회분야 연구기관 평가에 대한 최초의 메타평가 연구이다. 따라서 이 분야의 메타평가 모형 설계에 초석(礎石)을 놓았다는 의미가 있다. 본 메타평가 모형은 기본적으로 '기관평가'에 대한 모형이라는 속성을 지니고 있으므로 '정부업무평가 기본법'의 시행에 따라 법제화된 중앙행정기관·

지방자치단체·이들 소속기관 등의 기관평가에 대한 메타평가 모형 설계에 실마리를 제공할 수 있을 것이다.

둘째, 메타평가에 관한 해외의 최신 선행연구 자료들을 종합적으로 소개함으로써 후속연구를 위한 기초자료를 제공하고자 하였다. Scriven의 메타평가 구성요소를 비롯해, Sida의 평가 매뉴얼, UN의 평가표준, OECD의 평가품질표준 등은 국내 선행연구에서 발견하지 못한 최신 연구자료들이다. 특히 UN의 평가표준(Standards for Evaluation in the UN System)과 OECD의 평가품질표준(Evaluation Quality Standards)은 평가시스템의 설계 및 운영에 관한 일반적 기준들을 일목요연하게 제시하고 있으므로 메타평가 모형의 설계에 유용한 기초자료로 활용될 수 있다.

셋째, 메타평가 연구방법에 관한 새로운 접근을 시도하였다. 메타평가에 관한 국내 선행연구들은 주로 문헌연구방법에 의존하고 있다. 메타평가 모형의 설계 시에 면접 및 설문조사 방법을 병행한 일부 연구들이 있으나, 이 연구들은 메타평가를 실시하는 단계에서도 양적 분석방법을 사용하고 있다. 따라서 메타평가 모형의 적합성에 문제가 있거나 평가시스템의 문제점을 분석하는 데 일정한 한계를 보이고 있다. 이에 따라 본서의 사례연구에서는 메타평가 모형의 설계에서는 문헌연구를 통해 도출된 구성요소(안)에 대해 그 적합성(타당성과 신뢰성)을 검증하는 방법을 추가하였다. 그리고 메타평가 실시 단계에서는 평가보고서 등의 2차 자료 분석을 주요 수단으로 삼아 문제점 및 근본원인의 질적 분석에 초점을 맞추고, 분석의 타당성을 제고하기 위해 설문조사·평가관계자 면접 등을 보조수단으로 활용하였다.

넷째, 본 메타평가 모형은 연구기관 평가의 고유한 특성을 적극 고려하여 설계하였다. 평가지표별 평가주기의 신축성, 서면평가 및 실사평가 시간의 충분성, 연구기관 특성에 따른 평가배점 선택의 신축성, 연구보고서 평가방법의 적절성, 평가등급 산정의 합리성 등이 그 예이다. 이러한 지표들은 연구기관 평가시스템을 메타평가 하기 위해 고안된 특성화 지표라 할 수 있다. 메타평가의 기본적 목적이 '평가실제의 개선을 통한 평가결과 활용성 제고'에 있으므로, 그 모형을 설계할 때에는 메타평가대상 평가시스템의 특성 반영에 각별히 유의해야 함을 의미한다.

한편, 본서에서 다룬 사례연구를 통해 다음과 같은 정책적 시사점을 발견할 수 있다. 이는 경제·인문사회연구회 소관 연구기관 평가 정책뿐 아니라, 중앙행정기관이나 지방자치단체 및 공공기관 등의 '기관평가' 정책에 공히 응용할 수 있는 함의들이다.

첫째, 평가정책의 가장 기본적인 선행조건을 평가대상기관의 특성에 부합하는 합리적인 평가목적의 설정에 두어야 한다. 평가목적이 잘못 설정되면 그 이후의 평가활동은 의미를 갖기 어렵기 때문이다. 이를 위해서는 UN이나 OECD 등에서 제시하는 평가표준을 참조하되, 평가와 관련된 주요 이해관계자의 합의에 근거한 평가목적 설정이 중요하다. 또한 확정된 평가목적에 따라 평가지표나 평가결과활용 등을 연계함으로써 명시적 목적과 실질적 목적이 일치되도록 해야 한다.

둘째, 평가에 따른 평가대상기관의 업무부담을 최소화하면서 소기의 목적을 달성할 수 있는 다양한 방안이 강구되어야 한다. 평가업무는 평가대상기관의 주요 업무 중 극히 일부에 지나지 않는다는 점을 상기하여, 주요 업무의 수행에 도움을 줄 수 있는 평가가 되어야지 평가를 위한 평가가 되어서는 안 된다. 이를 위해 유사중복평가의 지양, 평가주기의 신축성 확대, 평가지표의 간소화, 평가자료의 최소화를 구현할 수 있는 방안 모색이 필요하다.

셋째, 평가과정 전반에 걸쳐 평가주체와 평가대상 간의 의사소통을 확대하고 참여와 협력에 근거한 평가체계를 구축해야 한다. 이는 평가목적의 설정 등 평가기획 단계부터 평가수행, 평가결과 활용에 이르기까지 일관되게 유지되어야 할 원칙에 해당한다. 특정 평가와 관련된 이해관계자를 정확하게 파악하는 것이 우선되어야 하며, 주요 이해관계자들이 평가의 각 단계, 특히 평가결과 활용 단계에 적절히 참여하고 협력할 수 있는 장치를 강구하는 것이 관건이다.

끝으로, 법에 따라 의무적으로 실시되는 제도적 평가에 대해서는 메타평가를 정례화할 필요가 있다. 제도적 평가에 있어서 유일한 정답이 있는 것은 아니므로 평가 운영과정에서 드러난 문제점을 점진적으로 개선하는 활동이 중요하기 때문이다. 메타평가는 평가지표나 방법 등 평가수행 과정에 국한할 것이 아니라, 평가의 환경·투입·수행·활용 등 평가시스템 전반을 대상으로 실시되어야 한다. 특히 평가결과의 활용성 제고에 초점을 맞춘 메타평가의 정례화가 요구된다.

■■■ 제2절 메타평가 연구의 향후과제

본서에서 제시한 메타평가 사례연구는 연구 대상 및 방법으로부터 기인하는 한계를 비롯하여 연구자의 역량 부족과 시간적 제약 등의 사유로 다음과 같은 한계를 지니고 있다.

첫째, 연구 대상의 한정성으로 인해 연구결과를 일반화하는 데 한계가 있다. 이 사례연구는 경제·인문사회연구회 소관 연구기관에 대해 실시하는 평가시스템을 대상으로 한 사례연구(case study)이다. 또한 연구기관의 특성에 부합하는 메타평가 모형의 설계 및 적용에 초점을 맞추어 수행되었다. 따라서 본서에서 제시한 사례연구의 결과는 여타 연구기관 평가나 이와 유사한 기관평가 등에 시사점을 제공할 수는 있으나 이를 일반화하는 데는 일정한 한계가 있다.

둘째, 연구 방법 측면에서 조사 대상의 제한성 문제이다. 본 사례연구는 연구목적에 적합한 방법을 사용하기 위해 문헌연구는 물론 면접조사, 설문조사, 참여관찰 경험, 질적 분석 등 다양한 방법을 사용하였다. 그러나 연구와 관련된 이해관계자 규모의 제한성으로 인해 조사 대상을 충분히 확대하는 데는 현실적 어려움이 있었다.

셋째, 본 사례연구에서 제안된 개선방안은 메타평가항목 전체를 포괄하지 못하며 그중 일부는 구체성이 부족하다. 예를 들면, 평가투입영역의 평가항목은 세 개로 구성되어 있으나 개선방안은 그중 가장 중요하다고 평가된 하나에 관해서만 제시되었고, 그마저도 핵심적 사안으로 판단한 '평가인력의 전문성 및 사전교육 강화'에 국한하여 제시되었다. 이는 평가시스템 전반에 대한 포괄적 평가라는 메타평가연구의 특성에서 비롯되는 점이 없지 않으나 연구자의 역량 부족에 기인하는 바가 크다.

따라서 본서의 사례연구에서 충실히 다루지 못한 부분들은 후속 연구로 미루게 되었다. 메타평가의 핵심 이슈인 평가활용에 집중하여 보다 면밀한 분석과 개선방안을 제시하는 연구, 국제적 평가표준에 관한 비교 연구 및 한국의 평가표준 설정에 관한 연구, EIPU 메타평가 모형을 적용한 3개 연구회 간 비교 연구 등이 그 예이다.

또한 일방적·위계적 체계(one-way·hierarchical system)하에서 수행되고 있는 각종 평가제도를 종합적으로 분석하여 쌍방향적·네트워크체계(two-way·network system)로의 전환을 모색하는 연구도 의미 있는 후속연구가 될 것이다.

본서에서 다룬 사례연구가 보다 바람직한 연구기관 평가시스템을 구축하는 데 한 톨의 씨앗이 되었으면 한다. 이를 통해 현행 연구기관 평가시스템이 연구기관의 발전을 촉진하고 합리적인 국가 연구체제의 구축에 더욱 기여할 수 있기를 기대한다. 그래서 한강의 기적을 정책적으로 뒷받침했던 정부출연연구기관이 21세기 새로운 한국의 비전을 제시하고 성장 동력을 개발하는 주역으로서 그 소임을 유감없이 발휘할 수 있기를 소망한다.

아울러 본 메타평가론에서 미처 다루지 못한 이론적·학문적 영역에 대한 보완 및 후속연구가 지속적으로 이루어지길 기대한다.

그리고 현재 한국의 정부업무평가 기본법에서 규정하고 있는 세부 평가제도별로, 즉 중앙행정기관·지방자체단체·중앙행정기관 및 지방자치단체 소속기관 그리고 공공기관 평가제도별로 그 고유한 특성에 부합하는 메타평가 연구가 더욱 확산되길 바라 마지않는다.

참고문헌

■■■ Ⅰ. 동양문헌

1. 단행본

강영철(2006). 정책평가결과 활용방안에 관한 연구. 한국행정연구원.

공병천(2004). 자체평가 및 상위평가 개선방안. 한국행정연구원.

권원용·서순탁(역)(2004). 협력적 계획: 분절된 사회의 협력과 거버넌스. 서울: 한울아카데미.

금성출판사 사전팀(편)(2004). 뉴에이스 국어사전. 서울: 금성출판사.

김계수·최형림(1999). 정부출연 연구기관 R&D사업 관리시스템. 과학기술정책연구원.

김명수(1993). 공공정책평가론(개정판). 서울: 박영사.

김명환(2007). 공공기관 혁신평가의 실효성 확보 방안. 한국행정연구원.

김태영·김정수·조임곤(2003). 사회과학 논문 작성과 통계자료 분석. 서울: 대영문화사.

노화준(2003). 정책평가론(제3전정판). 서울: 법문사.

노화준·이달곤·노시평·김태일(1995). 연구기관 종합평가를 위한 평가요소의 개발과 가중치 설정 연구. 과학기술정책관리연구소.

민철구·조황희·이정원·이영한(1994). 출연(연) 기관평가 모델개발 연구. 과학기술정책관리연구소.

안문석(1998). 계량행정론(개정판). 서울: 박영사.

유성재·손태원·이정원(2002). 연구회 및 출연연구기관의 새로운 경영모형. 경제사회연구회·인문사회연구회·기초기술연구회·산업기술연구회·공공기술연구회.

유일호·홍준형(2004). 국민소득 2만 달러 시대 대비 정부출연구기관의 전략적 발전방안: 경제·인문계. 경제사회연구회·인문사회연구회·기초기술연구회·산업기술연구회·공공기술연구회.

이광희(2006). 통합국정평가체계 구축 및 평가기관 간 역할 정립 방안. 한국행정

연구원.

이민형(2001). 정부출연연구기관 기관성과평가지표체계 분석. 과학기술정책연구원.

이민형(2004). 과학기술계 정부출연연구기관 성과중심경영시스템. 과학기술정책
연구원.

이용준(2005). 공공부문사업평가. 국회예산정책처.

이재호·조용현(2002). 미국의 연구개발사업 평가에 관한 고찰. 한국개발연구원.

이정원·박기범(2006). 정부연구개발 평가제도의 연계 및 평가결과 활용방안.
과학기술정책연구원.

이진주·서건수(1996). 정책평가를 위한 새로운 모형. 서울: 나남출판.

이진주·이달환·김병목·민철구·정선양(1996). 이공계 출연(연)의 역할 및 운영
개선 방안. 과학기술정책관리연구소.

이철원(1998). 이공계 정부출연(연) 기관평가모형 개발 및 적용사례 연구. 과학
기술정책연구원.

이해영(2005). 조사방법의 이해. 서울: 대영문화사.

이혜승·강기춘·어민선·김동근(2006). 지방공기업 경영 및 평가제도 개선방안
연구. 감사원 평가연구원.

장현주(2006). 혁신평가시스템 진단: 평가방식을 중심으로. 한국행정연구원.

정인영(편)(2002). KDI 설립과 초창기 이야기: 홍릉 숲 속의 경제 브레인들. 서울:
한국개발연구원연우회.

주성수(2004). 공공정책 가버넌스. 서울: 한양대학교 출판부.

차의환(2002). 정책평가의 이론과 실제(개정판). 서울: 한울아카데미.

채서일(2005). 사회과학조사방법론(제3판). 서울: B&M books.

하연섭·주재현·나태준(2002). 정부출연기관 운영체제의 효율적 개편방안.
한국행정학회.

한미경(2006). 국가연구개발사업에 대한 메타평가 연구. 과학기술정책연구원.

홍성걸(2007). 국가연구개발사업 평가시스템에 대한 메타평가 연구. 한국과학
기술기획평가원.

2. 논문

국가과학기술자문회의(1999). 연합이사회의 발족과 출연연의 운영효율화 방안.
국가과학기술연구체제의 문제점과 개선대책: 64 - 86.

권혁인(2008). 우리나라 지방자치단체 평가시스템의 메타평가에 관한 연구: 행정자치

부의 지방자치단체 평가를 중심으로. 강원대학교 대학원 박사학위논문.

김명수(1986). 상위평가에 관한 소고. 조선대 사회과학연구, 86 - Ⅰ: 289 - 304.

김명수(2003). 중앙행정기관 평가제도의 운영에 대한 비판적 검토. 정책분석 평가학회보, 제13권 제2호: 1 - 21.

김명수·박경효(1996). 한국정부의 심사평가제도에 대한 비판적 고찰. 한국정책 학회보, 제5권 제1호: 11 - 29.

김병철(2008). 정부출연연구기관 평가에 대한 메타평가 모형 설계 및 적용: 경제· 인문사회연구회 평가시스템을 중심으로. 서울시립대학교 대학원 박사 학위논문.

김병태·남영호(2005). BSC 관점을 활용한 출연연구기관 평가제도의 수용성 연구. 기술혁신학회지, 제8권 3호: 1087 - 1116.

김순남(2002). 학교평가의 메타평가 준거 개발. 경북대학교 대학원 박사학위논문.

김순남(2003). 학교평가의 메타평가 준거 개발. 교육행정학연구, 제21권 제2호: 229 - 258.

김순남(2006). 대학평가의 메타평가 준거 개발. 교육행정학연구, 제24권 제2호: 371 - 402.

김용훈(2003). 지역연구개발사업의 메타평가 연구. 정책분석평가학회보, 제13권 제2호: 51 - 68.

김용훈·오영균(2007). 지방농촌진흥기관에 대한 평가체계 분석. 정책분석평가 학회보, 제17권 제3호: 139 - 160.

김이교(2007). 정부출연연구기관 지원체제 도입에 관한 연구: 거버넌스 이론을 중심으로. 중앙대학교 대학원 박사학위논문.

김정흠(2000). 출연연구기관 기관평가에 대한 소고 과학기술정책, 제123권: 110 - 114.

김태훈(2006). 책임운영기관의 사업성과 메타평가에 관한 연구: 국립중앙극장을 중심으로. 성균관대학교 대학원 박사학위논문.

김현구(2003). 정부업무 기관평가의 이론적 논고. 한국행정학보, 제37권 제4호: 57 - 78.

김현구·박희정(2003). 광역자치단체 합동평가체제의 실증분석. 정책분석평가학 회보, 제13권 제2호: 125 - 148.

남영호·김병태(2006). 출연연구기관의 연구회 단위 기관평가제도의 적합성 분석. 기술혁신연구, 제14권 제3호: 117 - 154.

라휘문(2007). 지방행정혁신평가결과의 수용도에 대한 영향요인분석. 지방행정 연구, 제21권 제2호: 199 - 224.

류영수(2007). 기술영향평가의 메타평가 모형 개발 및 적용. 한양대학교 대학원 박사학위논문.

문영세(1997). 한국 중앙심사평가기능의 위상 재정립을 위한 메타평가: 설문조사를 중심으로. 한국행정논집, 제9권 제2호: 231 - 256.

문영세(2001). 정부업무평가기본법에 대한 메타평가. 정책분석평가학회보, 제11권 제1호: 19 - 45.

문영세(2005). 정부업무평가에 대한 메타평가: 국방부를 중심으로. 한국사회와 행정연구 제16권 제1호: 179 - 204.

민철구(1996). 이공계 출연연구기관의 운영현황과 정책과제. 과학기술정책동향, 제6권 제6호: 50 - 64.

박종수(2003). 정보화사업 메타평가모형의 설계와 적용. 충남대학교 대학원 박사 학위논문

서순탁·민보경(2005). 지역발전을 위한 협력적 거버넌스에 관한 연구. 지역사회 발전학회논문집, 제30집 제2호: 25 - 44.

송형주(2002). 정부출연연구기관의 메타평가에 관한 연구: 공공기술연구회를 중심으로. 성균관대학교 대학원 석사학위논문.

송환빈(2004). 한·일 공공연구기관 평가시스템의 비교·분석 연구: 공공기술연구회와 산업기술종합연구소의 사례를 중심으로. 고려대학교 대학원 박사 학위논문.

송희준·조택(2006). 기금관리 산하기관에 대한 평가제도 분석. 정책분석평가학회보, 제16권 제3호: 33 - 60.

엄준용·조흥순(2007). 경제인문사회연구회 정부출연연구기관 평가체제의 발전 방향 탐색. 교육문제연구, 제27집: 107 - 133.

오무근(1986). 메타평가에 관한 연구. 교육문제연구(명지실업전문대학), 제4권: 151 - 167.

오철호(2003). 정책평가모형 및 방법론에 대한 이론적 재음미: 토지정책의 경우. 한국사회와 행정연구, 제13권 제4호: 93   117.

이길우(2005). 기관평가제도 운영의 영향요인에 관한 연구: 과학기술계 정부출연 연구기관을 중심으로. 기술혁신학회지, 제8권 특별호: 525 - 554.

이무신·손병호·신원준(1995). 정보통신연구개발사업 종합평가의 개념과 운용 방안. 정보과학회지, 제13권 제3호: 102 - 111.

이민형(2005). 정부출연연구기관 기관평가시스템 유효성 분석 모형: 유효성 분석을 위한 새로운 접근방법. 기술혁신연구, 제13권 제3호: 175 - 196.

이민형(2007). 출연연구기관 기관평가의 책임성 요소 변화 분석. 기술혁신학회지, 제10권 3호: 580 - 603.

이윤식(2002). 기관평가 결과 활용의 개신빙안에 관한 연구: ITC 활용과 평가결과 활용의 관계를 중심으로. 정책분석평가학회보, 제12권 제2호: 53 - 83.

이일용(2005). 연구기관 평가체제의 진단. 교육행정학연구, 제23권 제4호: 343 - 364.

이장재·김재영·김현민(2003). 과학기술계 정부출연 연구기관의 균형적 성과 평가시스템 구축: 균형점수표(BSC) 접근방법을 중심으로. 정부학연구, 제9권 제2호: 57 - 92.

이찬구(1997). 연구개발사업의 메타평가에 관한 연구. 충남대학교 대학원 박사 학위논문.

이찬구(2003). 영국의 공공연구기관 평가제도: 생명공학/생물학 연구회의 사례를 중심으로. 한국행정연구, 제12권 제3호: 144 - 177.

이찬구(2004). 과학기술계 연구회의 기관평가 제도 발전 방안: 산업기술연구회의 사례를 중심으로. 한국사회와 행정연구, 제15권 제1호: 405 - 433.

이찬구(2005). 정부출연 연구기관 평가에서 지적자본 모형의 적용 필요성. 한국 행정학보, 제39권 제1호: 195 - 217.

이찬구(2006). 지적자본 관점에서의 정부출연 연구기관 평가지표 분석. 한국행 정학회·한국지방자치학회 2006년도 춘계공동학술대회 발표논문집: 891 - 907.

이찬구·강근복(1999). 정부출연 연구기관의 평가제도 발전방향: 과학기술계 연구 기관의 평가사례를 중심으로. 한국정책학회보, 제8권 제3호: 325 - 349.

이창길(2006). 한국의 전략적 성과관리정책에 관한 연구: 중앙부처의 성과평가 제도를 중심으로. 연세대학교 대학원 박사학위논문.

이철원(2001). 정부출연연구기관의 기관평가 현황 및 개선방안. 정부출연연구기관 및 연구개발사업 평가체제의 개선방향과 과제: 1 - 17.

이형우(2005). 국가연구개발사업 평가체제에 관한 소고. 정책분석평가학회보, 제 15권 제2호: 191 - 219.

임성옥(2003). 사회복지시설 평가에 대한 메타평가. 경북대학교 대학원 박사 학위논문.

임옥진(2007). 학점은행제 평가체제에 대한 메타평가. 경북대학교 대학원 박사 학위논문.

정용덕(2005). 거버넌스와 국가역량. 한국행정학회 연례학술대회(한국적 거버넌스 패러다임의 모색) 기조발제 논문: 1 - 18.

최영훈·백종윤(2006). 정부출연연구기관의 기관평가지표체계의 성찰: BSC모형을 중심으로 한 탐색적 시도. 정부학연구, 제12권 제1호: 163 - 193.

홍성걸(2004). 과학기술부 출연기관 평가: 기관평가사례의 실증적 분석. 한국행정 연구, 제13권 제1호: 3 - 33.

홍형득(2002). 국가 연구개발 사업의 메타평가에 관한 연구: 선도기술개발사업을 중심으로. 한국행정논집, 제14권 제4호: 867 - 892.

황병상 · 강근복(2005). 정부출연연구기관 평가의 발전방안 논고: 기초기술연구회의 평가사례에 대한 메타평가를 중심으로. 한국정책학회보, 제14권 1호: 121 – 149.

황윤원(2006). 정부부문 싱크탱크의 실태 분석과 발전방향. 한국거버넌스학회보, 제13권 제3호: 385 – 416.

3. 기타

감사원(2003). 정부출연연구기관 조직운영개선실태.

감사원 평가연구원(2006). 공공부문 평가제도 실태조사 보고서.

경제사회연구회(1999). 1999년도 소관연구기관 평가편람.

경제사회연구회(2000a). 2000년도 소관연구기관 평가편람.

경제사회연구회(2000b). 1999년도 소관연구기관 평가보고서.

경제사회연구회(2001a). 2001년도 소관연구기관 평가편람.

경제사회연구회(2001b). 2000년도 소관연구기관 평가보고서.

경제사회연구회(2001c). 소관연구기관 중장기 발전방향.

경제사회연구회(2002a). 2002년도 소관연구기관 평가편람.

경제사회연구회(2002b). 2001년도 소관연구기관 평가보고서.

경제사회연구회(2003a). 2003년도 소관연구기관 평가편람.

경제사회연구회(2003b). 2002년도 소관연구기관 평가보고서.

경제사회연구회(2004a). 2004년도 소관연구기관 평가편람.

경제사회연구회(2004b). 2003년도 소관연구기관 평가보고서.

경제사회연구회(2005). 2004년도 소관연구기관 평가보고서.

경제사회연구회 · 인문사회연구회(2005). 통합연구회체제에 적용할 연구기관 평가체제.

경제 · 인문사회연구회 홈페이지. http://www.nrcs.re.kr.

경제 · 인문사회연구회(2005). 2005년도 연구기관 평가편람.

경제 · 인문사회연구회(2006a). 2006년도 연구기관 평가편람.

경제 · 인문사회연구회(2006b). 2005년도 연구기관 평가결과.

경제 · 인문사회연구회(2006c). 연구기관 평가발전을 위한 관계기관 연찬회 자료.

경제 · 인문사회연구회(2006d). 연구기관 발전을 위한 정책과제와 개선방향.

경제 · 인문사회연구회(2007a). 2007년도 연구기관 평가편람.

경제 · 인문사회연구회(2007b). 2006년도 연구기관 평가결과.

경제·인문사회연구회(2007c). 연구기관 평가결과 활용현황.

경제·인문사회연구회(2008a). 2007년도 연구기관 평가결과 등급분류.

경제·인문사회연구회(2008b). 2007년도 연구기관 평가결과.

경제·인문사회연구회(2008c). 경제·인문사회연구회 업무보고.

경제·인문사회연구회(2008d). 2007년도 연구기관 평가보고서 배포 현황.

공공기관 경영정보 공개시스템. http://www.alio.go.kr.

공공기술연구회(1999). 공공기술연구회 출연연구기관 평가시스템 개발.

공공기술연구회(2006). 2006년도 기관평가편람.

공공기술연구회(2007). 2006년도 기관평가 보고서.

공공기술연구회(2008). 2007년도 기관평가 보고서.

과학기술부(2000). 과학기술계 연구회 평가제도 선진화를 위한 제도개선 방안.

과학기술부(2007. 12. 17). 정부출연(연) 기관평가제도 개선 추진(보도자료).

과학기술정책연구원 홈페이지. http://www.stepi.re.kr.

국무조정실(2001). 연구회체제의 효율적 개선방안.

국무조정실(2006). 2005년도 경제·인문사회연구회 평가보고서.

국무조정실(2007). 2006년도 경제·인문사회연구회 평가보고서.

국토연구원(2008a). 2007년도 평가자료집 I : 연구성과분야.

국토연구원(2008b). 2007년도 평가자료집 II : 관리분야.

국회정무위원회(2005). 2005년도 국정감사결과보고서.

국회정무위원회(2007). 2007년도 국정감사결과보고서.

권영세(2004). 정부출연연구기관의 현황과 과제.

기초기술연구회 홈페이지. http://www.krcf.re.kr.

기초기술연구회(2006). 2006년도 기초기술연구회 기관평가편람.

기초기술연구회(2007a). 2007년도 기초기술연구회 기관평가편람.

기초기술연구회(2007b). 기초기술연구회 소관정부출연(연) 2006년도 기관평가보고서.

기초기술연구회(2008). 기초기술연구회 소관정부출연(연) 2007년도 기관평가보고서.

기획예산위원회(1999). 정부출연연구기관 경영혁신 자료집.

기획예산처(2007a). 2007년 공공기관 고객만족도 조사 기본계획안.

기획예산처(2007b). 공공기관 경영평가제도 혁신방안.

김인수(2002). 연구회체제 및 출연연 발전방안: 토론을 위한 발제. 인문사회연구회.

디지털타임스(2008. 5. 6). 표준연, 9년 연속 기관평가 우수기관에 선정.

법제처 홈페이지. http://www.moleg.go.kr.

산업기술연구회 홈페이지. http://www.koci.re.kr.

산업기술연구회(2000). 정부출연연구기관 평가의 실제: 산업기술연구회 소관 연구
    기관 평가를 중심으로.

산업기술연구회(2006). 2006년도 소관연구기관 평가편람.

산업기술연구회(2007a). 2007년도 소관연구기관 평가편람.

산업기술연구회(2007b). 2006년도 산업기술연구회 소관연구기관 성과평가보고서.

산업기술연구회(2008). 2007년도 산업기술연구회 소관연구기관 성과평가보고서.

연구회평가위원회·한국과학기술평가원(2001). 2000년도 연구회 평가보고서.

이계식(1999). 새 모습 갖춘 정부출연연구기관 연합이사회: 연합이사회 어떻게
   운영되나?. 과학과 기술, 제32권 제3호: 43 - 46.

이성헌(2001). 정부출연연구기관 발전을 위한 정책자료집.

인문사회연구회(1999). 1999년도 소관연구기관 종합평가편람.

인문사회연구회(2000). 2000년도 소관연구기관 종합평가편람.

인문사회연구회(2001a). 2001년도 소관연구기관 종합평가편람.

인문사회연구회(2001b). 2000년도 소관연구기관 종합평가편람(변경시행본).

인문사회연구회(2002). 2002년도 소관연구기관 종합평가편람.

인문사회연구회(2003). 2003년도 소관연구기관 평가편람.

인문사회연구회(2004). 2004년도 소관연구기관 평가편람.

정보통신정책연구원(2008a). 2007년도 평가자료: 연구성과·연구관리.

정보통신정책연구원(2008b). 2007년도 평가자료: 경영관리.

조성복(2005). 출연(연) 기관평가 현황. 정부출연기관 발전방향 및 평가제도 혁신
   워크샵: 7 - 55.

한국문화관광연구원 홈페이지. http://www.kcti.re.kr.

한국행정연구원(2008). 2007년도 자체평가연구결과서.

홍형득(2000). 정부연구개발사업의 메타평가. STEPI 과학기술정책포럼: 1 - 47.

文部科學省(2005). 文部科學省における硏究及び開發に關する評価指針.

文部科學省(2007). 文部科學統計要覽 平成19年版.

1. 단행본

Agnes, Michael(ed.)(2000). *Webster's New World College Dictionary(4th ed.)*. Foster City, CA: IDG Books Worldwide.

Alkin, Marvin C., R. Daillak and P. White(1979). *Using Evaluation: Does Evaluation Make a Difference?* Beverly Hills, CA: Sage Publications.

Braybrooke, David and Charles E. Lindblom(1963). *A Strategy for Decision*. New York: Free Press.

Brinkerhoff, Robert O., Dale M. Brethower, Terry Hluchyj and Jery R. Nowakowski(1983). *Programme Evaluation: A Practitioner's Guide for Trainers and Educators*. Boston: Kluwer – Nijhoff Publishing.

Dror, Yehezkel(1971). *Ventures in Policy Science*. New York: American Elsevier Publishing Company.

Evaluation Research Society Standards Committee(1982). Evaluation Research Society Standards for Program Evaluation. in *Standards for Evaluation Practice, New Directions for Program Evaluation, No. 15*. San Francisco: Jossey – Bass.

Lindblom, Charles E.(1965). *The Intelligence of Democracy*. New York: Free Press.

North, Douglass C.(1990). *Institutions, Institutional Change and Economic Performance*. New York: Cambridge University Press.

Patton, Michael Quinn(1997). *Utilization – Focused Evaluation: The New Century Text(3rd ed.)*. Thousand Oaks, CA: Sage Publications.

Rosenau, James N. and Ernst – Otto Czempiel(eds.)(1992). *Governance without Government: Order and Change in World Politics*. Cambridge, Mass:

Cambridge University Press.

Scriven, Michael(1991). *Evaluation Thesaurus(4th ed.)*. Newbury Park, CA: Sage Publications.

Smith, Nick L.(ed.)(1981). *New Techniques for Evaluation*. Beverly Hills, CA: Sage Publications.

Suchman, Edward A.(1967). *Evaluative Research: Principles and Practice in Public Service & Social Action Programs*. New York: Russell Sage Foundation.

2. 논문

Chelimsky, Eleanor(1977). An Analysis of the Proceeding of a Symposium on the Use of Evaluation by Federal Agencies. Symposium Report, Vol.2. Mitre Corporation.

Chelimsky, Eleanor(1985). Old Patterns and New Directions in Program Evaluation. in Eleanor Chelimsky(ed.). *Program Evaluation: Patterns and Directions*: 1 – 35. Washington DC: The American Society for Public Administration.

Clark, Robert F.(1979). The Proverbs of Evaluation: Perspectives from CSA's Experience. *Public Administration Review*, 39(6): 562 – 566.

Cook, Thomas D. and Charles L. Gruder(1978). Metaevaluation Research. *Evaluation Quarterly*, 2(1): 5 – 51.

Gulick, Luther(1937). Notes on the Theory of Organization. in Luther Gulick and Lyndall Urwick(eds.). *Papers on the Science of Administration*. New York: Institute of Public Administration, Columbia University.

Huxham, C.(2000). The Challenge of Collaborative Governance. Public Management(UK), 2(3): 337 – 357.

Larson, Richard C. and Leni Berliner(1983). On Evaluating Evaluations. *Policy Sciences*, 16(2): 147 – 163.

Leviton, Laura C. and Edward F. X. Hughes(1981). Research on the Utilization of Evaluation: A Review and Synthesis. *Evaluation Review*, 5(4): 525 – 548.

Mayntz, Renate(2003). From government to governance: Political steering in modern societies. Summer Academy on IPP.

Oh, Cheol H.(2002). Utilization of Policy Evaluation: Logic and Reality. The Korean Policy Studies Review, 11(4): 415 – 456.

Orata, Pedro T.(1940). Evaluating Evaluation. *Journal of Educational Research*, 33(9): 641 – 662.

Patton, Michael Q., P. S. Grimes, K. M. Guthrie, N. J. Brennan, B. D. French, and D. A. Blyth(1977). In Search of Impact: An Analysis of the Utilization of Federal Health Evaluation Research. In Carol H. Weiss(ed.). *Using Social Research in Public Policy Making*: 141 – 164. Lexington, MA: Lexington Books.

Poland, Orville F.(1971). Why Does Public Administration Ignore Evaluation? *Public Administration Review*, 31(2): 201 – 202.

Scriven, Michael(1969). An Introduction to Meta – evaluation. *Educational Product Report*, 2(5): 36 – 38.

Stevenson, John F. and James Ciarlo(1982). Enhancing the Utilization of Mental Health Evaluation at State and Local Levels. in Stahler, Gerald J. and William R. Tash(eds.). *Innovative Approaches to Mental Health Evaluation*. New York: Academic Press.

Stevenson, John F., Richard H. Longabaugh and Dwight N. McNeil(1979). Metaevaluation in the Human Services. in Hebert C. Schulberg and Jeanette M. Jerrell(eds.). *The Evaluator and Management*. Beverly Hills, CA: Sage Publications.

Stufflebeam, Daniel L.(1981). Metaevaluation: Concepts, Standards and Uses. in Ronald A. Berk(ed.). *Educational Evaluation Methodology: The State of the Art*. Baltimore: The Johns Hopkins University Press.

Stufflebeam, Daniel L.(2001). The Metaevaluation Imperative. *American Journal of Evaluation*, 22(2): 183 – 209.

Van der Meulen, Barend(1998). Science policies as principal – agent games: Institutionalization and path dependency in the relation between government and science. Research Policy, 27: 397 – 414.

3. 기타

American Evaluation Association(2004). Guiding Principles for Evaluators. Available from http://www.eval.org/GPTraining/GP%20Training%20Final/gp.principles.pdf.

Asian Development Bank(2006). Guidelines for Preparing Performance Evaluation Reports for Public Sector Operations. Available from http://www.oecd.org/dataoecd/47/15/37965974.pdf.

Joint Committee on Standards for Educational Evaluation 홈페이지. http://www.wmich.edu/evalctr/jc.

Joint Committee on Standards for Educational Evaluation(1994). *The Program Evaluation Standards: How to Assess Evaluations of Educational Programs (2nd ed.)*. Thousand Oaks, CA: Sage Publications. Summary of the Standards. Available from http://www.wmich.edu/evalctr/jc.

Ministry for Foreign Affairs of Finland(2007). Evaluation Guidelines between Past and Future. Department for Development Policy. Available from http://formin.finland.fi/public/download.aspx?ID=23291&GUID={C52B2803－D35D－421E－87FB－281984BAD9C0}.

Ministry of Foreign Affairs of Denmark(2006). Evaluation Guidelines. Evaluation Department. Available from http://www.um.dk/NR/rdonlyres/4BA486C7－994F－4C45－A084－085D42B0C70E/0/Guidelines2006.pdf.

OECD/DAC(2002). Glossary of Key Terms in Evaluation and Results Based Management. DAC Working Party on Aid Evaluation, Development Assistance Committee(DAC). Available from http://www.oecd.org/dataoecd/29/21/2754804.pdf

OECD/DAC(2005). Paris Declaration on Aid Effectiveness: Ownership, Harmonisation, Alignment, Results and Mutual Accountability. Available from http://www.oecd.org/dataoecd/11/41/34428351.pdf.

OECD/DAC(2006). DAC Evaluation Quality Standards(for test phase application). Network on Development Evaluation, Development Assistance Committee. Available from http://www.oecd.org/dataoecd/30/62/36596604.pdf.

OECD/PUMA(1998). Best Practice Guidelines for Evaluation. PUMA Policy Brief No. 5. Public Management Service(PUMA). Available from http://www.oecd.org/dataoecd/11/56/1902965.pdf.

Patel, Mahesh(2002). The African Evaluation Guidelines: 2002. African evaluation association. Available from http://www.afrea.org/documents/document.cfm?docId =62.

Research Councils UK(2005). Evaluation: Practical Guidelines. Available from http://www.rcuk.ac.uk/cmsweb/downloads/rcuk/publications/evaluationguide.pdf.

Research Councils UK's Homepage. http://www.rcuk.ac.uk/default.htm.

Scriven, Michael(2007). *Key Evaluation Checklist.* Evaluation Checklists Project, The Evaluation Center, Western Michigan University. Available from http://www.wmich.edu/evalctr/checklists/kec_feb07.pdf.

Stufflebeam, Daniel L.(1999). Program Evaluations Metaevaluation Checklist(Based on *The Program Evaluation Standards*). Evaluation Checklists Project. Available from http://www.wmich.edu/evalctr/checklists/program_metaeval_10point.pdf.

Swedish International Development Cooperation Agency(Sida)(2004). Looking Back, Moving Forward. Sida Evaluation Manual. Stockholm: Sida. Available from http://www.tsunami − evaluation.org/NR/rdonlyres/95FD78B5 − DAC0 − 4339 − AECC − B25EFD284797/0/evaluation_manual_sida.pdf.

United Kingdom Evaluation Society(2003). Guidelines for good practice in evaluation. Available from http://www.evaluation.org.uk/Pub_library/PRO2907%20 − %20 UKE. %20A5%20Guideline.pdf.

United Nations Evaluation Group(UNEG)(2005a). Norms for Evaluation in the UN System. Available from http://www.uneval.org/indexAction.cfm?module = Library&action = GetFile&DocumentAttachmentID = 1491

United Nations Evaluation Group(UNEG)(2005b). Standards for Evaluation in the UN System. Available from http://www.uneval.org/indexAction.cfm?module = Library&action = GetFile&DocumentAttachmentID = 1496.

Widmer, Thomas, C. Landert and N. Bachmann(2000). Evaluation Standards of SEVAL, The Swiss Evaluation Society. Available from http://www.seval.ch/ en/documents/SEVAL_Standards_2000_en.pdf.

Wikipedia's Homepage. http://en.wikipedia.org/wiki/Evaluation.

World Bank(2003). Independent Evaluation: Principles, Guidelines and Good Practice. Available from http://siteresources.worldbank.org/INTDGF/Resources/ Evaluation&LearningNote.pdf.

부록

■■■ [부록 A] 메타평가 구성요소 선정에 관한 전문가 조사 설문지

연구기관 평가에 대한 메타평가 구성요소 선정에 관한 설문지

안녕하십니까?

먼저, 소중한 시간을 허락해 주신 선생님께 감사드립니다.

저는 '정부출연연구기관 평가에 대한 메타평가 모형 설계 및 적용'을 주제로 논문을 준비하고 있습니다.

본 연구는 1999년부터 도입, 운영되고 있는 정부출연연구기관 평가제도가 소기의 목적을 달성하고 있는지를 메타평가 하여 그 개선방안을 모색하기 위해 고안되었습니다.

이를 위해 국내외 문헌연구를 바탕으로 하고, 평가 전문가 분들의 자문을 거쳐 <u>연구기관 평가시스템을 분석하기 위한 기준으로 사용할</u> '메타평가 구성요소(안)'를 선정하였습니다. 이 구성요소(안)는 이번 조사과정을 거쳐 최종 확정할 예정입니다.

본 구성요소(안)의 선정 개요와 설문지 작성방법을 참조하시어, 제시된 '평가영역', '평가항목', '평가지표'가 연구기관 평가시스템을 분석하는 데 얼마나 적합한지(중요한지)를 <u>평정해 주시고, 필요한 경우 고견을 기술해 주시면</u> 감사하겠습니다.

평소 보내 주신 각별한 관심과 지도편달에 깊이 감사드립니다.

2008년 4월

김병철 올림

〈연구기관 평가에 대한 메타평가 구성요소(안) 선정 개요〉

o 본 구성요소(안)는 Larson&Berliner(1983), Scriven(2007) 등의 해
   외 주요 학자의 선행연구와 Joint Committee(1994), Sida(2004),
   UNEG(2005b), OECD/DAC (2006) 등의 평가표준, 그리고 **기
   관평가**를 대상으로 한 국내 주요 선행연구의 결과를 종합하여
   작성하였습니다.

o 본 연구에서는 **체제론적 접근법**에 입각하여 주요 구성요소를
   평가환경, 평가투입, 평가수행, 평가활용으로 대별하고, 선행연구의
   공통점과 연구기관 평가의 특성을 고려하여 구성요소 초안을
   도출하였습니다.

o 구성요소 초안에 대해서는 연구회 평가관리팀장 1인, 연구기관
   평가담당자 2인, 연구기관 평가위원 2인, 정책평가 전문가 1인,
   메타평가 전문가 1인 등 총 7인의 자문을 거쳐 **수정 보완**하였
   습니다.

o 이번 전문가 조사는 본 연구와 관련해 가장 적합하다고 판단한
   진문가 14인을 대싱으로 실시하고, 그 결과를 반영하여 최종안을
   확정하고자 합니다.

o 확정된 메타평가 구성요소는 **연구기관 평가위원을 대상으로
   타당성 검증**을 실시한 후 적합 판정이 나오면, 연구기관 평가
   시스템을 분석하는 기준으로 적용할 예정입니다.

〈설문지 작성방법〉

o 첫째, 제시된 평가영역, 평가항목, 평가지표가 '연구기관 평가
  시스템을 분석하는 기준으로 사용하기에 **적합한(중요한) 정도**'
  를 평정 난의 ( ) 속에 숫자로 기록해 주십시오.

o 둘째, 제시된 평가항목 및 평가지표의 **표현 중 수정이 필요하**
  거나 평가항목 및 평가지표의 **통합, 삭제, 추가 등**이 필요한
  경우 고견을 개선 의견 난에 기술해 주십시오.

o 본 조사 설문지는 총 7매로 구성되어 있습니다.

1. 평가 구성요소별 적합성(중요도)

☞ 제시된 평가영역, 평가항목, 평가지표가 '연구기관 평가시스
  템을 분석하는 기준으로 사용하기에 **적합한(중요한) 정도**'를
  평정 난의 ( ) 속에 **숫자**로 기록해 주십시오.

(※ **구성요소 범례**: E(I, P, U) = 평가영역, E1(I1, P1, U1……) =
  평가항목, E1 - 1(I1 - 1, P1 - 1, U1 - 1……) = 평가지표를 의미.
  구성요소의 위계는 평가영역 - 평가항목 - 평가지표로 이루어져
  있음)

〈평가환경(Environment)영역〉

기호	평가영역, 평가항목, 평가지표	매우 적합	적합	보통	부적합	매우 부적합	평정
		적합성(중요성) 정도					
E	평가환경	5	4	3	2	1	( )
E1	**평가근거**	5	4	3	2	1	( )
E1-1	평가의 법적 근거가 명료하게 규정되어 있는지 (평가 법적 근거의 명료성)	5	4	3	2	1	( )
E1-2	평가 관련 법, 시행령, 정관, 규정 등의 내용이 합리적으로 규정되어 있는지 (평가 관련 법규내용의 합리성)	5	4	3	2	1	( )
E2	**평가목적**	5	4	3	2	1	( )
E2-1	평가 이해관계자들이 쉽게 이해할 수 있도록 평가목적이 명료하게 제시되어 있는지 (평가목적의 명료성)	5	4	3	2	1	( )
E2-2	평가목적이 책무성 확보, 관리과정 개선, 성과 향상, 학습능력 제고 등의 긍정적 목적에 부합 하는지 (평가목적의 타당성)	5	4	3	2	1	( )
E2-3	평가목적이 연구기관의 설립, 운영, 육성 목적 에 부합하는지 (평가목적의 연구기관 운영목적과의 부합 정도)	5	4	3	2	1	( )
E3	**평가주기**	5	4	3	2	1	( )
E3-1	주요 평가내용별로 평가주기를 신축적으로 운영하고 있는지 (평가주기의 적절성)	5	4	3	2	1	( )
E3-2	유사중복평가로 인해 연구기관의 평가부담이 과다하지 않는지 (유사중복평가로 인한 평가부담 정도)	5	4	3	2	1	( )

〈평가투입(Input)영역〉

기호	평가척도 평가영역, 평가항목, 평가지표	적합성(중요성) 정도					평정
		매우 적합	적합	보통	부적합	매우 부적합	
I	평가투입	5	4	3	2	1	( )
I1	**평가조직**	5	4	3	2	1	( )
I1-1	평가추진체계가 평가기능을 효율적으로 추진할 수 있도록 적정하게 구축되어 있는지 (평가추진체계의 기능적 적정성)	5	4	3	2	1	( )
I2	**평가인력**	5	4	3	2	1	( )
I2-1	평가단의 구성이 전문성, 객관성, 공정성에 근거하여 적절하게 이루어지고 있는지 (평가단 구성의 적절성)	5	4	3	2	1	( )
I2-2	평가자 및 연구기관 관계자들에 대한 평가기준 설명이 적절한지 (평가자 및 평가대상자에 대한 평가기준 설명의 적절성)	5	4	3	2	1	( )
I2-3	평가에 영향을 받거나 그 결과를 활용할 이해관계자 파악이 적절한지 (평가이해관계자 파악의 적절성)	5	4	3	2	1	( )
I3	**평가예산**	5	4	3	2	1	( )
I3-1	평가예산 규모가 적정한 수준인지 (평가예산 규모의 적정성)	5	4	3	2	1	( )
I4	**평가자료**	5	4	3	2	1	( )
I4-1	자체평가보고서 등 평가자료가 양적·질적으로 적절한지 (평가자료의 양적·질적 적절성)	5	4	3	2	1	( )
I5	**평가시간**	5	4	3	2	1	( )
I5-1	평가편람의 배포시기가 평가준비 및 사업계획과의 연계성을 확보하기에 적절한지 (평가편람 배포시기의 적절성)	5	4	3	2	1	( )

〈평가수행(Process)영역〉

기호	평가영역, 평가항목, 평가지표	매우 적합	적합	보통	부적합	매우 부적합	평정
P	평가수행	5	4	3	2	1	( )
P1	**평가내용**	5	4	3	2	1	( )
P1 - 1	평가항목 및 지표 구성이 기관평가의 특성에 부합하도록 적절하게 되어 있는지 (평가항목 및 지표 구성의 적절성)	5	4	3	2	1	( )
P1 - 2	평가항목이 일관성을 유지하여 연구기관의 발전 방향을 예측할 수 있는지 (평가항목의 일관성 유지 정도)	5	4	3	2	1	( )
P1 - 3	평가지표에 연구기관별 특성을 반영한 정도가 적절한지 (평가지표에 연구기관 특성 반영 정도)	5	4	3	2	1	( )
P2	**평가절차**	5	4	3	2	1	( )
P2 - 1	평가절차가 평가목적에 부합하도록 합리적으로 규정되어 있는지 (평가절차의 합리성)	5	4	3	2	1	( )
P2 - 2	평가과정에서 평가자와 대상자 등 이해관계자 간의 의사소통이 적절한지 (평가과정에서 이해관계자 간 의사소통 정도)	5	4	3	2	1	( )
P3	**평가방법**	5	4	3	2	1	( )
P3 - 1	평가기준이 평가자나 대상자가 명료하게 이해할 수 있도록 규정되어 있는지 (평가기준 판단근거의 명료성)	5	4	3	2	1	( )
P3 - 2	연구보고서 평가방법이 전문성과 공정성을 담보 하기에 적절한지 (연구보고서 평기방법의 적절성)	5	4	3	2	1	( )
P4	**평가보고서**	5	4	3	2	1	( )
P4 - 1	평가보고서의 구성이 논리적인지 (평가보고서 구성의 논리성)	5	4	3	2	1	( )
P4 - 2	평가보고서의 내용이 충실한지 (평가보고서 내용의 충실성)	5	4	3	2	1	( )
P4 - 3	평가보고서의 결론 및 제언이 증빙자료에 근거 하여 적정하게 제시되고 있는지 (평가보고서 결론 및 제언의 적정성)	5	4	3	2	1	( )

〈평가활용(Utilization)영역〉

기호	평가척도 평가영역, 평가항목, 평가지표	매우 적합	적합	보통	부적합	매우 부적합	평정
		적합성(중요성) 정도					
U	평가활용	5	4	3	2	1	( )
U1	**평가결과 확정**	5	4	3	2	1	( )
U1-1	평가결과 확정 전에 평가대상자의 소명기회 제공 등 평가결과의 정확성을 담보할 수 있는 절차가 구비되어 있는지 (평가결과 확정 절차의 적절성)	5	4	3	2	1	( )
U1-2	평가등급별 연구기관 수 등이 합리적으로 산정 되고 있는지 (평가등급 산정의 합리성)	5	4	3	2	1	( )
U2	**평가결과 보고**	5	4	3	2	1	( )
U2-1	평가결과 보고체계가 명료하게 규정되어 있는지 (평가결과 보고체계의 명료성)	5	4	3	2	1	( )
U2-2	평가보고서 배포기준이 명료하고 평가 이해 관계자들에게 적시에 배포되고 있는지 (평가보고서 배포의 적절성)	5	4	3	2	1	( )
U2-3	평가결과 공개 범위 및 수준이 적절한지 (평가결과 공개 범위 및 수준의 적절성)	5	4	3	2	1	( )
U3	**평가결과 활용**	5	4	3	2	1	( )
U3-1	평가활용에 대한 법·제도적 근거가 명료한지 (평가활용에 대한 법·제도적 근거의 명료성)	5	4	3	2	1	( )
U3-2	평가지적사항의 개선 등 평가결과를 직접적으로 활용하는 정도 (평가결과의 도구적 활용 정도)	5	4	3	2	1	( )
U3-3	연구정책 및 제도 개선 등 평가결과를 간접적 으로 활용하는 정도 (평가결과의 개념적 활용 정도)	5	4	3	2	1	( )
U3-4	평가결과를 통해 연구기관의 경영개선 방향을 제시하는 경영컨설팅 기능 수행 정도 (평가결과의 경영컨설팅 기능 수행 정도)	5	4	3	2	1	( )
U4	**메타평가**	5	4	3	2	1	( )
U4-1	평가시스템 자체에 대한 평가 및 개선노력 정도 (평가시스템 자체에 대한 평가 및 개선노력 정도)	5	4	3	2	1	( )

2. 개선 의견

☞ 제시된 평가항목 및 평가지표의 **표현 중 수정이 필요**하거나 평가항목 및 평가지표의 **통합, 삭제, 추가** 등이 필요한 경우 고견을 <개선 의견> 난에 기술해 주십시오(구체적인 평가 항목 및 평가지표에 관한 사항은 '**기호**'를 적시한 후 기술해 주시면 감사하겠습니다).

〈개선 의견〉

o

o

귀한 시간 허락해 주시고 고견을 제시해 주신 데 대해 감사드 립니다.

설문결과는 4월 18일(금)까지 아래의 E-mail이나 Fax로 보내 주시면 감사하겠습니다.

▷ e-mail: bckim@nrcs.re.kr

▷ Fax: 02-572-4092

▷ 전화: 02-571-7628

▷ 주소: 서울 서초구 서초2동 외교센터 301호

경제·인문사회연구회 김병철

■■■ [부록 B] 메타평가 구성요소 적합성 검증을 위한 설문지

연구기관 평가에 대한 메타평가 구성요소 적합성 검증을 위한 설문지

안녕하십니까?

저는 '정부출연연구기관 평가에 대한 메타평가 모형 설계 및 적용'을 주제로 논문을 준비하고 있습니다.

본 연구는 1999년부터 도입, 운영되고 있는 '정부출연연구기관 평가제도'가 소기의 목적을 달성하고 있는지를 메타평가 하여 그 개선방안을 모색하기 위해 고안되었습니다.

이를 위해 국내외 문헌연구를 바탕으로 하고, 평가 전문가 분들의 2차례에 걸친 자문을 통해 연구기관 평가시스템을 분석하는 데 꼭 필요하다고 판단한 '메타평가 구성요소'를 설문 문항과 같이 선정하였습니다.

선정된 평가지표가 연구기관 평가시스템의 가치 및 장단점을 분석하는 데 얼마나 적합한지(중요한지)를 평정해 주시길 당부 드립니다.

(※ 본 설문은 현행 연구기관 평가시스템의 <u>실태에 대해 답하는 것이 아니라</u>, 이를 제가 분석하기 위해 선정한 <u>분석기준(지표)의 적합성에 답하는 것</u>입니다.)

설문조사 결과는 본 연구의 목적에만 사용할 것을 약속드립니다.

지난 2년간 경제·인문사회연구회 연구기관 평가에 참여하신 모든 평가위원님들의 고견을 듣고자 하오니 바쁘시더라도 잠시 시간을 허락해 주시면 감사하겠습니다.

2008년 5월

김병철 올림

1. 평가지표의 적합성

☞ 제시된 평가지표가 연구기관 평가시스템의 가치 및 장단점을 분석하는 데 **얼마나 적합한지(중요한지)**를 평정 난의 <u>( ) 속에 숫자로 기록</u>해 주십시오.

※ 본 설문은 현행 연구기관 평가시스템의 <u>실태에 대해 답하는 것이 아니라</u>, 이를 제가 분석하기 위해 선정한 **분석기준(지표)의 적합성에 대해 답하는 것**입니다.

※ 본 설문지는 표지 포함 총 4쪽 31개 문항으로 구성되어 있습니다.

〈평가환경(Environment)영역〉

기호	평가항목, 평가지표	평가척도	적합성(중요성) 정도					평정
			전혀 적합않음	적합 않음	보통	적합	매우 적합	
E1	평가근거							
E1-1	평가의 법적 근거가 명료하게 규정되어 있는지		1	2	3	4	5	( )
E1-2	평가 관련 법, 시행령, 정관, 규정 등의 내용이 합리적으로 규정되어 있는지		1	2	3	4	5	( )
E2	평가목적							
E2-1	평가 이해관계자들이 쉽게 이해할 수 있도록 평가목적이 명료하게 제시되어 있는지		1	2	3	4	5	( )
E2-2	평가목적이 책무성 확보, 성과 향상, 연구기관 발전 등에 부합하도록 합리적으로 제시되어 있는지		1	2	3	4	5	( )
E3	평가주기							
E3-1	평가주기가 평가목적에 부합하도록 합리적으로 규정되어 있는지		1	2	3	4	5	( )
E3-2	주요 평가지표별로 평가주기를 신축적으로 운영하고 있는지		1	2	3	4	5	( )

〈평가투입(Input)영역〉

기호	평가항목, 평가지표	평가척도	적합성(중요성) 정도					평정
			전혀 적합않음	적합 않음	보통	적합	매우 적합	
I1	평가역량							
I1-1	평가추진체계가 평가기능을 효율적으로 추진할 수 있도록 적정하게 구축되어 있는지		1	2	3	4	5	( )
I1-2	평가단의 구성이 전문성, 객관성, 공정성에 근거하여 적절하게 이루어지고 있는지		1	2	3	4	5	( )
I1-3	평가에 영향을 받거나 그 결과를 활용할 이해관계자 파악이 적절한지		1	2	3	4	5	( )
I2	평가자료							
I2-1	자체평가보고서 등 평가자료가 양적·질적으로 적절한지		1	2	3	4	5	( )
I3	평가시간							
I3-1	서면평가 및 실사평가 시간이 정확한 평가를 하기에 충분한지		1	2	3	4	5	( )
I3-2	평가편람의 배포 시기가 평가준비 및 사업계획과의 연계성을 확보하기에 적절한지		1	2	3	4	5	( )

〈평가수행(Process)영역〉

기호	평가항목, 평가지표 / 평가척도	적합성(중요성) 정도					평정
		전혀 적합않음	적합 않음	보통	적합	매우 적합	
P1	**평가내용**						
P1-1	평가항목 및 평가지표 구성이 연구기관 평가의 특성에 부합하도록 적절한지	1	2	3	4	5	( )
P1-2	평가항목이 연차별 일관성을 유지하여 연구기관의 나아갈 방향을 알 수 있게 하는지	1	2	3	4	5	( )
P1-3	연구기관별 특성에 따른 평가배점 선택의 신축성이 적절한지	1	2	3	4	5	( )
P2	**평가절차**						
P2-1	평가절차가 평가목적에 부합하도록 합리적으로 규정되어 있는지	1	2	3	4	5	( )
P2-2	평가위원 및 연구기관 평가담당자들에 대한 평가기준 설명이 적절한지	1	2	3	4	5	( )
P2-3	평가자와 평가대상자 간의 의사소통이 충분한지	1	2	3	4	5	( )
P3	**평가방법**						
P3-1	평가기준이 평가위원이나 평가대상자가 명료하게 이해할 수 있도록 제시되어 있는지	1	2	3	4	5	( )
P3-2	연구보고서 평가방법이 전문성과 공정성을 담보하기에 적절한지	1	2	3	4	5	( )
P4	**평가보고서**						
P4-1	평가보고서의 구성 및 내용이 합리적인지	1	2	3	4	5	( )
P4-2	평가보고서의 결론 및 제언이 증빙자료에 근거하여 적정하게 제시되고 있는지	1	2	3	4	5	( )

〈평가활용(Utilization)영역〉

기호	평가항목, 평가지표 / 평가척도	적합성(중요성) 정도					평정
		전혀 적합않음	적합 않음	보통	적합	매우 적합	
U1	**평가결과 확정**						
U1-1	평가결과 확정 전에 평가대상자의 소명기회 제공 등 평가결과의 정확성을 담보할 수 있는 절차가 구비되어 있는지	1	2	3	4	5	( )
U1-2	평가등급별 연구기관 수 등이 합리적으로 산정되고 있는지	1	2	3	4	5	( )
U2	**평가결과 보고**						
U2-1	평가결과 보고체계가 명료하게 규정되어 있는지	1	2	3	4	5	( )
U2-2	평가보고서 배포기준이 명료하고 평가 이해관계자들에게 적시에 배포되고 있는지	1	2	3	4	5	( )
U2-3	평가결과의 공개 범위 및 수준이 적절한지	1	2	3	4	5	( )
U3	**평가결과 활용**						
U3-1	평가활용에 대한 법·제도적 근거가 명료한지	1	2	3	4	5	( )
U3-2	평가자 측면에서 평가결과 활용이 충분한지	1	2	3	4	5	( )
U3-3	평가대상자 측면에서 평가결과 활용이 충분한지	1	2	3	4	5	( )
U4	**평가시스템 개선**						
U4-1	연구기관 평가시스템 자체에 대한 평가 및 개선 활동이 적절한지	1	2	3	4	5	( )

2. 평가 참여 시기

☞ 연구기관 평가에 참여하신 시기를 <u>모두 ( ) 속에 번호로 기록</u>해
  주십시오.

▶ 참여 시기: (,   ,   )

(1) 2005년도 이전   (2) 2006년도   (3) 2007년도

귀한 시간 허락해 주신 데 대해 진심으로 감사드립니다.

설문결과는 5월 16일(금)까지 아래의 E-mail이나 Fax로 보내
주시면 감사하겠습니다.

▷ e-mail: bckim@nrcs.re.kr

▷ Fax: 02-572-4092

▷ 전화: 02-571-7628

▷ 주소: 서울 서초구 서초2동 외교센터 301호

경제·인문사회연구회 김병철

■■■ [부록 C] 연구기관 평가에 대한 메타평가를 위한 설문지

연구기관 평가에 대한 메타평가를 위한 설문지

안녕하십니까?

저는 '정부출연연구기관 평가에 대한 메타평가 모형 설계 및 적용'을 주제로 논문을 준비하고 있습니다.

※ **메타평가(metaevaluation)란,** '평가에 대한 평가'를 의미하는 것으로서, 평가의 기능 및 활용을 제고하기 위하여 특정 평가시스템 전반을 대상으로 그 가치와 장단점을 분석하는 평가로 정의할 수 있습니다.

본 연구는 1999년부터 도입, 운영되고 있는 '정부출연연구기관 평가제도'가 소기의 목적을 달성하고 있는지를 메타평가 하여 그 개선방안을 모색하기 위해 고안되었습니다.

제시된 평가지표에 따라 <u>현행 연구기관 평가시스템의 실태가 어디에 해당하는지를</u> **솔직하게 평정**해 주시길 당부 드립니다.

설문조사 결과는 본 연구의 목적에만 사용하며, 개인별 응답결과에 대해서는 **외부에 공개하지 않을 것을 약속**드립니다.

현행 연구기관 평가시스템의 가치와 장단점을 정확하게 분석하여

평가제도의 개선과 연구기관 발전에 기여할 수 있는 방안을 모색
하고자 하오니 바쁘시더라도 잠시 시간을 허락해 주시면 감사하
겠습니다.

2008년 5월

김병철 올림

1. 연구기관 평가에 대한 메타평가

☞ 제시된 평가지표에 따라 **현행 연구기관 평가시스템의 실태가
어디에 해당하는지**를 평정 난의 ( ) 속에 **숫자**로 기록해 주십
시오.

※ 본 설문지는 표지 포함 **총 4쪽 31개 문항**과 '**기타 사항**'으로
구성되어 있습니다.

〈평가환경(Environment)영역〉

기호	평가지표 / 평가척도	전혀 그렇지 않다	그렇지 않다	보통이다	그렇다	매우 그렇다	평정
E1	**평가근거**						
E1-1	평가의 법적 근거가 명료하게 규정되어 있다고 평가하십니까?	1	2	3	4	5	( )
E1-2	평가 관련 법, 시행령, 정관, 규정 등의 내용이 합리적으로 규정되어 있다고 평가하십니까?	1	2	3	4	5	( )
E2	**평가목적**						
E2-1	평가 이해관계자들이 쉽게 이해할 수 있도록 평가목적이 명료하게 제시되어 있다고 평가하십니까?	1	2	3	4	5	( )
E2-2	평가목적이 책무성 확보, 성과 향상, 연구기관 발전 등에 부합하도록 합리적으로 제시되어 있다고 평가하십니까?	1	2	3	4	5	( )
E3	**평가주기**						
E3-1	평가주기가 평가목적에 부합하도록 합리적으로 규정되어 있다고 평가하십니까?	1	2	3	4	5	( )
E3-2	주요 평가지표별로 평가주기를 신축적으로 운영하고 있다고 평가하십니까?	1	2	3	4	5	( )

<h2>〈평가투입(Input)영역〉</h2>

기호 / 평가지표	평가척도	전혀 그렇지 않다	그렇지 않다	보통 이다	그렇다	매우 그렇다	평정
I1 **평가역량**							
I1 - 1	평가추진체계가 평가기능을 효율적으로 추진할 수 있도록 적정하게 구축되어 있다고 평가하십니까?	1	2	3	4	5	( )
I1 - 2	평가단의 구성이 전문성, 객관성, 공정성에 근거하여 적절하게 이루어지고 있다고 평가하십니까?	1	2	3	4	5	( )
I1 - 3	평가에 영향을 받거나 그 결과를 활용할 이해관계자 파악이 적절하다고 평가하십니까?	1	2	3	4	5	( )
I2 **평가자료**							
I2 - 1	자체평가보고서 등 평가자료가 양적·질적으로 적절하다고 평가하십니까?	1	2	3	4	5	( )
I3 **평가시간**							
I3 - 1	서면평가 및 실사평가 시간이 정확한 평가를 하기에 충분하다고 평가하십니까?	1	2	3	4	5	( )
I3 - 2	평가편람의 배포 시기가 평가준비 및 사업계획과의 연계성을 확보하기에 적절하다고 평가하십니까?	1	2	3	4	5	( )

〈평가수행(Process)영역〉

기호 / 평가지표	평가척도	전혀 그렇지 않다	그렇지 않다	보통 이다	그렇다	매우 그렇다	평정
P1	**평가내용**						
P1-1	평가항목 및 평가지표 구성이 연구기관 평가의 특성에 부합하도록 적절하다고 평가하십니까?	1	2	3	4	5	( )
P1-2	평가항목이 연차별 일관성을 유지하여 연구기관의 나아갈 방향을 알 수 있게 한다고 평가하십니까?	1	2	3	4	5	( )
P1-3	연구기관별 특성에 따른 평가배점 선택의 신축성이 적절하다고 평가하십니까?	1	2	3	4	5	( )
P2	**평가절차**						
P2-1	평가절차가 평가목적에 부합하도록 합리적으로 규정되어 있다고 평가하십니까?	1	2	3	4	5	( )
P2-2	평가위원 및 연구기관 평가담당자들에 대한 평가기준 설명이 적절하다고 평가하십니까?	1	2	3	4	5	( )
P2-3	평가자와 평가대상자 간의 의사소통이 충분하다고 평가하십니까?	1	2	3	4	5	( )
P3	**평가방법**						
P3-1	평가기준이 평가위원이나 평가대상자가 명료하게 이해할 수 있도록 제시되어 있다고 평가하십니까?	1	2	3	4	5	( )
P3-2	연구보고서 평가방법이 전문성과 공정성을 담보하기에 적절하다고 평가하십니까?	1	2	3	4	5	( )
P4	**평가보고서**						
P4-1	평가보고서의 구성 및 내용이 합리적이다고 평가하십니까?	1	2	3	4	5	( )
P4-2	평가보고서의 결론 및 제언이 증빙자료에 근거하여 적정하게 제시되어 있다고 평가하십니까?	1	2	3	4	5	( )

〈평가활용(Utilization)영역〉

기호 / 평가지표	평가척도	전혀 그렇지 않다	그렇지 않다	보통 이다	그렇다	매우 그렇다	평정
U1 **평가결과 확정**							
U1-1	평가결과 확정 전에 평가대상자의 소명기회 제공 등 평가결과의 정확성을 담보할 수 있는 절차가 구비되어 있다고 평가하십니까?	1	2	3	4	5	( )
U1-2	평가등급별 연구기관 수 등이 합리적으로 산정되고 있다고 평가하십니까?	1	2	3	4	5	( )
U2 **평가결과 보고**							
U2-1	평가결과 보고체계가 명료하게 규정되어 있다고 평가하십니까?	1	2	3	4	5	( )
U2-2	평가보고서 배포기준이 명료하고 평가 이해관계자들에게 적시에 배포되고 있다고 평가하십니까?	1	2	3	4	5	( )
U2-3	평가결과의 공개 범위 및 수준이 적절하다고 평가하십니까?	1	2	3	4	5	( )
U3 **평가결과 활용**							
U3-1	평가활용에 대한 법·제도적 근거가 명료하다고 평가하십니까?	1	2	3	4	5	( )
U3-2	평가자 측면에서 평가결과 활용이 충분하다고 평가하십니까?	1	2	3	4	5	( )
U3-3	평가대상자 측면에서 평가결과 활용이 충분하다고 평가하십니까?	1	2	3	4	5	( )
U4 **평가시스템 개선**							
U4-1	연구기관 평가시스템 자체에 대한 평가 및 개선 활동이 적절하다고 평가하십니까?	1	2	3	4	5	( )

2. 기타 사항

2-1 평가개선 우선순위

☞ 현행 평가의 문제점을 개선하기 위해 가장 중요하게 다루어야 할 사항과 관련되는 지표의 '기호'(예, E1-1, I1-2 등) 세 개를 기록하여 주십시오.

o 첫 번째 지표: (   )

o 두 번째 지표: (　　)

o 세 번째 지표: (　　)

2 - 2. 평가업무 담당 기간

☞ 연구기관 평가업무를 <u>담당하신 기간을</u> (　　) 속에 기록하여
주십시오.

o 평가업무 담당 기간: (　　년)

2 - 3 기타 평가개선 의견

☞ 현행 평가의 문제점을 개선하는 데 도움이 될 만한 좋은
의견이 있으시면 기록하여 주십시오.

o

☞ 현행 <u>평가제도를 연구기관 발전과 연계시키기 위해</u> 필요한
의견이 있으시면 기록하여 주십시오.

o

귀한 시간 허락해 주신 데 대해 진심으로 감사드립니다.

설문결과는 5월 23일(금)까지 아래의 e - mail로 보내 주시면
감사하겠습니다.

▷ e - mail: bckim@nrcs.re.kr

▷ 전화: 02 - 571 - 7628

▷ 주소: 서울 서초구 서초2동 외교센터 301호

　　　　경제 · 인문사회연구회 김병철

저자 김병철 金炳澈

▌약 력

국립구미전자공고 졸업
영남대학교 정치행정대학 수석 졸업
경북대학교 행정대학원 행정학 석사
서울시립대학교 대학원 행정학 박사
국무총리 산하 경제사회연구회 평가관리팀장
경제사회연구회 소관 연구기관 평가단 간사위원
교육과학기술부 일반대학 교직과정 평가위원
현, 국무총리 산하 경제·인문사회연구회 성과관리팀장

▌주요 논저

「한국의 토지 불평등과 해소대책」
「서울시 청계천복원사업에 대한 도시유형론적 분석」
「정부와 NGO 간의 관계: 이론적 고찰과 개선방향」
「정부출연연구기관 평가에 대한 메타평가 모형 설계 및 적용」
「국책연구기관 평가시스템 개선방안 연구: 활용영역을 중심으로」 외 다수

메타평가론
메타평가 모형의 설계와 적용

초판인쇄 | 2009년 12월 21일
초판발행 | 2009년 12월 21일

지 은 이 | 김병철
펴 낸 이 | 채종준
펴 낸 곳 | 한국학술정보㈜
주   소 | 경기도 파주시 교하읍 문발리 파주출판문화정보산업단지 513-5
전   화 | 031) 908-3181(대표)
팩   스 | 031) 908-3189
홈페이지 | http://www.kstudy.com
E-mail | 출판사업부 publish@kstudy.com
등   록 | 제일산-115호(2000. 6. 19)

ISBN   978-89-268-0649-4 93350 (Paper Book)
        978-89-268-0650-0 98350 (e-Book)